Informatik-Fachberichte 271

Herausgeber: W. Brauer
im Auftrag der Gesellschaft für Informatik (GI)

A. Pfitzmann   E. Raubold (Hrsg.)

VIS '91
Verläßliche
Informationssysteme

GI-Fachtagung
Darmstadt, 13.-15. März 1991

Proceedings

Springer-Verlag

Berlin Heidelberg New York London Paris
Tokyo Hong Kong Barcelona Budapest

Herausgeber

Andreas Pfitzmann
Universität Karlsruhe
Institut für Rechnerentwurf und Fehlertoleranz
Postfach 6980, W-7500 Karlsruhe 1

Eckart Raubold
GMD
Institut für Systemtechnik
Bereich Kommunikationstechnik
Rheinstr. 75, W-6100 Darmstadt

CR Subject Classification (1987): C.1.3, C.2, D.2, D.4.6, E.3, H.2.0, K.4,
K.6.m

ISBN-13:978-3-540-53911-7   e-ISBN-13:978-3-642-76562-9
DOI: 10.1007/978-3-642-76562-9

2133/3140-543210 – Gedruckt auf säurefreiem Papier

Autorenverzeichnis

Inhaltsverzeichnis

Vorwort

Das Thema "Computer-Sicherheit" gehört zu den Modethemen der DV-Branche. Doch je nach Zielvorstellung und Ausgangspunkt liegen jeweils andere Fragestellungen im Schwerpunkt der Diskussion zu diesem Thema. Die neugegründete Fachgruppe "Verläßliche Informationssysteme" (2.5.3) der GI wählt als Ausgangspunkt ihrer Betrachtungen naturgemäß die systemtechnischen Gestaltungsmöglichkeiten von Informationssystemen, und von den vielen möglichen Zielen der Systemgestaltung hat die Fachgruppe die "Verläßlichkeit" des Systems in den Mittelpunkt gestellt. Mit dem Begriff der Verläßlichkeit verbindet die Fachgruppe die Vorstellung von einer Systemeigenschaft, die im System-/Anwender-Verhältnis wichtig ist und die sich aus sonst eher isoliert betrachteten Systemmerkmalen wie

- Verfügbarkeit
- Spezifikationstreue
- Funktionssicherheit
- Manipulationssicherheit
- Verstehbarkeit
- Nachvollziehbarkeit

ergibt.

Angesichts des massiven Trends zur "Personalisierung" der Rechnernutzung und des Einsatzes von Rechnernetzen als universellen Medien der Interaktion zwischen "persönlichen" Rechnernutzern wird damit der technischen Herausforderung der Gestaltung von informationstechnischen Systemen unter dem Gesichtspunkt der Verantwortbarkeit der Systembenutzung durch den Endbenutzer Rechnung getragen.

Die Fachtagung VIS '91 soll als Plattform für Informations- und Ideenaustausch zwischen den Entwicklern von Mechanismen und Methoden für die Konstruktion und den Bedarfsträgern für die Anwendung von "verläßlichen" IT-Systemen dienen. Im Idealfall wird sie zu einem besseren Verständnis der Beziehungen zwischen den verschiedenen Basis-Systemeigenschaften führen, die zusammen "Verläßlichkeit" bewirken und damit auch der Fachgruppe helfen, ihre weiteren Aktivitäten zu planen.

Ich danke allen Vortragenden für ihre Beiträge zum Tagungsinhalt, wünsche den Tagungsteilnehmern interessante und anregende Stunden und hoffe (insbesondere in meiner Funktion als Vorsitzender des Organisationskomitees) auf ein gutes Gelingen der gesamten VIS '91.

Darmstadt, im Januar 1991   E. Raubold

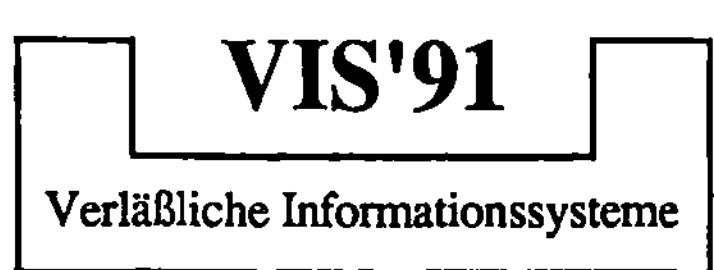

Programmkomitee:

Prof. Dr. H.-J. Appelrath, Universität Oldenburg
Prof. Dr. T. Beth, Universität Karlsruhe
Prof. Dr. J. Biskup, Universität Hildesheim
R. Dierstein, DLR Oberpfaffenhofen
Prof. Dr. K. Dittrich, Universität Zürich (Vorsitz)
M. Domke, GMD-Birlinghoven
Dr. M. Hegenbarth, FTZ Darmstadt
Dr. F.-P. Heider, GEI Bonn
S. Herda, GMD-Birlinghoven
Dr. H. Hossenfelder, Deutsche Bank, Eschborn
C. Jahl, IABG Ottobrunn
Dr. F.-J. Kauffels, Euskirchen
Dr. A. Pfitzmann, Universität Karlsruhe
Dr. H. Pohl, Köln
Prof. Dr. E. Raubold, GMD-Darmstadt
Dr. M. Reitenspieß, SNI München
Dr. I. Schaumüller-Bichl, AIS Linz
N. Schmitz, G.d.B. Köln
Dr. H.-G. Stiegler, SNI München
Dr. G. Weck, INFODAS Köln

Organisationskomitee:

B. Kleinert, GMD-Darmstadt
Dr. A. Pfitzmann, Universität Karlsruhe
Prof. Dr. E. Raubold, GMD-Darmstadt (Vorsitz)

Sicherheit in Informationssystemen
Gewährleistung und Begrenzung des Informationsflusses[*]

Joachim Biskup

Institut für Informatik, Universität Hildesheim

Samelsonplatz 1, D-3200 Hildesheim

1. Einführung

Ein Informationssystem soll große Mengen strukturierter Daten dauerhaft und verläßlich für viele und verschiedenartige Benutzer verfügbar halten, sowie Anfragen und Änderungen effizient bearbeiten. Innerhalb eines "Unternehmens" wird ein Informationssystem typischerweise als technisches Hilfsmittel für die betriebliche Kommunikation verwendet. Das Informationssystem vermittelt dabei mit folgenden Besonderheiten die Mitteilungen der kommunikativ handelnden Personen:

i) Es sind im allgemeinen schon eine große Anzahl von Mitteilungen eingegangen, und alle entsprechenden Daten stehen zur weiteren Vermittlung zur Verfügung.

ii) Die Vermittlung erfolgt im allgemeinen zeitlich verzögert, indem das System im wesentlichen ein dreischrittiges Verfahren durchführt:

Annahme (oder Ablehnung) der Mitteilung gemäß den vereinbarten semantischen Bedingungen,

dauerhaftes Speichern der entsprechenden Daten gemäß der im Schema vereinbarten Formate,

Zusammenstellung oder Ableitung der durch eine Anfrage angeforderten Daten und ihre anschließende Duplizierung.

iii) Die Qualität der Vermittlung wird verläßlich gesichert durch die Einhaltung semantischer Bedingungen und korrekte Ausführung von Transaktionen.

[*] Dies ist eine gekürzte Fassung eines Beitrags für den Sammelband:
G. Vossen, K.-U. Witt (Hrsg.),
Entwicklungstendenzen bei Datenbank-Systemen,
R. Oldenbourg Verlag, München, 1991.
Autor und Herausgeber danken für die freundliche Genehmigung zum Abdruck in diesem Tagungsband.

iv) Die Vermittlung wird im allgemeinen vielen und verschiedenartigen Handelnden angeboten, die im allgemeinen aufgrund unterschiedlicher Verpflichtungen tätig sind.

v) Die Vermittlung muß effizient erfolgen.

Damit kann man ein Informationssystem deuten als einen **Kanal** mit (sehr großem) Gedächtnis:

- Es speichert jede angenommene Mitteilung, die von vielen und verschiedenartigen "Sendern" stammen kann;
- es prüft den Strom der Mitteilungen im Hinblick auf semantische Bedingungen und korrekte Transaktionsausführung;
- es bietet vielen und verschiedenartigen "Empfängern" an, gespeicherte Mitteilungen oder aus diesen abgeleitete Mitteilungen zu duplizieren.

Obwohl einerseits zwar alle Handelnde (Sender, Empfänger) das Informationssystem (den Kanal) gemeinsam nutzen, können andererseits ihre Verpflichtungen sehr unterschiedlich sein. Eine Verpflichtung legt nun zunächst einmal nur fest, welche Kommunikation mit anderen Handelnden durchgeführt werden muß oder darf. Darüberhinaus ist es aber wünschenswert, auch ausdrücklich zu bestimmen, welche Kommunikation mit anderen Handelnden verboten ist. Meistens drückt man die Verbote durch eine einfache Regel aus, nämlich daß "alles verboten ist, was nicht ausdrücklich erlaubt ist". Aber in besonderen Fällen könnte man natürlich alle bekannten Methoden der Wissensdarstellung, also insbesondere durch Aufzählung, Bedingungen oder Regeln, auch für die Darstellung der Erlaubnisse und Verbote verwenden.

Die Verpflichtungen eines Handelnden sind häufig nicht der Person des Handelnden als solchem zugeordnet, sondern den **Rollen** der Person innerhalb eines Unternehmens. Dabei muß in der Regel eine Person mehrere unterschiedliche Rollen ausführen, die durchaus verschiedene Verpflichtungen und Verbote verlangen können.

Zusammenfassend möchte man also als Ziele erreichen, daß

- jeder Benutzer in seiner jeweiligen Rolle für die entsprechenden Verpflichtungen die Dienste des Informationssystems, insbesondere dauerhafte Speicherung, Einhaltung semantischer Bedingungen, Auswertung von Anfragen, korrekte Ausführung von Transaktionen, ungehindert und verläßlich in Anspruch nehmen kann, aber
- jeder Benutzer diese Dienste auch nur **ausschließlich** für seine Verpflichtungen einsetzen kann, d.h. sie nicht für andere Zwecke (böswillig) mißbrauchen oder sie (unbeabsichtigt) fehlerhaft auslösen kann;

- dabei sollen die verschiedenen Nutzungen des Informationssystems einander nicht in unvorhergesehener Weise beeinflussen können.

Deutet man ein Informationssystem wieder als einen Kanal, so fordert man damit, daß
- zwischen (Gruppen von) Benutzern entsprechend den Verpflichtungen ihrer jeweiligen Rollen Unterkanäle eingerichtet werden können,
- auf diesen Unterkanälen die erforderlichen Dienste ungehindert und verläßlich verfügbar sind,
- diese Unterkanäle voneinander getrennt bleiben oder einander nur in vorherbestimmter Weise begrenzt beeinflussen können.

Es soll also auf jedem eingerichteten Unterkanal der erforderliche Informationsfluß **gewährleistet** werden, aber zwischen den Unterkanälen soll überhaupt kein oder nur ein in vorherbestimmter Weise **begrenzter** Informationsfluß möglich sein. Die Anforderungen zielen also auf **Kontrolle des Informationsflusses** im Sinne von Gewährleistung **und** Begrenzung.

Informationsfluß ist nur schwer begrifflich genau zu erfassen, denn man muß nicht nur den grundlegenden Begriff der Information formalisieren, sondern auch jegliche Art von "Vorwissen" des Empfängers über die jeweiligen Gegebenheiten berücksichtigen.

Eine Kontrolle des Informationsflusses ist im allgemeinen nicht rein algorithmisch durchführbar. Denn haben Sender und Empfänger eine universelle Programmiersprache zur Verfügung, so müßte eine algorithmische Kontrolle insbesondere erkennen können, ob eine bestimmte Anweisung (die einen Informationsfluß bewirken kann) innerhalb eines Programms überhaupt ausgeführt wird. Diese Fragestellung ist jedoch äquivalent zu dem bekanntermaßen algorithmisch unentscheidbaren Halteproblem.

Diese grundsätzliche Schwierigkeit versucht man üblicherweise dadurch zu überwinden, daß man den Informationsfluß nur mittelbar kontrolliert. Man legt dazu im wesentlichen nur **Zugriffsrechte bzw. -verbote** fest, die ausdrücken,

welche Benutzer oder Prozesse (einzeln oder in Zusammenarbeit)

unter welchen Bedingungen

welche Operationen (oder auch Folgen von Operationen)

auf welche Objekte (oder auch Folgen von Objekten)

ausführen **dürfen bzw. nicht dürfen.** Der Gesichtspunkt, daß Kommunikation durchgeführt werden muß, ist damit jedoch noch nicht erfaßt; dazu würde man zusätzlich das Konzept von **Zugriffspflichten** benötigen.

Das Informationssystem muß dann die Kontrolle der Zugriffe entsprechend der jeweils vorliegenden Rechte und Verbote verläßlich und unumgehbar durchführen. Die Ziele der Kontrolle können allerdings im Widerstreit mit den eigentlich erforderlichen Diensten des Informationssystems stehen, zum Beispiel wenn

- einerseits ein Benutzer Operationen nur bezüglich eines bestimmten Objektes o1 ausführen dürfen soll und

- andererseits eine semantische Bedingung erfordert, daß Werteänderungen in o1 in gewissen Fällen Folgeänderungen in einem anderen Objekt o2 auslösen müßten.

Im folgenden stellen wir zunächst die Grundzüge von drei Vorschlägen dar, wie Kontrolle des Informationsflusses ansatzweise durch Kontrolle der Zugriffe erfolgen kann. In der Praxis werden diese Vorschläge natürlich auch in Mischformen verwendet. Wir beschreiben jeweils

- schlagwortartig die dem Ansatz zugrunde liegenden Unternehmens-bedingten Anforderungen,

- die ausdrückbaren Zugriffsrechte bzw. -verbote,

- die damit einrichtbaren Unterkanäle,

- die Auswirkungen auf die Dienste der Informationssysteme und die erreichbaren Trennungen der Unterkanäle.

Anschließend werden einige Ausblicke behandelt, die für die Verwirklichung jedes Ansatzes nützlich sein können.

2. Militärischer oder Sicherheitsstufen-Ansatz

Im Militärwesen und in öffentlicher und teilweise auch nichtöffentlicher Verwaltung möchte man häufig **Geheimnisse** vor Unbefugten bewahren. Dazu bedient man sich herkömmlicherweise sogenannter **Sicherheitsstufen**, um auszudrücken, welche Personen zu welchen Schriftstücken Zugang haben sollen. Formal hat es sich als zweckmäßig erwiesen, die Menge der **Sicherheitsstufen** mit der Struktur eines **Verbandes** zu versehen, so daß man in wohldefinierter Weise über eine partielle Ordnung und die Operationen der kleinsten oberen bzw. größten unteren Schranke verfügt.

Für den Einsatz eines Informationssystems ordnet man dann

- Benutzern oder für sie tätigen Prozessen eine Sicherheitsstufe (security level) als **Freigabe** (clearance) und
- Objekten oder ihren Werten eine Sicherheitsstufe als **Klassifikation** (classification) zu.

Als grundlegendes Ziel möchte man erreichen, daß die Freigabe eines Benutzers stets größer oder gleich der Klassifikation von ihm zugänglichen Objekten oder Werten ist. Freigaben und Klassifikationen bestimmen dazu die **Zugriffsrechte** bzw. **-verbote**, genauer die **Bedingungen**, unter denen ein Benutzer die Lese- bzw. Schreiboperationen bezüglich eines Objekts ausführen darf:

Lesen ist nur erlaubt, wenn   Klassifikation des Objekts $\leq$ Freigabe des Benutzers;

Schreiben ist nur erlaubt, wenn   Freigabe des Benutzers $\leq$ Klassifikation des Objekts.

Diese Bedingungen sollen sicherstellen, daß Informationsfluß nur "aufwärts" (im Sinne der Sicherheitsstufen) möglich ist.

Durch jede Sicherheitsstufe l wird ein **Unterkanal** ch_l wie folgt eingerichtet:
Die erlaubten Sender sind solche Benutzer, deren Freigabe kleiner oder gleich l ist;
die erlaubten Empfänger sind solche Benutzer, deren Freigabe größer oder gleich l ist.

Die Situation kann man sich grob wie folgt veranschaulichen:

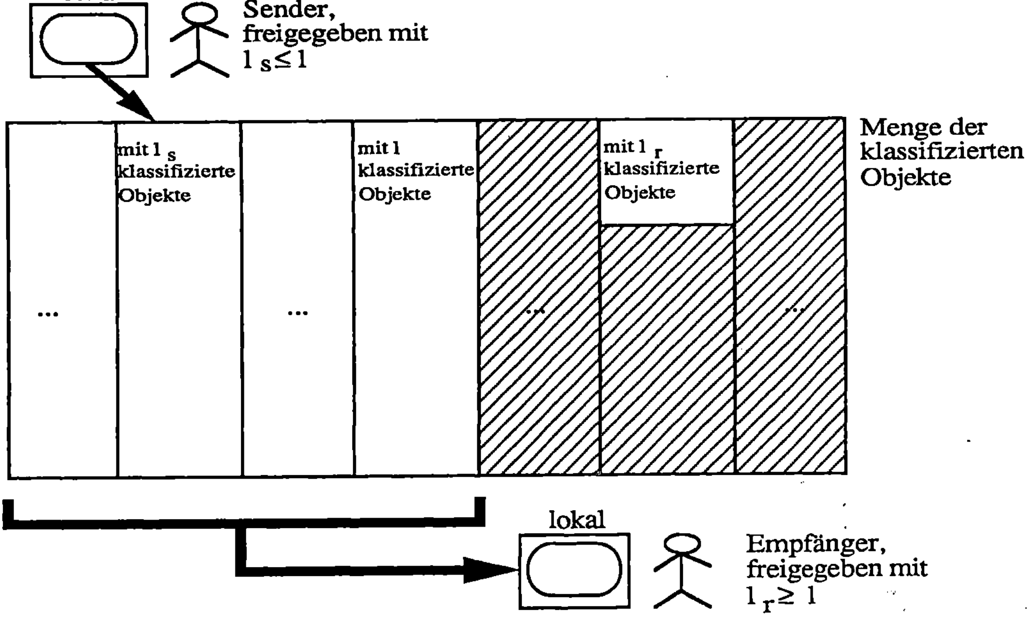

Immer wenn ein Objekt **dauerhaft gespeichert** wird (und im allgemeinen auch, wenn es verändert wird), muß für das Objekt eine Klassifikation erzeugt werden. Oft kann man diese Klassifikation sinnvollerweise festlegen als kleinste obere Schranke der Freigaben der Benutzer oder Prozesse, die das Objekt erzeugt haben, und der Klassifikationen der Bestandteile, aus denen das Objekt gebildet wurde.

Bezieht sich eine **semantische Bedingung** auf eine Klasse von Objekten, die alle die gleiche Klassifikation besitzen, und wird eine Änderungsoperation von einem Benutzer mit derselben Sicherheitsstufe als Freigabe ausgelöst, so kann das Informationssystem die semantische Bedingung im wesentlichen wie üblich durchsetzen: Alle Überprüfungen sind erlaubt, alle möglicherweise ausgelösten Fehlermeldungen sind (als Leseoperation gedeutet) erlaubt, und alle möglicherweise ausgelösten Folgeänderungen sind (als Schreiboperationen gedeutet) ebenfalls erlaubt. In anderen Fällen jedoch kann sich eine grundlegende Schwierigkeit ergeben: Die Überprüfung der semantischen Bedingung und die möglicherweise anschließend auszulösenden Folgeoperationen sind nicht ohne weitere Vorsichtsmaßnahmen erlaubt. Darüberhinaus kann auch die Auswertung einer Anfrage von dieser Schwierigkeit betroffen sein, denn semantische Bedingungen (wie zum Beispiel Schlüsselbedingungen) bestimmen häufig die Zugriffsstrukturen und unterstützen möglicherweise die Optimierung. Man versucht, diese Schwierigkeit im wesentlichen mit zwei Mitteln zu bewältigen, ohne allerdings bislang zweifelsfrei überzeugende Lösungen gefunden zu haben:

- **Verträglichkeit** der semantischen Bedingungen mit Klassifikationen,

- **Polyinstantisierung**, d.h. man erlaubt, daß Identifikatoren von Objekten eindeutig nur noch bezüglich einer Sicherheitsstufe sind, aber ihre systemweite Eindeutigkeit einbüßen können.

Als **Verträglichkeitsbedingungen** für relationale Datenbanken wurden insbesondere diskutiert [DeLSHS 87, De 88, MeJa 88]:

- Die Klassifikationen der Schlüsselwerte eines Tupels müssen alle gleich sein (damit entweder alle oder keine der Schlüsselwerte zugänglich sind).

- Die Klassifikation der Schlüsselwerte eines Tupels muß kleiner oder gleich den Klassifikationen der anderen Tupelwerte sein (damit ein Zugriff mit Hilfe der Schlüsselwerte möglich ist).

- Ist $R[X] \subset S[Y]$ eine Inklusionsabhängigkeit, d.h. jeder in der Relation R vorkommende

X-Wert muß auch in der Relation S als Y-Wert vorkommen (speziell also falls die Attribute aus X in R einen Fremdschlüssel für die Relation S bilden), so müssen die Klassifikationen der X-Werte eines Tupels aus der Relation R alle gleich sein und darüberhinaus größer oder gleich den Klassifikationen der Y-Werte der entsprechenden Tupel in S (damit keine scheinbar "hängenden Referenzen" entstehen).

- Die Klassifikationen von Schemaspezifikationen müssen kleiner oder gleich den Klassifikationen der Tupel in den zugehörigen Ausprägungen sein (damit das Datenwörterbuch für Zugriffe genutzt werden kann).

- Die Klassifikation einer Sichtrelation muß größer oder gleich den Klassifikationen der benutzten Basisrelationen sein (damit Sichtrelationen tatsächlich erzeugt werden dürfen).

- Die Klassifikationen von Tupeln innerhalb einer (tatsächlich gespeicherten) Basisrelation sollen alle gleich sein (wodurch Schwierigkeiten auf die Ebene der Sichtrelation verlagert werden). Eine solche Entscheidung liegt zumindest dem derzeitigen Stand des SeaView-Projekts [De 88] zugrunde.

Werden Objekte einerseits durch benutzersichtbare Schlüsselwerte identifiziert und andererseits auch mit Klassifikationen versehen, so können sich unvermeidbare Konflikte ergeben: Verlangt nämlich ein Benutzer unter Vorgabe bestimmter Schlüsselwerte und bestimmter Klassifikationen, daß ein Objekt mit diesen Schlüsselwerten neu erzeugt wird, so kann ein Objekt mit diesen Schlüsselwerten, aber abweichenden anderen Werten und abweichenden Klassifikationen schon vorhanden sein; verlangt entsprechend ein Benutzer ein vorhandenes, durch Schlüsselwerte bestimmtes Objekt bezüglich Nichtschlüsselwerten unter Vorgabe bestimmter Klassifikationen abzuändern, so können die vorhandenen Nichtschlüsselwerte abweichende Klassifikationen besitzen. Sind die Klassifikationen des vorhandenen Objekts nicht gleich oder kleiner der vom Benutzer bestimmten, so darf dieser Benutzer das vorhandene Objekt oder einzelne seiner Werte nicht sehen und darüberhinaus nicht einmal über das Vorhandensein des alten Objekts oder der alten Werte benachrichtigt werden; sind die Klassifikation des vorhandenen Objekts kleiner als die vom Benutzer bestimmten, so dürfen nicht einfach die vorhandenen Werte überschrieben werden, weil andere Benutzer mit solch kleinerer Freigabe dann die Tatsache der Änderung verbotenerweise beobachten könnten. Als Ausweg wurde im SeaView-Projekt vorgeschlagen [DeLSHS 87], die Klassifikationen als Bestandteile des Schlüssels zu betrachten, also bezüglich der ursprünglichen Schlüsselwerte **Polyinstantisierung** zuzulassen. Allerdings verlieren dann Schlüsselbedingungen ihre bisherige einfache und klare semantische Bedeutung, und im Datenmodell werden einige weitere Neuerungen, insbesondere bei der Datenmanipulationssprache, notwendig.

Zusammenfassend kann man feststellen, daß für den durch die Sicherheitsstufe 1 definierten Unterkanal ch_1 semantische Bedingungen im wesentlichen allenfalls für diejenige Sicht auf das Informationssystem durchgesetzt werden können, die alle Objekte und Werte mit einer Klassifikation kleiner oder gleich 1 enthält. Einem Benutzer mit einer Freigabe l_u wird aber im allgemeinen die Möglichkeit angeboten, durch eine geeignete Anmeldung einen der Unterkanäle ch_1 mit $1 \leq l_u$ anzuwählen. Wählt er innerhalb dieses Angebots einen Unterkanal mit kleinerer Sicherheitsstufe, so erhält er eine eingeschränktere Sicht, die er aber gegebenenfalls mit einer größeren Anzahl anderer Benutzer teilen kann; wählt er innerhalb dieses Angebots einen Unterkanal mit größerer Sicherheitsstufe, so erhält er eine umfassendere Sicht, die er aber gegebenenfalls nur mit weniger anderen Benutzern teilen kann.

Der für Datenbanken wichtige Dienst der korrekten Ausführung von **Transaktionen** wurde im militärischen Ansatz bislang kaum diskutiert, siehe aber [Sa 90] für einen ersten Vorschlag. Dieser unterscheidet zwischen flüchtigen und dauerhaften Objekten und behauptet, daß die notwendigen Kontrollen in den meisten Fällen nur auf die flüchtigen Objekte ausgeübt werden müssen.

Die Unterkanäle überlappen sich natürlich entsprechend der Verbandsstruktur der Sicherheitsstufen. Sie werden in dem Sinne voneinander **getrennt**, daß wenn ein Benutzer, als Empfänger, einen Unterkanal ch_1 benutzt, er gleichzeitig, als Sender, nur Unterkanäle ch_k mit $1 \leq k$ benutzen darf. Diese sogenannte *-Eigenschaft (*-property) sichert gerade, daß Informationsfluß nur "aufwärts" (im Sinne der Sicherheitsstufen) möglich ist, und zwar auch dann, wenn Folgen von abwechselnden Leseoperationen und Schreiboperationen von verschiedenen Benutzern ausgeführt werden. Dadurch erreicht man, daß transitiver Informationsfluß wirkungsvoll kontrolliert werden kann.

Der militärische Ansatz geht zurück auf überkommene (noch nicht rechnergestützte) Verwaltungsverfahren. Rechnergestützte Fassungen wurden in [BeLa 74] ausgearbeitet, in [DoD 83] als Anforderungen für kommerzielle Produkte zusammengefaßt und in zahlreichen Einzelarbeiten behandelt, z.B. in vielen Beiträgen aus [La 88, La 89, SpLa 90].

Viele diesem Ansatz eigene Schwierigkeiten rühren von der recht indirekten Art her,

Unterkanäle einzurichten, nämlich indem einzelnen Objekten und Werten bzw. einzelnen Benutzern Sicherheitsstufen zugeordnet werden. Die anspruchsvollen Sicherheitziele können wohl mit dem letztlich recht einfachen Mittel von Markierungen durch Sicherheitsstufen nur schwerlich umfassend kodiert werden.

3. Kommerzieller Ansatz

Für viele kommerzielle Anwendungen von Informationssystemen steht der Schutz von **Eigentum** im Mittelpunkt der Sicherheitsbetrachtungen. Die Abwicklung elektronischen Zahlungsverkehrs zwischen Geldinstituten oder das betriebliche Rechnungswesen verlangen zum Beispiel, daß die in den Objekten eines Informationssystems dargestellten Zahlen tatsächlich die in der "Außenwelt" geltenden Geldwerte und vorliegenden Güter stets richtig wiedergeben. Die bisherigen Erfahrungen scheinen zu belegen, daß Gefährdungen hauptsächlich von Benutzern ausgehen, die als Mitarbeiter des betreffenden Unternehmens für ihre Verpflichtungen gezielten Zugang zum Informationssystem benötigen, ihre dazu notwendigen Zugriffsrechte aber mißbräuchlich einsetzen oder dazu verwenden, Sicherheitsmaßnahmen zu umgehen.

Da einerseits herkömmliche Informationssysteme wie zum Beispiel relationale Datenbanken nur semantisch sehr einfache Sprachmittel anbieten, aber andererseits die Beschreibungen von Verpflichtungen in einem Unternehmen semantisch hohe Ausdrucksstärke verlangen, sind im kommerziellen Bereich Lösungsansätze entstanden, die Benutzern nur einen indirekten Zugang zu einem Informationssystem über sogenannte "wohlgeformte Transaktionen" (well-formed transactions) erlauben.

Eine solche "**wohlgeformte Transaktion**" ist eigentlich zunächst nur ein Anwendungsprogramm, mit dessen Ausführung ein Benutzer eine einzelne, klar abgegrenzte Verpflichtung erfüllen kann. Dieses Anwendungsprogramm darf dazu nur auf genau bestimmte Objekte oder Werte des Informationssystems lesend oder schreibend zugreifen, die es für seinen Zweck wirklich benötigt.

Für den Einsatz eines Informationssystems legt man dann **Zugriffsrechte** fest,
- die Benutzern entsprechend ihren Verpflichtungen entworfene "wohlgeformte Transaktionen" auszuführen erlauben, bzw.
- solchen "wohlgeformten Transaktionen" die benötigten Lese- oder Schreiboperationen erlauben.

Als grundlegendes Ziel möchte man erreichen, daß Benutzer keinen anderen Zugang zum Informationssystem als über die ihnen jeweils erlaubten "wohlgeformten Transaktionen" besitzen und daß solche "wohlgeformten Transaktionen" ausschließlich auf die ihnen zugeordneten Objekte in der vorgesehenen Form zugreifen.

Das zweite Ziel erfordert im allgemeinen, daß das Informationssystem fein eingeteilte Lese- und Schreibrechte verwalten kann. Das erste Ziel erfordert eine zusätzliche Sicherheitsschicht, die das Informationssystem wirkungsvoll von den Benutzern abschirmt.

Für die Deutung eines Informationssystems als einen Kanal sind im Rahmen des soweit nur grob umrissenen kommerziellen Ansatzes **Unterkanäle** nur unscharf angebbar. Aber wenigstens zwei Sichtweisen erscheinen sinnvoll. Zum einen kann man eine einzelne "wohlgeformte Transaktion", die einer Gruppe von Benutzern (als Sender) ermöglicht, Objekte in das Informationssystem neu einzuführen oder zu entfernen oder Werte abzuändern, und einer anderen oder auch der gleichen Gruppe von Benutzern (als Empfänger) ermöglicht, zu den entsprechenden oder abgeleiteten Daten zuzugreifen, als einen lokalen Unterkanal betrachten. Zum anderen kann man eine Folge von Transaktionen, deren Ausführungsreihenfolge gegebenenfalls vorgeschrieben ist, ebenfalls als einen Unterkanal betrachten: Seine Sender, bzw. Empfänger, sind dann wieder diejenigen Benutzer, die Objekte neu einführen oder entfernen oder Werte abändern können, bzw. die auf entsprechende oder abgeleitete Daten zugreifen können. Die Situation kann man sich grob wie folgt veranschaulichen:

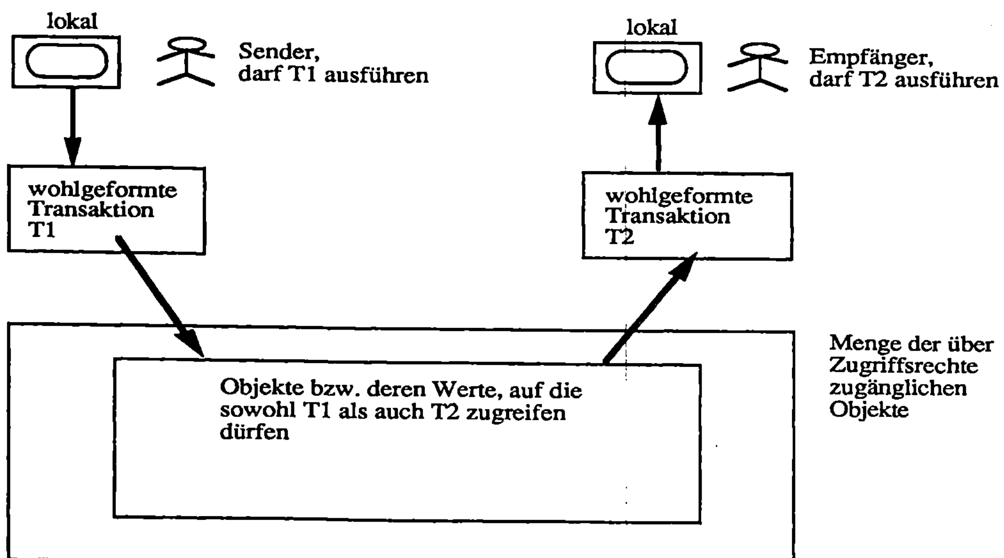

Man kann"wohlgeformte Transaktionen" als Anwendungsprogramme für ein Informationssystem natürlich als **Transaktionen** im üblichen Sinne gestalten, so daß sie also insbesondere **semantische Bedingungen** erhalten können und korrekt, d.h. entweder gar nicht oder vollständig und dann auch dauerhaft, sowie isoliert von anderen Transaktionen, ausgeführt werden können. Die erste Eigenschaft kann letztlich nur dadurch sichergestellt werden, daß eine Transaktion im Hinblick auf die zu erhaltenden semantischen Bedingungen sorgfältig entworfen und das lauffähige Programm entsprechend verifiziert wird. Die zweite Eigenschaft wird als wichtige Dienstleistung gängiger Informationssysteme, nämlich durch deren Transaktionsverwaltung durchgesetzt.

Eine Trennung der Unterkanäle kann man wiederum nur durch sorgfältigen Entwurf der "wohlgeformten Transaktionen" erreichen, der geleitet werden muß von den Grundsätzen der **Aufgabentrennung** (separation of duty) zwischen den Benutzern und der **kleinstmöglichen Berechtigung** (least privilege) von Benutzern. Diese Grundsätze müssen zunächst in der Organisation des betreffenden Unternehmens verwirklicht und dann geeignet auf die "wohlgeformten Transaktionen" übertragen werden. Dabei muß insbesondere darauf geachtet werden, daß neue "wohlgeformte Transaktionen" nur nach umfassender Verifikation zugelassen werden und daß nur ausdrücklich dazu berechtigte Sicherheitsverwalter in der Lage sind, "wohlgeformte Transaktionen" einzufügen und Benutzern Zugriffsrechte auf diese zu gewähren. Die erste Anforderung ist wieder (einmal abgesehen von den erheblichen Schwierigkeiten, größere Programme zu verifizieren) eine organisatorische Aufgabe, während die zweite Anforderung im wesentlichen von der Benutzer vom eigentlichen Informationssystem abschirmenden Sicherheitsschicht erfüllt werden muß.

Der kommerzielle Ansatz entwickelte sich in der Praxis und wird offensichtlich in vielerlei Abwandlungen angewendet, siehe etwa [LoKo 84, SaHa 86] als zwei Beispiele aus dem medizinischen Bereich. Er wurde erstmals in [ClWi 87] ausdrücklich zusammengefaßt und in Abgrenzung zum militärischen Ansatz empfohlen. Obwohl diese Arbeit manche Folgebetrachtungen auslöste, siehe z.B. [Ha 88], gibt es derzeit kein im einzelnen ausgearbeitetes und gründlich untersuchtes Modell wie für den militärischen Ansatz. Dies liegt natürlich auch darin begründet, daß der Begriff einer "wohlgeformten Transaktion" nur schwerlich formal genau faßbar ist, da er sich ja ausdrücklich auf Verpflichtungen von Menschen in ihren Unternehmen bezieht. Deshalb müssen auch die Sicherheitsziele im wesentlichen im Einzelfall anwendungsspezifisch durch organisatorische Maßnahmen wie Aufgabentrennung, gründliche Prüfverfahren und sorgfältige Vergabe der Zugriffsrechte gewährleistet werden. Weitergehende, allgemein verwendbare Verfahren müßten bei der das eigentliche Informationssystem abschirmenden Sicherheitsschicht ansetzen. In [ClWi 87, p.191] wird entsprechend auch festgestellt: "... an important research goal must be to shift as much of the security burden as possible from certification to enforcement".

4. Ansatz des persönlichen Wissens

Informationelle Selbstbestimmung wird heute als ein von der Verfassung geschütztes Grundrecht angesehen, das inzwischen in vielen weiteren rechtlichen Regelungen ausgestaltet wurde. In unserem Beitrag [BiBr 91] wird ein experimenteller Ansatz für ein Informationssystem vorgestellt, der derzeitig verfügbare Techniken relationaler Datenbanken, objektorientierter Programmiersprachen und Capability-gestützter Betriebssysteme zusammenführt, um vorrangig (und damit einseitig) das Ziel der informationellen Selbstbestimmung zu fördern.
Dieser Ansatz des persönlichen Wissens soll hier nicht noch einmal wiederholt werden, sondern es soll nur die Deutung als ein Kanal skizziert werden.

Die Sprachmittel des Ansatzes des persönlichen Wissens ermöglichen es, gemäß folgendem Schema in durchsichtiger Weise (lokale) (potentielle) **Unterkanäle** einzurichten:

- Für eine Klasse Medium vereinbaren wir eine Rolle, die ausdrückt, daß in einen gewissen Teil der KNOWS-Komponente ihrer Instanzen Daten eingefügt werden können, etwa durch "accept (insert [...])", und eine weitere Rolle, die ausdrückt, daß dieser Teil der KNOWS-Komponente gelesen werden kann, etwa durch "deliver (tell [...])".

- Für eine Klasse Sender vereinbaren wir eine Vollmacht für die Rolle des Dateneinfügens bezüglich der Klasse Medium durch "Medium: accept".

- Für eine Klasse Receiver vereinbaren wir eine Vollmacht für die Rolle des Datenlesens bezüglich der Klasse Medium durch "Medium: deliver".

Die für diesen Unterkanal erlaubten Sender sind dann diejenigen Benutzer, deren repräsentierendes Objekt Instanz der Klasse Sender ist und über geeignete Surrogate für Objekte aus der Klasse Medium verfügt. Entsprechend sind die erlaubten Empfänger dann diejenigen Benutzer, deren repräsentierendes Objekt Instanz der Klasse Receiver ist und über geeignete Surrogate für Objekte aus der Klasse Medium verfügt.

Der Unterkanal ist potentiell in dem Sinne, daß eine Kommunikation nur dann zustandekommt, wenn ein tatsächliches Senderobjekt und ein tatsächliches Empfängerobjekt über gemeinsame Surrogate in der Klasse Medium verfügen.

Der Unterkanal ist lokal in dem Sinne, daß man solche Unterkanäle hintereinanderschalten kann, wodurch man transitiv entstehende umfassendere Unterkanäle erhält.

Die Einrichtung eines Unterkanals kann man sich grob wie folgt veranschaulichen:

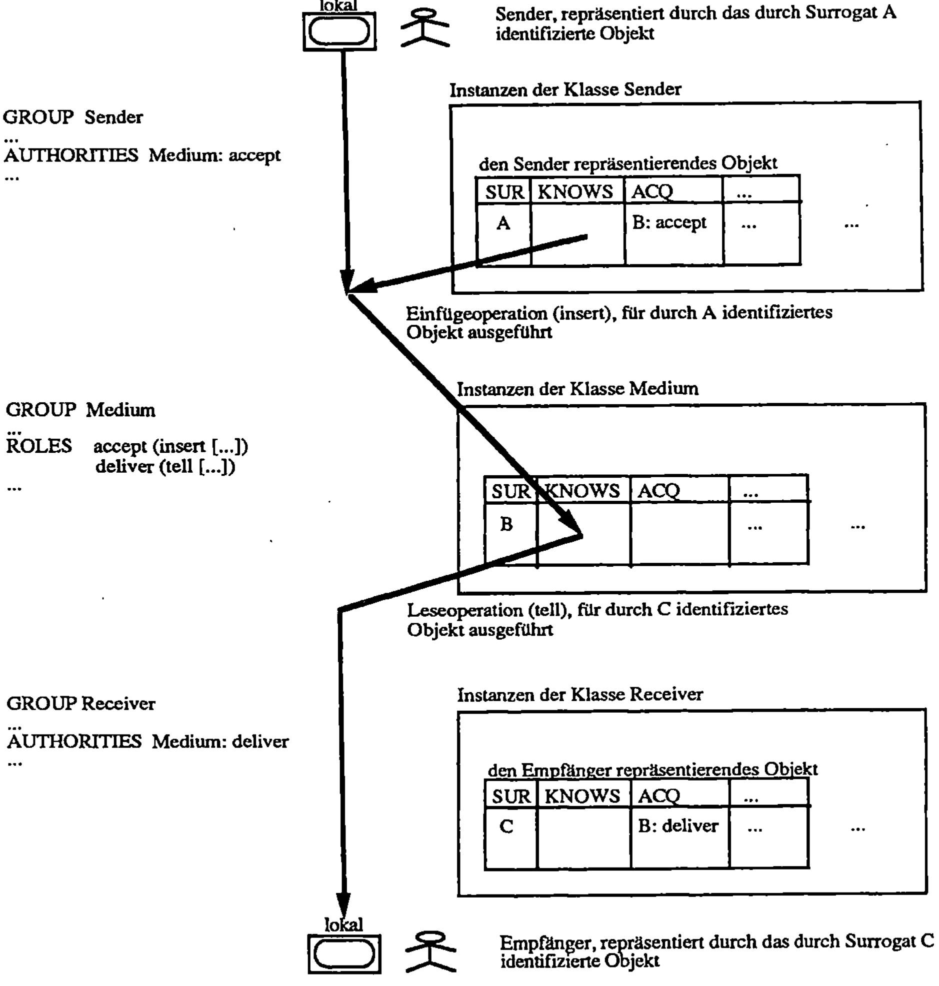

Da im Ansatz des persönlichen Wissens die Grundkonzepte objektorientierter Programmiersprachen verfügbar sind, kann man Unterkanäle nicht nur mit Hilfe elementarer Lese- und Schreiboperationen einrichten, sondern kann dazu alle inhaltlich angemessenen und geeignet vereinbarten Klassen-spezifischen Operationen verwenden.

Semantische Bedingungen werden in diesem Ansatz nicht unmittelbar unterstützt. Stattdessen kann man aber Klassen-spezifische Operationen derart definieren, daß die Invarianten der beabsichtigten Semantik der Datenteile der Objekte bei Änderungen erhalten bleiben. Mit Klassen-spezifischen Operationen könnte man auch einige Dienstleistungen von **Transaktionen** nachbilden. (Dies soll Gegenstand weiterer Untersuchungen werden.)

Eine **Trennung** der Unterkanäle muß wie im kommerziellen Ansatz anwendungsbezogen und weitgehend durch sorgfältigen Entwurf der Vereinbarungen, hier also von Klassen, Rollen und Vollmachten erreicht werden. Indem das System erzwingt, daß bei der Auswertung von Anfragen oder Änderungen pro Klasse höchstens eine Rolle benutzt werden darf, wird zumindest teilweise verhindert, daß Benutzer mit verschiedenen Verpflichtungen ihre Vollmachten für nichtvorgesehene Zwecke (unabsichtlich oder böswillig) zusammenführen.

Der Ansatz des persönlichen Wissens wurde im Rahmen universitärer Forschung entworfen und in seinen wichtigsten Teilen ausgearbeitet und untersucht [BiBr 88, Bi 88, BiGr 89, Br 89]. Prototypische Teilimplementierungen sollen insbesondere die Möglichkeiten einer vollständig verteilten Verwirklichung erkunden. Die bisherigen Erfahrungen zeigen, daß weitere Verbesserungen durch Ergänzungen und Weiterentwicklungen auf den folgenden Gebieten wünschenswert sind: ausdrückliche Betrachtung von transitiv entstehenden Unterkanälen, Einhaltung semantischer Bedingungen durch Klassen-spezifische Operationen, ausdrückliche Einführung von Transaktionen, umfassendere Kontrolle von unbeabsichtigter Zusammenführung von Vollmachten, Werkzeuge zum Entwurf und zur Bewertung von Klassenvereinbarungen.

5. Ausblicke

Die Unterschiede der behandelten Ansätze rühren zum Teil daher, daß in den für den Einsatz der Informationssysteme vorgesehenen Unternehmen unterschiedliche Werte vorrangig geschützt werden sollen, schlagwortartig eben Geheimnisse, Eigentum bzw. informationelle Selbstbestimmung. Viele Unternehmen werden jedoch diese und auch weitere Gesichtspunkte gleichzeitig berücksichtigen wollen, und entsprechend ergibt sich die Aufgabe, für Weiter- und Neuentwicklungen geeignete Mischformen zu finden. Ausgangspunkt derartiger Überlegungen sollte stets eine weitgefaßte **Unternehmens- bezogene Sicht** sein.

- In [Do 88, DoMc 89, Do 90, McHo 90] wird dazu ein "Unternehmens Modell" entfaltet und ansatzweise operationalisiert, das wie in der Einleitung skizziert die handelnden Personen und ihre Verantwortlichkeiten und Haftbarmachungen ebenso einbezieht wie die kommunikativen Handlungen und die sie vermittelnden Daten.
- [Fu 88] verbindet die Spezifikation von Sicherheitsanforderungen mit den erprobten Methoden des allgemeinen Entwurfs von Informationssystemen, die sich semantischer Datenmodelle und der Schichtenarchitektur solcher Systeme bedienen.
- [Ge 90] erfaßt im Konzept eines "Informationsrahmens", daß Benutzer mit einem Informationssystem in verschiedenen Rollen arbeiten, wobei eine Rolle die soziale, organisatorische, funktionelle oder andere Stellung des Rolleninhabers im Unternehmen in Form von Erlaubnissen, Verboten, Pflichten und Freiheiten bestimmt.
- [Ha 88, Ti 88, LoWo 88, Bi 88] sind Beispiele für weitere Arbeiten, in denen eine Unternehmens-bezogene Sicht unter Betonung von Rollen in Bezug auf die verschiedenen Ansätze für Sicherheit diskutiert und empfohlen werden.

Um Wirklichkeit möglichst treu programmiersprachlich nachzubilden, sind die Mittel des objektorientierten Programmierens besonders gut geeignet. Deshalb liegt es nahe, eine Unternehmens-bezogene Sicht mit Rollen eben objektorientiert auszudrücken. Diese Technik ist grundlegender Bestandteil des Ansatzes des persönlichen Wissens, wird aber auch anderweitig, zum Beispiel in [LoWo 88, Ti 88] vertreten. Da darüber hinaus objektorientierte Informationssysteme auch aus anderen Gründen zunehmende Bedeutung erlangen, werden auch die anderen Ansätze für solche Systeme überdacht, siehe z.B. [Lu 90, KeTs 90]. Objektorientiertheit erlaubt insbesondere, Objekte zu strukturieren und Eigenschaften entlang der Klassenhierarchie zu vererben. Damit ergeben sich neue Möglichkeiten, aber auch neue Schwierigkeiten, Sicherheitsanforderungen und besonders Zugriffsrechte auszudrücken [Ra 88, DiHaPf 89, LGSF 90]. Klassen müssen geeignet gebildet werden, und Zugriffsrechte für ein Objekt oder eine Objektkomponente können explizit oder implizit über die Objektstruktur oder durch Vererbung vergeben werden. Dabei ist es nützlich, nicht nur wie üblich positive Rechte (Erlaubnisse), sondern auch negative Rechte (Verbote) zuzulassen, wodurch dann aber die nicht einfache Festlegung und durchsichtige Begründung von Vorrangregeln notwendig werden.

Jeder Ansatz muß schließlich so implementiert werden, daß das jeweilige grundlegende Ziel tatsächlich und mit hoher Laufzeiteffizienz erreicht wird. Zusätzlich kann man sich wünschen, vorhandene Software für Informationssysteme möglichst weitgehend weiterverwenden zu können.

Für den militärischen Ansatz werden dazu in der Literatur eine Reihe von Versuchen beschrieben, die insbesondere die Vorgaben des "Orange Book" [DoD 83] erfüllen sollen. Betrachtet man den groben schichtenmäßigen Aufbau eines Informationssystems (etwa als relationales Datenbanksystem ausgerichtet), so bieten sich zwei Schnittstellen an, dort mit **Schranken** den Datenfluß zu kontrollieren:

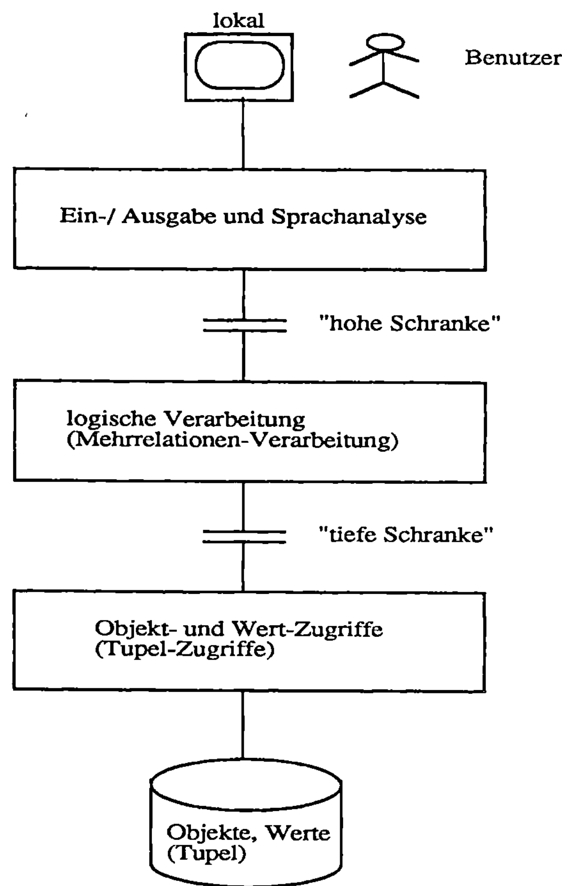

Die Schranken können ihre Aufgabe durch unmittelbare **Einschränkung** der Zugriffsmöglichkeiten (man versucht also, die Objekte und Werte zu verbergen) oder durch **Verschlüsselung** (man versucht, unbefugt erhaltene Daten nutzlos zu machen) erreichen. Einschränkungen der Zugriffsmöglichkeiten wurden implementiert als ein möglichst kleiner, unumgehbar alle Zugriffe vermittelnder **Sicherheitskern**, der meistens eine "tiefe Schranke" innerhalb des Informationssystems oder gar erst im zugrundeliegenden Betriebssystem darstellt [DoPo 77, Bo 80, Am 81, Gr 90], oder durch **Flußfilter**.

Flußfilter wurden als "hohe Schranke" unter Verwendung kryptographischer Prüfsummen und Integritätsriegel (integrity locks) [De 84, Gr 84, Me 87, Gr 90] oder als "tiefe Schranke" mit Hilfe von Sicherheitsprädikaten [SpKWSH 86] vorgeschlagen.

Verschlüsselungen können als "tiefe Schranken" eingesetzt werden [DaWeKa 81, AkTa 83, DaDeLi 80, Gu 80, OmWe 83], aber auch als "hohe Schranken" [DaYe 82, RiAdDe 78], vorausgesetzt, die stark eingeschränkten Möglichkeiten, verschlüsselte Daten logisch zu verarbeiten, reichen für die Anwendung aus.

Für alle Versuche stellt die logische Verarbeitung (Mehrrelationen-Verarbeitung, z.B. vermöge relationaler Verbundoperationen) ein besonders schwieriges Problem dar, weil die Zusammenhänge zwischen den Objekten und Werten, zu denen nach unten hin zugegriffen wird, und den Daten, die nach oben dem Benutzer ausgegeben werden, vielfältig, allgemein schwer durchschaubar und damit für verdeckten Informationsfluß mißbraucht werden können.

[Gr 90] gibt eine vergleichende Übersicht über drei derzeit verfolgte Entwicklungslinien in den USA, [Me 90] zeigt interessante Zusammenhänge auf zwischen einem Sicherheitsansatz für ein militärisches Nachrichtensysten [LaHeMc 84] und der Architektur von SeaView [DeLSHS 87], die sich auf einen im zugrunde liegenden Betriebssystem befindlichen Sicherheitskern stützt.

Implementierungen des kommerziellen Ansatzes bestehen in einfacher Form im wesentlichen aus der das eigentliche Informationssystem abschirmenden Sicherheitsschicht. Wenn man jedoch wie gefordert die Ziele weiter verfeinert, werden sich viele der oben genannten Probleme wieder einstellen.

Für den Ansatz des persönlichen Wissens sind ebenfalls noch viele Einzelheiten einer sicheren und effizienten Implementierung, insbesondere in einer verteilten Fassung, offen.

Zusammenfassend ergibt sich der Eindruck, daß die mächtige Funktionalität von Informationssystemen notwendigerweise sehr umfangreiche Software benötigt, die sich darüberhinaus noch zumindest teilweise auf das Betriebssystem abstützen muß. Jeder Versuch, die für die Sicherheit bedeutsamen Teile von den anderen streng zu trennen und klein und damit beherrschbar zu halten, scheint irgendwo seinen Preis zu fordern, etwa daß die Funktionalität eingeschränkt werden muß oder daß die Sicherheitsziele gelockert werden müssen. Die Anforderungen der Anwenderunternehmen und die fortlaufenden Bemühungen von staatlichen Behörden, Kriterien für sichere Rechensysteme festzulegen und Produkte in Bezug darauf zu bewerten, in der Bundesrepublik durch die Nationalen IT-Sicherheitskriterien [NaS 89], werden sicherlich die derzeitigen Forschungs- und Entwicklungsarbeiten antreiben, für die vielen noch unbefriedigend gelösten Probleme bessere Vorschläge hervorzubringen.

6. Literaturverzeichnis

AkTa 83   S.G., Akl, P.D. Taylor, Cryptographic solution to a problem of access control in a hierarchy, ACM Transactions on Computer Systems, Vol.1, No.3, 1983, pp. 239-248.

Am 81   S.R. Ames, Security kernels: a solution or a problem?, Proc. IEEE Symp. on Security and Privacy, Oakland, 1981, pp. 141-150.

BeLa 74   D.E. Bell, L.J. LaPadula, Secure Computer Systems, Mitre Corporation, Bedford, 1974.

Bi 88   J. Biskup, Privacy Respecting Permissions and Rights, Database Security: Status and Prospects (ed.: C.E. Landwehr), North-Holland, Amsterdam etc., 1988, pp. 173-185.

BiBr 88   J. Biskup, H.H. Brüggemann, The personal model of data - towards a privacy-oriented information system, Computers & Security 7 (1988), pp. 575-597.

BiBr 91   J. Biskup, H.H. Brüggemann, Das datenschutzorientierte Informationssystem DORIS: Stand der Entwicklung und Ausblick, 2. GI-Fachtagung Verläßliche Informationssysteme, Karlsruhe 1991, dieser Band.

BiGr 89   J. Biskup, H.-W. Graf, Analysis of the privacy model for the information system DORIS, Database Security, II: Status and Prospects (ed.: C.E. Landwehr), North-Holland, Amsterdam etc., 1989, pp. 123-140.

Bo 80   D.A. Bonyun, The secure relational database management system kernel - three years after -, Proc. IEEE Symp. on Security and Privacy, Oakland, 1980, pp. 34-37.

Br 89   H.H. Brüggemann, Interaction of authorities and acquaintances in the DORIS privacy model of data, Proc. MFDBS 89, Lecture Notes in Computer Science 364, Springer, 1989, pp. 85-99.

Bvg 83   Bundesverfassungsgericht, Urteil vom 15. Dezember 1983 zum Volkszählungsgesetz 1983, Bundesanzeiger 35, 241a (1983).

ClWi 87   D.D. Clark, D.R. Wilson, A comparison of commercial and military computer security policies, Proc. IEEE Symp. on Security and Privacy, 1987, Oakland, pp. 184-194.

Co 74   Congress, 93rd - 2nd Session, Privacy Act of 1974, Public Law 93 - 579.

DaDeLi 80   G.I. Davida, R.A. DeMillo, R.J. Lipton, A system architecture to support a verifiably secure multilevel security system, Proc. IEEE Symp. on Security and Privacy, Oakland, 1980, pp. 137-144.

DaWeKa 81   G.I. Davida, D.L. Wells, J.B. Kam, A database encryption system with subkeys, ACM Transactions on Database Systems, Vol. 6, No. 2, 1981, pp. 312-328.

DaYe 82 G.I. Davida, Y. Yeh, Cryptographic relational algebra, Proc. IEEE Symp. on Security and Privacy, Oakland, 1982, pp. 111-116.

De84 D.E. Denning, Cryptographic checksums for multilevel database security, Proc. IEEE Symp. on Security and Privacy, 1984, Oakland, pp. 52-61.

De 88 D.E. Denning, Lessons learned from modeling a secure multilevel relational database system, Database Security : Status and Prospects (ed. C.E. Landwehr), North-Holland, Amsterdam etc., 1988, pp. 35-43.

DeLSHS 87 D.E. Denning, T.F. Lunt, R.R. Schell, M. Heckman, W. Shockley, A multilevel relational data model, Proc. IEEE Symp. on Security and Privacy, Oakland, 1987, pp. 220-234.

DiHaPf 89 K. Dittrich, M. Härtig, H. Pfefferle, Discretionary Access control in structurally object-oriented database systems, Database Security, II: Status and Prospects (ed.: C.E. Landwehr), North-Holland, Amsterdam etc., 1989, pp.105-121.

Do 88 J. Dobson, Security and Databases: A Personal View, Database Security: Status and Prospects (ed.: C.E. Landwehr), North-Holland, Amsterdam etc., 1988, pp. 11-21.

Do 90 J. Dobson, Conversation structures as a means of specifying security policy, Database Security, III: Status and Prospects (eds: D.L. Spooner, C.E. Landwehr), North-Holland, Amsterdam etc., 1990, pp. 25-39.

DoD 83 Department of Defense Computer Security Center, Trusted Computer Systems Evaluation Criteria, CSC-STD-011-83, Fort Meode, 1983.

DoMc 89 J.E. Dobson, J.A. McDermid, Security models and enterprise models, Database Security, II : Status and Prospects (ed. C.E. Landwehr), North-Holland, Amsterdam etc., 1989, pp. 1-39.

DoPo 77 D. Downs, G. Popek, A kernel design for a secure data base managment system, Proc. 3rd Int. Conf. on Very Large Data Bases, 1977, pp. 507-514.

Fu 88 M. Fugini, Secure database development methodologies, Database Security: Status and Prospects (ed.: C.E. Landwehr), North-Holland, Amsterdam etc., 1988, pp. 103-129.

Ge 90 W. Gerhardt, Datensicherheit in Datenbanksystemen - Methoden und Trends, Rostocker Informatik-Berichte, Heft 10 (1990).

Gr 84 R. Graubart, The integrity-lock approach to secure database management, Proc. IEEE Symp. on Security and Privacy, 1984, Oakland, pp. 62-74.

Gr 90 R. Graubart, A comparison of three secure dbms architectures, Database Security, III: Status and Prospects (eds: D.L. Spooner, C.E. Landwehr), North-Holland, Amsterdam etc., 1990, pp. 167-190.

Gu 80 E. Gudes, The design of a cryptography based secure file system, Proc. IEEE Transactions on Software Engineering, Vol. SE-6, No.5, 1980, pp. 411-420.

Ha 88 J.T. Haigh, Modeling database security requirements, Database Security: Status and Prospects (ed.: C.E. Landwehr), North-Holland, Amsterdam etc., 1988, pp. 103-129.

KeTs 90 T.F. Keefe, W.T. Tsai, Prototyping the SODA security model, Database Security, III: Status and Prospects (eds: D.L. Spooner, C.E. Landwehr), North-Holland, Amsterdam etc., 1990, pp.211-235.

La 88 C.E. Landwehr, editor, Database Security: Status and Prospects, North-Holland, Amsterdam etc., 1988.

La 89 C.E. Landwehr, editor, Database Security, II: Status and Prospects, North-Holland, Amsterdam etc., 1989.

LaGSF 90   M. Larrondo-Petrie, E. Gudes, H. Song, E.B. Fernandez, Security policies in object-oriented databases, Database Security, III: Status and Prospects (eds: D.L. Spooner, C.E. Landwehr), North-Holland, Amsterdam etc., 1990, pp.257-268.

LaHeMc 84   C.E. Landwehr, C.L. Heitmeyer, J. McLean, A security model for military message systems, ACM Trans. on Computer Systems, Vol. 2, No. 3, 1984, pp. 198-222.

LoKo 84   C.P. Louwerse, J.M.L. Kouwenberg, Data protection aspects in an integrated hospital information system, Computers & Security, Vol. 3, 1984, pp. 286-294.

LoWo 88   F.H. Lochovsky, C.C. Woo, Role-based security in data base management systems, Database Security: Status and Prospects (ed.: C.E. Landwehr), North-Holland, Amsterdam etc., 1988, pp. 209-222.

Lu 90   T.F. Lunt, Multilevel security for object-oriented database systems, Database Security, III: Status and Prospects (eds.: D.L. Spooner, C.E. Landwehr), North-Holland, Amsterdam etc., 1990, pp. 199-209.

McHo 90   J.A. McDermid, E.S. Hocking, Security policies for integrated project support environments, Database Security, III: Status and Prospects (eds.: D.L. Spooner, C.E. Landwehr), North-Holland, Amsterdam etc., 1990, pp. 41-74.

Me 87   C. Meadows, The integrity lock architecture and its application to message systems: reducing cover channels, Proc. IEEE Symp. on Security and Privacy, 1987, Oakland, pp. 212-218.

Me 90   C. Meadows, Constructing container using a multilevel relational data model, Database Security, III: Status and Prospects (eds.: D.L. Spooner, C.E. Landwehr), North-Holland, Amsterdam etc., 1990, pp. 127-141.

MeJa 88   C. Meadows, S. Jajodia, Integrity versus security in multi-level secure databases, Database Security : Status and Prospects (ed. C.E. Landwehr), North-Holland, Amsterdam etc., 1988, pp. 89-101.

NaS 89   Nationale IT-Sicherheitskriterien, Bundesanzeiger-Verlag, 1989.

OmWe 83   K.A. Omar, D.L. Wells, Modified architecture for the sub-keys model, Proc. IEEE Symposium on Security and Privacy, 1983, Oakland, pp. 79-86.

Ra 88   F. Rabitti, D. Woelk, W. Kim, A model of authorization for object-oriented and semantic databases, Proc. Int. Conf. on Extending Database Technology, Venice, March 1988, Lecture Notes in Computer Science 303, Springer, 1988, pp. 231-250.

RiAdDe 78   R.L. Rivest, L. Adleman, M.L. Dertouzos, On data banks and privacy homomorphisms, in: Foundation of Secure Computation (eds: DeMillo, Dobkin, Jones, Lipton), Academic Press, New York, 1978, pp. 169-177.

Sa 90   R., Sandhu, Mandatory controls for database integrity, Database Security, III: Status and Prospects (eds.: D.L. Spooner, C.E. Landwehr), North-Holland, Amsterdam etc., 1990, pp. 143-150.

SaHa 86   R. Sawinski, P. Haas, Interaktive Definition und Pflege von datenschutzorientierten Benutzerschnittstellen, Proc. 31. Jahrestagung GMDS, 1986, Göttingen, Medizinische Informatik und Statistik 64, Springer, pp. 295-298.

SpKWSH 86   D. Spooner, A.M. Keller, G. Wiederhold, J. Solasin, D. Heystek, Framework for the security component of an ADA DBMS, Proc. 12 th. Int. Conf. on Very Large Data Bases, Kyoto, 1986, pp. 347-354.

SpLa 90   D.L. Spooner, C.E. Landwehr, editors, Database Security, III: Status and Prospects, North-Holland, Amsterdam etc., 1990.

Ti 88   T.C. Ting, A user-role based data security approach, Database Security: Status and Prospects (ed.: C.E. Landwehr), North-Holland, Amsterdam etc., 1988, pp. 187-208.

TiTu 88   M.-T. Tinnefeld, H. Tubies, Datenschutzrecht, Oldenbourg, München-Wien, 1988.

Verfügbarkeit - eine tragende Säule sicherer Systeme

Manfred Reitenspieß
Siemens Nixdorf Informationssysteme
Otto-Hahn-Ring 6, D-8000 München 83

Zusammenfassung

Verfügbarkeit ist eine Grundanforderung sicherer informationstechnischer Systeme,
wird aber im Fehlertoleranzbereich und im Sicherheitsbereich unterschiedlich
gebraucht. Eine Gemeinsamkeit der unterschiedlichen Definitionen ist die Abhängigkeit vom abzuwehrenden Risiko. Fehlertoleranzmaßnahmen sind in der Entwicklung und dem Betrieb von informationstechnischen Systemen einsetzbar und können
als Teil der Sicherheitsmaßnahmen betrachtet werden. Die Risikoanalyse ist wichtige Voraussetzung zur Erkennung möglicher Beeinträchtigungen. Die Anforde-
rungsbeschreibung, die Spezifizierung und die Implementierung von Sicherheitseigenschaften erfordert Sprach- und Werkzeugunterstützung zur exakten Abbildung
der Benutzerforderungen. Trotz vorhandener Methoden und Verfahren entsprechen
die bekannten Sicherheitsdienste und -mechanismen noch nicht den allgemeinen
Sicherheits- (Verfügbarkeits-) Anforderungen. Sicherheitsverbesserungen von
informationstechnischen Systemen sind nur durch eine verstärkte wissenschaftliche
Zusammenarbeit, insbesondere auf den Gebieten Fehlertoleranz und Zugriffssicher-
heit, zu erreichen.

Schlüsselwörter: Sicherheit (security), Sicherheit (safety), Zuverlässigkeit, Verfügbarkeit, Fehlertoleranz, Risikoanalyse, formale Verfahren

1. Warum Verfügbarkeit?

Die Sicherheit von informationstechnischen (IT-) Systemen (beispielhaft seien genannt Betriebssysteme, Vermittlungssysteme, Flugbuchungssysteme) kann ohne die
Berücksichtigung von Verfügbarkeitsaspekten nicht gewährleistet werden. Folgende
zwei stark vereinfachte Beispiele sollen dies veranschaulichen:

-   Die Konsistenz der erarbeiteten CAD-Daten ist für einen Konstruktionsbetrieb
    von existentieller Bedeutung. Fehlerhafte Programme gefährden dabei die Inte-
    grität häufiger als absichtliche Angriffe (Sabotage). Erschwerend ist dabei der
    Umstand, daß die (fehlerhaften) Zugriffe meist berechtigt sind und daß die

Information verfügbar **scheint**, da Inkonsistenzen sich erst zu einem wesentlich späteren Zeitpunkt zeigen können.

- In der Notaufnahme eines Krankenhauses müssen für den behandelnden Arzt die Informationen der Blutdatenbank verfügbar sein. Da diese Information nicht der Krankenhausverwaltung zur Verfügung stehen soll, ist zunächst die Zulässigkeit der Abfrage zu verifizieren. Die Zulässigkeitsbedingungen müssen den tatsächlich notwendigen Einschränkungen entsprechen und in sich konsistent sein. Nach Überprüfung der Zulässigkeit muß die gewünschte Information zur Verfügung gestellt werden. Dazu müssen die Daten erreichbar sein und korrekt angezeigt werden.

Die Liste ließe sich beliebig fortsetzen (siehe z. B. [Li 76] und [Ne 86]). Neumann führt aus: "Security, privacy, and integrity issues are closely interrelated with reliability and fault tolerance.". Darum wird die Sicherheit von IT-Systemen zurückgeführt auf die Grundanforderungen nach

Vertraulichkeit, Integrität **und** Verfügbarkeit

der IT-Systeme. Im folgenden soll deshalb versucht werden, einen Zusammenhang zwischen den bisherigen Arbeiten im Bereich Fehlertoleranz und den Arbeiten an sicheren IT-Systemen herzustellen.

Zunächst werden im 2. und 3. Abschnitt die Begriffe Verfügbarkeit und Sicherheit bzw. Fehler informell eingeführt und diskutiert, da ein gemeinsames Verständnis dieser Begriffe für die weitere Diskussion notwendig und wichtig ist. Eine allgemeingültige Definition der Begriffe muß allerdings einer vertiefenden Untersuchung vorbehalten bleiben. Anhand einer im 3. Abschnitt vorgestellten Klassifikation von Maßnahmen gegen Sicherheitsbeeinträchtigungen werden in den Abschnitten 4 bis 6 organisatorische, entwicklungstechnische und technische Maßnahmen zur Verbesserung der Verfügbarkeit von IT-Systemen vorgestellt. Schließlich wird in Abschnitt 7 noch einmal auf die notwendige interdisziplinäre Kooperation zur Entwicklung sicherer IT-Systeme hingewiesen.

2. Sicher ist nicht immer sicher

Unter **Fehlertoleranz** werden nach [Ec 90] Maßnahmen und Verfahren zum Erreichen eines hohen Grades an Zuverlässigkeit von IT-Systemen unter der Annahme vorhandener Fehler subsumiert. **Fehlertoleranz** wird von Echtle definiert als "die Fähigkeit eines Systems, auch mit einer begrenzten Anzahl fehlerhafter Komponenten seine spezifizierte Funktion zu erfüllen". **Zuverlässigkeit** (reliability, dependability) bezeichnet dabei "die Fähigkeit eines Systems, während einer vorgegebenen Zeitdauer bei zulässigen Betriebsbedingungen die spezifizierte Funktion zu erbringen" ([Ec 90]). **Verfügbarkeit** wird in diesem Rahmen als eine Kenngröße für die Zuverlässigkeit eines Systems definiert ("bezeichnet die Wahrscheinlichkeit, ein System zu einem beliebigen Zeitpunkt fehlerfrei anzutreffen" [Ec 90]).

Daß ein zuverlässiges System nicht immer sicher ist, hängt zum Teil damit zusammen, daß die zulässigen Betriebsbedingungen oder die Systemfunktionen nie in ihrer Gesamtheit definiert werden können. So ist eine Ampelanlage, die bei Ausfall der Steuerung trotzdem rot - gelb - grün zeigt, möglicherweise zuverlässig, aber nicht sicher. In MIL-STD-882B wird **Sicherheit (safety)** definiert als "freedom from those conditions that can cause death, injury, occupational illness, or damage to or loss of equipment or property". [Le 86] gibt eine etwas abgeschwächte, auf Software bezogene Definition: "**Software safety** involves ensuring that the software will execute within a system context without resulting in unacceptable risk". Ähnlich formuliert DIN 31000 für Sicherheit: "Sachlage, bei der das zulässige Grenzrisiko nicht überschritten wird, d. h. eines vereinbarten Wertes, der sich aus der Häufigkeit für den Eintritt eines Ereignisses sowie dem möglichen Schadensausmaß zusammensetzt". Die Sicherheit eines Systems wird also relativ zu möglichen Risiken für "Menschen oder Sachwerte" ([Ec 90]) definiert.

Anders wurde bei der Definition des Begriffs Sicherheit unter dem Aspekt von Schutzmaßnahmen in und mit Rechensystemen vorgegangen. In IT-Kriterien, den "Kriterien zur Bewertung der Sicherheit von Systemen der Informationstechnik" in Deutschland, wird die **Sicherheit (security)** von IT-Systemen zurückgeführt auf Anforderungen nach **Vertraulichkeit** ("kein unbefugter Informationsgewinn"), nach Integrität ("keine unbefugte Modifikation von Informationen") und nach **Verfügbarkeit** ("keine unbefugte Beeinträchtigung der Funktionalität"). Auffällig ist auch hier die Definition durch Negation. Es werden aber die auszuschließenden Risiken konkretisiert auf Objekte in IT-Systemen (Daten, Programme, Funktionen). Das Attribut unbefugt ist etwas irreführend, denn es werden nicht nur absichtliche, sondern auch unabsichtliche, z. B. durch Benutzer- oder Programmierfehler entstandene, Verstöße gegen die Sicherheitsanforderungen ausgeschlossen.

Die Verfügbarkeitsanforderungen sollen gewährleisten, daß das betrachtete IT-System die spezifizierten Funktionen für Befugte zum gewünschten Zeitpunkt zur Verfügung stellt. **Verfügbarkeit** wird also äquivalent zum oben eingeführten Begriff der Zuverlässigkeit gebraucht, nicht als Zuverlässigkeitsmaß. Damit

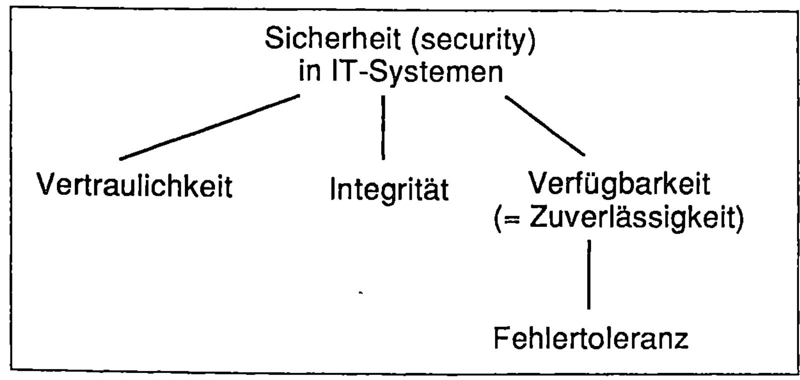

Bild 1: Fehlertoleranz zur Verbesserung der IT-Sicherheit

schließt sich der Kreis zum Ausgangspunkt Fehlertoleranz, die damit auch und gerade in sicheren IT-Systemen von entscheidender Bedeutung ist.

Der Vorschlag in [Le 86], Sicherheit (safety) relativ zum Risiko, also zur Eintrittswahrscheinlichkeit von Schadensfällen zu definieren, findet sich indirekt auch in den IT-Kriterien wieder: "Um die Vollständigkeit der gewählten Schutzvorkehrungen nachzuweisen, ist zuvor eine Analyse der vorhandenen Bedrohungen erforderlich.". Damit kann Sicherheit (safety) als Abstraktion der konkreten Sicherheit (security) in IT-Systemen angesehen werden.

Die oben gezeigten Zusammenhänge lassen sich in zwei Diagrammen veranschaulichen. Bild 1 zeigt den Aspekt Verfügbarkeit als eine Voraussetzung für die Sicherheit von IT-Systemen. Fehlertoleranz und Fehlervermeidung bieten Maßnahmen und Verfahren zur Verbesserung der Systemverfügbarkeit. In Bild 2 wird Sicherheit (safety) als Abstraktion von Sicherheit (security) dargestellt. Beide

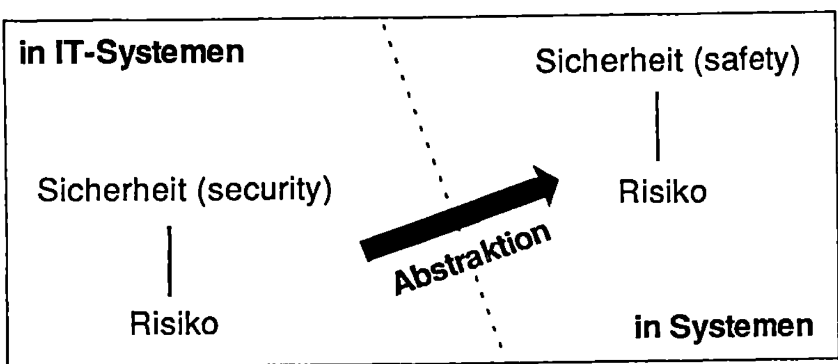

Bild 2: Sicherheit definiert durch das tolerierte Risiko

Sicherheitsbegriffe werden gemessen an der Wahrscheinlichkeit des Eintretens von Schadensfällen. Weitere Zusammenhänge zwischen beiden Sicherheitsbegriffen bleiben einer genaueren Analyse vorbehalten.

3. Gibt es eigentlich Software-Fehler?

Bevor auf Maßnahmen und Verfahren zur Verbesserung der Verfügbarkeit (und damit der Sicherheit) von IT-Systemen eingegangen werden kann, ist noch die Frage nach den zu betrachtenden Beeinträchtigungen zu klären. In DIN 40041, Teil 3 wird Fehler als die "Nichterfüllung vorgegebener Forderungen durch einen Merkmalswert" definiert. Diese sehr allgemeine Definition wird in Bild 3 durch eine (immer noch grobe) Klassifikation der möglichen Beeinträchtigungen verfeinert (in [Ec 90] und [BEG 86] werden weitere Klassifikationsmöglichkeiten diskutiert). Technische Störungen sollen unabsichtliche Abweichungen von den zulässigen Betriebsbe-

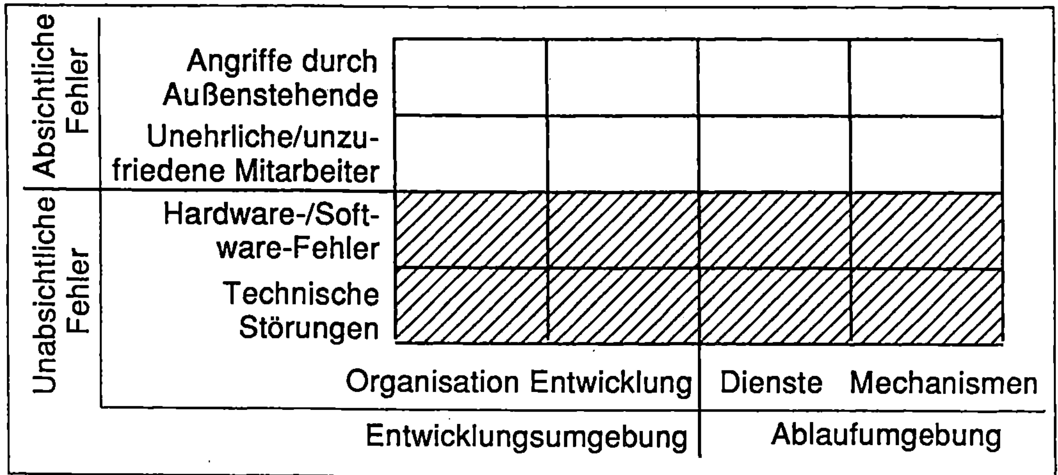

Bild 3: Beeinträchtigungen der Sicherheit und Gegenmaßnahmen

dingungen eines IT-Systems bezeichnen (Beispiel Stromausfall). Als Hardware-/ Software-Fehler seien alle unabsichtlichen Fehler bei der Entwicklung und dem Betrieb von IT-Systemen genannt, die das Erbringen der gewünschten Systemfunktionen unter den zulässigen Randbedingungen verhindern (z. B. nicht initialisierte Variablen in Programmen, Fehler im Board-Layout). Beeinträchtigungen durch unehrliche oder unzufriedene Mitarbeiter erfassen absichtliche Verletzungen der gewünschten Systemfunktionen unter Ausnutzung zulässiger Befugnisse (Geldtransfer auf eigene Konten durch Bankmitarbeiter). Unter Angriffen durch Außenstehende sollen absichtliche Verletzungen der gewünschten Systemfunktionen verstanden werden, die nicht durch zulässige Befugnisse abgedeckt sind (z. B. mithören von elektronisch übertragenen Daten im Bankverkehr oder der Morris- Wurm).

Zwei Bemerkungen sind an dieser Stelle notwendig:

1. Es wird von <u>gewünschten Systemfunktionen</u>, nicht von <u>spezifizierten</u> Funktionen gesprochen. Der Grund dafür ist, daß es i. allg. nicht möglich ist, alle gewünschten (oder unerwünschten) Funktionen zu spezifizieren. Im Fehlerfall spricht man oft von unvollständigen Spezifikationen, ohne zu unterscheiden, ob der Fehler im mangelhaften Designprozeß liegt oder Teil des akzeptierten Restrisikos ist.

2. Die Trennung der möglichen Beeinträchtigungen ist nicht scharf, sondern kann vom konkreten Einsatz eines IT-Systems abhängen. Insbesondere können unabsichtliche Fehler in Programmen erst durch ihre absichtliche Ausnutzung zu Beeinträchtigungen der Systemfunktionen führen. Bekanntestes Beispiel ist wohl der Morris-Wurm, wo unter anderem ein Fehler im Mailprogramm des Betriebssystems ausgenutzt wurde.

Ebenso ist die Reaktion auf Beeinträchtigungen abhängig vom konkreten Einsatzfall. Einerseits kann auf ein fehlendes Recht beim Zugriff auf eine Datei durch Abbruch der Operation mit Eintrag im Audit-Log reagiert werden. Es könnte aber auch vorgesehen sein (im Rahmen von Fehlertoleranzmaßnahmen), die Operation zunächst zu blockieren. Mit Nachfrage beim Systemadministrator könnte das fehlende Zugriffsrecht zugewiesen und die Operation fortgesetzt werden.

Neben einer Klassifikation der Beeinträchtigungen zeigt Bild 3 auch eine Klassifikation der möglichen Gegenmaßnahmen entsprechend ihrem Wirkungsort. Dabei wird zwischen der organisatorischen Einbettung eines IT-Systems und seiner Entwicklung, der Entwicklung selbst, den Anwendungsdiensten des Systems und den systeminhärenten Mechanismen unterschieden. Die Matrix zeigt die Wirkungsbreite der einzelnen Maßnahmen.

Wir werden uns im weiteren auf die unabsichtlichen Beeinträchtigungen der Sicherheit von IT-Systemen konzentrieren (in Bild 3 schraffiert dargestellt). Dabei sollen speziell der Aspekt der Verfügbarkeit bzw. Verbesserungsmaßnahmen **in und durch** Software untersucht werden (für eine breitere Diskussion hardware-basierter Maßnahmen sei z. B. auf [Gö 89] verwiesen). Wie eng diese Maßnahmen mit den weiteren Grundanforderungen an sichere Systeme (Vertraulichkeit und Integrität) verknüpft sind, zeigen die Beispiele in Bemerkung 2.

In den folgenden Abschnitten wird versucht, entsprechend den in Bild 3 gezeigten Maßnahmenklassen (siehe dazu auch [Re 90]) einen Überblick über Möglichkeiten zur Fehlervermeidung und Fehlertoleranz in und durch Software zu geben. Dazu werden ausgewählte Mechanismen vorgestellt, anhand derer Grundprinzipien und damit verbundene Vor- und Nachteile erkennbar sind.

Bemerkung:
Natürlich gelten alle Aussagen des Software-Engineering zur Vermeidung von Fehlern bei der Entwicklung und dem Betrieb von IT-Systemen. An dieser Stelle soll auf Maßnahmen und Verfahren hingewiesen werden, die speziell im Bereich sicherer Systeme wichtig scheinen.

4. Lassen sich Fehler wegorganisieren?

Durch die Ableitung des Sicherheitsbegriffs aus der Akzeptierbarkeit von Risiken ergibt sich, daß die **Risikoanalyse von IT-Systemen** in ihrer geplanten Einsatzumgebung in zweierlei Hinsicht wesentlich ist. Erstens werden dabei zu erwartende Risiken (also mögliche Beeinträchtigungen) erkannt und dadurch einer Behandlung zugänglich gemacht. Zweitens kann sich aus dem Vergleich des realisierten Systems mit den erkannten Risiken nicht nur eine qualitative Aussage bez. der Systemsicherheit ergeben, sondern auch eine quantitative Aussage. Die Bedeutung der Risikoanalyse wird auch im OSI Referenzmodell anerkannt (ISO 7498-2), wo gefordert wird: "Before designing a secure system, therefore, one should identify the specific threats against which protection is required.".

Risikoanalyse für IT-Systeme ist, im Gegensatz z. B. zur Versicherungswirtschaft, erst in den Anfängen. Dies zeigt sich daran, daß erst an Standards für Risikomodelle von IT-Systemen und ihren Einsatzumgebungen gearbeitet wird. Vorschläge dazu wurden bisher auf zwei Workshops ([KPK 89], [TKP 88]) diskutiert und gesammelt. Das dabei entstandene Modell (siehe Bild 4) ist noch sehr grob und bedarf weiterer Verfeinerungen.

Folgende Grundelemente werden darin als wesentlich angesehen.
1. In einem **Eingabeteil** werden Anforderungen an und Information über das zu entwickelnde IT-System und seine geplante Einsatzumgebung systematisiert und zueinander in Beziehung gesetzt. Dazu zählen: Sachwerte (z. B. Kundendaten), erwartete und abzuwehrende Gefahren (z. B. Komponentenausfall) und mögliche Sicherungen (z. B. Verdoppelung der Komponenten). Zu beachten ist, daß die Informationen auch zu quantifizieren sind, um quantitative Aussagen über die Risiken machen zu können.
2. In einem **Analyseschritt** werden die Eingaben modelltheoretisch untersucht. Die Untersuchung basiert wesentlich auf vorhandenen Daten und Modellen über Gefahrenszenarien, Schwachstellen, aber auch auf bekannten Systemmodellen wie z. B. Zustandsübergangsmodellen oder statistischen Modellen.
3. Die Analyseergebnisse werden bei der **Risikobemessung** zur Ermittlung der Folgen von Schadensfällen (z. B. der Kosten) und zur Bestimmung der Gefährdung des betrachteten Systems genutzt.

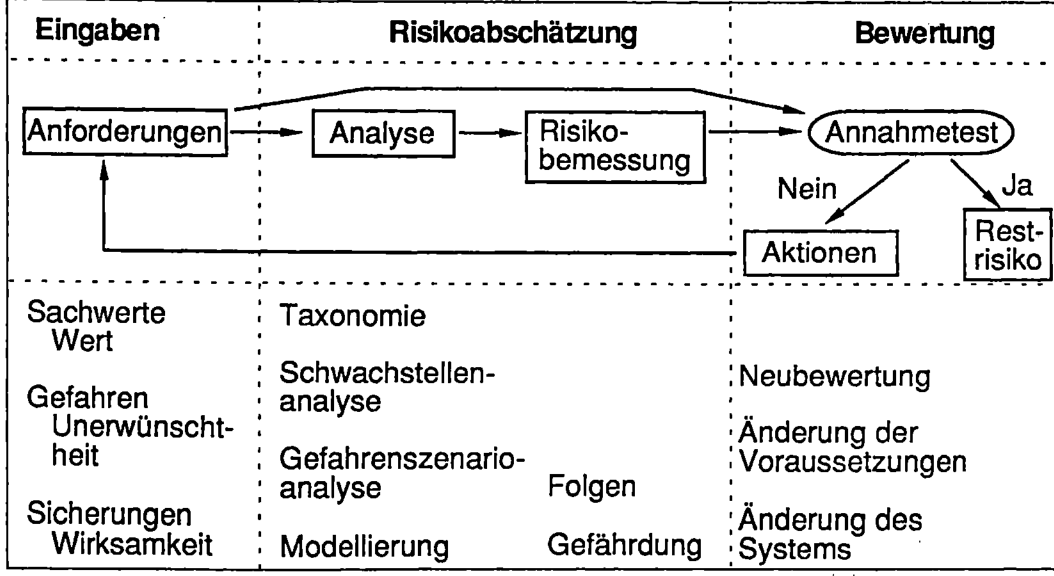

Bild 4: Rahmenplan zur Risikoanalyse

4. In einem **Annahmetest** werden die Ergebnisse des Schrittes 3 mit den Anforderungen der Eingabe verglichen. Bei positivem Ausgang sind die ermittelten Sicherungsmaßnahmen zu implementieren, unter Berücksichtigung eines verbleibenden Restrisikos.

5. Ist das Ergebnis negativ, so kann durch geeignete **Aktionen** die Ausgangsbasis der Risikoanalyse geändert werden. Mögliche Aktionen sind die Reduktion der Sicherheitsanforderungen, die Neubewertung von Gefahren oder auch eine Änderung des Systemkonzepts.

Bemerkung:

Das zyklische Durchlaufen der Risikoanalyseschritte ist von wesentlicher Bedeutung. Einerseits ist nicht zu erwarten, daß in einem Durchlauf eine optimale Lösung für ein sicheres System mit akzeptablen Kosten und Restrisiko gefunden werden kann. Andererseits sollten Risikoanalysen auch an installierten Systemen regelmäßig durchgeführt werden, um die implementierten Sicherheitsmaßnahmen auf ihre aktuelle Gültigkeit zu überprüfen und um eventuelle neue Risiken in die Überlegungen einzubeziehen.

Das gezeigte Modell ist nur sinnvoll anwendbar, wenn einerseits genügend viel quantitative und qualitative Information über Risiken, Sicherheitsmaßnahmen und Erfahrung in der Anwendung von Risikoanalysen auf konkrete IT-Systeme und ihre Anwendungen vorliegen. Andererseits müssen automatische Hilfsmittel zur sinnvollen Verwertung der Informationen und Daten zur Verfügung stehen. Beide Anforderungen sind bisher noch nicht erfüllt. So ist z. B. bisher nur sehr wenig Zahlenmaterial über Schäden an und durch IT-Systeme, deren Auswirkungen, Kosten und Ursachen veröffentlicht ([Pe 89]). Die verfügbaren Werkzeuge beschränken sich meist auf die Unterstützung von Sicherheitsexperten bei der Erstellung von Fragebögen, Checklisten und Berichten. Ein etwas weiter entwickeltes Werkzeug, das auch das oben vorgestellte Modell unterstützt, wird in [MG 89] beschrieben.

5. Gefordert ist die sichere Entwicklung sicherer IT-Systeme

Schon seit langem wird die Anwendung moderner Software-Engineeringkonzepte wie Modularisierung, Abstraktion, Objektorientierung bei der Entwicklung sicherer Systeme verlangt. Beispiele finden sich in [Di 76], [Li 76], [Pa 72], [Sc 85], [JK 90] und in [Ne 86]. Neumann schreibt: "that such a hierarchical structuring of a critical system is both possible and valuable in newly designed systems". Gerade für (besonders) sichere Systeme wird zusätzlich die formale Beschreibung und Verifikation, zumindest der Sicherheitseigenschaften, gefordert. Z. B. fordern die IT-Kriterien für die Qualitätsstufe Q7: "Die Konsistenz zwischen der niedrigsten Hierarchiestufe der Spezifikation und dem Quellcode muß formal bewiesen (verifiziert) sein.".

Die Konzepte sind aber erst dann erfolgreich einsetzbar, wenn einerseits die Anforderungen exakt und weitestgehend vollständig beschrieben sind ([KEM 88]) und wenn geeignete Hilfsmittel zur Umsetzung der Anforderungen in Design und Implementation zur Verfügung stehen. So wird z. B. im IEEE Guide to Software Requirements Specifications (IEEE Std 830-1984) gefordert: "A good Software Requirements Specification is: unambiguous, complete, verifiable, consistent, modifiable, traceable, usable during the Operation and Maintenance Phase." Insbesondere sind also die Sicherheits- (Verfügbarkeits-) Anforderungen geeignet zu beschreiben. Bez. geeigneter Werkzeuge schreibt [Be 90]: "Forschungs- und Entwicklungsmaßnahmen ... müßten zunächst im Bereich von Entwurfs- und Spezifikationswerkzeugen angesiedelt werden".

5.1 Anforderungen an die Anforderungsspezifikation

Gerade die Beschreibung von Sicherheitsanforderungen muß als offenes Forschungsthema bezeichnet werden. Anforderungen liegen entweder nur sehr ungenau vor ("Daten dürfen nicht verloren gehen"), oder ihre Umsetzung in eine formale Beschreibung zur weiteren Bearbeitung in Spezifikation und Implementation ist kaum möglich (Verfügbarkeitskennziffern wie Lebensdauer, Überlebenswahrscheinlichkeit; Datenschutzgesetz). Am ehesten scheinen die Ergebnisse von Risikoanalysen als Anforderungsspezifikation geeignet zu sein, aber auch hier ist, wie schon gesehen, noch Grundlagenarbeit zu leisten.

5.2 Spezifikation und formale Verifikation unsicher

An der formalen Beschreibung von Sicherheitseigenschaften und ihrer formalen Verifikation wird bereits seit langem gearbeitet. Bekannte Beispiele sind das Betriebssystem PSOS (entwickelt bei SRI, das auf der Spezifikationssprache SPECIAL und einer hierarchischen Anordnung der Module beruhte, [Ne 80]), das Betriebssystem Secure UNIX (wo besonderes Augenmerk auf die Verifikation eines größeren Softwarepakets gelegt wurde, [WKP 80]) und das als A1 evaluierte System SCOMP von Honeywell-Bull. Bekannte, dabei benutzte Spezifikationssprachen und -methoden sind (einen guten Vergleich gibt [CGH 81]): SPECIAL/HDM ([Fe 80], [Si 78]) und Ina Jo/FDM ([WN 85]). I. allg. werden die genutzten Verfahren auch durch Werkzeuge unterstützt (siehe z. B. [BD 90]).

Allerdings ist der Stand von formalen Spezifikations- und Verifikationsmethoden unbefriedigend (für einen breiten Überblick siehe [Ke 90]):

1. Die explizite Spezifikation von Sicherheits-, insbesondere Verfügbarkeitsanforderungen ist nicht möglich (siehe z. B. [CGH 81]). Das bedeutet, daß

Zugriffsschutz- oder Zuverlässigkeitseigenschaften nicht im "Sprachraum" des Problems beschrieben werden können, sondern erst auf die benutzte Semantik der Spezifikationsmethode abgebildet werden müssen. Für die Spezifikation von Zugriffsschutz- und Informationsflußbedingungen gibt es zumindest Vorschläge ([Re 83]). Gerade Zugriffsschutz- und Informationsflußeigenschaften wurden in der Literatur diskutiert, aber auch andere Eigenschaften wie Deadlockfreiheit (z. B. [YG 90]) oder versteckte Kanäle (z. B. [TGC 87]). Wenig diskutiert wurden bisher Eigenschaften der Fehlertoleranz oder Zuverlässigkeitseigenschaften.

2. Die Anwendbarkeit auf größere, auch modularisierte Programmsysteme konnte noch nicht nachgewiesen werden. Die bisher durchgeführten Beispiele beschränken sich auf Detailaspekte oder auf Forschungsprojekte. In [MM 90] steht zusammenfassend: "It is clear that it is still infeasible to verify typical real systems of sizes in the tens and hundreds of thousands of lines of code.".

3. Es gibt noch keine allgemein akzeptierten Methoden und Werkzeuge. Dies ist daraus ersichtlich, daß inzwischen detaillierte Anforderungskataloge für formale, bei Sicherheitsevaluationen einzusetzende Werkzeuge vorliegen, aber noch keine Methoden und Produkte allgemein verfügbar sind. So wurden vom BSI die *Kriterien für die Entwicklung, Realisierung und Zulassung von Werkzeugen zur formalen Spezifikation und Verifikation* in der ersten Fassung im September 1990 veröffentlicht ([Spezifikationskriterien]). Vom amerikanischen NCSC gibt es die *Guidelines for Formal Verification Systems* vom April 1989 ([NCSC-TG-014]).

4. Die Einbettung von formalen Methoden in den Softwareentwicklungsprozeß steht aus. So schreibt Benzel in [Be 89]: "that it is essential to integrate security requirements and the software development process".

Trotzdem schreiben [MM 90]: "For systems that must be very safe, there appears to be no alternative to verification." und weiter "Formal verification is, therefore, a critical enabling technology for many important applications". Auch in [Be 90] werden mit hoher Dringlichkeit Forschungsprojekte u. a. zu folgenden Themen gefordert:
-   Spezifikations- und Verifikationswerkzeuge
-   benutzergerechte Sicherheitsentwicklungsumgebungen.

Damit werden auch Arbeiten zur Modellierung von Sicherheits- und damit Verfügbarkeitseigenschaften von IT-Systemen impliziert. So ist bisher trotz der Breite von Zugriffsschutzmodellen ([Pf 89]), kein einheitliches und breit akzeptiertes Sicherheitsmodell bekannt. Auch das Struktur-Funktions-Modell, das zur Beschreibung bestimmter Eigenschaften von Fehlertoleranzverfahren gut einsetzbar ist, "[eignet] sich daher kaum für eine rechnergestützte Weiterverarbeitung" ([Ec 90]).

5.3 Die Implementation von Sicherheitseigenschaften ist noch nicht sicher

Ähnlich wie bei der Spezifikation von Sicherheitseigenschaften ist auch deren Implementation noch wenig durch Methoden und Werkzeuge unterstützt. So gibt es bisher keine Programmiersprachen und Compiler mit expliziten Sprachkonstrukten zur Implementation von Schutz- und/oder Verfügbarkeitseigenschaften, obwohl Vorschläge ansatzweise vorliegen ([GV 86], [Mo 73], [BJ 89], [Re 83]).

Es gibt aber Möglichkeiten, vorhandene Verfahren oder Sprachkonstrukte zur Integration von Fehlertoleranzeigenschaften in Programme zu nutzen. Redundanz-Verfahren, das Ada Exception-Konzept und die Rückwärtsbehebung von Fehlern seien hier stellvertretend skizziert. Für eine breitere Diskussion von Fehlertoleranzverfahren und ihren Voraussetzungen (Modellierung, Redundanz) wird auf [Ec 90] verwiesen.

Redundanz-Verfahren

Redundanz-Verfahren werden zur Erkennung von Fehlern und zu ihrer Behebung eingesetzt. Hier soll speziell die Fehlererkennung berücksichtigt werden. In [Ab 90] wird dazu der Begriff *robust data structure* eingeführt. Gemeint ist damit die redundante Ablage von Information, die das Erkennen von Strukturfehlern erlaubt. Gutes Beispiel ist ein binärer Baum, dessen Knoten sowohl Vorgänger als auch Nachfolger enthalten. Bild 5 zeigt einen fehlerhaften solchen Baum, da am Knoten 1.1.2 die Verzeigerung eine Inkonsistenz aufweist. Zu bemerken ist, daß Datenredundanz allein zur Fehlererkennung nicht genügt. Es müssen auch Funktionen bereitgestellt werden, die im Rahmen von Konsistenzprüfungen von der Datenredundanz Gebrauch machen.

Software-Diversität (siehe auch [AKL 90]) ist ein anerkanntes Hilfsmittel zur

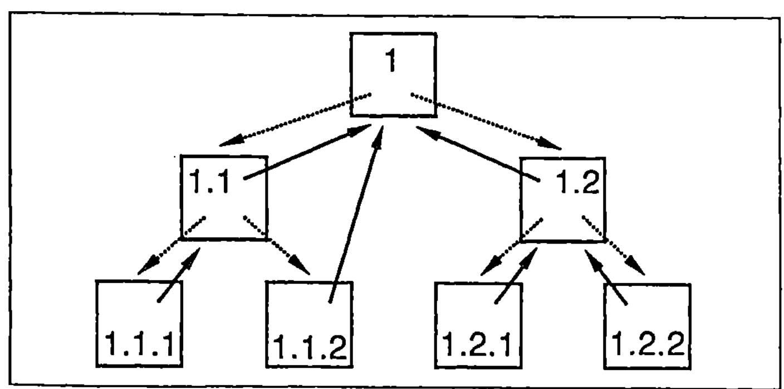

Bild 5: Fehlerhafter binärer Baum

Reduktion möglicher Spezifikations- und Implementationsfehler [Ab 90]. Dabei werden von N unabhängigen Teams Aktivitäten des Software-Lebenszyklus (Anforderungsanalyse, Spezifizierung, Implementierung) durchgeführt. Die Ergebnisse lassen sich einerseits zusammenführen und vergleichen (Fehlervermeidung durch Fehlererkennung bei Entwurf und Implementierung) oder führen zu verschiedenen Lösungsvarianten (Fehlererkennung durch Vergleich zur Laufzeit).

Trotz einiger inzwischen erkannter Nachteile (Fehler probleminhärent, Wartungsaufwand, Kosten), läßt sich das Konzept auch erfolgreich auf Anforderungsanalyse und Spezifikation erweitern. So schreiben Martin/Tsai in [MT 90]: "that N-fold inspection is a cost-effective method for finding faults in the User Requirements Document and may be a valid technique in the development of mission-critical software systems.". Generell ist von erhöhten Kosten gegenüber nicht redundanten Systemen auszugehen, die durch die angestrebte Sicherheit bzw. durch die auszuschließenden Schadenskosten gerechtfertigt sein müssen.

Das Exception-Konzept in Ada

Nach dem Erkennen eines Fehlers (z. B. durch die oben genannten Maßnahmen) ist eine geeignete Fehlerbehandlung durchzuführen. Wesentlich zur Nutzung bekannter Fehlerbehandlungstechniken (wie z. B. der unten beschriebenen Rückwärtsbehebung), ist die Unterstützung des Programmierers durch entsprechende strukturelle (Hierarchisierung, siehe [Ne 86]) und sprachliche Hilfsmittel wie z. B. Ada Exceptions (siehe [Ba 82], [GPU 87]).

Ada enthält Sprachkonstrukte zur Meldung und zur Behandlung von Fehlern. Die Verbindung wird über die entsprechende Fehlerdeklaration hergestellt. Bild 6 zeigt eine einfache Prozedur *RANDOM* zur Generierung von Zufallszahlen, die den Anfangswert auf ungerade überprüft. Ist der Anfangswert gerade, wird der Fehler *BAD* an das aufrufende Programm gemeldet. Im aufrufenden Hauptprogramm kann im Fehlerbehandlungsteil darauf reagiert werden. Zusätzlich wird geprüft, ob andere Fehler (z. B. Zahlenüberlauf) im Unterprogramm aufgetreten sind (*when others*).

Wichtig dabei ist:
- die Fehlerbehandlung ist aus dem sequentiellen Programmablauf herausgenommen,
- Fehler werden deklariert, so daß vom Compiler bereits Überprüfungen vorgenommen werden können (z.B. werden behandelte Fehler auch gemeldet?),
- Fehler und ihre Behandlung werden explizit dokumentiert,
- das Fehlermodell ist nicht vom Programmierer per Vereinbarung zu erstellen, sondern wird von der Sprache vorgegeben.

Damit wird dem Programmierer ein wirksames Hilfsmittel zur Fehlerdiagnose und -behandlung zur Verfügung gestellt.

```
package RANDOM is                          declare
  BAD: exception;                            use RANDOM;
  MODULUS: constant := 2**13;                M: SMALL := 5;
  subtype SMALL is INTEGER                 begin
    range 0..MODULUS;
  procedure INIT(SEED: SMALL);               INIT(M);
  function NEXT return SMALL;
end;                                         M := NEXT();

                                             ...
package body RANDOM is                     exception
  MULTIPLIER: constant := 5**5;              when BAD =>
  X: SMALL;                                    PUT("Error:
                                                  Even Seed Number");
                                             when others =>
  procedure INIT(SEED: SMALL) is               PUT ("Unknown Error");
  begin                                    end;
    if SEED mod 2 = 0 then
      raise BAD;
    end if;
    X := SEED;
  end INIT;


  function NEXT return SMALL is
  begin
    X := X*MULTIPLIER mod MODULUS;
    return X;
  end NEXT;
end RANDOM;
```

Bild 6: Exception-Beispiel (nach [Ba 82])

Rückwärtsbehebung

Nach der Erkennung eines Fehlers ermöglichen Verfahren der Rückwärtsbehebung, Komponenten in einen Zustand zu versetzen, "den sie bereits in der Vergangenheit angenommen hatten oder als konsistenten Zustand hätten annehmen können" ([Ec 90]). Dies ist nur sinnvoll im Fall von transienten Fehlern. Außerdem darf durch den zusätzlichen Zeitaufwand zum Rücksetzen keine Inkonsistenz zur Umgebung auftreten (z. B. Wiederholung bereits ausgeführter Steuerbefehle in Robotern). Voraussetzung ist, daß Informationen über konsistente Zustände aus der Vergangenheit vorliegen, auf die zurückgesetzt werden kann.

Im Bereich der Datenbanken und Transaktionssysteme sind entsprechende Maßnahmen seit langem eingeführt und stehen auch auf Anwendungsebene zur Verfügung. Grundlage ist das Konzept einer Transaktion ([Da 86], "logical unit of work").

Aktionenfolgen werden in Arbeitseinheiten (Transaktionen) zusammengefaßt. Es ist Aufgabe des Transaktions- (TP-) Monitors ([HM 86 a/b]) und der angeschlossenen Komponenten (typischerweise Datenbanksystem, Maskensystem, Dateisystem und Betriebssystem), für die vollständige Durchführung einer Transaktion (von der Eingabe über Bearbeitung bis zur korrekten Ablage der Daten) zu sorgen. Treten Fehler auf, so müssen alle Zwischenzustände seit Transaktionsbeginn "vergessen" werden. Zur Beseitigung von Langzeitfehlern (z. B. logischen Fehlern in Transaktionsprogrammen) werden zusätzlich Rücksetzpunkte (*checkpoints*) und Änderungslogs geführt. Damit besteht die administrative Möglichkeit, auf frühere konsistente Zustände zurückzusetzen. Anhand des Änderungslogs können alle zwischenzeitlich erfolgten Änderungen nachgezogen werden (u. U. sehr zeitaufwendig!).

In TP-Monitoren stehen den Programmierern Funktionen zur einfachen Definition von Transaktionen zur Verfügung. Ziel dabei ist, die Applikation unabhängig von der konkreten Implementierung des Rücksetzens, des Schreibens von Recovery-Information und des Nachführens von Aktionen zu machen.

6. Sicherheitsdienste und Sicherheitsmechanismen: eine Anforderung

Die Unterstützung der IT-Sicherheit durch Dienste und Mechanismen der IT-Systeme wurde bereits in [Li 76] gefordert. Dies spiegelt sich auch in dem neu gegründeten SC27 der ISO JTC1 wieder, wo Sicherheitstechniken und -mechanismen und Zusammenhänge dazwischen erarbeitet und vereinheitlicht werden sollen (ISO/IEC JTC1/SC27 N94). Auch für die Evaluierungskriterien nach dem Orange book wurden Richtlinien zur Administration der Sicherheitskomponenten entwickelt ([NCSC-TG-015]). Dort heißt es: "The purpose of *A Guide to Understanding Trusted Facility Management* is to provide guidance to manufacturers on how to incorporate functions of trusted facility management into their systems; to system evaluators and accreditors on how to evaluate the design and implementation of trusted facility management functions; and to end users on how to use these functions effectively, e. g., on how to avoid common pitfalls of system management." Auch wenn hier im wesentlichen Integritäts- und Vertraulichkeitsaspekte angesprochen sind, so scheint doch die Anforderung nach Administrierungshilfsmitteln allgemein zu gelten.

Beispiele für geplante oder in Entwicklung befindliche Sicherheitsdienste und -mechanismen in IT-Systemen sind:
- Notariatsfunktionen zur Verwaltung, Verteilung und Kontrolle von Kryptoschlüsseln (Operation 92)
- Benutzer- und Rechteverwaltung in vernetzten Systemen (X/Open Security Guide)
- Konfiguration, Administration und Wartung von Systemen und Netzen
- Capability-Mechanismen ([Fa 74])
- Authentifikationsmechanismen ([He 90])
- Verfügbarkeit in Netzen (z. B. [Sc 90])

Die Liste ließe sich beliebig verlängern. Nur wenige der genannten Dienste/Mechanismen sind bereits als Produkte verfügbar (z. B. Authentifizierung mithilfe von Chipkarten). Prinzipiell könnten alle bekannten Sicherheits- und Verfügbarkeitsverfahren auf ihre Realisierung in Diensten und Mechanismen untersucht werden. Es sind aber folgende Anforderungen an solche Realisierungen zu stellen.

1. **Homogenität**: Verschiedene, auf einem IT-System vorhandene Sicherheits- und Verfügbarkeitsmechanismen dürfen sich nicht widersprechen oder gegenseitig aufheben.

2. **Formalisierbarkeit**: Zur Beurteilung der Wirksamkeit eines Mechanismus und seiner Auswirkungen auf andere Teile eines IT-Systems sind formale Analysen notwendig. Vorausgesetzt wird an dieser Stelle das Vorhandensein einer geeigneten Formalisierungsmethode.

3. **Evaluierbarkeit**: Der Dienst/Mechanismus muß entsprechend gültigen Evaluierungskriterien (IT-Kriterien) eingestuft werden können. Dies ist besonders im Hinblick auf die zu erwartenden internationalen Aktivitäten dazu notwendig.

4. **Modularität**: Die Dienste/Mechanismen müssen modular sein, um die Sicherheitseigenschaften von Systemen aus den Sicherheitseigenschaften der Teilkomponenten bestimmen zu können. Die zu erwartende verstärkte Nachfrage nach kommerziell verfügbaren, evaluierten IT-Systemen (inklusive Anwendungen) ist mit dem heutigen Stand der Technik auch bei stark erweiterten Ressourcen nicht erfüllbar.

Da die genannten Anforderungen noch nicht in vermarkteten Systemen erfüllt sind, soll anhand von zwei Beispielen aus der Forschung bzw. Entwicklung die mögliche Vorgehensweise skizziert werden.

Ein Werkzeug zur Administration der Systemverfügbarkeit

In [Me 90] wird ein Werkzeug (RiskMa) zur Administration der Verfügbarkeit verteilter IT-Systeme vorgestellt, das, basierend auf der Beobachtung ausgewählter Systemparameter, automatisch die Systemkonfiguration an das aktuelle Systemverhalten anpaßt. Das Werkzeug wird eingesetzt zur Sicherheitsadministration in COMANDOS, einem verteilten heterogenen Betriebssystem (ESPRIT Projekt 2071). [Ba 89] gibt einen Überblick über Ziele und Konzepte von COMANDOS.

Bild 7 zeigt grob die Einbettung des Werkzeugs in das Gesamtsystem. Die Ähnlichkeit zu einem Regelkreis macht deutlich, daß RiskMa das IT-System nicht nur beobachtet, sondern auch steuert. Über eine Systembeobachtungsschnittstelle (system observation facility) werden Systemparameter überprüft. Im RiskMa werden die Parameter mit anderen Informationen (Systemhistorie, Voreinstelleungen, Grenz-

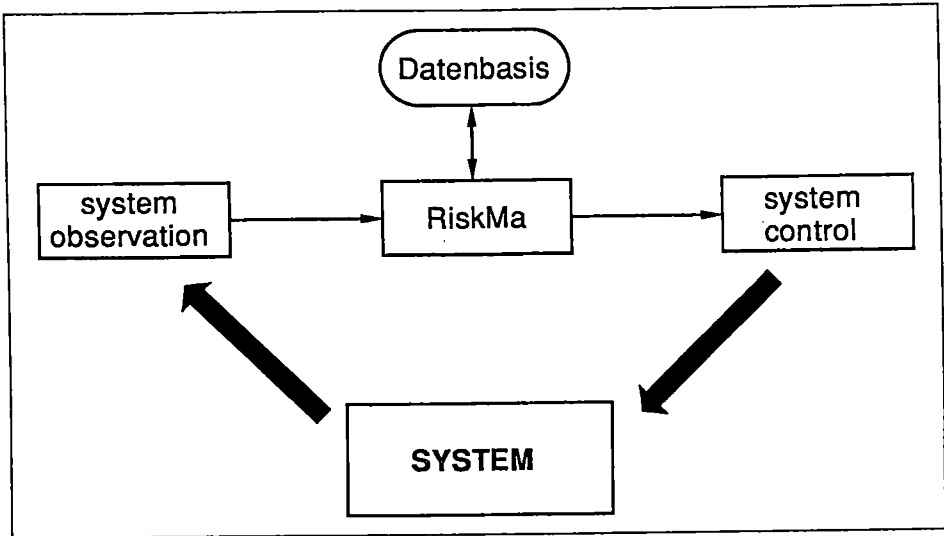

Bild 7: Systemeinbettung von RiskMa

werte) verglichen. Anhand der Analyseergebnisse wird über die Systemkontroll-
schnittstelle (system control facility) das System gesteuert (z. B. Rekonfiguration
aufgrund defekter Hardware).

Ressourcespezifische Fehlertoleranzmechanismen

Basierend auf dem Konzept der abstrakten Datentypen wurde in der BiiN-Archi-
tektur ([PK 89], [Cz 88]) ein ressourcespezifisches Fehlertoleranzkonzept implementiert. Das Konzept wurde ursprünglich im Rahmen des Projekts HYDRA an der
Carnegie-Mellon University entwickelt ([Wu 75], [WCC 74]).

Alle Ressourcen des verteilten BiiN-Mehrprozessorsystems wurden in Form von
Typmanagern in Ada implementiert (mit Ausnahme der in Hardware realisierten
Typen). Ein Typmanager ist zu interpretieren als grundlegender Systembaustein,
-    der Hardware- und Software-Ressourcen repräsentiert (Dateien, Terminals,
     Drucker, Platteneinheiten)
-    der systemweite Strategien typspezifisch implementiert (Backup/Recovery-
     Protokoll, Zugriffsschutz, Accounting).

Bild 8 zeigt die generischen Schnittstellen des Typmanagers einer Ressource. Die
spezifizierte Schnittstelle beschreibt das Normalverhalten des Managers über die
implementierten Operationen einschließlich möglicher Fehlerbedingungen. Die
Abfrageschnittstelle bietet drei Funktionsklassen (zur Konfiguration, zur Beschreibung des Verhaltens im Fehlerfall und zur Fehlermeldestrategie). Die

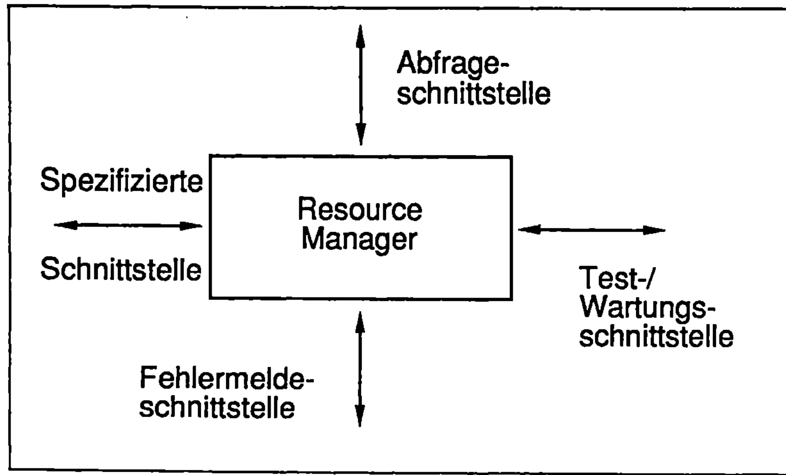

Bild 8: Generisches Ressourcenmodell

Fehlermeldeschnittstelle wird im Fehlerfall (interner Fehler oder Fehlermeldung von externer Ressource) aktiviert. Auf einen gemeldeten Fehler wird entsprechend dem in der Abfragestrategie definierten Verhalten reagiert. Kann die Ressource durch implementierte Recoverymaßnahmen den Fehlerzustand nicht beseitigen, wird eine Meldung nach außen gegeben. Gleichzeitig wird eine Fehlerbeschreibung in einem Fehlerlog abgelegt. Schließlich wird die **Test-/Wartungsschnittstelle** dazu benutzt, um bei Tests interne Zustände zu setzen (*fault injection*) oder zu melden und um Fehlertoleranzmaßnahmen außerhalb der Ressource anzustoßen.

Bewertung anhand der gestellten Anforderungen

Wegen der vielen, noch zu lösenden Probleme soll die folgende Bewertung nicht als Kritik an den vorgestellten Sicherheitsdiensten/-mechanismen verstanden werden. Dazu müßte auch auf die Entwicklungshistorie eingegangen werden. Die Bewertung soll vielmehr die Notwendigkeit der gestellten Anforderungen unterstreichen.

1. Homogenität

Die Homogenität von RiskMa ist dann möglich, wenn alle Sicherheitsmaßnahmen des Systems über das Werkzeug gesteuert werden. Dies erlaubt die Überprüfung der Widerspruchsfreiheit der Sicherheitsmaßnahmen an einer Stelle.

Im generischen Ressourcemanager wird durch eine systemeinheitliche Schnittstelle für Fehlertoleranzmaßnahmen die Voraussetzung für ein homogenes Fehlertoleranzkonzept geschaffen. Offen bleiben die ressourcespezifische Implementierung und ressourcenübergreifende Maßnahmen.

2. Formalisierbarkeit

Die Formalisierbarkeit von RiskMa und des Ressourcemanagers scheint nur unter großem Aufwand möglich. Die Formalisierung müßte am Anfang der Entwicklung stehen und die Implementierung sollte sich daraus ableiten.

3. Evaluierbarkeit

Die Evaluierung von RiskMa dürfte, da die Implementierung auf KI-Techniken basiert, zumindest schwierig sein. Siehe dazu auch [Sb 90]. Das Konzept des Ressourcemanagers war für eine Evaluierung beim NCSC vorgesehen. Die Einbettung in das Typmanagerkonzept unterstützt insbesondere die Trennung der typspezifischen Sicherheitsmaßnahmen von anderen Systemteilen. Die Anforderung nach einer minimalen *trusted computing base*, wie sie in den US-Sicherheitskriterien für höhere Sicherheitsstufen gefordert werden (Orange book, DoD 5200.28-Std), kann dadurch aber nicht erfüllt werden.

4. Modularität

Durch die Implementierung der Sicherheitsstrategie im zentralen Werkzeug RiskMa mit einheitlichen Schnittstellen zu den Systemkomponenten (system observation, system control) ist eine zentrale Evaluierung möglich. Es ist aber sicherzustellen, daß das Hinzufügen von Komponenten nicht zu Nebenwirkungen auf bereits evaluierte Komponenten führt.

Die Zuordnung der Sicherheitsverfahren zu einzelnen Ressourcen erlaubt eine gute Trennung einzelner Typmanager, so daß das Hinzufügen zusätzlicher Ressourcen ohne Rückwirkung auf existierende möglich wird (gerade dies ist aber erst sicherzustellen). Insbesondere bei der Weitergabe von Fehlermeldungen oder bei Zugriffen auf zentrale Komponenten (Fehlerlog) sind Verletzungen der Modularitätseigenschaften möglich.

7. Sicherheit ist ein Querschnittsthema

Wie gezeigt wurde, werden nahezu alle Komponenten von IT-Systemen durch Sicherheitsanforderungen berührt. Umgekehrt können verschiedene Disziplinen, die bisher unabhängig voneinander Sicherheitsaspekte in IT-Systemen untersucht haben (Datenbanken, Transaktionssysteme, Betriebssysteme, Kommunikation, verteilte Systeme, Fehlertoleranzmaßnahmen, Schutzmaßnahmen), wesentliche Beiträge zur Entwicklung sicherer IT-Systeme leisten.

Gerade Arbeiten aus dem Bereich der Fehlertoleranz sind wegen der Verfügbarkeitsforderungen in sicheren Systemen von großer Bedeutung. Es ist allerdings ein Abgleich der verwendeten Begriffe und Methoden notwendig. Erste Arbeiten dazu wurden im Rahmen des ESPRIT Projekts *Predictably Dependable Computing Systems* (PDCS) durchgeführt. In Anbetracht der vielen noch offenen Probleme (nur ein kleiner Teil konnte hier diskutiert werden), muß das gemeinsame Ziel die Verbesserung der Sicherheit (komplexer) IT-Systeme sein.

8. Literatur

Ab 90   Russell J. Abbott: Resourceful Systems for Fault Tolerance, Reliability, and Safety; ACM Computing Surveys, Vol. 22, No. 1, March 1990

AKL 90   J. Arlat, K. Kanoun, J.-C. Laprie: Dependability Modeling and Evaluation of Software-Fault Tolerance: Recovery Blocks, N-Version Programming and N Self-Checking Programming; PDCS No. 8 = LAAS Report No 90.057, LAAS-CNRS; Tolouse, France; März 1990

Ba 89   R. Balter: Construction and Management of Distributed Office Systems - Achievements and Future Trends; In: ESPRIT'89, Proc. of the 6th Annual ESPRIT Conference, Brussels; Commission of the European Communities (Ed.); 44-58

Ba 82   J. G. P. Barnes: Programming in Ada; Addison-Wesley; London 1982

BEG 86   F. Belli, K. Echtle, W. Görke: Methoden und Modelle der Fehlertoleranz; Informatik-Spektrum (1986) 9; 68-81

Be 89   T. C. Vickers Benzel: Integrating Security Requirements and Software Development Standards; Information Systems Security: Solutions for Today - Concepts for Tomorrow, Proc. 12th National Computer Security Conference, Baltimore, 1989

Be 90   Thomas Beth: Zur Sicherheit der Informationstechnik; Informatik-Spektrum (1990) 13; 204-215

BJ 89   Jean-Chrysostome Bolot, Pankaj Jalote: Formal Verification of Programs with Exceptions; Proc. FTCS 19, June 1989; IEEE; Chicago 1989

BD 90   H. Brix, A. Dietl: Formal Construction of Provably Secure Systems with Cartesiana; Proc. 1990 IEEE Computer Society Symposium on Research in Security and Privacy, 7.-9. Mai 1990, Oakland, CA; 319-332

CGH 81   M. H. Cheheyl, M. Gasser, G. A. Huff, J. K. Millen: Verifying Security; ACM Computing Surveys 13 (1981); 279-339

Cz 88   A. Czerniakiewicz: BiiN TM Solutions to Ada Development Issues; Proc. Ada-Expo 88, 1988

Da 86   C. J. Date: An Introduction to Database Systems, Vol. 1; Addison-Wesley; Reading, MA 1986

Di 76   Edsger W. Dijkstra: A Discipline of Programming; Prentice-Hall; Englewood Cliffs, NJ 1976

Ec 90   Klaus Echtle: Fehlertoleranzverfahren; Springer; Berlin 1990

Fa 74   R. S. Fabry: Capability Based Addressing; Communications of the ACM; Vol. 17, 7 (1974); 403-412

Fe 80   R. J. Feiertag: A Technique for Proving Specifications are Multilevel Secure; CSL-109, Computer Science Laboraroty, SRI; Menlo Park, CA 1980

Gö 89   W. Görke: Fehlertolerante Rechensysteme; Handbuch der Informatik, Bd 2.1, A. Endres, H. Krallmann, P. Schnupp (Edt.); Oldenbourg Verlag; Munich Vienna 1989

GPU 87   Gerhard Goos, Guido Persch, Juergen Uhl: Programmiermethodik in Ada; Springer Verlag; Berlin 1987

GV 86   K.-E. Grosspietsch, U. Voges: Methoden der Fehlerbehandlung; Informatik-Spektrum (1986) 9; 95-109

HM 86 a Th. Haerder, K. Meyer-Wegener: Transaktionssysteme und TP-Monitore; Informatik Forschung und Entwicklung (1986) 1: 101-122

HM 86 b Th. Haerder, K. Meyer-Wegener: Die Zusammenarbeit von TP-Monitoren and Reliable Software; Informatik Forschung und Entwicklung (1986) 1: 3-25

He 90   Michael Hegenbarth: Was sind Chipkarten?; Nachrichtentechnische Zeitschrift ntz, Bd. 43 (1990), H. 10, 714-735

Le 86   Nancy G. Leveson: Software Safety: What, Why, and How; ACM Computing Surveys, Vol. 18, No. 2; Juni 1986; 125-164

Li 76   Theodore A. Linden: Operating System Structures to Support Security and Reliable Software; ACM Computing Surveys, Vol. 8, No. 4; Dezember 1976; 409-445

JK 90   S. Jajodia, B. Kogan: Integrating an Object-Oriented Data Model with Multilevel Security; Proc. 1990 IEEE Computer Society Symposium on Research in Security and Privacy, 7.-9. Mai 1990, Oakland CA; 76-85

KEM 88   John P. J. Kelly, David E. Eckhardt, Mladen A. Vouk, David F. McAllister, Alper Caglayan: A Large Scale Second Generation Experiment in Multi-Version Software: Description and Early Results; Proc. FTCS 18, Tokio, 27.-30. Juni 1988

Ke 90   H. Kersten (Hrsg.): Sichere Software: Formale Spezifikation und Verifikation vertrauenswürdiger Systeme; Hüthig; 1990

KPK 89 Milan Kuchta, Sylvan Pinsky, Stuart Katzke, David Bonyun, Irene Gilbert, Alan Hensley (Org.): Proc. 1989 Computer Security Risk Management Model Builders Workshop; Ottawa, Juni 1989

MT 90   J. Martin, W. T. Tsai: N-Fold Inspection: A Requirements Analysis Technique; Communications of the ACM, Vol. 33, Nr. 2; Feb. 1990

Me 90   Helmut Meitner: Security Facilities in Distributed Systems; Proc. SECUNET'90 "Sicherheit in netzgestützten Informationssystemen", H. Lippold, P. Schmitz (Hrsg.), Köln, Juni 1990

Mo 73   J.H.Morris: Protection in Programming Languages; Communications of the ACM; Vol. 16, 1 (1973); 15-21

MM 90   Louise E. Moser, P. M. Melliar-Smith: Formal Verification of Safety-Critical Systems; Software - Practice and Experience, Vol. 20 (8), August 1990

MG 89   Robin H. Moses, Ian Glover: The CCTA Risk Analysis and Management Methodology (CRAMM) - Risk Management Model; Proc. 1989 Computer Security Risk Management Model Builders Workshop; Milan Kuchta, Sylvan Pinsky, Stuart Katzke, David Bonyun, Irene Gilbert, Alan Hensley (Org.); Ottawa, Juni 1989

NBF 80 P. G. Neumann, R. S. Boyer, R. J. Feiertag, K. N. Levitt, L. Robinson: A provably secure operating system: The system, its applications, and proofs; SRI Int., 2. ed.; Report CSL-116; Mai 1980

Ne 86   Peter Gabriel Neumann: On Hierarchical Design of Computer Systems for Critical Applications; IEEE Trans. on Software Engineering, Vol. SE-12, No. 9, September 1986, 905-920

Pa 72   D. L. Parnas: On the Criteria to Be Used in Decomposing Systems into Modules; Communications of the ACM, Vol. 15, No. 12; Dezember 1972; 1053-1058

Pe 89   R. C. L. Perry: Information Systems Security - A Challenge for Europe; Proc. Compsec'89, Vol. 1; London, 11. - 13. Okt. 1989; Elsevier; Oxford 1989

Pf 89   Charles P. Pfleeger: Security in Computing; Prentice-Hall; Englewood Cliffs, NJ 1989

PK 89   F. Pollack, K. Kahn: The BiiN Mission Critical Computer Architecture; Workshop on Operating Systems for Mission Critical Computing, 1989

Re 83   Manfred Reitenspiess: Sprachkonstrukte zur Spezifikation und korrekten Implementation von Schutzproblemen; Arbeitsberichte des IMMD; Univ. Erlangen-Nürnberg; Band 16, Nr. 8; Erlangen, August 1983

Re 90   Manfred Reitenspieß: Sicherheitsmaßnahmen in IT-Systemen am Beispiel von Risikoanalyse und Sicherheitsmechanismen; Tagungsband Datasafe'90, 28. bis 30 Nov. 1990, Karlsruhe; MESAGO; Stuttgart 1990

Sc 85   H. J. Schneider: Programming Language Concepts for Structuring Control Software in Correspondence to the Technical Process; Proc. International Computing Symposium, Firence, 1985; North-Holland; Amsterdam 1985

Sc 90   Wolfgang Schneider: Sicherheit bei X.400-Systemen; Datenschutz und Datensicherung 1/90, Vieweg; 1990

Sb 90   E. Schöneburg: Funktionsklassen von Expertensystemen und die Verifikation adaptiver Systeme; Tagungsband 1. Deutsche Konferenz über Computersicherheit; ZSI, AFCEA, Bonn, 15. und 15. Mai 1990

Si 78   B. A. Silverberg: An Overview of the SRI Hierarchical Development Methodology; SRI Technical Report CSL-116, SRI Int.; Menlo Park, CA 1978

TKP 88   Eugene F. Troy, Stuart Katzke, Sylvan Pinsky, Irene Isaac, Diane Gifford (Org.): Proc. 1988 Computer Security Risk Management Model Builders Workshop; Denver, May 1988

TGC 87   C.-R. Tsai, V. D. Gligor, C. S. Chandersekaran: A Formal Method for the Identification of Covert Storage Channels in Source Code; Proc. 1987 IEEE Computer Society Symposium on Research in Security and Privacy, 27.-29. April 1987, Oakland, CA; 74-87

WKP 80   Bruce J. Walker, Richard A. Kemmerer, Gerald J. Popek: Specification and Verification of the UCLA UNIX Security Kernel; Communications of the ACM; Vol. 23, Nr. 2; Februar 1980

WN 85   J. M. Wing, M. R. Nixon: Adding Temporal Logic to Ina Jo; CMU-CS-85-146, Carnegie-Mellon Univ.; Pittsburgh, PA 1985

Wu 75   W. A. Wulf: Reliable Hardware-Software Architecture; Proc. International Conference on Reliable Software, 1975

WCC 74   W. Wulf, E. Cohen, W. Corwin, A. Jones, R. Levin, C. Pierson, F. Pollack: HYDRA: The Kernel of a Multiprocessor Operating System; Communications of the ACM; Vol. 17, 7 (1974); 337-345

YG 90   Che-Fn Yu, Virgil D. Gligor: A Specification and Verification Method for Preventing Denial of Service; IEEE Transactions on Software Engineering, Vol. 16, No. 6, June 1990

Referenzen auf Standards und Empfehlungen

IT-Sicherheitskriterien: Kriterien für die Bewertung der Sicherheit in der Informationstechnik (IT); ZSI, 1. Fassung vom 11. Januar 1989

Spezifikationskriterien: Kriterien fuer die Entwicklung, Realisierung und Zulassung von Werkzeugen zur formalen Spezifikation und Verifikation; E.I.S.S. und ZSI, 1. Fassung vom 21. September 1990

Operation 1992: Consolidation of Results; Commission of the European Communities, Brussels, May 1990

DIN 31000: Allgemeine Leitsätze für das sicherheitsgerichtete Gestalten technischer Erzeugnisse, Teil 2 (Dez. 87) Begriffe der Sicherheitstechnik, Grundbegriffe

DIN 40041: Zuverlässigkeit in der Elektrotechnik, Begriffe, Teil 3 (Entwurf März 84) Ereignisse und Zustände

MIL-STD-882B: System Safety Program Requirements (30. March); U.S. Govt. Printing Office, Washington, D.C., 1984

DoD 5200.28-Std: DoD Trusted Computer System Evaluation Criteria (Orange book); DoD, Fort Meade, 1985

IEEE Std 830-1984: IEEE Guide to Software Requirements Specifications;

ISO/IEC JTC1/SC27 N94: Report to JTC1; ISO/IEC JTC1/SC27 Secretariat, GMD, Sankt Augustin (D), May 1990

ISO 7498-2: OSI-Basic Reference Model- Part 2: Security Architecture; ISO International Standard, 1989

NCSC-TG-014: Version-1, Guidelines for Formal Verification Systems; NCSC, Fort Meade MD, April 1989

NCSC-TG-015: Version-1, A Guide to Understanding Trusted Facility Management; NCSC, Fort Meade MD, October 1989

X/Open Security Guide: X/Open Company, Ltd.; Prentice Hall; New Jersey 1988

Formale Spezifikation und Verifikation
– Ein Überblick –

Helmut Kurth
IABG mbH, Einsteinstraße 20, 8012 Ottobrunn

Einleitung

Die stetig wachsende Zahl von Computerprogrammen zur Lösung von Aufgaben in hoch-
kritischen Bereichen sowie deren teilweise sehr hohe Komplexität, lassen die Frage nach
der Korrektheit dieser Programme immer wichtiger werden. Wir alle verlassen uns fast
täglich auf Programme, deren Versagen einen hohen materiellen oder gesundheitlichen
Schaden zur Folge haben kann.

Sieht man von Hardware-Fehlern einmal ab, so kann ein solches Versagen folgende Ursachen haben:

a) der eingetretene Fall war beim Aufstellen der Anforderungen nicht oder nur unzureichend berücksichtigt worden.

b) Mindestens ein Designschritt erfüllt nicht alle aufgestellten Anforderungen.

c) Anforderungen oder Design waren nicht eindeutig formuliert.

d) Das Programm verstößt gegen das Design.

e) Die verwendeten Hilfsmittel (z.B. Programmiersprache, Programmbibliotheken,
Compiler, Laufzeit- oder Betriebssystem) sind selbst nicht eindeutig spezifiziert oder
fehlerhaft implementiert.

Will man also die möglichen Quellen für das Versagen eines Programms minimieren, benötigt man eine "vollständige" und eindeutige Festlegung der Anforderungen sowie die
Möglichkeit, nachweisen zu können, daß ein Programm alle aufgestellten Anforderungen
erfüllt. Da ein sequentielles Programm eine eindeutig definierte Ablaufvorschrift ist (vorausgesetzt, die Semantik der verwendeten Programmiersprache ist eindeutig definiert),
liegt es nahe, das Programm sowie die Anforderungen mit Mitteln der mathematischen
Logik zu beschreiben und formal zu beweisen, daß die Anforderungen durch das Programm erfüllt werden.

In der Tat ist diese Idee auch keineswegs neu, sondern wird bereits seit den sechziger Jahren diskutiert. Aus dieser Zeit stammen auch eine Reihe grundlegender Arbeiten, z.B. vom Floyd [Flo 67], Manna [Man 69], Dijkstra [Dij 68] oder Hoare [Hoa 69].

Zu Beginn der siebziger Jahre wurden dann erste Versuche unternommen, die Semantik einiger bestehender Programmiersprachen formal zu definieren (z.B. PASCAL [Hoa 73]) bzw. neue Programmiersprachen unter dem Gesichtspunkt der formalen Verifizierbarkeit zu konstruieren (z.B. EUCLID) . Die Basis der Definition der Semantik bildete dabei meist die Arbeit von Hoare [Hoa 69]. Darauf aufbauend wurden erste Prototypen von Programmverifikationssystemen erstellt (z.B. der Stanford Pascal Verifier).

Diesen ersten Ansätzen folgte jedoch bald eine Phase der Ernüchterung. Es zeigte sich, daß diese Prototypen noch weit von einer praktischen Verwendbarkeit entfernt waren. Wesentliche Hindernisse waren dabei:

1. Die formale Sprache zur Beschreibung der Programmeigenschaften war meist Prädikatenlogik erster Stufe mit einigen Ergänzungen. Die Spezifikation selbst recht einfacher Programmeigenschaften in einer dieser Sprachen ergab sehr komplexe Formeln, die für eine nicht mathematisch geschulte Person völlig unverständlich und selbst für Mathematiker oft nur schwer überschaubar sind. Daher entsprachen die formal spezifizierten Eigenschaften oft nicht mehr den verbal spezifizierten.

2. Für eine Reihe von Features einer so einfachen Sprache wie PASCAL war es sehr schwierig bzw. teilweise unmöglich, die Semantik im Sinne der von Hoare dargelegten Grundlagen zu definieren.

3. Für jedes praxisrelevante Programm war der Aufwand zur Verifikation extrem hoch und ohne Werkzeugunterstützung kaum durchführbar. Die zu beweisenden mathematischen Formeln waren teilweise auch für Mathematiker nicht mehr überschaubar.

Diese Probleme bewirkten, daß formale Spezifikation und Verifikation bis heute nur in wenigen speziellen Projekten außerhalb des Forschungsbereiches eingesetzt wurden. Allerdings blieb das Thema im Forschungsbereich weiter aktuell und es entstanden eine Vielzahl von formalen Spezifikationssprachen und Prototypen von Verifikationssystemen. Viele dieser Prototypen, insbesondere in den USA, sind über viele Jahre hinweg kontinuierlich weiterentwickelt worden und befinden sich heute in einem Zustand, der den Einsatz, zumindest bei der Verifikation des Top-Level-Designs größerer Programmsysteme, ermöglicht. Ein wesentlicher Grund für die Weiterentwicklung dieser Prototypen war die

Forderung nach formaler Designspezifikation und -verifikation für die höchsten Stufen der „Trusted Computer System Evaluation Criteria" des amerikanischen DoD.

Formale Spezifikation

Eine Spezifikation dient verschiedenen Zwecken. Zum ersten will der Spezifizierer selber alle für ihn wichtigen Eigenschaften des späteren Systems in der Spezifikation erfassen und beschreiben. Für den Spezifizierer ist sie also die Beschreibung seiner Modellvorstellungen des Systems. Für ihn ist es wichtig, daß er prüfen kann, ob er alle gewünschten Eigenschaften spezifiziert hat und daß diese Eigenschaften in sich konsistent sind.

Zum zweiten ist die Spezifikation das Basisdokument für die Verständigung zwischen dem Spezifizierer und demjenigen, der das spezifizierte System realisieren soll. Sie muß daher von beiden Seiten verstanden und in gleicher Weise interpretiert werden.

Zum dritten ist sie die Grundlage für die Prüfung, ob das realisierte System der Spezifikation entspricht. Die dafür geforderten Nachweise (z.B. Tests oder Korrektheitsbeweise) müssen also mit ihrer Hilfe konstruierbar sein.

Eine vierte Forderung ist die nach der leichten Wartbarkeit der Spezifikation. Da sie aus einer modellhaften Vorstellung des späteren Systems abgeleitet ist, umfaßt sie in den seltensten Fällen schon im ersten Anlauf alle gewünschten Anforderungen. Änderungen und insbesondere Erweiterungen, müssen daher möglichst einfach eingebracht werden können.

Die meisten Spezifikationen sind heute in informeller oder semi-formaler Darstellung abgefaßt. (Unter semi-formaler Darstellung verstehen wir dabei die Beschreibung in einer Notation, deren Syntax, zumindest in weiten Teilen, exakt definiert ist, deren Semantik jedoch nur informell beschrieben ist.) Informelle Spezifikationen haben den Vorteil, daß sie relativ schnell erstellt werden können und leicht verständlich sind. Ihr Nachteil ist, daß sie oft unvollständig, inkonsistent und mehrdeutig sind. Dies wird häufig erst nach dem Abschluß des Designs oder der Implementierung bemerkt und führt dann zu aufwendigen Änderungen. Die Erstellung einer weitgehend vollständigen, informellen oder semi-formalen Spezifikation mit sehr geringem Interpretationsspielraum ist zwar möglich, jedoch mit einem hohen Aufwand verbunden.

Von einer formalen Spezifikation spricht man, wenn sie vollständig in einer Spezifikationssprache mit präzise und eindeutig definierter Syntax und Semantik geschrieben ist. Dadurch sind unterschiedliche Interpretationen weitgehend ausgeschlossen. Ebenso besteht die Möglichkeit, solche Spezifikationen bezüglich ihrer internen Konsistenz sowie einigen speziellen Vollständigkeitsaspekten automatisch, d. h. durch spezielle Programme, zu überprüfen (sofern solche Programme für die gewählte Spezifikationssprache existieren. Dies ist jedoch nur bei wenigen der Fall). Eine generelle, automatische Prüfung auf Vollständigkeit ist natürlich auch bei einer formalen Spezifikation nicht möglich. Auch die Verwendung einer formalen Spezifikationssprache schützt nicht davor, daß die Festlegung von wichtigen Systemeigenschaften nicht oder fehlerhaft erfolgt. Die resultierende Spezifikation kann durchaus in sich konsistent sein, nur entspricht sie nicht der Intention des Spezifizierers.

Es gibt jedoch auch eine Reihe unbestreitbarer Vorteile einer formalen Spezifikation. Durch die eindeutige Semantik definiert sie ein mathematisches Modell des zu erstellenden Programms. Innerhalb dieses Modells können nun weitere Eigenschaften abgeleitet („bewiesen") werden. Sehr oft kommt es dabei vor, daß diese Eigenschaften vom Spezifizierer nicht gewollt sind, teilweise sogar seiner Intention zuwiderlaufen. Das Vorhandensein solcher ungewollter Eigenschaften zeigt, daß die Umsetzung der Intention in die Spezifikation fehlerhaft oder unvollständig war. In einer informellen Spezifikation können solche ungewollten Eigenschaften dagegen meist nicht nachgewiesen werden und fallen dann erst bei späteren Designschritten oder nach der Implementierung auf. Wie jeder Software-Entwickler (meist aus eigener schmerzlicher Erfahrung) weiß, ist das Einbringen neuer oder geänderter Anforderungen in ein bestehendes Design bzw. eine bestehende Implementierung im allgemeinen mit einem hohen Aufwand verbunden.

Formale Spezifikationen werden oft deshalb abgelehnt, weil ihre Erstellung eine spezielle Ausbildung in der verwendeten Spezifikationsmethodik und -sprache verlangt und zusätzlich einen hohen Zeitaufwand erfordert. Beides ist jedoch eher ein Vorteil denn ein Nachteil. Niemand sollte erwarten, daß die korrekte Spezifikation eines komplexen Programms (welches eventuell sogar einen kritischen Prozeß steuern soll), ohne spezielle Ausbildung möglich ist. In vielen klassischen Ingenieurwissenschaften ist der Nachweis einer entsprechenden Ausbildung Voraussetzung, um Systemspezifikationen erstellen zu dürfen.

Auch die Tatsache, daß die Erstellung einer formalen Spezifikation sehr aufwendig ist, wird im allgemeinen dadurch aufgewogen, daß viele Unzulänglichkeiten und Inkonsistenzen schon direkt in der Spezifikation entdeckt werden können. Außerdem erzwingt die Verwendung einer formalen Spezifikationssprache eine sorgfältige Analyse der zu spezifizierenden Eigenschaften. Viele Probleme werden deshalb schon während der Erstellung der Spezifikation erkannt und können somit schon zu diesem Zeitpunkt gelöst werden.

Formen der formalen Spezifikation

Zur Zeit existieren verschiedene Formen der formalen Spezifikation, deren Bezeichnung in der Literatur leider nicht ganz einheitlich ist. Allen diesen Formen ist gemeinsam, daß die zur Spezifikation verwendete Sprache eine formale Sprache sein muß, d.h. eine formal definierte Syntax und Semantik besitzen. Beispiele solcher Sprachen werden später kurz besprochen.

Die zwei am häufigsten verwendeten Grundformen der formalen Spezifikation sind einerseits die prozeduralen Spezifikationen und die Spezifikationen abstrakter Datentypen. Sie spiegeln die auch aus dem Bereich der informellen bzw. semi-formalen Spezifikationsmethoden bekannte Unterscheidung zwischen ablauforientierten und datenorientierten Spezifikationen wider.

Prozedurale Spezifikationen

Die beiden wichtigsten Formen der prozeduralen Spezifikation sind:

- die operationelle Spezifikation und

- die Spezifikation mit Vor- und Nachbedingungen.

Bei einer operationellen Spezifikation werden weniger die Eigenschaften eines Programms beschrieben. Vielmehr wird praktisch schon ein Lösungskonzept vorgeschlagen. Operationelle Spezifikationen sind also praktisch schon Programme (oder können theoretisch automatisch in ausführbare Programme transformiert werden). Allerdings wird dabei keinerlei Wert auf Effizienz gelegt, sondern das Ziel ist die Einfachheit der Darstellung.

Als Beispiel für eine operationelle Spezifikation wurde die Funktion zur Bestimmung des

größten gemeinsamen Teilers zweier positiver Integerzahlen gewählt.
Eine operationelle Spezifikation dieser Funktion könnte dann wie folgt aussehen:

Interface: gcd (integer, integer) **returns** integer

Funktion: gcd (a, b) = **if** $a \leq 0 \vee b \leq 0$
then error („Eingabewerte falsch")
else suche (a, b, min (a, b))

Abkürzungen: suche (a, b, c) = **if** $c \leq 0$ **then** error („Eingabewert falsch")
else if (mod (a, c) = 0 & mod (b, c) = 0
then c
else suche (a, b, c − 1)

min (a, b) = **if** $a < b$ **then** a
else b

mod (a, b) = **if** $b \leq 0$ **then** error („Eingabewert falsch")
else if $a < b$ **then** a
else mod (a−b, b)

In dieser operationellen Spezifikation wird beginnend vom Minimum von a und b durch Ausprobieren nach dem größten gemeinsamen Teiler gesucht. Die ausprobierte Zahl wird bei jedem Schritt um 1 verringert. Dieser Algorithmus terminiert, da 1 ein Teiler jeder Zahl ist. Es ist aber wohl auch jedem klar, daß der in der Spezifikation angegebene Algorithmus sicherlich nicht die effizienteste Art zur Berechnung des größten gemeinsamen Teilers ist.

Operationelle Spezifikationen haben den Vorteil, daß sie von Personen mit Programmiererfahrung relativ leicht erstellt werden können – schließlich ist Spezifizieren in dieser Art im Grunde genommen nichts anderes als Programmieren. Allerdings haben sie auch erhebliche Nachteile:

– Operationelle Spezifikationen sind nur für Probleme geeignet, für die eine einfache Lösung existiert. Für viele Probleme, die sich in einer der anderen Arten sehr einfach spezifizieren lassen, ist auch die einfachste Lösung schon sehr komplex.

– Operationelle Spezifikationen sagen schon, **w i e** man ein Problem lösen kann. Dabei verstecken sie oftmals, **w a s** gelöst werden soll. Dies ist für die Erstellung einer effizienten Lösung eher hinderlich.

Diese Nachteile wiegen so schwer, daß operationelle Spezifikationen nur selten verwendet werden. Bedeutung haben sie lediglich bei der Programmtransformation, wo man versucht, durch semantikerhaltende Transformationsregeln aus solchen Spezifikationen neue (und dabei effizientere) Programme zu erzeugen, die jedoch nachweisbar semantisch äquivalent zur Ausgangsspezifikation sind.

Bei der Spezifikation mit Vor- und Nachbedingung werden Programme, Programmsegmente (also auch Funktionen und Prozeduren) mit einer Vorbedingung, die Eigenschaften von Programmvariablen und Zuständen vor der Ausführung festlegt, sowie einer Nachbedingung, die Eigenschaften nach der Ausführung beschreibt, versehen. In einer auf Hoare zurückgehenden Notation wird dies meist in folgender Form geschrieben:

$$P \ \{\, S \,\} \ Q$$

wobei P die Vorbedingung, S das Programm und Q die Nachbedingung darstellt. Zu lesen ist ein solcher Ausdruck dann wie folgt:

Wenn vor der Ausführung des Programms S die Vorbedingung P gilt und das Programm S terminiert, dann gilt nach der Ausführung von S die Nachbedingung Q.

Die Spezifikationssprachen zur Beschreibung der Vor- bzw. Nachbedingung basieren dabei auf Prädikatenlogik erster Stufe, sind jedoch oft um Konstrukte zur Darstellung programmnaher Eigenschaften sowie weiterer mathematischer Theorien ergänzt.

Unser Beispiel des größten gemeinsamen Teilers kann dann z.B. wie folgt spezifiziert werden.

Interface: gcd (integer, integer) **returns** integer

Vorbedingung: $a > 0 \ \& \ b > 0$

Programm: { gcd (a, b) }

Nachbedingung: Ist_Teiler (a, gcd (a, b)) &
                           Ist_Teiler (b, gcd (a, b)) &
                           $\forall$ i : integer [Ist_Teiler (a, i) &
                                       Ist_Teiler (b, i)
                                       $=>$ gcd(a,b) $\geq$ i]

Abkürzung:

$$\text{Ist\_Teiler (b, a)} \equiv \ \exists \ i : \text{integer } [b = i * a]$$

Im Gegensatz zur operationellen Spezifikation werden hier also nur Eigenschaften charakterisiert. Eine Lösung wird nicht beschrieben (es ist somit auch nicht sichergestellt, daß überhaupt eine Lösung existiert).

Mit Hilfe der Kompositionsregeln lassen sich über Vor- und Nachbedingung spezifizierte Programmsegmente miteinander kombinieren, d.h. wenn zwei Programmsegmente S_1 und S_2 wie folgt spezifiziert sind:

$$P_1 \ \{ \ S_1 \ \} \ Q_1$$

und

$$P_2 \ \{ \ S_2 \} \ Q_2$$

und wenn P_2 aus Q_1 folgt, dann gilt für die Hintereinanderausführung von S_1 und S_2 die Beziehung

$$P_1 \ \{ \ S_1 ; S_2 \ \} \ Q_2$$

Definiert man nun über solche Vor- und Nachbedingungen die Semantik der Befehle einer Programmiersprache, so hat man bereits die Basis, um Programmverifikation durchführen zu können. Eine solche axiomatische Definition der Semantik einer Untermenge der Programmiersprache PASCAL wurde bereits 1973 von Wirth und Hoare veröffentlicht [Hoa 73].

Spezifikation abstrakter Datentypen

Von den verschiedenen Spielarten der formalen Spezifikation abstrakter Datentypen hat
die algebraische Spezifikation die mit Abstand weiteste Verbreitung. Eine algebraische
Spezifikation eines abstrakten Datentyps besteht dabei aus drei Teilen:

- der syntaktischen Spezifikation

- der semantischen Spezifikation

- der Spezifikation von Restriktionen

Die syntaktische Spezifikation beschreibt alle Informationen, die zur syntaktischen Analyse und für Typprüfungen benötigt werden, also Typdefinitionen, Namen, Definitions-
und Wertebereiche der Operationen auf dem abstrakten Datentyp.

Die semantische Spezifikation definiert über eine Menge von Axiomen die Semantik dieser Operationen, indem ihre Beziehungen untereinander beschrieben werden.

Die Spezifikation von Restriktionen beschreibt Vorbedingungen und Ausnahmebedin-
gungen bestimmter Operationen.

Als Beispiel für eine algebraische Spezifikation ist die gcd-Funktion leider ungeeignet, da
sie keinen abstrakten Datentyp definiert, aber natürlich ließe sie sich zumindest in der
Notation einer algebraischen Spezifikation auch definieren. Zur besseren Veranschauli-
chung sei hier jedoch (wie in vielen anderen Artikeln über algebraische Spezifikation) der
Stack angeführt.
Spezifiziert werden soll ein Stack begrenzter Länge für Elemente eines nicht näher bezeichneten Typs.

Syntax

Typdefinitionen

n:	Integer
Element-Typ:	Type
Stack:	set of Element_Typ

Operationsdefinitionen

push	(Stack, Element_Typ)	**returns** Stack
pop	(Stack)	**returns** Stack
top	(Stack)	**returns** Element_Typ
depth	(Stack)	**returns** Integer
newstack		**returns** Stack

Semantik

stk : Stack ; el : Element_Typ

pop	(push (stk, el))	=	stk
top	(push(stk, el))	=	el
depth	(push (stk, el))	=	1 + depth (stk)
depth	(newstack)	=	0

Restriktionen

pre   (pop (stk)) = depth (stk) > 0

pre   (top(stk)) = depth(stk) > 0

depth   (stk) $\geq$ n = > failure (push (stk, el))

Hierbei wird als Vorbedingung für die Operationen pop und top gefordert, daß die Anzahl der Elemente im Stack größer 0 ist.

Der Versuch, mittels der Operation push ein weiteres Element in einem Stack zu speichern, der schon n oder mehr Elemente umfaßt, soll eine Fehlerbehandlung auslösen. Selbstverständlich hätte man dies auch als Vorbedingung formulieren können; das Beispiel sollte lediglich zwei unterschiedliche Arten von Restriktionen aufzeigen. Für einen Implementierer ergeben sich nämlich unterschiedliche Konsequenzen. Eine Vorbedingung schränkt lediglich den Definitionsbereich einer Operation ein, während eine Failure-Restriktion die explizite (meist noch näher zu spezifizierende) Implementierung einer Fehlerbehandlung erfordert.

Formale Spezifikationssprachen

Wie bereits erwähnt, ist das Hauptmerkmal einer formalen Spezifikationssprache die Tatsache, daß sie eine formal definierte Syntax und Semantik besitzt.

So gesehen, waren die bisher aufgeführten Beispiele nicht formal spezifiziert, da weder die Syntax noch die Semantik der dabei verwendeten Sprache definiert wurde. In der Tat ist diese „Sprache" auch lediglich eine Zusammenstellung aus geläufigen mathematischen Operatoren und an Programmiersprachen angelehnten Konstrukten. Die erforderlichen formalen Definitionen fehlen jedoch. In der Literatur finden sich jedoch eine Vielzahl von Spezifikationssprachen, deren Syntax- und Semantikdefinition ganz oder zumindest zum großen Teil in formaler Form vorliegen.

Diese Sprachen unterscheiden sich in der Art ihrer Darstellung sowie in der Mächtigkeit der darstellbaren Eigenschaften. Es würde den Rahmen einer solchen Übersicht sprengen, auf eine Vielzahl solcher Spezifikationssprachen näher einzugehen und ihre Stärken und Schwächen zu untersuchen. Vielmehr sollen für einige wenige Repräsentanten kurz die Besonderheiten skizziert sowie an einem Beispiel die Notation dargestellt werden. Um eine gewisse Vergleichbarkeit zu gewährleisten, wurde als Beispiel jeweils die gcd-Funktion gewählt. Ausgewählt wurden dabei zwei in den USA und zwei in Europa entstandene Spezifikationssprachen, die auch jeweils schon in größeren Projekten eingesetzt wurden.

Ina Jo

Ina Jo ist die Spezifikationssprache des Verifikationssystems FDM (Formal Development Method) der amerikanischen Firma SDC (gehört zu UNISYS). Die Entwicklung von FDM reicht bis in die siebziger Jahre zurück; dies ist ein Grund dafür, daß die Notation von Ina Jo nur solche Zeichen benutzt, die auf einfachen ASCII-Terminals darstellbar sind.
FDM ist derzeit eines der beiden vom amerikanischen National Computer Security Center zur Konstruktion von Systemen der Klasse A1 des „Orange Book" zugelassenen Systeme und hat deswegen auch heute noch eine gewisse Bedeutung. Beispiele für Projekte, bei deren Konstruktion FDM verwendet wurde, sind das GEMSOS-Betriebssystem der Firma Gemini Computer sowie der Prototyp des SVS-Betriebssystems der Firma DEC. Allerdings wird Ina Jo auch wegen seiner angeblich unzureichenden formalen Semantikdefinition kritisiert (siehe z.B. [Cra 85]).

In Ina Jo wird das zu spezifizierende System als Zustandsautomat betrachtet und es werden die Zustandsübergänge bei einzelnen Operationen spezifiziert. Eine Ina Jo-Spezifikation besteht aus einer syntaktischen Definition, in der Typen, Konstanten und Variablen definiert werden, sowie einer semantischen Definition, bestehend aus Axiomen, Vorbedingungen, Invarianten, Restriktionen und Nachbedingungen. Auf diese Art wird jede Operation, die einen Zustandsübergang bewirkt, spezifiziert.

Als Beispiel für eine Ina Jo-Spezifikation wurde wieder die gcd-Funktion gewählt. Vor der Darlegung des Beispiels noch ein paar Bemerkungen zur Notation:

A" : für alle

E" : es existiert

N" : neuer Zustand einer Variablen nach der Operation

NC" : (no change) zeigt an, daß eine Variable durch die Operation nicht geändert werden darf

T" : Definition eines Untertypen

Spezifikation von gcd:

        TYPE

                Pos-Integer = T"i : Integer (i > 0)

        VARIABLE

                a, b, c   : Pos–Integer

        INITIAL

                true

        Transform gcd (a, b, c : Pos-Integer) External

                Effect

                        A" d : Integer (N"c = d = >

                                (E" k, l : Pos-Integer (d * k = = a)

                                        & (d * l = = b))

                                & (A" j : Pos-Integer (E" m, n : Pos-Integer

                                        (j * m = = a) & (j * n = = b))

                                        = > E" p : Pos-Integer (p * j = = d)))

Gypsy

Neben FDM ist das Gypsy Verification Environment (GVE) das einzige Verifikationssystem, welches vom amerikanischen National Computer Security Center derzeit zur formalen Spezifikation und Verifikation von Systemen der Klasse A1 des „Orange Book" zugelassen ist. Die Intention von GVE ist die Programmverifikation. Daher ist die dort verwendete Sprache Gypsy sowohl Spezifikations- als auch Programmiersprache. Der Programmiersprachenanteil ist dabei sehr stark an PASCAL angelehnt; allerdings sind zusätzlich auch parallele Prozesse möglich (mit einem Modula-ähnlichen Konzept). Andererseits fehlen auch Konstrukte aus PASCAL, insbesondere die Typen „real", „pointer", „class" und „file".

Gypsy erlaubt die Spezifikation mit Vor- („entry-Statement") und Nachbedingung („exit–Statement") sowie die Angabe von Invarianten („assert-Statement"). Diese Bedingungen können als prädikatenlogische Ausdrücke geschrieben werden, in denen Variablen oder Funktionen des Programms logisch miteinander verknüpft werden.

Die Notation von Gypsy ist so gestaltet, daß Spezifikationen auf normalen ASCII-Terminals darstellbar sind (mit der Entwicklung von Gypsy wurde Anfang der siebziger Jahre begonnen). Auch dies ist ein Grund dafür, daß Gypsy-Spezifikationen wesentlich „uneleganter" aussehen, als vergleichbare Spezifikationen in Z.

Eine Gypsy-Spezifikation der gcd-Funktion könnte folgendermaßen lauten:

```
function gcd (a, b : Integer) : Integer  =
entry (a > 0 and b > 0)
begin
exit (assume gcd (a, b) =
        if ( c > 0 and Ist_Teiler (a, c) and Ist_Teiler (b, c)
                and
                (all d : integer, (Ist_Teiler (a, d)
                                and Ist_Teiler (b, d)
                -> Ist_Teiler (c, d)))
        then c
        fi ;
end;
function Ist_Teiler (x, y) : Boolean  =
        entry (x > 0 and y > 0)
        begin
        exit (assume Ist_Teiler (x, y) =
                (some z : Integer, (y * z = x))
        end;
```

Gypsy wurde z. B. zur formalen Designspezifikation des „Secure Communication Processors" (SCOMP) der Firma Honeywell verwendet. SCOMP ist derzeit das einzige System mit einer abgeschlossenen Evaluation in die höchste Klasse (A1) des „Orange Book". Aber auch zur Programmverifikation wurde Gypsy schon eingesetzt, beispielsweise für den „Message Flow Modulator" [Goo 82], einem System zur Auffindung und Ersetzung vorgegebener Textmuster in einem System zur Übertragung von Meldungen.

Z

Die Spezifikationssprache Z wurde zu Beginn der achtziger Jahre an der Universität von Oxford entwickelt. Neben der Prädikatenlogik erster Stufe sind in ihr auch Konstrukte der Mengentheorie integriert. Das wesentliche Strukturierungskonzept von Z sind allerdings die Schemata. Ein Schema ist dabei eine Ansammlung von Variablen- und Funktionsdeklarationen, sowie Aussagen über diese Variablen und Funktionen. Z definiert des weiteren einen Kalkül zur Manipulation von Schemata. So ist es z.B. möglich, ein Schema in ein anderes „einzusetzen", d.h. die Variablen und Aussagen über diese Variablen in einem anderen Schema zu verwenden.

Z ist eine komplexe Spezifikationssprache und die Beschreibung der Notation ist sehr umfangreich. Allerdings ist es daher auch möglich, sehr elegante Spezifikationen in Z zu schreiben. Unser gcd-Beispiel soll dies verdeutlichen.

In einem ersten Schema wollen wir nur einige benötigte Variablen definieren

$$\boxed{\begin{array}{l} S \\ \hline a, b, c : N^+ \end{array}}$$

S ist dabei der Name des Schemas, unter dem es in anderen Schemata verwendet werden kann; N^+ ist die Menge der natürlichen Zahlen größer als Null. Z bietet bei der Definition von Operationen auch die Möglichkeit, die Werte von Variablen vor und nach der Ausführung zu beschreiben. Der Variablenname, gefolgt von einem Hochkomma, bezeichnet den Wert der Variablen nach Ausführung der Operation; der Variablenname ohne nachfolgendes Hochkomma den Wert der Variablen vor Ausführung der Operation. Ein Schema, in dem nur Variablen definiert werden, kann auch als Ganzes mit einem Hochkomma versehen werden. Dadurch werden alle Variablen des Schema mit dem Hochkomma versehen. Die gcd-Funktion kann dann wie folgt spezifiziert werden:

$$
\begin{array}{l}
G \\
\hline
S,\ S\ ',\ T \\
gcd \qquad :\quad N^+ \times N^+ \ \text{---}>\ N^+ \\
\hline
a = a' \\
b = b' \\
gcd\,(a,\ b)\ =\ c'\ <=> \\
\qquad c' \in (\text{Teiler}\,(a)\ \cap\ \text{Teiler}\,(b)) \\
\qquad\qquad \wedge \\
\qquad (\forall\ d \in N^{+\cdot}\,(d \in (\text{Teiler}\,(a)\ \cap\ \text{Teiler}\,(b)) \\
\qquad (=>\ d \in (\text{Teiler}\,(c'))
\end{array}
$$

Nun muß noch das Schema T, welches „Teiler" definiert, spezifiziert werden:

$$
\begin{array}{l}
T \\
\hline
x,\ y \quad :\qquad N^+ \\
\text{Teiler} \quad :\quad N^+ \ \text{->}\ P\,N^+ \\
\hline
y \in \text{Teiler}\,(x)\ <=>\ \underset{\exists}{n} \in N^+\ (n * y = x)
\end{array}
$$

Z ist besonders in Großbrittanien verbreitet und findet dort auch industrielle Anwendung. So hat z. B. die Firma IBM Teile von CICS in Z spezifiziert.

VDM

VDM ist die Abkürzung für „Vienna Development Method" und wurde in den Anfängen im IBM-Labor in Wien entwickelt. Diese Anfänge gehen bis in die sechziger Jahre zurück. Ursprünglich einmal gedacht als Sprache für die Definition von Programmiersprachen und zur Spezifikation des Designs von Compilern, wurde das Anwendungsspektrum inzwischen auf allgemeine Programmentwicklung ausgedehnt. Ähnlich wie Z umfaßt auch VDM neben der Prädikatenlogik erster Stufe noch Konstrukte aus der Mengentheorie. Ein Schemakalkül wie in Z fehlt jedoch.

Funktionen können in VDM mit Vor- und Nachbedingung spezifiziert werden. Anders als in Z bezeichnet dabei ein Variablenname gefolgt von einem Hochkomma den Wert der Variablen vor Ausführung der Funktion. Das Hochkomma darf allerdings nur in Nachbedingungen verwendet werden. In Vorbedingungen ist immer der Wert der Variablen vor Ausführung der Operation gemeint. Um die VDM-Spezifikation unseres gcd-Beispiels zu verstehen, nur noch zwei Erläuterungen:

N_1 ist die Menge aller Integer größer Null

B $B = \{\text{ true, false }\}$

Unsere gcd-Funktion kann wie folgt in VDM spezifiziert werden:

gcd $(a, b : N_1)$ c : N_1

1. pre   true

2. post $a' = a \wedge b' = b \wedge$ Ist_Teiler $(a, c) \wedge$ Ist_Teiler (b, c)
$$\wedge$$
$$\neg \exists s \in N_1 \ (\text{Ist\_Teiler } (a, s) \wedge$$
$$\text{Ist\_Teiler } (b, s) \wedge s > c)$$

Ist_Teiler $(r, s : N_1)$ t : B

1. pre   true

2. post $t = \exists x \in N_1 \ (s * x = r)$

VDM (bzw. der Vorläufer VDL) wurde ebenfalls schon industriell insbesondere zur Spezifikation der Semantik von Programmiersprachen eingesetzt. Es ist ebenfalls die Basis für neuere Entwicklungen wie z. B. RAISE („Rigorous Approach to Industrial Software Engineering), ein von der EG im Rahmen des ESPRIT–Programms gefördertes Projekt, an dem Forschungseinrichtungen und Unternehmen aus Dänemark und Großbrittanien beteiligt waren.

Formale Verifikation

Unter formaler Verifikation versteht man den formalen Nachweis, daß zwei unterschiedliche Darstellungen einer Spezifikation „konsistent" sind. Dabei sollte man jedoch beachten, wie der Begriff „konsistent" definiert ist.

Betrachten wir als Beispiel eine Spezifikation mittels Vor- und Nachbedingungen in zwei unterschiedlichen Verfeinerungen (wobei die feinere Darstellung durchaus schon ein ausführbares Programm sein kann). Die Verfeinerung (nennen wir sie S_{fein}) heißt konsistent mit der gröberen Spezifikation (S_{grob}), wenn folgende Bedingungen erfüllt sind:

– Alle Typen, Variablen, Konstanten und Operationen aus S_{grob} lassen sich auf (eventuell feiner untergliederte) Typen, Variablen und Konstanten aus S_{fein} abbilden.

– Alle durch Vor- oder Nachbedingungen in S_{grob} definierten „Ablaufpunkte" lassen sich auf „Ablaufpunkte" in S_{fein} abbilden.

– An diesen Punkten gelten in S_{fein} für die Abbildungen der Variablen aus S_{grob} die gleichen Bedingungen wie in S_{grob}.

Für die in der feineren Spezifikation hinzugekommenen Variablen und Ablaufpunkte lassen sich dagegen aus der groben Spezifikation keine Anforderungen ableiten. Sie können frei gewählt werden, solange die oben angeführten drei Bedingungen weiterhin erfüllt werden. Dies bedeutet, daß der Implementierer für alle Bereiche, die nicht spezifiziert wurden, völlige Freiheit hat, solange dadurch die spezifizierten Eigenschaften nicht tangiert werden.

Werden zwei nicht ausführbare Ebenen einer Spezifikation mittels formaler Methoden auf Konsistenz geprüft, so spricht man von „Designverifikation". Wird dagegen ein ausführbares Programm mit formalen Methoden auf Konsistenz mit einer Spezifikation geprüft, so spricht man von „Programmverifikation".
Im folgenden sollen kurz die grundlegenden Ideen der „klassischen" Programmverifikation dargelegt werden, wie sie zu Beginn der siebziger Jahre erarbeitet wurden.
Die klassische Programmverifikation beruht dabei auf folgenden Prinzipien:

Die Semantik der einzelnen Konstrukte einer Programmiersprache wird mit Mitteln einer geeigneten formalen Spezifikationssprache definiert. (Ein Beispiel dafür ist die axiomatische Definition der Semantik einer Teilmenge von PASCAL durch Hoare und Wirth.)

Ein Programmsegment wird über Vor-, Nach- und Invarianzbedingungen in der gleichen Spezifikationssprache spezifiziert, in der auch die Semantik der Programmiersprache definiert wurde. Einzelne Programmsegmente lassen sich mit der im Abschnitt „prozedurale Spezifikationen" erläuterten Kompositionsregel zu größeren Programmen zusammenfügen.

Für ein über

$$P \{ S \} Q$$

spezifiziertes Programm bzw. Programmsegment existieren zwei Wege, die Korrektheit formal zu beweisen:

1. Ausgehend von der Vorbedingung P und dem Programm S wird über die formal definierte Semantik der verwendeten Konstrukte der Programmiersprache die „stärkste Nachbedingung" Q' bestimmt. Das Programm S ist verifiziert, wenn die Beziehung

$$Q' => Q$$

bewiesen worden ist. Diese Beziehung heißt „Verifikationsbedingung".

2. Ausgehend von der Nachbedingung Q und dem Programm S wird über die formal definierte Semantik der verwendeten Konstrukte der Programmiersprache die „schwächste Vorbedingung" P' bestimmt. Das Programm S ist verifiziert, wenn die Beziehung

$$P => P'$$

bewiesen wurde. Die zu beweisende Beziehung P => P' heißt ebenfalls „Verifikationsbedingung".

Allerdings wird damit nur die „partielle Korrektheit" gezeigt. Um die „totale Korrektheit" zu zeigen, muß noch bewiesen werden, daß das Programmsegment auch terminiert.

Hinter diesem so einfach scheinenden Prinzip verbergen sich jedoch eine Menge von Problemen, von denen einige kurz skizziert werden sollen:

- Wie bereits in der Einleitung erwähnt, läßt sich die Semantik vieler Konstrukte höherer Programmiersprachen nur schwer oder gar nicht formal definieren. Zwar gab es in den letzten Jahren auf diesem Gebiet deutliche Fortschritte, es bleiben jedoch immer noch viele Punkte zu klären. Allerdings zeigt die Erfahrung auch, daß gerade diejenigen Sprachkonstrukte sehr häufig zu Programmfehlern beitragen, deren Semantik nicht formal definiert werden kann.

- Schleifen und Rekursionen stellen ein besonderes Problem bei der Verifikation dar. Hier kommt es sehr stark darauf an, geeignete Invarianzbedingungen zu spezifizieren. Das Finden solcher Invarianzbedingungen erfordert viel Intuition und Erfahrung.

– Die zu beweisenden Verifikationsbedingungen sind im allgemeinen keine sehr anspruchsvollen mathematischen Sätze. Das Problem besteht darin, daß sie sehr umfangreich werden können und dadurch rein manuell kaum noch handhabbar sind. Die Versuche, vollautomatische Beweiser hierfür zu konstruieren, hatten bisher nur bedingten Erfolg. Zwar können solche (meist recht aufwendigen) Beweiser viele solcher Verifikationsbedingungen tatsächlich automatisch beweisen, es bleibt jedoch immer noch ein Rest, der manuell bewiesen werden muß. Der Aufwand zur Durchführung der Beweise bleibt in jedem Fall sehr hoch.

Die angeführten Probleme haben dazu geführt, daß Programmverifikation in der praktischen Software-Entwicklung kaum eine Rolle spielt. Industriell einsetzbare Werkzeuge zu diesem Bereich gibt es mit Ausnahme des bereits erwähnten „Gypsy Verification Environment" (GVE) nicht. GVE wurde mit Geldern des US DoD entwickelt und ist außerhalb der USA praktisch nicht verfügbar.

In Deutschland existieren derzeit nur Prototypen solcher Systeme im Hochschul- und Forschungsbereich, die vor einem Einsatz in größeren Software-Entwicklungsprojekten noch in einigen Punkten verbessert und erweitert werden müssen.

Zusammenfassung

Nach der ersten Euphorie über die Möglichkeiten formaler Spezifikation und Verifikation zu Beginn der siebziger Jahre folgte bald die ernüchternde Erkenntnis, daß vor einer praktischen Verwendung noch eine Reihe grundsätzlicher Probleme zu lösen waren. Heute kann man sagen, daß für die formale Spezifikation von sequentiellen Programmen durchaus leistungsfähige Sprachen zur Verfügung stehen. Z sei hier nur als Beispiel genannt. Dagegen sind die Fortschritte im Bereich der Programmverifikation eher mäßig. Mit der Schaffung leistungsfähiger Spezifikationssprachen ist jedoch die Grundlage für Fortschritte auch in diesem Bereich gegeben. Allerdings wäre es wünschenswert, ein Verifikationssystem zu haben, welches die Korrektheit schon bei der Programmkonstruktion garantiert und nicht, wie z. B. GVE erst nachträglich prüft, ob ein erstelltes Programm konsistent mit einer vorgegebenen Spezifikation ist. Ansätze für solche Systeme sind bereits vorhanden.

Aber auch im Bereich der Spezifikationssprachen sind noch Weiterentwicklungen erforderlich. So besitzen heute zwar einige dieser Sprachen bzw. Dialekte davon Ansätze, parallele Prozesse, Asynchronitäten oder zeitkritische Prozesse zu spezifizieren. Diese Ansätze sind aber meist rudimentär und nur bedingt verwendbar.

Literatur

[Bjø 87]   Bjørner, D. et al (ed.)
VDM'87
VDM – A Formal Method at Work.
Proceedings VDM-Europe Symposium 1987
Springer-Verlag, Berlin, 1982

[Boy 79]   Boyer, R.S. und Moore, J.S.
A Computational Logic.
Academic Press, New York, 1979

[Cra 85]   Craigen, Dan
A Technical Review of Four Verification Systems: Gypsy, Affirm,
FDM and Revised Special.
Tech. Report FR–85–5401–01
I.P. Sharp Associates Limited, Ottawa, 1985

[Dij 68]   Dijkstra, E.W.
A Constructive Approach to the Problem of Program Correctness.
BIT, vol 8, pp. 174–186, 1968

[Flo 67]   Floyd, R.W.
Assigning Meaning to Programs.
In: Mathematical Aspects of Computer Science edited by
J. T. Schwartz, Proceedings, Symposium in Applied Mathematics
vol. 19, pp. 19–32, American Mathematical Society,
Providence, 1967

[Geh 86]   Gehani, N. und Mc Gettrick, A.D. (ed.)
Software Specification Techniques.
Addison-Wesley, Reading, 1986

[Goo 82] Good, D.I. und Siebert, A.E. und Smith, L.M.
Message Flow Modulator, Final Report
Technical Report 34, Institute for Computing Science,
University of Texas at Austin, 1982

[Gut 78] Guttag, J.V. und Horning, J.J.
The Algebraic Specification of Abstract Data Types.
Acta Informatica, vol. 10, no. 1, pp. 27–52, 1978

[Hay 87] Hayes, I. (ed.)
Specification Case Studies.
Prentice Hall, Englewood Cliffs, 1987

[Hoa 69] Hoare, C.A.R.
An Axiomatic Basis for Computer Programming.
CACM, vol 12, pp. 576–583, 1969

[Hoa 73] Hoare, C.A.R. und Wirth, N.
An Axiomatic Definition of the Programming Language Pascal.
Acta Informatica, vol. 2, no. 4, pp. 335–355, 1973

[Jon 80] Jones, C.B.
Software Development: A Rigorous Approach.
Prentice Hall, Englewood Cliffs, 1980

[Ker 90] Kersten, H. (ed.)
Sichere Software
Formale Spezifikation und Verifikation vertrauenswürdiger
Systeme.
Hüthig, Heidelberg, 1990

[Man 69] Manna, Z.
The Correctness of Programs.
Journal of Computer and System Sciences, vol. 3, no. 2,
pp. 119–127, 1969

[Sha 87] Shaw, R.
From Logic to States and Operations.
VDM-Europe Tutorial Paper, 1987

[You 89]   Young, W.D.
Comparing Specification Paradigms: Gypsy and Z.
Proceedings of the 12th National Computer Security Conference
Baltimore, 1989

FREIHEIT ODER SICHERHEIT -

EIN WIDERSPRUCH INFORMATIONSTECHNISCHER VERNETZUNG?*

Volker Hammer/Ulrich Pordesch/Alexander Roßnagel
Projektgruppe verfassungsverträgliche Technikgestaltung (provet)
Darmstadt

I. Freiheit und/oder Sicherheit?

Mit der informationstechnischen Vernetzung verbindet sich sehr oft die Hoffnung auf eine offene "Informationsgesellschaft", in der durch schnellen, umfassenden und freien Zugang zu Informationen die Freiheitsspielräume des einzelnen wie der Gesellschaft erweitert werden können. Wenn die Gesellschaft aber Informations- und Kommunikationstechnik (IuK) verstärkt nutzt und sich zunehmend von ihr abhängig macht, dann müssen die Informationssysteme und -netze in einem sehr hohen Maß verfügbar, zuverlässig und sicher sein. Kann die informationstechnische Vernetzung beide Ziele, Freiheit und Sicherheit, gleichermaßen verwirklichen? Oder stehen sie in einem grundsätzlichen Widerspruch, nach dem das eine Ziel nur auf Kosten des anderen erreicht werden kann?

Wie jede Technik kann auch die Informations- und Kommunikationstechnik fehlerhaft sein. Sie kann wie jede andere Technik mißbraucht werden. Wie bedeutsam die Mißbrauchs- und Fehlerrisiken einer Technik für die Gesellschaft sind, hängt vor allem von dem Schadenspotential dieser Technik ab. Entscheidend hierfür sind weniger die technischen Aspekte eines Systemausfalls als vielmehr seine gesellschaftlichen Folgen. Allein die Tatsache, daß einige hundert Stunden Rechenzeit verschwendet werden oder Computer gar nicht verfügbar sind, ist aus gesamtgesellschaftlicher Sicht nur von geringem Interesse. Völlig anders ist die Störung eines Informationssystems jedoch zu bewerten, wenn nur noch mit seiner Hilfe grundlegende gesellschaftserhaltende Funktionen gewährleistet werden können, wie etwa im Bankenbereich, in der vernetzten Produktion, im Bereich öffentlicher Transferleistungen oder im Fall eines einheitlichen digitalisierten Fernsprechnetzes. Wenn gar das Leben vieler Menschen durch den Ausfall von Prozeßrechnern etwa in Atomkraftwerken oder Chemiefabriken bedroht ist, dann erhält die Sicherheit der Technik bei ihrer gesellschaftlichen Bewertung einen besonderen Stellenwert.

Je höher der mögliche Schaden für die Gesellschaft ist, wenn ein technisches System fehlerhaft ist, zerstört, beschädigt oder manipuliert wird, desto erpressbarer und angreifbarer ist sie, desto größere Anstregungen muß sie ergreifen, um zu versuchen, ein solch schädigendes Ereignis zu verhindern. Die Mißbrauchs- und Fehlermöglichkeiten und der gegen sie zu treibende Sicherungsaufwand, die dennoch möglichen Schäden und die sozialen Folgen der Techniksicherung reduzieren den gesellschaftlichen Nutzen der Technik. Sie sind daher in jeder realistischen gesamtgesellschaftlichen Kosten-Nutzen-Analsyse technischer Gestaltungsalternativen in Rechnung zu stellen. Eine notwendige, wenn auch nicht ausreichende Bedingung jeder Technikbewertung ist daher, daß sie unter dem Kriterium der **Verletzlichkeit** der Gesellschaft das Schadenspotential, die Sicherungsmöglichkeiten und das verbleibende Restrisiko einer Technik bewertet und daß sie unter dem Kriterium der **Verfassungsverträglichkeit** berücksichtigt, welche sozialen Kosten unter anderen der Sicherungszwang einer Technik in Form von Freiheitseinbußen und Demokratiebeschränkungen fordert. Wie können jedoch künftige Informations- und Kommunikationssysteme nach diesen Kriterien bewertet werden? Läßt sich der Widerspruch zwischen beiden Gestaltungsanforderungen auflösen?

II. Das Kriterium der Verletzlichkeit

Unter Verletzlichkeit verstehen wir die Möglichkeit großer Schäden für die Gesellschaft. Die informationstechnische Vernetzung kann die Verletzlichkeit der Gesellschaft beeinflussen, indem sie das Schadenspotential oder die Fehler- und Mißbrauchsmöglichkeiten technischer Systeme verändert. Wir wollen im folgenden den Schwerpunkt unserer Überlegungen auf Mißbrauchsrisiken konzentrieren. Denn alle fahrlässig oder zufällig verursachten Schäden können auch vorsätzlich verfolgt werden. Vorsätzliche Aktionen sind somit die "Umhüllenden", die auch das

Schadenspotential anderer Schadensursachen abdecken. Die Bewertung, wie verletzlich ein Techniksystem die Gesellschaft macht, hängt dann ab

erstens von dem gesellschaftlichen Schadenspotential,

zweitens von der Anziehungskraft der Technik für Mißbrauchsaktionen,

drittens von den Mißbrauchsmöglichkeiten

viertens von den Möglichkeiten, das Techniksystem zu sichern, und schließlich

fünftens von der Verläßlichkeit des Sicherungssystems.

Das Problem der Verletzlichkeit der Gesellschaft durch die Nutzung von IuK-Systemen entsteht vor allem dadurch, daß **gesellschaftliche Funktionen von Menschen auf diese Systeme übertragen** werden. Diese Übertragung ist möglich, weil die IuK-Systeme erlauben, die Verarbeitung von Informationen aus den Gehirnen der Menschen herauszunehmen, sie zu verselbständigen sowie ihren Austausch technisch zu verwirklichen. Informationen und Kommunikation, Informationsverarbeitungs- und Kommunikationsprozesse werden dadurch für Dritte zugänglich. Sie können sie leichtfertig oder mißbräuchlich ausforschen, manipulieren, unterbinden, beschädigen oder zerstören und dadurch die Erfüllung der dem technischen System übertragenen Funktionen beeinträchtigen.

Bereits **heute** besteht eine hohe Abhängigkeit gesellschaftlicher Teilsysteme von der automatischen Informationsverarbeitung und der Telekommunikation. Sie haben jedoch andere Formen der Informationssammlung und -verarbeitung nur teilweise verdrängt. Soweit einzelne Verwaltungszweige oder Produktionslinien völlig von ihrem Funktionieren abhängig sind, bilden diese immer noch Inseln der Automatisierung. Noch besteht keine vollkommene Vernetzung aller Bereiche der Informationsverarbeitung. Daher bestehen im Notfall noch Ersatz- und Ausweichmöglichkeiten.

In einer **künftigen** Informationsgesellschaft wird die Abhängigkeit vom Funktionieren der automatischen Informationsverarbeitung und Telekommunikation und damit das potentielle Schadensausmaß allerdings beträchtlich ansteigen. Die Rechner werden zu einem vernetzten System zusammenwachsen und andere Formen der Informationssammlung, der Informationsverarbeitung und Kommunikation verdrängen. Sie werden damit weitgehend alternativlos und ohne Substitutionsmöglichkeiten sein.

Um nur wenige Beispiele künftiger Abhängigkeiten zu nennen: Die künftige Produktion wird in den meisten Fällen durch IuK-Systeme geplant, gesteuert, koordiniert und überwacht. Es besteht eine IuK-gestützte Warenwirtschaft, die auf der völligen Vernetzung von Lieferanten, Zulieferern, Produzenten, Händlern,

Kunden und Banken beruht. Vom Funktionieren der IuK-Systeme werden auch die
Energieversorgung, die medizinische Versorgung, das gesamte Zahlungssystem, die
wichtigsten Dienstleistungen, wissenschaftliche Organisationen, das Verkehrs-
system, die staatliche Verwaltung, die politische Steuerung, die Medien sowie
der Umweltschutz abhängig sein. Da in all diesen Bereichen auch die zeitkriti-
schen Anwendungen der IuK-Technik beträchtlich zunehmen werden, wäre auch nur
ein kurzfristiger Ausfall der Telekommunikation katastrophal.[1]

Die künftige Entwicklung des Schadenspotentials wird außerdem dadurch geprägt,
daß die Konzentration von Daten und Funktionen in DV-Anlagen gleichzeitig auch
zu einer Konzentration großer "Informationswerte" an einem Platz führt. Ebenso
bewirkt die Verknüpfung vieler Steuerungsvorgänge eine leistungsfähigere und
schnellere Koordination einzelner bisher unabhängiger Bereiche. Und zum dritten
entwickelt sich Information zunehmend zu einem zentralen Wert für Forschung,
Entwicklung und Produktion, so daß die Nichtverfügbarkeit von Information im
Vergleich zu früher als größerer Verlust bewertet wird.

Auch die Zahl der potentiellen Angreifer wird voraussichtlich zunehmen. Zusätzlich zu den "klassischen" Motiven wie Bereicherung, Rache, Nervenkitzel oder
politische Feindschaft wird die Informationstechnik für einige zum Angriffs-
ziel, weil sie als Ursache für Dequalifikation, Arbeitsplatzverlust und sozialen Abstieg oder als Grund für die Zerstörung sozialer Beziehungen angesehen
wird. Andere werden sie aus grundsätzlichen politischen Motiven als Symbol der
abgelehnten hochtechnologisierten Industriegesellschaft bekämpfen. Für diese
wird sie nicht mehr nur wie bisher Mittel, sondern primäres Ziel militanter
Aktionen sein. Sie könnten versuchen die Nervenzentren und -bahnen der verhaß-
ten Gesellschaft auszuschalten. Die in den gesellschaftlichen Verteilungskämp-
fen fortschreitende soziale Differenzierung verstärkt die zugrundeliegenden
Spannungen und zieht zusätzliche berechtigte und unberechtigte Agressionen
gegen diese Technik nach sich.

Die Möglichkeiten, die Informations- und Kommunikationstechnik anzugreifen oder
für Angriffe zu nutzen, sind sehr vielfältig. Sie beginnen bei den tradierten
Mustern des 19. Jahrhunderts. Rund 4 Mio. DM Schaden haben zum Beispiel zwei
Bomben angerichtet, die im September 1985 in der gleichen Nacht fast gleichzeitig in Computerfirmen in Hamburg und Dortmund explodierten und deren Rechenzentren verwüsteten.[2] Zu Beginn der Datenverarbeitung waren einfache Manipulationen von Daten und Programmen 'beliebt' wie die Manipulation von Gehaltsli-
sten durch Aufnahme nichtexistenter Mitarbeiter[3] oder das Überweisen von Run-
dungsbeträgen auf das eigene Konto.[4] Durch Manipulation von Programmen war es

einer Gruppe 1971 sogar gelungen, 200 Eisenbahnwaggons aus dem vollautomatischen Fahrplanablauf einer amerikanischen Eisenbahngesellschaft auszuklinken, zu entladen und wieder in den normalen Fahrplan einzufügen.[5]

Die informationstechnische Vernetzung ermöglicht jedoch auch gezielte intelligente Softwareangriffe, die erst im kommenden Jahrhundert ihre besondere Gefährlichkeit erweisen dürften. Diese neuen Angriffsformen sind vor allem dadurch gekennzeichnet, daß

- es keine völlig sicheren Verfahren gibt, Manipulationen an Programmen zu entdecken, sieht man von dem nur für relativ einfache Systeme praktikablen Programmbeweis ab,
- die Fehlfunktion erst lange nach dem Angriff eintreten kann und
- der Angriff automatisch reproduzierbar ist, wodurch sehr viele Verfahren der Informationsverarbeitung gleichzeitig betroffen sein können, und
- die Reproduktion des Softwareangriffs selbst in verteilten und entkoppelten Systemen möglich ist.

Zwei Beispiele zeigen die besondere Gefährlichkeit dieser Angriffsformen: Im September 1987 gelang es deutschen Hackern, über Datennetze Großrechner der NASA zu erreichen. Durch einen Fehler im Betriebssystem konnten sie die Tabelle der Zugriffsberechtigungen manipulieren und sich so den Status des Systemverwalters verschaffen. Sie installierten schließlich ein "trojanisches Pferd", eine Funktion, die ihnen immer wieder den Zugang zum System sicherte. Über die beiden NASA-Rechner hatten die Hacker Zugang zum SPAN-Netz (Space Physics Analysis Network). Sie konnten in weitere 136 Rechner eindringen und dort ebenfalls "trojanische Pferde" installieren. Betroffen sind Rechenzentren in der ganzen Welt, die Daten sowohl aus militärischen wie auch zivilen Projekten verarbeiten.[6] Fachleute schätzen den Aufwand zur "Säuberung" jedes Rechners auf etwa 1 Mio. DM. Die Gesamtkosten dürften demnach etwa 140 Mio. DM betragen. Mögliche Schäden, die durch die Manipulation von Daten oder Programmen entstehen können, sind dabei noch nicht berücksichtigt.

Angriffe dieser Art sind besonders gefährlich weil,
- die Zahl möglicher Angreifer so groß ist wie die Zahl der Rechnerbesitzer, die über irgendeinen Zugang zu Datennetzen verfügen. Die Zahl potentieller Angreifer gegen DV-Anlagen wächst also durch die informationstechnische Vernetzung.
- versehentliche Fehler in einem hochsensiblen Systemteil es ermöglichen, die Zugriffskontrolle zu umgehen und die Zugriffsrechte zu manipulieren. Alle

VAX-Rechner mit dieser Betriebssystemvariante waren anfällig für diesen Angriff.

- mit allen Privilegien ausgestattet es für die Eindringlinge möglich war,
Hilfsprogramme ("trojanische Pferde") zu installieren, die ihnen auch in
Zukunft die "Tür" zum Rechner offenhalten würden.
- die Hacker die Daten auf allen betroffenen Systemen hätten zerstören können.
Wenn der Schaden in dem konkreten Fall gemessen an dem möglichen Schaden relativ niedrig bleibt, so ist dies allein auf das begrenzte Motiv der Hacker
zurückzuführen, nur die Unsicherheit von Computernetzwerken zu demonstrie-
ren. Andere Täter mit anderen Motiven hätten einen um ein Vielfaches höheren
Schaden verursachen können.

In einem anderen Fall hatte ein Programmierer in das Personalsystem seines Un-
ternehmes eine zusätzliche Programmverzweigung eingebaut. Wenn sein Name im
Fall seiner Entlassung aus der Personalliste gelöscht würde, sollten Kundenda-
teien, Buchungslisten und Programmunterlagen im Rechner zerstört werden.[7]

Der Schaden wäre immens, wenn durch eine Manipulation von Sicherungsroutinen
ein umfangreicher zentraler Datenbestand wie etwa der Bundesanstalt für Arbeit
oder Bundesversicherungsanstalt für Angestellte mit allen Sicherungskopien
gelöscht würde oder wenn ein künftiges ISDN durch Implantation einer "logischen
Zeitbombe" zu einem bestimmten Zeitpunkt völlig ausfiele. Angriffe dieser Art
sind besonders gefährlich, weil sie nicht sicher entdeckt werden können, bevor
sie auftreten, und weil gleichzeitig eine sehr große Anzahl von Systemen in
verschiedenen gesellschaftlichen Bereichen betroffen sein können, wodurch gerade die in der Katastrophe erforderlichen Substitutionsprozesse erschwert
werden können.

Die Abhängigkeit der Gesellschaft von diesen Systemen, ihr Schadenspotential
und ihre Bedrohung erzeugen einen Zwang zu Sicherung: Katastrophale Schadens-
fälle sind grundsätzlich möglich. Sie dürfen sich jedoch nie ereignen. Die
Techniksysteme müssen daher so sicher gemacht werden, daß sie jeweils ein
Höchstmaß an Sicherheit gewährleisten. Das hohe Schadenspotential übt daher
einen starken Zwang aus zur Dynamisierung der Sicherheitsanstrengungen.

Könnten IuK-Systeme technisch so sicher gemacht werden, daß große Schäden nicht
mehr zu erwarten sind? Wir kommen mit dieser Frage zum ersten Bestandteil des
zu untersuchenden Widerspruchs: zu den Sicherungssystemen von IuK-Techniken.

III. Technische Sicherungsmöglichkeiten

Die einfachste und eleganteste Lösung von Sicherungsproblemen wäre, Systeme so zu konstruieren, daß sie unempfindlich gegen Angriffe werden. Diese verspräche Sicherheit ohne Freiheitseinschränkungen. Wir wollen daher im folgenden die fortschrittlichsten Konzepte zur technischen Sicherung von vernetzten Informationssystemen beschreiben und ihre Grenzen untersuchen.

1. Zugangskontrolle

Die bisherige Sicherung durch Passworte hat sich als unzureichend erwiesen. Ein neues Sicherungsverfahren muß aber wie bisher eine Offenheit der Netze bzw. von Anwendungen ermöglichen. Als derzeit fortschrittlichste Konzeption, die diese Forderung erfüllen kann, dürfte der Einsatz von Chip-Karten mit Public-Key-Systemen gelten. Jeder Chip-Karte kann mit Hilfe eines Public-Key-Systems ein eindeutiger und geheimer Schlüssel zugeteilt werden, der bei der Eröffnung einer Systemsitzung vom Zugangskontrollsystem mit dem zugehörigen (aber anderen) Schlüssel geprüft werden kann.[8]

Die technische Benutzerkennung ist damit an die eine Chipkarte gebunden, in der der geheime Schlüssel gespeichert ist. Voraussetzung für einen unberechtigten Systemzugang wäre somit der Besitz (Diebstahl) der Chip-Karte. Um einen Mißbrauch weiter zu erschweren eröffnet die Chip-Karte den Systemzugang nur, wenn (wie heute) eine persönliche Identifikationsnummer (PIN) eingegeben wird. Diese Sicherungsmethode kann ergänzt werden um ein biometrisches Verfahren.

2. Zugriffskontrolle

Eine weitere Möglichkeit, ein System gegen Mißbrauch zu sichern, ist die detaillierte Regelung der Zugriffsberechtigungen. Zu jeder Benutzernummer sollte das System immer nur die Programme und Daten zur Verfügung stellen, die der verantwortliche Mitarbeiter für seine Aufgabenstellung benötigt. Differenziertere Möglichkeiten zur Zugriffskontrolle als die heute üblichen bieten die unterschiedlichen Konzepte von Zugriffsmatritzen (Capabilities, Access-Lists).[9] Sie erlauben eine individuelle Zuordnung von speziellen Funktionen zu Benutzerkennungen. Gleichzeitig ermöglichen sie auch eine entsprechend detaillierte Überwachung der Benutzer.

3. Verschlüsselung

Ein Lauscher soll, selbst wenn er in der Lage ist, auf Dateien oder Datenströme in Netzen zuzugreifen, aus den gefundenen Signalen keinen Gewinn ziehen können.

Dazu können die Daten auf den Datenträgern verschlüsselt abgelegt bzw. im Netz nur verschlüsselt übermittelt werden. Ein Mißbrauch des Schlüsselinhabers bleibt jedoch immer möglich. Sofern er sinnvollerweise über den einzigen Schlüssel verfügt, wird eine inhaltliche Kontrolle seines Verhaltens nahezu ausgeschlossen.

4. Redundanz

Die drei beschriebenen Sicherungsansätze können durch weitere Maßnahmen ergänzt werden: Billige Hardware und hohe Übermittlungs- und Speicherleistungen ermöglichen Redundanz. Gegenüber klassischen Instrumenten der Informationsverarbeitung stellt dies einen Sicherungsfortschritt dar, weil durch Redundanz das Entstehen von Schäden verhindert oder ihr Ausmaß reduziert werden kann.

Eine besondere Form der Redundanz ist die die Mehrfachführung und Vermaschung der Telekommunikationsnetze. Der Grundsatz der Zwei-Wege- und Zwei-Medien-Führung im Fernnetz, nach dem für die besonders wichtigen Fernstrecken sowohl Richtfunk- als auch Kabelverbidnungen bestehen und für beide Medien jeweils zwei getrennte Trassen benutzt werden sollen, macht den Ausfall von Kommunikationsmöglichkeiten auf der Fernebene durch einen oder zwei isolierte Anschläge unmöglich. Durch die Vermaschung des gesamten Netzes und eine intelligente Netzsteuerung können bei Ausfall einer Verbindungsstrecke oder einer Vermittlungsstelle schnell ausreichende Umleitungen geschaltet werden. In der Regel kann daher bei einem Anschlag der Schaden auf den Bereich einer Ortsvermittlungsstelle begrenzt werden.

IV. Grenzen der technischen Sicherung

Gewalttätige Angriffe von außen können durch physische Sicherungsmaßnahmen erschwert, aber nicht prinzipiell verhindert werden. Durch Schaffung von Redundanz mit Hilfe von Sicherungskopien und Ausweichrechenzentren können sie aber in ihrer Wirkung begrenzt werden. Schadensmindernd wirkt auch eine Dezentralisierung der IuK-Anwendungen. Allerdings erschwert eine dezentrale und komplexe Organisation im Notfall das Umschalten auf Ausweichrechenzentren.

Unter der Voraussetzung praktizierter Redundanz hätten nur noch sehr gezielte, koordinierte Angriffe auf mehrere Stellen gleichzeitig eine Chance, den Informationsverarbeitungsprozeß längere Zeit zum Erliegen zu bringen. Allerdings kann für die Zukunft etwa bei einem Angriff auf das Telekommunikationsnetz nicht ausgeschlossen werden, daß wie bei den gleichzeitigen Anschlägen der "Roten Zora" auf acht über die Bundesrepublik verteilte Betriebe des Bekleidungsunternehmens Adler im August 1987 mehrere Kommandos Leitungen, Vermittlungsstellen oder Richtfunkeinrichtungen koordiniert zerstören und dadurch trotz Vermaschung einen großen Teil der Telekommunikation in der Bundesrepublik ausschalten.

Die beschriebenen modernsten Zugangskontrollsysteme könnten logische Angriffe von außen durch Unbefugte weitgehend ausschließen. Dies würde aber voraussetzen, daß die Menschen in der "Informationsgesellschaft" eine Vielzahl von ChipKarten für unterschiedlichste Anwendungen bei sich tragen oder eine - datenschutzrechtlich höchst problematische - Universal-Karte besitzen. Die Chip-Karte könnte zwar verloren oder gestohlen werden. Die Überwindung der Zugangskontrolle wäre jedoch nur möglich, wenn es einem Angreifer gelingt, außerdem die PIN auszuspähen und das biometrische Verfahren zu täuschen. Der Sicherheitsgewinn des Verfahrens ist groß, aber nur relativ.

Es bleiben die Angriffe von innen, die Mitarbeiter im Rahmen ihrer Aufgaben und ihrer Benutzerberechtigung durchführen können. Die Qualität fortschrittlicher Zugriffskontrollen hängt wesentlich von der formalen Beschreibung der Aufgaben eines Sachbearbeiters oder Programmierers und deren Übertragung in das System ab. Wäre eine exakte und vollständige Beschreibung möglich, könnte die Tätigkeit in der Regel automatisiert werden. Meist können Aufgaben aber nicht mit der erforderlichen Präzision definiert werden, da für die Bearbeitung des konkreten Falls mehr oder wenig große Entscheidungsspielräume bestehen müssen. Systeme, die Zugriffsmatritzen konsequent unterstützen, sind außerdem kommerziell bisher kaum verfügbar.

Obwohl auch Datenmanipulationen schwerwiegende Schäden hervorrufen können, weisen Softwareangriffe doch neue Qualitäten auf, gegen die Sicherungsmaßnahmen schwer zu konzipieren sind. Eine neue Qualität von Softwareangriffen im Vergleich zu Datenmanipulationen ist ihre dezentrale und automatisch hervorgerufene Wirkung. Ein manipuliertes Programm reproduziert den Angriff genauso wie die übliche Anwendungsfunktion. Softwareangriffe können vergleichsweise einfach gegen verteilte Systeme, die mit den gleichen Programmen betrieben werden, und gegen Datensicherungen geführt werden. Die Manipulation von Programmen durch die Systementwickler läßt sich technisch nicht verhindern. Die Systeme vor ihrem Einsatz vollständig zu überprüfen, ist bei komplexen Systemen ausgeschlossen. Das größte Risiko dürfte von der Manipulation eines Programms ausgehen, das zur Grundausstattung von DV-Anlagen gehört. In diese Gruppe von Programmen gehören insbesondere das Betriebssystem und die zugehörigen Programme wie Compiler, Editoren oder ähnliche Systemkomponenten. Schwerwiegende Angriffe durch die Implementierung eines "trojanischen Pferdes", eines "Viruses" oder einer "logischen Bombe" könnten allerdings nur die Mitarbeiter eines Systemherstellers durchführen. Die Wirkung einer "logischen Bombe" in den Software-gesteuerten Vermittlungsrechnern der Post oder eines "Virus" in allen IBM-Systemen einer Version und eines gleichzeitigen Ausfalls aller Anlagen kann gar nicht mehr abgeschätzt werden.

Für eine vollständige Bestimmung des Risikos informationstechnischer Systeme ist weiter zu berücksichtigen, daß Sicherungssysteme in der Praxis immer deutlich hinter den theoretischen Möglichkeiten herhinken werden. Wie andere Programme auch werden sie nie völlig fehlerfrei sein können. Sicherungsmaßnahmen kosten Geld und verteuern die Informationsverarbeitung. Sie sind meist umständlich und reduzieren die Bedienerfreundlichkeit. Sie behindern oft die notwendige Flexibilität in der Aufgabenerfüllung. Sie treffen auf den Widerstand der Betroffenen. Bisweilen sind sie sogar kontraproduktiv. So reduziert die Duplizierung von Datensätzen zwar deren Verlustrisiko, erhöht aber das Risiko der Spionage. Die Verschlüsselung von Informationen reduziert die Chancen der Ausspähung, erhöht aber die Abhängigkeit von dem Inhaber des Schlüssels. Auch im Schlüsselmanagement bleiben Schwachstellen bestehen. Die Aufteilung der Aufgaben des System-Operators (Super-User) auf mehrere Personen ist umstritten, da Sicherungsgewinne und Verfügbarkeitsprobleme miteinander abgewogen werden müssen. Schließlich besteht ein Hauptproblem darin, Sicherungsanforderungen zu formalisieren.

Zusammenfassend kann festgehalten werden: Die theoretisch möglichen Sicherungsmaßnahmen können den Schutz von Informationsverarbeitungsprozessen gegenüber heute deutlich verbessern, lassen aber dennoch ein bedeutendes Restrisiko bestehen. In der Praxis wird dieses noch beträchtlich höher sein, weil soziale, menschliche, organisatorische und wirtschaftliche Gründe der Verwirklichung möglicher Sicherungssysteme Grenzen setzen.

Da technische Sicherungsmaßnahmen allein unzureichend sind, muß versucht werden, Sicherheit durch Stategien herzustellen, die auf die Menschen bezogen sind. Beschäftigte umfassend zu überprüfen und zu überwachen, wird ebensowenig zu vermeiden sein, wie auch durch gesellschaftsbezogene präventive Maßnahmen viele Unschuldige zu erfassen, um wenige potentielle Täter rechtzeitig zu finden. Die sozialen Sicherungsmaßnahmen sind nicht möglich, ohne Freiheitsrechte einzuschränken. Damit ist der zweite Bestandteil des hier thematisierten Widerspruchs zu untersuchen: die Freiheits- und Demokratieverträglichkeit oder umfassender die Verfassungsverträglichkeit von IuK-Systemen.

V. Gefahren für Freiheit und Demokratie

Die Informationsbearbeiter, die mit Papier und Bleistift arbeiteten und mittels Brief und Telefon kommunizierten, waren von ihrer Tätigkeit her - abgesehen von dem Bereich der Geheimhaltung - keinen Sicherungsmaßnahmen unterworfen. Ihre modernen Kollegen, die an vernetzten Computersystemen tätig sind, sehen sich, auch wenn sie die gleichen Informationen verarbeiten, künftig vielfältigen Sicherungsmaßnahmen gegenüber. Um zu ihrem Arbeitsplatz zu gelangen, müssen sie Zu- und Ausgangskontrollen überstehen. Während ihrer Arbeit werden sie überwacht. Sie werden nur in sensitiven Betriebsteilen arbeiten können, wenn ihre Zuverlässigkeit vor der Anstellung als ausreichend bewertet wurde. Da sie nach der Einstellung weiterhin gesellschaftlichen Einflüssen unterliegen, muß ihre Verläßlichkeit immer wieder durch Wiederholungsüberprüfungen bestätigt werden.

Die von ihnen ausgehenden Risiken für das Funktionieren der IuK-Systeme können aber nur dann verläßlich abgeschätzt werden, wenn sie umfassend, also auch hinsichtlich ihres Privatlebens, überprüft werden. Um alle möglichen Einflußfaktoren vollständig erfassen zu können, wird auch ihr soziales Umfeld in diese Prüfung mit einbezogen. Daß dadurch nicht nur ihre Grundrechte betroffen sein werden, sondern auch die ihrer Verwandten und Bekannten, die nicht in den Eingriff eingewilligt haben, ja von ihrer Überprüfung vielleicht nicht einmal etwas erfahren, ist im Interesse eines effektiven Sicherungssystems nicht zu vermeiden.

Sie wissen nicht genau, welches Verhalten einen Risikofaktor begründet oder einmal begründen kann. Während der Beschäftigung, aber auch schon lange zuvor, führt die Kenntnis künftiger Überprüfungen und die Unkenntnis der genauen Kriterien zu einer Eigenkontrolle des Verhaltens. Sie machen von bestimmten Grundrechten wie der Meinungsfreiheit, der Versammlungs- und Demonstrationsfreiheit und der Vereinigungsfreiheit oder der Freiheit der Parteimitgliedschaft oft lieber keinen Gebrauch. Sie wollen keinen Anlaß für Spekulationen über ihre Zuverlässigkeit bieten.

Im Betrieb fallen so viele Informationen über den einzelnen Beschäftigten an, daß es bei einer geschickten Verknüpfung all dieser Informationen leicht möglich ist, über jeden Beschäftigten ein Persönlichkeitsabbild zu erstellen. Möglicherweise könnten über die künftige Vernetzung auch noch andere Informationen eingearbeitet werden. Auf diese Weise wäre es möglich, von den Beschäftigten Risikoprofile zu erstellen, die ihre Anfälligkeiten und Schwachstellen aufzeigen und erlauben, sie risikogerecht bestimmten Arbeitsplätzen zuzuweisen oder von ihnen fernzuhalten.

Es ist sehr zweifelhaft, ob die Voraussetzungen für das lebenswichtige Funktionieren von IuK-Systemen Gegenstand von Mitbestimmungsrechten der kollektiven Interessenvertretung der Beschäftigten oder Verhandlungsgegenstand der Sozialpartner sein kann, auch wenn durch sie die Arbeitsbedingungen intensiv beeinflußt werden. Schon derzeit ist zu beobachten, daß immer mehr solcher sensitiver Funktionen aus dem Blickwinkel des Allgemeininteresses durch staatliche Vorschriften geregelt werden, die beide Sozialpartner oder Arbeitgeber und Betriebsrat gleichermaßen binden. Dadurch schwindet der sachliche Gegenstandsbereich von betrieblichen Vereinbarungen oder Tarifverträgen beträchtlich.

Natürlich werden nicht für alle Tätigkeiten im Zusammenhang mit IuK- Systemen die gleichen Sicherungsanforderung bestehen. Es wird mindestens zwei unterschiedliche Sicherheitsstufen für die Beschäftigten geben, nämlich eine für

- die Systembenutzer, die keine Einflußmöglichkeit auf die Sicherungsfunktionen des Systems haben und eine für

- die Beschäftigten, die Sicherungsfunktionen haben oder diese beeinflussen können.

Je nach Sicherheitsstufe und Bedrohungseinschätzung werden die Maßnahmen unterschiedlich streng sein. Ingesamt werden jedoch in dem Maß, in dem die Anwendung von IuK-Technik ausgeweitet wird und das Schadenspotential von Funktionsstörungen ansteigt, auch immer mehr Betriebe oder Betriebsteile in das Sicherungssystem einbezogen werden. Immer mehr Menschen werden den geschilderten Sicherungsmaßnahmen unterworfen und gegenüber heute in ihrer Freiheit eingeschränkt. Während solche sicherheitsgerichteten Beschränkungen wie etwa die Überprüfung aller Beschäftigten im Telekommunikationsbereich von Siemens durch den Verfassungsschutz[10] oder die ständige Kameraüberwachung in Vermittlungsstellen des internationalen Netzes von General Electric[11] heute noch Ausnahmecharakter besitzen, könnten sie morgen für viele Beschäftigte zur Regel werden. Auch die Zahl der sehr streng zu überprüfenden wird zwar eingegrenzt sein, aber gegenüber heute doch deutlich ansteigen.

Da die anlagenbezogenen Sicherungsmaßnahmen das Risiko des Mißbrauchs der IuK-Technik nicht in ausreichendem Maß auszuschließen vermögen, werden die Behörden der inneren Sicherheit versuchen, Risiken schon im Vorfeld zu erkennen und zu beseitigen. Durch ständige Kontrolle von 'Risikopersonen' und 'Risikogruppen' werden sie versuchen, Angriffe bereits vor ihrem Versuch zu verhindern und Täter schon vor ihrer Tat auszuschalten. Zur Unterstützung ihrer Arbeit werden sie auch von den Möglichkeiten automatischer Überwachung durch IuK-Systeme und IuK-gestützter Kontrollmaßnahmen umfassend Gebrauch machen.

Steht einer solchen Entwicklung aber nicht das Grundgesetz entgegen, das uns doch die Ausübung von Grundrechten garantiert? Für diese Hoffnung gibt es leider nur wenig Anlaß. Die Rechtsprechung wird eher die Verfassung dem Sicherungszwang anpassen und die Grundrechte in einem modifizierten Sinn verstehen, als die Freiheit einzelner auf Kosten der Sicherheit der Allgemeinheit durchsetzen. Freiheitsbegrenzungen im Rahmen des Sicherungssystems von IuK-Techniken stehen im Spannungsfeld zwischen individueller Freiheit und der Schutzpflicht für Rechtsgüter Einzelner und der Allgemeinheit. Das Bundesverfassungsgericht entscheidet Konflikte, in denen verschiedene Verfassungsziele zum Ausgleich gebracht werden müssen, in der Regel nach den Prinzipien der Güterabwägung und der Verhältnismäßigkeit. In künftigen Entscheidungen wird es im Rahmen einer Güterabwägung berücksichtigen, daß die IuK-Systeme zum Teil lebenswichtige soziale Funktionen übernommen haben und daher auch von den Verfassungswerten geschützt werden, welche die Aufrechterhaltung gesellschaftlicher Funktionszusammenhänge gewährleisten sollen. Je größer daher das Schadenspotential der IuK-Anwendungen ist, desto stärkere Einschränkungen von Freiheitsrechten erlauben auch die Prinzipien der Güterabwägung und der Verhältnismäßigkeit.

Wir haben gesehen: Technische Entwicklungen können die Verwirklichung von Grundrechten und Demokratie nachhaltig erschweren. Sie können sogar einen Anpassungsdruck auf die Rechtsordnung ausüben, der zu einem eingeschränkten Verständnis von Verfassungsgewährleistungen führen kann. Jede umfassende Technikbewertung und -gestaltung muß daher als weiteres Kriterium die Verfassungsverträglichkeit der Technik berücksichtigen. Sie muß untersuchen, welche künftigen Technikanwendungen welche Verwirklichungsbedingungen von Verfassungsnormen nachteilig verändern und welcher Wandel im Verfassungsverständnis dadurch erzwungen wird.[12]

VI. Gestaltungsmöglichkeiten

Ist es möglich, IuK-Technik so zu gestalten, daß sie sowohl sicher als auch verfassungsverträglich ist? Hierzu einige abschließende Thesen:

1. Es besteht grundsätzlich ein Widerspruch zwischen Sicherung und Freiheitsrechten. Je größer der Sicherungszwang von IuK-Systemen, desto stärker ist ihre Demokratieverträglichkeit in Frage gestellt. Sicherheit kann im Bereich sozialer Sicherungsmaßnahmen nur auf Kosten der Freiheit erhöht und Freiheit nur auf Kosten der Sicherheit erhalten werden.

2. Dieser Widerspruch kann durch eine Technikgestaltung, die die Kriterien der Verletzlichkeit und der Verfassungsverträglichkeit berücksichtigt, zwar nicht aufgehoben, aber weitgehend reduziert werden.

3. Alle Systementwicklungen und -veränderungen sind vor ihrer Verwirklichung auf beide Kriterien hin zu überprüfen.

4. Schäden auszuschließen oder zu reduzieren, muß Vorrang haben vor Maßnahmen, mißbräuchliche Aktionen zu verhindern. Unabhängige Teilsysteme, deren Schadenspotential begrenzt ist, sind Systemen vorzuziehen, die unter der Vorgabe einer Maximalintegration entwickelt werden. Wo technische Alternativen unter diesen Kriterien ausgewählt werden können, wird der Sicherungsdruck vermieden oder verringert.

5. Die technischen Möglichkeiten, Redundanz zu schaffen, müssen soweit wie möglich ausgeschöpft werden, um die Wirkung von Angriffen zu verringern. Dabei müssen die Prizipien der Dezentralisierung und Diversifizierung von Rechenanlagen und Programmsystemen (verschiedene Hersteller, unabhängige Parallelentwicklungen) bei Aufrechterhaltung der Austauschbarkeit berücksichtigt werden.

6. Soweit das Schadenspotential eines IuK-Systems nicht ausreichend klein gehalten werden kann und zusätzliche Sicherungsmaßnahmen notwendig sind, um das Risiko eines Angriffs zu minimieren, muß die Entscheidung über den Einsatz solcher Systeme und über ihre Sicherungsimplikationen einer öffentlichen Diskussion und einem demokratischen Entscheidungsprozeß zugänglich gemacht werden. Dabei ist insbesondere auch zu prüfen, ob "klassische" (nichttechnische) Verfahren der gesellschaftlichen Problemstellung nicht besser gerecht werden.

7. Die Gestaltung technischer Systeme kann den Widerspruch zwischen Techniksicherung und Freiheitsgrundrechten nur teilweise auflösen. Sofern politische Entscheidungen zugunsten sicherungsbedürftiger Informationssysteme fallen, müssen die Sicherheitsanforderungen nach einem reglementierten Verfahren erstellt und öffentlich überwacht werden. Soweit technische Alternativen bestehen, die Überprüfungen und Überwachungen überflüssig machen können, ist zu berücksichtigen, daß solche technischen Sicherungsmaßnahmen freiheitsverträglicher sind als soziale Sicherungsmaßnahmen.

Anmerkungen:

* Nachdruck des gleichnamigen Aufsatzes in: Valk, R. (Hrsg.), GI - 18. Jahrestagung: Vernetzte und komplexe Informatik-Systeme, Hamburg, 17.-19. Oktober, Proceedings, Berlin u.a. 1988, 506 ff. S. zu dem Thema des Beitrags näher: Roßnagel/Wedde/Hammer/Pordesch, Die Verletzlichkeit der 'Informationsgesellschaft', 2. Aufl., Opladen 1990.

1) Einen kleinen Vorgeschmack konnten im Februar 1988 etwa 100 000 Frankfurter "genießen", die aufgrund eines Software-Fehlers in den Telefonvermittlungssystemen über etliche Stunden keine Auswärtsverbindungen wählen konnten. - S. FR v. 10. und 11.2.1988.

2) S. FR vom 3.9.1985.

3) S. z.B. Heine, W., Die Hacker, Reinbek 1984, 184, Norman, A. R. D., Computer Insecurity, London 1983, 105 f; Sieber, U., Computerkriminalität und Strafrecht, 2. Aufl. Berlin, 137f.

4) S. hierzu z.B. Sieg, R., Rechtliche Aspekte des Datenschutzes im Strafverfahrensrecht, in: Vollkommer, M. (Hrsg.), Datenverarbeitung und Persönlichkeitsschutz, Erlangen 1986, 320 mwN.

5) Norman (Fn 3)., 96 f.

6) S. hierzu z.B. den Bericht in Tempo 10/1987, 100 ff.

7) S. Zimmerli, E./Liebl, K., Computer-Mißbrauch - Computer-Sicherheit, Ingelheim 1984, 72 f.

8) Ein Beispiel für ein Chip-Karten-System ist das bei der Gesellschaft für Mathematk und Datenverarbeitung in der Entwicklung befindliche Teletrust-Konzept, s. GMD-Spiegel 1/86, 8 ff.

9) S. z.B. Levy, H., Capability-based Computer Systems, Digital Equipment Corporation, 1984.

10) S. z.B. Metall, Nr. 10 v. 15.5.1987, 19 und Nr. 23 v. 13.11.1987, 19.

11) S. Spiegel 7/1985 v. 11.2.1985, 134 ff.

12) Zum Begriff und zur Untersuchung der Verfassungsverträglichkeit s. näher Roßnagel/Wedde/Hammer/Pordesch, Digitalisierungder Grundrechte?. Zur Verfassungsverträglichkeit der Informations- und Kommunikationstechnik, Opladen 1990; Roßnagel (Hrsg.), Freiheit im Griff. Informationsgesellschaft und Grundgesetz, Stuttgart 1989.

Integrität in IT-Systemen

Peter Kraaibeek
Competence Center Informatik GmbH
Meppen

Patrick Horster
Europäisches Institut für Systemsicherheit
Universität Karlsruhe

Abstract

Die Integrität in IT-Systemen spielt für die Verläßlichkeit von IT-Systemen eine zentrale Rolle. Durch Verletzungen der Integrität während der System-Entwicklung, Inbetriebnahme oder im operationellen Betrieb kommt es zu einem erhöhten Risiko der Nichtverläßlichkeit.

Der Begriff der "Integrität" hat in den letzten Jahren viele unterschiedliche Definitionsversuche erfahren. Derartige Definitionen wurden in Modellen formuliert, in Workshops diskutiert. Eine einheitliche, allgemein akzeptierte Definition konnte bisher nicht gefunden werden, jedoch wurden im Verständnis des Begriffes Integrität in den letzten Jahren erhebliche Fortschritte gemacht.

Dieses Verständnis geht für den Bereich der DV-Sicherheit dahin, daß der Bereich der internen und externen Konsistenz (Authentizität) aus der Begrifflichkeit der Integrität ausgeklammert wird und unter Integrität nur noch ein Systemzustand verstanden wird, in dem keine unbefugten Zugriffe und keine unbefugten Manipulationen erfolgen. Nur eine Verletzung der Integrität als primärer Vorgang kann somit dazu führen, daß sekundär Verluste im Bereich der Authentizität, Vertraulichkeit oder Verfügbarkeit auftreten können.

Dieses Paper diskutiert den Zusammenhang der Begriffe Integrität, Authentizität, Vertraulichkeit und Verfügbarkeit und zeigt die Integritätsziele auf, die erreicht werden sollten, um die Verläßlichkeit von Systemen bestmöglich sicherzustellen.

1. Einleitung

Die Verläßlichkeit von IT-Systemen beruht darauf, daß einerseits in dem IT-System keine Fehler existent sind, daß andererseits auf ein solches System keine Ereignisse oder Angriffe einwirken, die Zerstörung, unbefugte Modifikation, unbefugte Kenntnisnahme oder unbefugte Nutzung bewirken bzw. zur Folge haben.

Die Sicherheit von IT-Systemen wird vielfach als ein Zustand erachtet, in dem Vertraulichkeit, Integrität und Verfügbarkeit von Funktionen bzw. Informationen des IT-Systems gewährleistet sind.

Unter dem Begriff Vertraulichkeit wird dabei ein Zustand verstanden, in dem keine unbefugte Kenntnisnahme von Systeminformationen stattfindet, unter dem Begriff Verfügbarkeit wird ein Zustand verstanden, in dem die vom Systembetreiber/-nutzer benötigten Systemfunktionen und -informationen innerhalb der von ihm geforderten Antwortzeit zur Verfügung stehen. Diese beiden Begriffe wurden in der Vergangenheit recht gut verstanden und zumindest die Vertraulichkeit fand in bisherigen Evaluations-Kriterien ([TCSEC85], [ITSI89], [ITSEC90], ...) entsprechende Berücksichtigung.

Der Begriff der Integrität hingegen ist Gegenstand aktueller Diskussionen und wurde in bisherigen Evaluationskriterien wenig behandelt. In Workshops wurde vergeblich versucht, eine konsensfähige Definition zu finden. Derartige Definitionsversuche nutzen Begriffe wie Vollständigkeit, Konsistenz, Genauigkeit, Korrektheit, Robustheit, Unversehrtheit und andere zur Erläuterung. Es fehlt noch ein allgemeingültiges Verständnis des Begriffs Integrität.

2. Integritätsziele

Die vorrangigen Ziele, die mit der Integrität erreicht werden sollen, sind

- das Verhindern unbefugter Zugriffe und
- das Verhindern unbefugter Manipulationen bei befugten Zugriffen.

Diese Zugriffe beziehen sich auf ein IT-System selbst (Systemintegrität) oder auf Daten des Systems (Datenintegrität).

Durch das Erreichen dieser primären Ziele kann jedoch nicht sichergestellt werden, daß die im System enthaltenen Funktionen und Informationen korrekt, vollständig und authentisch sind.

3. Integritätsprinzipien

Integritätsprinzipien haben im wesentlichen präventiven oder detektiven Charakter.

Prinzipien, mit denen durch kontrollierte Zugriffe die Integrität möglichst gut sichergestellt werden soll, wirken präventiv. Die wesentlichen Prinzipien mit präventivem Charakter basieren auf dem Rollenkonzept, bei dem verschiedene Nutzer in einem System unterschiedliche Rollen wahrnehmen [NIST90]. Es wird dabei vorausgesetzt, daß die Subjekte, die diesen Rollen zugeordnet sind, vertrauenswürdig sind und ihre Aufgabe kompetent ausführen.

Integritätsprinzipien sind:

- Prinzip der authentisierten Nutzer

  Für Zugriffe auf Funktionen und Daten werden nur Nutzer autorisiert, die sich zunächst dem System gegenüber identifiziert haben, durch das System authentisiert worden sind und für den jeweiligen Zugriff zugelassen sind.

- Prevention of Change

  Die einfachste Methode, unbefugte Manipulationen zu verhindern, ist es, Modifikationen an Daten vollständig auszuschließen [CLWI89]. Hierzu können z.B. WORM-Medien eingesetzt werden. Sobald einmal festgestellt wurde, das die nur einmal schreibbaren Daten korrekt sind, können sie zukünftig als vertrauenswürdig gelten. Natürlich gibt es gerade in Systemen, die zeitkritische Daten verarbeiten, wenig Anwendungsfälle für dieses Prinzip.

- Constraint of Change

  Bei Realisierung dieses Prinzips sind Modifikationen von Systemdaten nur mit Hilfe von dafür vorgesehenen Programmen (Transformation Procedures, (TPs), Well-formed Transactions [CLWI87]) möglich. Willkürliche Manipulationen sollen damit unterbunden werden.

- Partition of Change

  Dieses Prinzip unterteilt sich in :

  - Geringste Privilegierung (Least Privilege, Need-to-do): Subjekte bekommen nicht mehr Rechte, als sie unbedingt zur Bearbeitung ihrer Aufgaben benötigen.

  - Separation of Duties: eine Aufgabe wird in verschiedene Teilaufgaben untergliedert und diese Teilaufgaben werden von verschiedenen Subjekten, bevorzugt sequentiell, bearbeitet. Dies soll bewirken, daß nicht ein Subjekt alleine unbefugte Manipulationen vornehmen kann, ohne das dies von einem anderen Subjekt bemerkt wird.

  - Rotation of Duties (Alternation of Roles): Wenn ein Person lange Zeit die gleiche Aufgabe wahrnimmt, so wächst die Wahrscheinlichkeit, daß diese Person ihre Privilegien mißbraucht, und daß unbefugte Manipulationen unentdeckt bleiben. Somit werden Personen Rollen nur für einen begrenzten Zeitraum zugeordnet, anschliessend erhalten die Personen andere Aufgaben.

  - Separation of Resources: Ähnlich der und zusätzlich zur Trennung von Teilaufgaben können Ressourcen voneinander getrennt und einzelnen Subjekten zugeordnet werden. Subjekte haben somit nur Zugriff auf eine Untermenge aller Ressourcen und können nur diese zugeordneten Ressourcen unbefugt manipulieren bzw. mit Hilfe dieser Ressourcen als Tools unbefugte Manipulationen vornehmen.

- Encapsulation: Verschiedene Teile eines Systems, bestimmte Funktionen oder Daten werden zu "Objekten" zusammengefaßt und Modifikation dieser "Objekte" werden nur unter Zuhilfenahme bestimmter vorgeschriebener Mechanismen zugelassen. Typische Realisierungskonzepte sehen die Verwendung von abstrakten Datentypen, Strong Typing, Message Passing und Actors vor.

- Assignment of Privilege: Bestimmte Privilegien werden einer möglichst geringen Anzahl von Subjekten zugeordnet.

- Attribution of Change

Daten werden untrennbar mit Informationen darüber versehen, wer sie erzeugt und modifiziert hat. Dies kann so implementiert werden, daß die Daten ihre gesamte Modifikationsgeschichte als Attribut mit sich führen [CLWI89]. In anderen Fällen wird nur das Subjekt, das den letzten schreibenden Zugriff gemacht hat, protokolliert. Dieses Subjekt hat dann die Verantwortung für den Informationsgehalt.
Ebenso sind Subjekte mit Attributen zu versehen, in denen vermerkt ist, welche Objekte vom jeweiligen Subjekt von außen in das System gebracht bzw. welche Objekte von dem Subjekt erzeugt wurden.

- Abschreckung (Auditing, Reconstruction of Events)

Eine abschreckende Wirkung soll erzielt werden, indem die Möglichkeit geschaffen wird, unbefugte Manipulationen zu detektieren und die Anonymität eines Angreifers aufzudecken. In Audit-Trails wird dabei festgehalten, welche Nutzer welche Prozesse erzeugen und welche Informationen (Input und Output) dabei bearbeitet werden. Die Audit-Trails selbst müssen gegen Manipulationen geschützt sein.

Auch wenn die Realisierung der genannten Prinzipien mit präventivem Charakter die Wahrscheinlichkeit von Integritätsverletzungen verringert, bleibt ein Restrisiko bestehen. Daher sind Verfahren notwendig, die detektiv arbeiten und dazu dienen, Integritätsverletzungen aufzudecken.

- 4-Augen-Prinzip (N-Person-Control)

  Kritische Funktionen oder Modifikationen an kritischen Informationen können nach diesem Prinzip nur von mindestens zwei Personen, von denen eine die Aktivitäten der anderen überwacht, ausgeführt werden oder bei der gleichzeitige Aktivitäten beider Personen erforderlich sind.

- Kryptologische Verfahren

  Mit Hilfe kryptologischer Verfahren, z.B. digitale Unterschrift, Prüfsumme, ist es mit hoher Wahrscheinlichkeit möglich, festzustellen, ob seit Erzeugen von Daten oder seit deren letzter befugter und korrekter Modifikation unbefugte Manipulationen stattgefunden haben.

- Intrusion Detection

  Das Verfahren Intrusion Detection dient dazu, Integritätsverletzungen in Echtzeit zu detektieren, indem von Subjekten Verhaltensprofile angelegt werden, das aktuelle Subjektverhalten mit diesen Verhaltensprofilen verglichen wird und bei signifikanten Abweichungen, die auf unbefugte Aktivitäten schließen lassen, Alarme ausgelöst werden.

Alle bisher genannten Prinzipien sollen dazu beitragen, Integritätsverletzungen von IT-Systemen oder von Daten in IT-Systemen zu verhindern. Es handelt sich hierbei nicht um Prinzipien, mit denen die Authentizität von Funktionen und Informationen sichergestellt oder überprüft werden kann.

Die Authentizität wurde bisher vielfach als Teil der Integrität angesehen. Neuere Diskussionen zeigen, daß der Begriff Authentizität eigenständigen Charakter hat.

4.   Authentizität

Verläßliche IT-Systeme zeichnen sich dadurch aus, daß sie ihre vom Betreiber/Nutzer geforderte Funktionalität korrekt ausführen, daß diese Funktionalität in einem vom Nutzer geforderten Zeitrahmen zur Verfügung steht und daß über die geforderte Funktionalität hinaus keine weiteren Funktionen durch das System ausgeführt werden. Das IT-System soll die funktionalen Anforderungen eines Nutzers somit authentisch widerspiegeln und umsetzen.

Authentizität ist damit eine Vorausetzung für das verläßliche Funktionieren von IT-Systemen. Sie wird erreicht durch das Sicherstellen von interner und externer Konsistenz.

4.1   Interne Konsistenz

In einem IT-System voneinander abhängige Daten sollen untereinander konsistent sein.

Bei Datenübertragungen sollen Daten so übertragen werden, daß die empfangenen Daten den gesendeten Daten authentisch, d.h. unbeeinflußt, vollständig, ohne, daß etwas eingefügt wurde und ohne Duplizierung, entsprechen.

4.2   Externe Konsistenz

Ein IT-System soll genau die Funktionen, die ein Nutzer vom System erwartet, erfüllen. D.h., daß das System authentisch den Anforderungen des Nutzers genügen soll.

Außerdem soll die reale Welt korrekt durch die im IT-System enthaltenen Informationen repräsentiert werden.

5.   Integritätsverletzungen

Die Systemintegrität oder Datenintegrität wird verletzt, wenn unbefugte Zugriffe auf ein System oder innerhalb eines Systems erfolgen. Diese können unterschiedlichster Natur sein. Einerseits können Angreifer ein System unter Ausnutzung von Sicherheitslücken unbefugt nutzen,

Funktionen oder Informationen unautorisiert manipulieren oder Informationen unbefugt zur Kenntnis nehmen, andererseits können befugte Nutzer unbefugte Aktivitäten entwickeln. Ebenso können Naturgewalten, die ein System z.B. durch Blitz oder Wasser schädigen, die Systemintegrität verletzen.

Die Existenz von Sicherheitslücken muß dabei nicht unbedingt als Systemfehler angesehen werden, sofern mit ihnen bewußt ein Restrisiko akzeptiert wurde. Durch die Schwachstellen ergeben sich jedoch Bedrohungen und somit Angriffsmöglichkeiten.

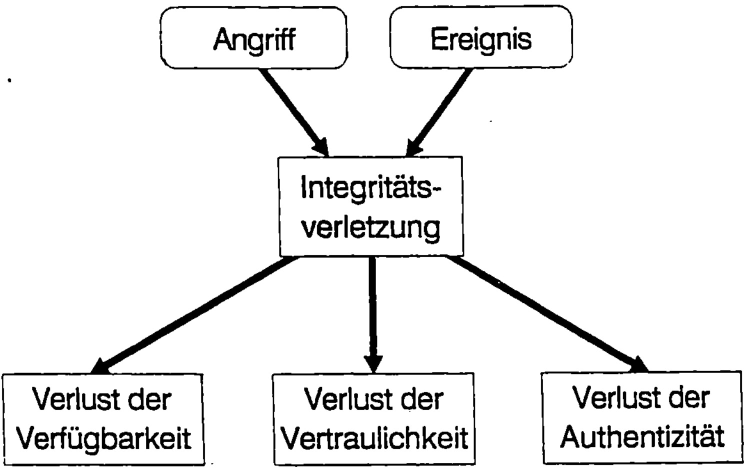

Eine Verletzung der Integrität ist somit die Voraussetzung dafür, daß es zu einem Verlust

- der Vertraulichkeit von Informationen

- der Verfügbarkeit von Funktionen bzw. Informationen

- der Authentizität

kommt.

Damit stellen präventive und detektive Maßnahmen auf Grundlage der oben genannten Prinzipien zur Verhinderung von Integritätsverletzungen wesentliche Voraussetzungen der Prävention vor Sekundärverlusten dar.

Da jedoch Integritätsverletzungen nicht ausgeschlossen werden können und auch nicht sichergestellt werden kann, daß jede Integritätsverletzung detektiert wird, sind weitere detektive und Recovery-Maßnahmen zur Verhinderung von Verlusten der Verfügbarkeit, Vertraulichkeit und Authentizität zu ergreifen.

Literaturverzeichnis

[BIBA77]   Ken J. Biba, "Integrity Considerations for Secure Computer Systems", ESD/AFSC, Hanscom AFB, Bedford, Massachussets, April 1977

[CLWI87]   D.D. Clark, D.R. Wilson, "A Comparison of Commercial and Military Computer Security Policies", in Proc. 1987 Symposium on Security and Privacy, Oakland CA, April 1987

[CLWI89]   D.D. Clark, D.R. Wilson, "Evolution of a Model for Computer Integrity", in Proceedings of Invitational Workshop on Data Integrity, Gaithersburg, MD, Jan. 89

[ITSEC90] "Information Technology Security Evaluation Criteria (ITSEC)", Draft, Harmonised Criteria of France - Germany - the Netherlands - the United Kingdom, May 90

[ITSI89]   "IT-Sicherheitskriterien, Kriterien für die Bewertung der Sicherheit von Systemen der Informationstechnik (IT)", hrsg. von d. ZSI - Zentralstelle für Sicherheit in der Informationstechnik, Jan. 89

[JUEN89]   Robert R. Jueneman, "Integrity Controls for Military and Commercial Applications", in Proceedings of Invitational Workshop on Data Integrity, Gaithersburg, MD, Jan. 89

[NEUM90]   Peter G. Neumann, "On the Design of Dependable Computer Systems for Critical Applications", SRI International, CSL Technical Report, SRI-CSL-90-10, Oct. 90

[NIST90]   "Guidelines and Recommendations on Integrity", Draft #3, National Institute of Standards and Technology, Gaithersburg, MD, Sept. 90

[PARK90]   Donn B. Parker, "Restating the Foundation of Information Security", presented at 3rd Integrity Workshop, Gaithersburg, MD, Sept. 90

[TCSEC85]   DoD Trusted Computer Security Evaluation Criteria, DoD 5200.28-STD, Department of Defense, Washington, DC, 85

Innere Sicherheit in der Informationsverarbeitung

Das System integrierter Kontrollkreise (S I K)
im Abstimm-, Sicherheits- und Kontrollsystem (A S K)

Eckart Weese
Dr. Weese & Partner GmbH
Domstrasse 39, 5000 Köln 1
Tel.:0221-12.10.43

Günter Lessing
S L T GmbH Ndl. Jülich-Barmen
Schloss Kellenberg, 5170 Jülich-Barmen
Tel.:02461-4074

1. Zusammenfassung

Die Informationsverabeitung (IV) ist zum Kernstück von technischen, wissenschaftlichen und wirtschaftlichen Abläufen geworden. Eine Unterbrechung kann zu gravierenden Konsequenzen führen. Hierbei liegt das Schwergewicht auf technisch bedingten EDV-Stillständen oder auf Sabotageakten. Die Sicherungen in diesem Bereich sind in den vergangenen Jahren beträchtlich weiterentwickelt worden. Wenig entwickelt dagegen sind Sicherungen gegen Manipulationen von Programmen und Verfälschungen bzw. Zerstörungen von Daten bzw. Datenbanken. Hierdurch können Schäden entstehen, die existenzielle Gefährdungen bedeuten. Der folgende Beitrag behandelt ein Konzept für die Innere IV-Sicherheit.

2. Probleme der Sicherheit in der Informationsverarbeitung

Untersuchungen in technischen, wissenschaftlichen und wirtschaftlichen Bereichen ergaben, daß hinsichtlich der Risiken in der IV überwiegend nur unzureichende Erkenntnisse vorliegen. Es ist zwar bekannt, daß der illegale Änderungszugriff auf ein Programm zu Datenverfälschungen führen kann. Es ist aber meistens nicht bekannt, welche Folgen sich auf die der IV nachgelagerten Abläufe ergeben. Und da diese Abläufe in den unterschiedlichen Organisationseinheiten (wissenschaftliche Institute, Industrie-Unternehmen, öffentliche Verwaltung) nicht einheitlich sind, können standardisierbare Risikoaussagen nicht getroffen werden.

Dies ist selbst dann nicht möglich, wenn im Idealfall in zwei oder mehreren Einheiten nahezu gleiche Abläufe zu erkennen wären. Das Risikopotential setzt sich nämlich aus den organisationsinternen und den externen Ablaufstrukturen zusammen. Zu den letztgenannten gehören alle Wirkungen der internen Abläufe nach außen, auf andere Organisationseinheiten in Wissenschaft, Technik und Wirtschaft.

Die folgenden Fälle zeigen einen Ausschnitt des Spektrums von Manipulationen in der IV.

Kundendaten, Lieferantendaten, technische Daten, Betriebsergebnisdaten usw. können durch illegales Kopieren oder durch Anzapfen von außen an unberechtigte Dritte weitergeleitet werden.

Durch Manipulation von Programmen und durch Einschleusen von Virus-Algorithmen können wichtige Datenbestände gelöscht werden. In der Praxis sind Rekonstruktionszeiten von bis zu 780 Mannjahren ermittelt worden - eine existenzielle Gefährdung des Unternehmens.

Durch Manipulation können betriebliche Abläufe empfindlich gestört werden, z.B. das Zahlungswesen, Bestandsführung und Disposition, Hochregalsteuerungen usw. Mit erheblichen Auswirkungen auf die Ergebnisrechung.

Durch Manipulation können aber auch Veruntreuungen durchgeführt werden. In einem Unternehmen hätten - nicht nachvollziehbar - 16 Mio DM jährlich illegal abgezweigt werden können.

Die Verfälschung von Forschungsdaten in der pharmazeutischen Industrie z.B. kann nicht nur zu Fehlproduktionen führen, sondern sogar zur Unbrauchbarkeit von Ergebnissen, die nur durch aufwendige Verfahren wiedergewonnen werden können.

Die Praxis zeigt, daß nur wenige Unternehmen gegen derartige Risiken gewappnet sind. In 82 % der in der KES-Enquète 1990 befragten Unternehmen sind diese Fälle nicht hinreichend geschützt und nachvollziehbar, da ein Abstimm-, Sicherheits- und Kontrollsystem (ASK) fehlt.

3. Ziele eines IV-Sicherheitskonzepts

Ein IV-Sicherheitskonzept -als Antwort auf die oben genannte Aufgabenstellung - muß aufgrund der unterschiedlichen Unternehmenstrukturen, der schnellen technischen und organisatorischen Innovationsprozesse in der Informationsverarbeitung und der allgemein zunehmenden Dynamik des Marktgeschehens drei Zielstellungen berücksichtigen:

3.1. Die Bewältigung von Risiken im IV-Prozess muß sich in die üblichen Entscheidungabläufe im Unternehmen einordnen. Das heißt, daß mögliche Risikopotentiale und entsprechende risikomindernde Sicherheitsmaßnahmen quantifiziert und mit DM-Werten in einer Risikobilanz transparent aufbereitet werden müssen.

3.2. Die Anwendung allgemeiner Erfahrungsgrundsätze oder grundsätzlicher Sicherheitstheorien bilden keine tragfähige Grundlage für ein unternehmensspezifisches IV-Sicherheitskonzept. Dieses besteht vielmehr aus einem komplexen Geflecht unterschiedlich gewichteter und ineinander verzahnter Sicherheitsmaßnahmen, die auf die spezifische Risikolage abgestimmt sind.

Ihre Erarbeitung setzt einerseits eine detaillierte Analyse der Daten/ Datenbanken und Programme aus der Sicht der betroffenen Anwender und andererseits eine detaillierte Untersuchung der Aufbaustruktur und der Ablaufprozesse im DV- bzw. im IV-Betrieb voraus.

3.3. Durch die Einbettung der aufeinander abgestimmten Sicherheitsstrukturen in eine organisatorisch eigenständige Betreuungsfunktion ist sicherzustellen, daß das Sicherheitskonzept längerfristig Gültigkeit besitzt und sich ständig mit der sich ändernden Unternehmensorganisation weiterentwickeln kann.

Die technische und organisatorische Verankerung einer jeden Sicherheitsmaßnahme muß geregelt daraufhin überprüft werden, ob sie der jeweiligen (veränderten) Unternehmenssituation noch angepasst ist, um ihre sicherheitserhöhende Effizienz zu erhalten.

4. Das Abstimm, Sicherheits- und Kontrollsystem (ASK) als Lösungsansatz

4.1 Datenbankanalyse und Risikoquantifizierung

Das möglichst umfängliche Erkennen von Sicherheits-Schwachstellen in der Organisation ist die Voraussetzung für die Erstellung einer Sicherheitskonzeption. Dies ist die eine Seite der Betrachtung.

Die Praxis zeigt, daß in EDV-Sicherheitsprojekten nicht selten mehrere hundert Maßnahmen zur Sicherheitserhöhung entwickelt werden. Häufig scheitert die Realisierung dieser Maßnahmen jedoch daran, daß die Entscheidungsträger im Unternehmen den unmittelbaren Nutzen daraus nicht erkennen (können). Weil die Risiken nicht transparent sind.

Daher ist für eine durchsetzbare Sicherheitskonzeption folgendes notwendig:

* die Quantifizierung der Risiken aus , Manipulation, Informationsabfluß und EDV-Stillstand (Transparenz der Risiken)

* die Gegenüberstellung der Risiken und der Kosten für die sicherheitserhöhenden Maßnahmen

* die Ermittlung des Risiko-Verminderungs-Potentials.

Auf diese Weise werden Maßnahmen entscheidbar gemacht.

Wir schließen den Stillstand mit ein, da auch von innen heraus ein solcher erzeugt werden kann, zum Beispiel durch manipulative Löschung von Programmen und Daten sowohl auf den Arbeits-, als auch auf den Sicherungsbändern. Daß diese Möglichkeit real besteht, läßt sich auf Grund der Erkenntnisse aus der Praxis zeigen.

Bei der Untersuchung der inneren RZ-Sicherheit sind die Funktionsbereiche Arbeitsvorbereitung, Operating, Arbeitsnachbereitung, Datenträgerhandling, Netzoperating und Systemprogrammierung zu beleuchten.

Die Ermittlung der Risiken, die sich aus den Schwachstellen ergeben, erfordert zwingend die Einbeziehung der Anwender in das Projekt. Ohne Mitwirkung der Anwender läßt sich ein Sicherheitsprojekt nicht tragfähig konzipieren. Vom jeweiligen Anwendungssystem hängt es ab, ob die Realisierung von Sicherheitsmaßnahmen wirtschaftlich vertretbar ist. Es gibt zum Beispiel Anwendungssysteme im Forschungsbereich, deren Inhalt für das Unternehmensergebnis so eminent wichtig ist, daß hochwirksame Schutzbarrieren gegen Informationsabfluß zu errichten sind. Es gibt Anwendungssysteme, deren Rekonstruktion so zeit- und kostenträchtig ist, daß manipulative Veränderungen oder Löschungen zum Beispiel von Stammdaten so weit wie technisch möglich verhindert werden müssen, um das Unternehmen nicht in existenzielle Gefahren zu bringen.

Die Fragen lauten also:

Welche Anwendungssysteme sind in welcher Form zu schützen?

Wie hoch darf der Aufwand für Sicherungsmaßnahmen sein?

Welcher "Nutzen" steht dem Aufwand gegenüber?

Es leuchtet unmittelbar ein, daß pauschale Einordnungen von Anwendungssystemen in Maßnahmenbetrachtungen zu Scheinsicherheiten führen können.

Mögliche Motivationen für Manipulation sind die Bereicherungsabsicht und die Störungsabsicht. Während der erste Fall i.d.R. das Zusammenwirken mindestens zweier Personen erfordert, da ein Finanztransfer von einer Person alleine nur in Ausnahmefällen zu realisieren sein wird, genügt für den zweiten Fall der Sabotage eine Person.

Die Anzahl der zusammenwirkenden Personen ist u.a. ein Indiz für die Auswirkungen von Manipulationen. Je mehr Mitwirkende notwendig sind, um einen illegalen Finanztransfer durchzuführen, desto größer ist die Gefahr der Entdeckung. Zum Beispiel kann die illegale Abzweigung von Minimalbeträgen im Zahlungsverkehr längere Zeit durch eine Person unbemerkt erfolgen, wenn die Zugriffssicherungen und -protokollierungen nicht hinreichend sind. Ein Finanztransfer im Beschaffungswesen erfordert die Mithilfe von Lieferanten.

Mit der Datenbankanalyse wird festgestellt, welche Datenbanken bzw. Datenfelder als manipulationssensitiv einzustufen sind. Die Erstellung von Risiko-Flowcharts ist ein iterativer analytischer Prozeß, in dem auf jeder Stufe zusätzliche Erkenntnisse der Anwendungsentwickler einfließen. Es ist in dieser Phase festzustellen, welche Daten-Inputs, welche Daten-Transfers und welche Daten-Outputs auf jedem Funktionslevel stattfinden, wie die Informationsstränge zwischen Datenbanken laufen und auf welche Weise Abstimmungen und Protokollierungen unterbunden werden können.

Die risikoorientierte Datenbankanalyse ist deswegen häufig so schwierig, weil bei großen Systemen mit langer Entwicklungszeit das Know-How nicht bei einer oder zwei Personen liegt, sondern vielfach bei längst ausgeschiedenen Mitarbeitern. In solchen Fällen helfen nur schriftliche Dokumentationen. Diese zeigen allerdings in der Praxis nicht selten erhebliche Schwächen.

Die Praxis zeigt, daß die dv-gestützten Abstimmkontrollen und Protokollierungen zur Verminderung des Manipulationsrisikos und zur zügigen Nachverfolgung etwa erfolgter illegaler Eingriffe häufig nicht hinreichend sind.

In einem praktischen Fall war der unautorisierte Zugriff auf eine Datenbank möglich, ohne daß eine Protokollierung stattfand. Ein Nachverfolgen von Zugriffen war also nicht möglich. Die Folge einer weitgehenden Datenverfälschung würde den Zusammenbruch des Unternehmens bedeutet haben bei Rekonstruktionszeiten von über 150 Mannjahren. In diesem Fall ergab die Diskussion dieses Ergebnisses, daß alle Maßnahmen, die zur Schottung der Datenbank notwendig waren, durchgeführt wurden.

Am Beispiel des Einkaufs eines Industrieunternehmens läßt sich das Vorgehen der Ermittlung der Manipulationsauswirkungen wie folgt darstellen. Zunächst ist die Art der Produkte (A_P) zu definieren (Standardprodukte, Einzelanfertigungen, Dienstleistungen, Serviceleistungen, Wartung). Ansatzpunkte für Manipulationen sind die relevanten Manipulationsfaktoren (F_M). Diese werden unter dem Aspekt alternativer Konstellationen des Zusammenwirkens von Personen betrachtet $\Sigma(P_M)_i$. Die weiteren Faktoren betreffen beispielsweise die Anzahl der Bestellungen je Zeiteinheit, die relative Werthöhe, die Gesamtbestellwerte, die Anzahl der Lieferanten mit relativ hohen Bestellwerten, die Art der Lieferanten und ihre Größe u.a.m. (EF_{BI}).

Im Hinblick auf die Bereicherungsabsicht sind die Möglichkeiten des Finanztransfers (T_F) festzustellen. Die illegal das Unternehmen verlassenden Beträge müssen am geplanten Zielort ankommen, ohne daß nachgelagerte Instanzen im abgebenden Unternehmen (zum Beispiel die Rechnungsprüfung) aufmerksam werden.

Von entscheidender Bedeutung ist die Kontrollwirksamkeit (W_K) in den einzelnen Kontrollpunkten. Hier sind dv-gestützte (K_{dv}) und nicht-dv-gestützte Abstimmungen und Kontrollen (K_{ndv}) zu unterscheiden. Sofern dv-gestützte Abstimmungen nicht automatisch zu Protokollen führen bzw. die Protokollierung durch Programmierer unterdrückt wird, hat der Fachbereich meist keine Möglichkeit der Erkennung illegal durchgeführter Manipulationen.

Wenn zum Beispiel Preise in der entsprechenden Datei zu einem Zeitpunkt manipuliert werden, in dem der Fachbereich seine Abläufe erledigt hat, lassen sich die Veränderungen hier nicht mehr feststellen, wenn die Rechnungen mit ebenfalls veränderten Preisen am Fachbereich vorbeigeleitet werden.

Ein weiterer Bestimmungsfaktor ist der Kontroll-Informations-Transfer zwischen den Kontrollpunkten (KIT). Dies betrifft die Art, auf welche die einzelnen Funktionsbereiche, auch die nachgelagerten, miteinander kommunizieren. Hier trifft man in der Praxis häufig unzureichende Strukturen vor.

In allgemeiner Form lassen sich die Zusammenhänge wie folgt darstellen:

$$R \longrightarrow \Sigma_F [r (A_P; F_M; EF_{Bi}; T_F, W_K)]_i$$

$$WK \longrightarrow r (K_{dv}; K_{ndv}; KIT).$$

Die Kontrollen werden auf ihren Umfang und auf ihre Umgehbarkeit untersucht.

4.2. Die DV-Schwachstellenanalyse

EDV-Sicherheit ist nicht teilbar. Die ganzheitliche Betrachtung aller EDV-Risikobereiche ist aufgrund der Komplexität der DV-Aufbau-/-Ablaufstrukturen Voraussetzung für ein umfassendes Sicherheitskonzept in der Informationsverarbeitung.
Die Sicherheitslücken müssen in einem mehrstufigen Analyse- und Auswertungsprozess aufgedeckt werden. Die Einteilung der Risikofelder nach: Gebäude/Räume, Hardware, Software, Verarbeitung, Datenträger hat sich bewährt.
Für die modulartig aufgebauten Prüfungspakete: Verfahrensdokumentation, RZ-Durchführung, Datenträgerhandling, Abstimm-, Sicherungs- und Kontrollsystem (ASK) und Katastrophenplan sollten verbindliche, ständig aktualisierte Prüfungsleitfäden gemäß der Systematik der Risikoprofilmethode. Sie legt die Arbeitsschritte von der Ersterhebung, der detaillierten Risikoanalyse bis hin zur Abstimmung der inneren Logik der zu ergreifenden risikomindernden Sicherheitsmaßnahmen fest.

In einer Erstaufnahme der <u>security-relevanten</u> Elemente des gesamten DV-Betriebes werden schwerpunktmäßig "das Vorhandensein - die Struktur und die Durchführung" folgender Arbeitsgebiete bzw. deren Kernproblematiken untersucht, um über offensichtliche Sicherheitslücken bei dem Schutz vor Manipulation, Informationabfluß und EDV-Stillstand erste Aussage treffen zu können:

In ANWENDUNGSENTWICKLUNG (PROGRAMMIERUNG / TEST):
Abteilungsstrukturen (funktionale / personelle Trennung inkl. DV-Koordinatoren), Toolkonzept (DD / Design-Manager / Bibliotheksschutz u.s.w.), Kontroll- u. Sicherungssysteme für Dokumentation, Trennung Test Produktion, Qualitätssicherung (Quality out), Testphilosophie /-Testmethodik, Übergabeverfahren;

In RZ-DURCHFÜHRUNG - DV-BETRIEB:

Zugangskontrollsysteme, Abteilungsstrukturen (funktionale / personelle Trennung), Toolkonzept (Job-Scheduler, Bandarchivverwaltungssystem, Elektronisches Outputmangement-System, Change-Mangement-System etc.), Qualitätssicherung (Quality in), Arbeitsablaufsicherung, Trennung Produktions-, Entwicklungs- und Testsystem, Übergabeverfahren Datensicherung • Archiv- und Transporthandling, Netzhandling (Netzüberwachung / Toolkonzept / Sicherungsverfahren);

In SYSTEMTECHNIK /-BETREUUNG (SYSTEMPROGRAMMIERUNG):

Abteilungsstrukturen (funktionale / personelle Trennung), Authorisierte Bibliotheken, Systemnahe individuell erstellte Software, Betriebssystemkontrolle;

Zur DV-SECURITY-STEUERUNG:

Security-Packet-Einsatz (zentral / dezentral / standarisierte und selbsterstellte Systeme), Personelle Zuständigkeiten (Verwaltung, Auditing, systemtechnische Betreuung, Revision), Exitverbindungen / -Überwachung anderer Zugriffskontrollsysteme, IDV-Überwachung.

Innerhalb der Prüfungspakete sollten strukturierte Checklisten eine Interviewtechnik mit Rückfrage-Schleifen ermöglichen. Die Beantwortung der Checks sollte im persönlichen Interview erfolgen. Sicherheitsbewußtsein läßt sich nur in Stufen herbeiführen.

Je eindeutiger der Interviewte zu einem gemeinsam gefundenen Interviewergebnis steht, um so mehr wird er hinter der Realisierung von daraus abgeleiteten Maßnahmen stehen.

Ehe mit der Bearbeitung der eigentlichen Prüfungsfelder begonnen wird, muß eine Systembeschreibung vorgenommen werden. Hierbei sind die Abteilungsstrukturen, die Zuordnung der EDV-Revision, des EDV-Controlling und der EDV-Qualitätssicherungsstelle, die Einordnung der PC-Betreuung, der Bürokommunikation, der COM- und der technischen Rechnerbereiche darzustellen.
Des weiteren gehören zur Systembeschreibung: Beschreibung der Konfiguration incl. aller wichtigen betriebsnahen Software, Projektübersichten, funktionale und personelle Arbeitsteilungen, erste Übersichten über Datenträger, Dokumentationsprozesse, Benutzerhandbücher, Inventarverzeichnisse, Störungsstatistiken, Netzatlas etc.

Während der Erhebung der im folgenden Überblick aufgeführten Arbeitsfelder gewinnt die Berücksichtigung der eventuellen "manipulierenden Zusammenarbeit" mehrerer Personen aus unterschiedlichen DV-Bereichen bzw. mit Fachbereichen und die illegale Nutzung von legalen Zugriffen an Bedeutung. Diese Sehweise muß beim Aufbau von möglichst hohen präventiven Schutzmaßnahmen und dem Aufbau eines Verfolgungssystems für legale und illegale Zugriffe auf Daten und Programme konsequent aufrechterhalten bleiben.

ARBEITSFELDER DER DETAILLIERTEN DV-RISIKO-ANALYSE
- Ü B E R B L I C K -

Schwerpunkt: I n n e r e S i c h e r h e i t
Zum Security-Management <u>Softwareentwicklung</u>:

1. Methoden u. Standards:
Unternehmensdatenmodell und Funktionenmodell(Vorgehensmodell), Datenanalyse, DV-gestützte prozessbegleitende Entwicklungstools, Qualitätssicherung mit Meilensteinkontrolle (dokumentiert geführte Phasensteuerung, durchstrukturierte Modul- / Blockbildung, vorgegebene Sprachenstandardi-
sierung, zwangsweise Benutzung von Standards, Überwachung von Ausnahmeregelungen, Versions-
kontrolle mit Grundlage für Aufbau Verfolgungssystem, Projekgesteuerte ZENTRALE oder dezentrale
Bibliotheksverwaltung, zu beachtende Sicherheitsfestlegungen, Risikogerechte Hardware-Security-Zu-
ordnung, konsequent prozessorientierte, begleitende Qualitätsüberwachung mit Filter und Freigabe-
Kontrollen (damit Möglichkeit gegeben, ASK-Anforderungen in allen Stufen der Software-Entwicklung
der Qualitätssicherung zu unterwerfen), Prototyping, Übergabeverfahren Test --> Produktion, Auf-
tragsplanung und -verwaltung Anti-Viren-Konzept, Prüfung Standardsoftware (Qualitätssicherung Dokumentation / Security-Handling / Schnittstellen u.a.);

2. Datenbankbetreuung -/Administration unter Sicherheitsaspekten für:
logische Datenbankverwaltung, DD-Einsatz, zentraler IDV-Einsatz / Datenbankabfrage (SQL / Siron
etc.)

3. Abstimm-, Sicherheits- und Kontrollstrukturen (ASK) in der Entwicklung für:
Sicherheitsanforderungen im Pflichtenheft, Stammdatenhistorien-Philosophie, Historienkonzept für
sensible Bewegungsdaten (Manipulation), Risikoklasse I- Behandlung im Entwicklungsablauf
(Manipulation / Informationsabfluß / Stillstand), Standards für Abstimmstrukturen
(Plausibilitätskontrollen / Grenzwertkontrollen / unumgehbare Abstimmprotokolle), Abnahmeprozedu-
ren (Testmethodik), Dokumentation (DV-gestützt und begleitend), Cross-Referenzierung sensibler Fel-
der zu Programmen / DB-Bereichen, Archivierungskonzept für Programmdokumentation, mit read-
only-Strukturen incl. DD-Ablage;

<u>Zum Security-Mangement "INNERE RZ-/ DV-BETRIEBSSICHERHEIT"</u>:

1. RZ-Aufbau:
(Funktionstrennung unter Berücksichtigung Personalsituation) - Arbeitsvorbereitung, Operating, Ar-
beitsnachtbereitung, Archivhandling, User-Help-Desk, RZ-Services, Netzsteuerung, Systemprogrammierung / -betreuung / -technik, RZ-Qualitätssicherung;

2. RZ-Ablauf:
Sicherheitsaspekte bei dem Einsatz und dem Zusammenspiel von Job-Scheduler inkl. Produktions-,
Planungs und Steuerungssystem (PPS), Bandarchivverwaltungssystem, Bandarchivverwaltung und
Roboter-Kasettensteuerung, Output-Management-System (elektronische Archivierung mit flexiblen
Plausibilitätskontrollen für Outputfreigabe durch FA), Plattenverwaltungssystem, Informations-Mana-

gement-System mit Konfigurations-, Problem-, Change- und Accounting-Management), RZ-Dokumentationssystem, Kapazitätssmangement (Auslastungsbeobachtung), Betriebssystem-Überwachung, physische DB-Verwaltung, Syslog-Auswertungstools, Netzüberwachungssoftware, Exitbehandlung systemnaher Software, Steuerung Übergabeverfahren Test –> Produktion (stetige Übereinstimmung Quellcode und Lade-Module), DV-technische Verwaltung zentrales Security-System, Archiv- und Transporthandling;

Zur Kontrolle der Systemprogrammierung / (-TechniK):

Steuerung / Trennung der Arbeitsgebiete unter Risikogesichtspunkten (Personenbeziehungsmatrix), (Funktionsübersicht-Batch / DB-DC / DFÜ), strenge Zugriffskontrolle auf authorisierte Bibliotheken (Genehmigungsverfahren / Übernahmeverfahren / Kontrolle und Prüfung), Überwachung der systemnahen Individuell erstellten Software, (Modifikation / Kontroll- und Verfolgungsprogramm / Sicherheitsmonitor), Kontrolle der Zusammenarbeit mit Anwendungsentwicklern und Fachanwendern, laufende Überprüfung von Motivation und Bindung an das Unternehmen;

zum security-management Sichere Netze:

Einsatz eines Netzüberwachungsprozessors mit Zugriffskontrollen, Berechtigungs- und Authentizitätsprüfung und Password-Sicherung, Einsatz von Verschlüsselungstechniken, Rückrufverfahren, Protokolltestereinsatz, zeitliche Zugriffsbegrenzungen, Störmeldeverfahren, Release-Verfahren und Versionsüberwachung, Fernüberwachung;

Zur Zentralen DV-Security-Verwaltung

1. Organisatorischer Aufbau:
Funktionstrennung von Verwaltung, Auditing, systemtechnische Betreuung, Dezentrale Sicherheitsbeauftragte für dezentrale Rechnereinsätze (PCs / Workstations / Arbeitsplatzrechner), Sicherheitspfadfestlegung für dezentrale Rechnereinsätze nach 9 Stufen(Höhere Gewalt, Zugang, Zuriff, Verarbeitung, Ausgabe, DFÜ-Betrieb, Transport, Archivhandling, Dokumentation und Protokollierung);

2. Zentraler Security-Paketeinsatz:
Philosophie, Verwaltung / Steuerung zentrales Paket, dezentrale Zuständigkeit und zentrale Kontrolle, Bibliotheksschutzsteuerung, DB-Security-Steuerung, DD-Security-Steuerung, Netzsecurity-Steuerung u.a., EDV-Revisionseinsatz;

3. Festlegung Kontrollkreisläufe im:
Rechenzentrumsbereich, Entwicklungsbereich, bei zentralen Rechnern, in den Fachabteilungen;

<u>Zu übergreifenden ASK-Strukturen:</u>

Zusammenführung und Abstimmung der Sicherheitsstrukturen im Bereich Informationsverarbeitung
mit den Fachabteilungsbereichen durch: DV-Security-Change-Management-System (DV-gestützt), Risikoklassifizierung / Risikoquantifizierung, Qualitäts-Kontrolle der DV-Sicherheitsanforderungen zentral
/ dezentral vom Pflichtenheft bis zur Wartungsphase, FA-Abstimmkreise und ihre DV-gestützte Dokumentation und Kontrolle, zentrale IDV-Behandlung von Primärdaten gemäß
Risikoklassifizierung (AS / SQL / Siron / Reportgeneratoren, usw.), Dezentraler Rechner- / PC-Einsatz
gemäß Sicherheitspfad-Festlegungen, Dezentrale Rechner- / PC-Netzsicherung, Antiviren Konzept,u.a.

4.3. Das Abstimm-, Sicherheits- und Kontrollsystem (ASK)

Ein ASK setzt das Ineinandergreifen der einzelnen Sicherheitsmaßnahmen innerhalb der DV mit den
einzelnen Sicherheitmaßnahmen in den Fachabteilungen voraus. Hierbei sind zentrale und dezentrale
Prozesse gleichermaßen zu berücksichtigen.

Eine durchgängige Risikoklassifizierung muß unter Sicherheitsgesichtspunkten für eine gleichwertige
Behandlung von Primärdaten (Host) und Sekundärdaten (IDV) sorgen. Das bedeutet unterschiedliche
Schutzmaßnahmen für Daten und Programme der Risikoklasse I und der Risikoklasse II.

Ein einmal definierter Sicherheitspfad bestimmt zentral gemäß Risikoklassifizierung die Sicherheitsanforderungen an den jeweiligen zentralen oder dezentralen Rechner, seine Technik, Organisation
und sein Personal.

Die Einhaltung und Durchführung der Sicherheitsfestlegungen erfolgt dezentral in der Veranwortung
des Betreibers, die Kontrolle des Sicherheitsniveaus durch eine zentrale Informationssicherungsstelle.

Ein Security-Change-Management-System muß sicherstellen, daß ein längerfristig verabschiedetes
und / oder erreichtes Sicherheitsniveau (Gesamtsicht aller qualifizierten / quantifizierten Risiken und
aller entsprechenden Sicherheitspfadmaßnahmen) nicht durch einzelne neue technische, organisatorische oder personelle Erweiterungen und / oder Anpassungen zerfasert bzw. unkalkuliert herabgesetzt
wird.

Es muß die Erarbeitung eines Sicherheits-Prüfsystems für DV-Komponenten erfolgen, das Änderungen
und Erweiterungen durch neue Security-relevante DV-Elemente auf Verträglichkeit mit dem bestehenden Sicherheitszusammenspiel der vorhandenen DV-Elemente hin abprüft,z.B. auf: Verträglichkeit mit
zentraler Security - Software (RACF / T.S.S. u.a.), Verträglichkeit mit Übergabeverfahren, Verträglichkeit
mit Funktionstrennung, Verträglichkeit mit Qualitätssicherungsverfahren, Verträglichkeit mit Betriebs-
system-Schutz und -Kontrollen.

Kontrollkreisläufe bilden den Kern der tagtäglichen Security - Arbeit in der Informationsverarbeitung.
Sie sind gemäß Risikoklassifizierung für jedes sensible Gebiet (Daten / Datenbanken/ Programme) zu
definieren (Kontrollstrukturen / Kontrolliste / Kontrollverantwortliche.)

Mit Hilfe von dezentralen DV-Security-Beauftragten, die in der DV und / oder in den Fachabteilungen beheimatet sind, muß die zentrale DV-Security-Management-Stelle die Koordinierung, Abstimmung und effektive Realisierung des einheitlichen Informations-Sicherungskonzeptes durchsetzen. Sie hat dieses gegenüber der Unternehmensleitung zu verantworten.

Die im Check erfaßten Mängel und Schwachstellen werden in einem gesonderten Analysevorgang den Funktionen bzw. den Arbeitsbereichen zugeordnet.

Durch eine kumulative Gewichtung und Zusammenfassung von Mängeln (nicht jeder Mangel ist für sich allein genommen als Risiko zu werten) wird ermittelt, mit welchem Risiko zu rechnen ist, wenn die vorgeschlagenen Maßnahmen (sie werden im Umkehrschluß aus den definierten Mängeln abgeleitet) nicht realisiert werden.

Durch die Darstellung der Arbeitsbereiche bzw. Funktionen gemäß der Organisation des Unternehmens kann nach dem TÜV - Prinzip bei einer späteren Prüfung der alte Sicherheitszustand mit dem neuen verglichen werden.

Die aufgezeigten risikomindernden Maßnahmen müssen für ihre praktische Umsetzung nochmals sortiert bzw. gewichtet werden. Es bieten sich zwei Hauptblöcke an: Maßnahmen mit Priorität I, Maßnahmen mit Priorität II. Maßnamen mit Priorität I sollten vollständig realisiert werden, um Sicherheitslücken zu vermeiden. Die Maßnahmen mit Priorität I sind für die Risikobilanz im DM zu quantifizieren.

Zur innerenLogik der Sicherheitsmaßnahmen ist folgendes anzumerken:

Sehr viele Sicherheitsmaßnahmen für die innere Sicherheit in der Informationsverarbeitung "bekämpfen" zugleich Manipulations- und Informationsabflußgefahren.

Die Sicherheits-Effizienz liegt in der durchgängigen Sicherheits-Verzahnung der einzelnen Bereiche.

So ist z.B. die <u>Risikoklassifizierung</u> die Grundvoraussetzung für eine effektive zentrale oder dezentrale prozessbegleitende und DV-gestützte Qualitätssicherung in der Anwendungsentwicklung.

Ohne ein sicheres Übergabeverfahren kann das "manipulationsarm erstellte" Anwendungsprogramm nicht risikolos in die Produktionsumgebung überstellt werden.

Die grundlegenden Sicherheitsstrukturen umfassen daher Kontrollkreisläufe und Spurensicherung in der Anwendungsentwicklung und im RZ (Security-Paketeinsatz, Übergabeverfahren, Bandarchivverwaltung, elektronische Outputsicherung, Change-Management, Betriebssystemüberwachung, Netzsicherung).

Ein Anti-Virus-Sicherheitskonzept als integraler Bestandteil eines ASK im DV-Großbetrieb baut auf der dargestellten Logik auf (Qualitätssicherung - DD-Einsatz - Datenabgleich - Kontrollkreisläufe - zentrale Security-Verwaltung - EDV-Revision / Job-Scheduler-Einsatz - elektronische Archivierung - Systemprogrammierung - Anti-Virus- Prüfprogramme).

Die schon häufiger erwähnten Kontrollkreisläufe bilden das tägliche Security-Geschäft im DV-Betrieb und müssen die Einhaltung des definierten Sicherheitsniveaus garantieren. Sie sind eingebettet in die Sicherheitsbasis des zentralen Security-Pakets und der DV-Security-Steuerung.

Sie sind das Ergebnis einer detaillierten umfassenden Schwachstellenanalyse der DV-Organisation, der DV-Toolkette und der DV-Security-Steuerung und Überwachung und der Gewichtung entsprechender Sicherheitsmaßnahmen auf der Basis der Risikoklassifizierung von Daten und Programmen.

Es sind die zu überwachenden Gebiete / Dateien/ Programme zu definieren und die Kontrollstruktur, die Kontrolliste und die Kontollveranwortlichen festzulegen. Positivkontrollen (P) zeichnen jeden Zugriff auf hochempfindliche Gebiete auf und sind dem Vorgesetzten zur ständigen arbeitsnahen Überprüfung vorzulegen. Negativ-Kontrollen (N) erfassen nur die Zugriffsverstöße. Viele der in den Tools vorhandenen Aufzeichnungsmöglichkeiten werden in der Praxis häufig nicht benutzt. Ihre systematische Einbeziehung erleichert den Aufbau der Kontrollkreisläufe.

In dieses System sind die Fachabteilungen einzubeziehen mit Abstimmkreisen zwischen Dateien und Datenbanken. Unumgehbare Kontrollprotokolle, die das Delta eines Veränderungsprozesses erfassen, müssen präventiv und nachvollziehend sicherheitserhöhend wirken.

Die laufend aktuell zu haltenden Kontrollkreisläufe - veranwortlich dafür ist das zentrale DV-Security-Management und die dezentralen DV-Security-Beauftragten - ermöglichen der DV-Revision eine rationelle und gezielte Prüfmöglichkeit des DV-Security-Handlings in allen Arbeitsprozessen im DV-Betrieb.

4.4 Die Risikobilanz

Das mit Hilfe von Interviews und in Sekundärmaterialerhebungen gewonnene Zahlenwerk muß schließlich aufbereitet werden, um eine Realisierung der sicherheitserhöhenden Maßnahmen aus wirtschaftlichen Aspekten zu ermöglichen. Hierzu dient das Risiko-Deckungs-Konzept/ die Risikobilanz.

In der Risikobilanz werden die Risiken nach Art und Höhe den Maßnahmen in zusammengefaßter Form mit dem dafür notwendigen Aufwand (einmalig und laufend) gegenübergestellt. Des weiteren wird der Nutzen (das Risiko-Verminderungs-Potential) ausgewiesen.

Dieses wird unter Beachtung von nicht verminderbaren Restrisiken ermittelt und bildet die Entscheidungsgrundlage für die Realisierung der Maßnahmen.

Der Ansatz der Risiken und der Restrisiken erfolgt i.d.R. in Bandbreiten und richtet sich an dem derzeit erkennbaren Sicherheitsstand des Unternehmens und an den erkennbaren Zugriffsgefahren dem Stand der Technik entsprechend aus.

Die Praxis hat gezeigt, das mit Hilfe der Risikobilanz das scheinbar intransparente Phänomen IV-Sicherung transparent und damit entscheidbar wird.

Abbildungen

In den folgenden Abbildungen wird das Vorgehen bei der Erstellung eines ASK in den Grundzügen dargestellt.

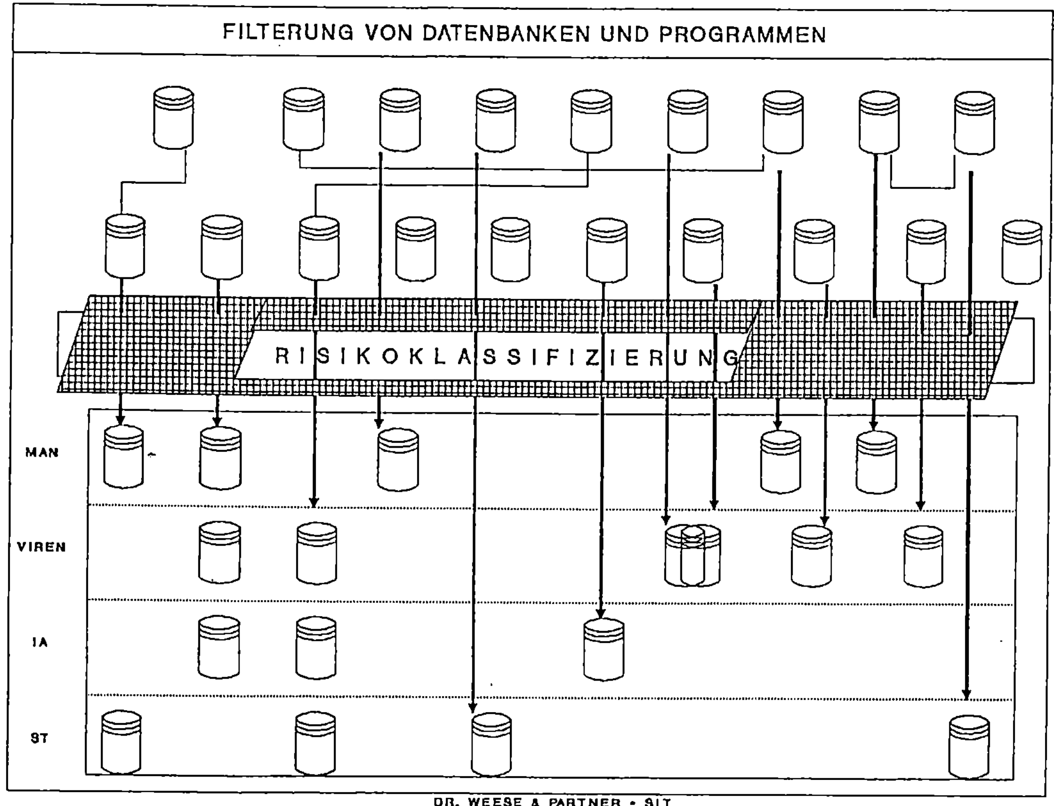

BEREICH

ZAHLUNGSAUSGANG

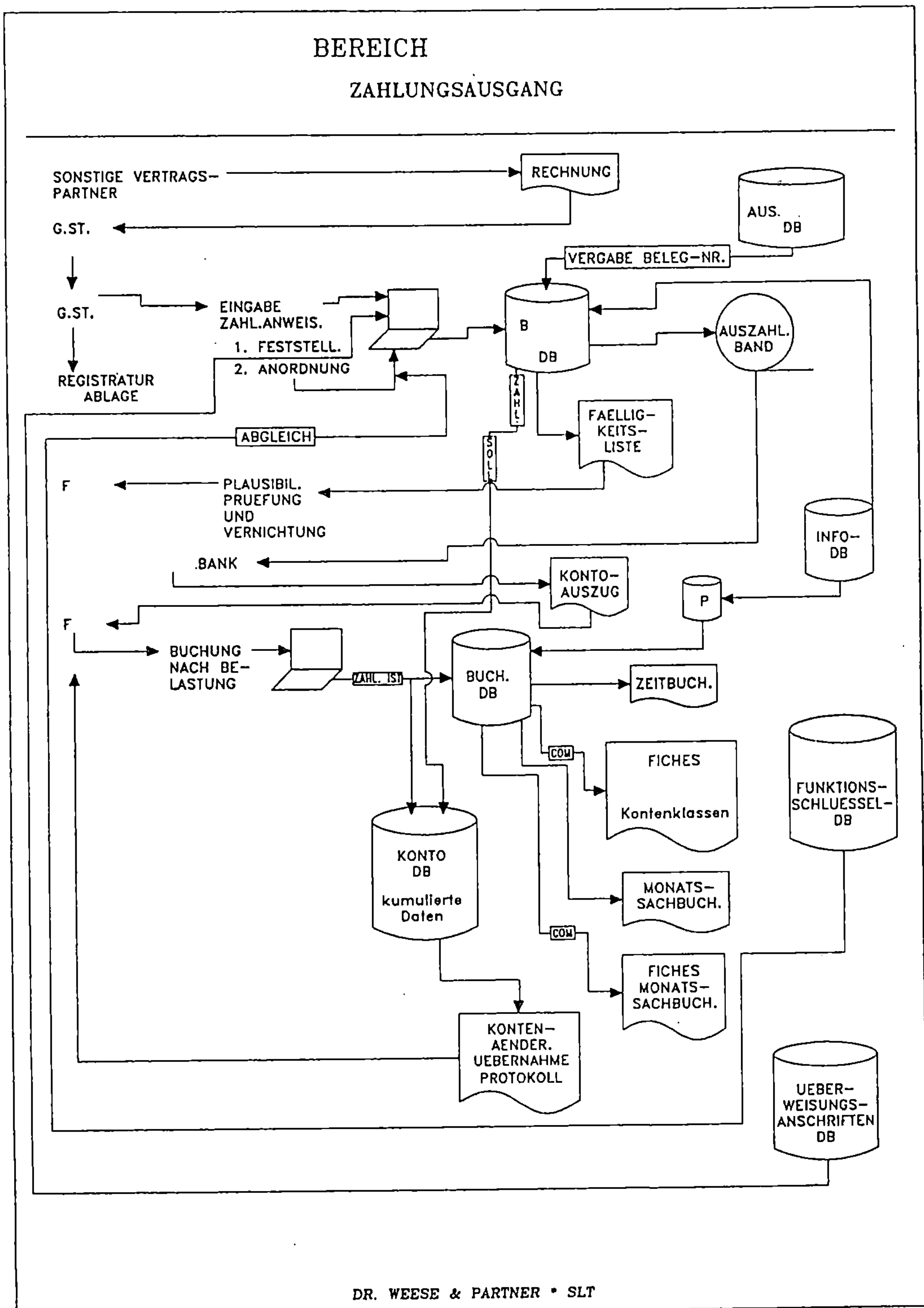

RISIKO-KLASSIFIZIERUNG MANIPULATION
DATENBANKEN/ ANWENDUNGSSYSTEME

FILTERUNG DER DATENBANKEN MIT RISIKOKLASSE I

ERGEBNIS FÜR / PRÜFPOSITION	AB-DB	BC-DB	DF-DB	AS-DB	FB-DB	AX-DB	MS-DB	FG-DB	GH-DB	RV-DB	KL-DB
16. NOTW. ABSTKR. ZU NACHGELAG. DB		◆		◆			◆				◆
17. Feldinhalte Kompatibilität			◆				◆				
18. Unumgehbare Delta-Protokol-lierung		◆		◆			((◆))				
19. Ablaufstörung nachgelagerte Prozesse	◆		x		x		x			((◆))	
20. Risikohöhe › Toleranzgrenze	◆	(((◆)))		x			◆		x		

DR. WEESE & PARTNER • SLT

ABSTIMMKREISE DATENBANKEN

REF./ÜBERSICHT	NOTWENDIGE ABSTIMMKREISE ZWISCHEN	INHALTE	RISIKO	KOSTEN
1	2	3	4	5
Auszahlungen an Lieferanten	Bln-DB und Lieferanten-/ Sonstige-Vertragspartner-DB	Zahlungsempfänger-Daten mit zwangsweiser Protokollierung von Eingaben nicht gespeicherter Adressen	7 Mio DM und mehr Illegale Erstellung Musterbelege und Hinzufügung eines Multiplikators (z.B. 1,001) zur automatischen Erhöhung der Zahlungsanweisungen	TDM 530-TDM 1.050 Bandbreite durch Anteil externer Mitarbeiter bedingt
Kostenerstattung Mitarbeiter	Bln-DB und Personal-DB	Personal-Stammdaten, mit zwangsweiser Protokollierung von Eingaben nicht gespeicherter Adressen	mehrere 100 TDM innerhalb obiger Summe	TDM 15 - TDM 28

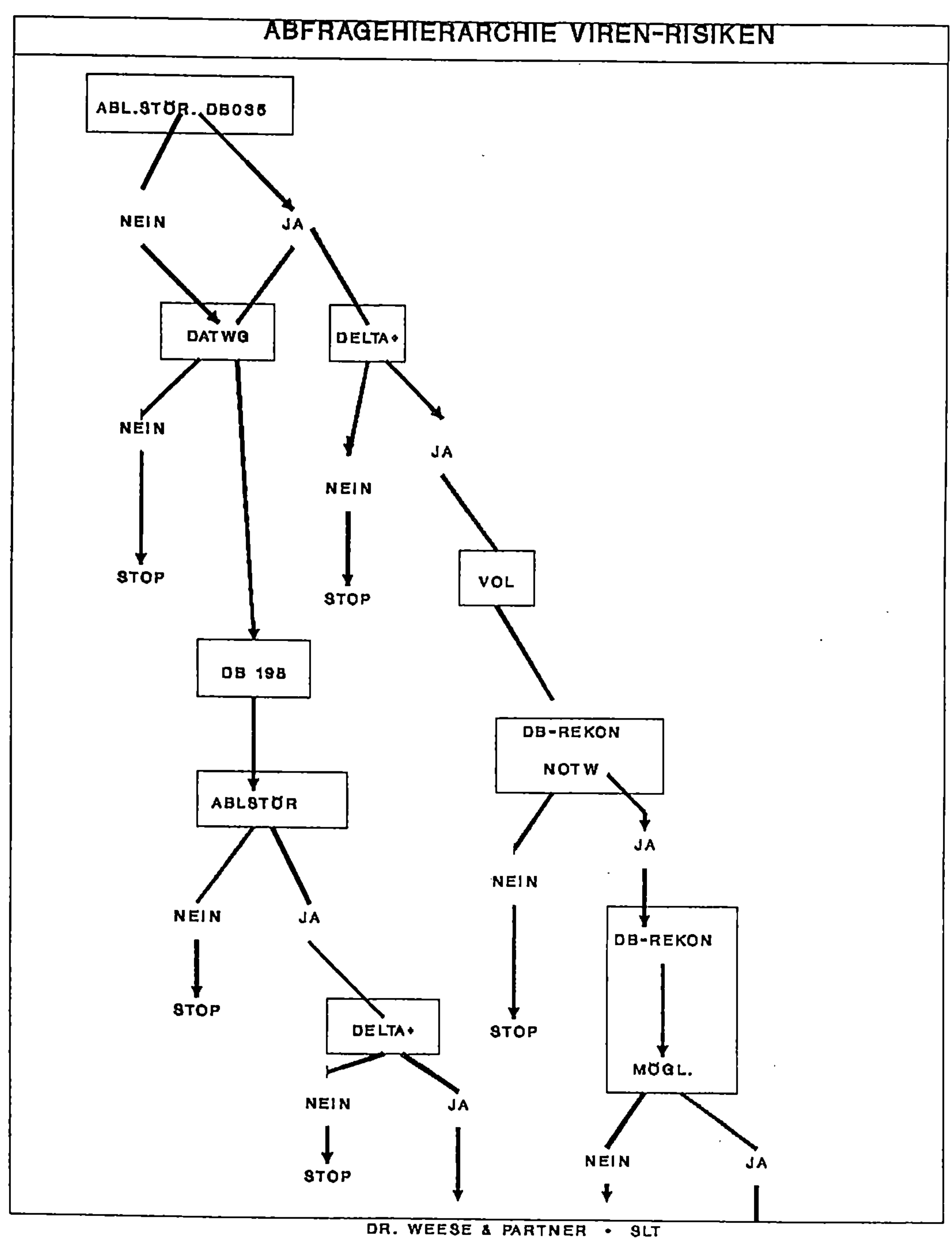

ABFRAGEHIERARCHIE VIREN-RISIKEN
ABL.STÖR..DB035
NEIN
JA
DATWG
DELTA+
NEIN
STOP
NEIN
STOP
JA
VOL
DB 198
DB-REKON
NOTW
ABLSTÖR
NEIN
JA
NEIN
STOP
NEIN
STOP
JA
DB-REKON
DELTA+
NEIN
STOP
JA
MÖGL.
NEIN
JA
DR. WEESE & PARTNER • SLT

RISIKO- / SCHWACHSTELLENRASTER IM DV-BETRIEB

S C H W A C H S T E L L E N

● MANIPULATIONSART

Column groups: **(I.)✳ IN DER ORGANISATION** — *Anwendungsentwicklung* (Progr., Test, Doku., DB, DD, Quali-täts), FA, AV, AN, OP, *RZ-Betrieb* (Archiv, Sys.-Prog., Netze), IDV, Secur. Steuer. — **(II.)✳ IN DER TOOLKETTE** — **(III.)✳ IN DER SECURITY-STEUERUNG-ÜBERWACHUNG**

IN DER ORGANISATION

Manipulationsart	Progr.	Test	Doku.	DB	DD	Quali-täts	FA	AV	AN	OP	Archiv	Sys.-Prog.	Netze	IDV	Secur. Steuer.
① VERFÄLSCHUNG VON DATENBANKEN	x						x								
	x			x											
	x						x								
	x														
	x							x							
	x											x			
	x		x				x								
								x				x			
	x						x					x			x
												x			x
	x	x	x			x									
								x							x
② EINBAU EINES MULTIPLIKATORS	x														
	x						x								
	x											x			
	x														x
							x					x			
												x			x
												x			
	x		x					x							

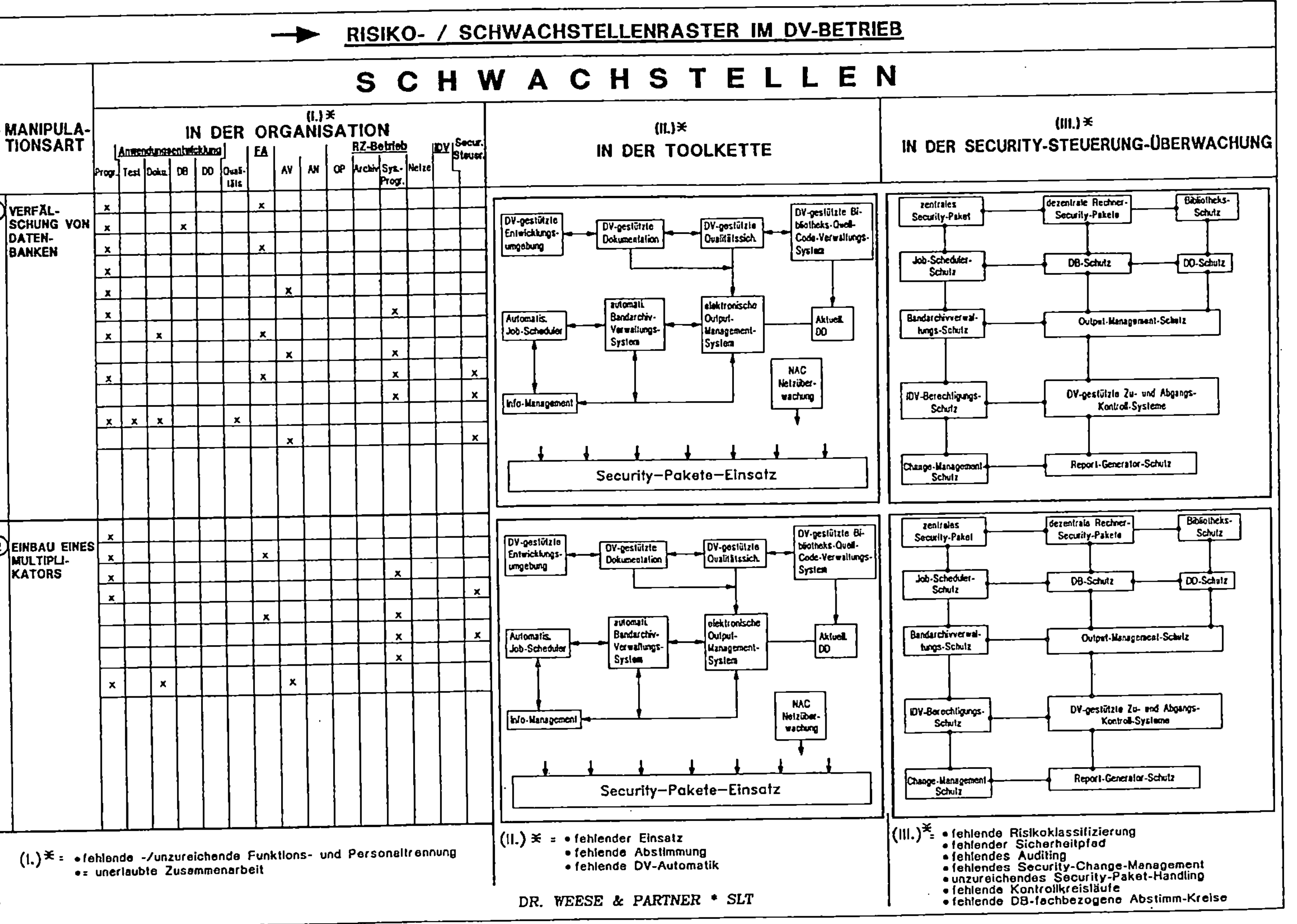

(I.)✳ = • fehlende -/unzureichende Funktions- und Personaltrennung
• = unerlaubte Zusammenarbeit

(II.)✳ = • fehlender Einsatz
• fehlende Abstimmung
• fehlende DV-Automatik

(III.)✳ = • fehlende Risikoklassifizierung
• fehlender Sicherheitpfad
• fehlendes Auditing
• fehlendes Security-Change-Management
• unzureichendes Security-Paket-Handling
• fehlende Kontrollkreisläufe
• fehlende DB-fachbezogene Abstimm-Kreise

DR. WEESE & PARTNER ✳ SLT

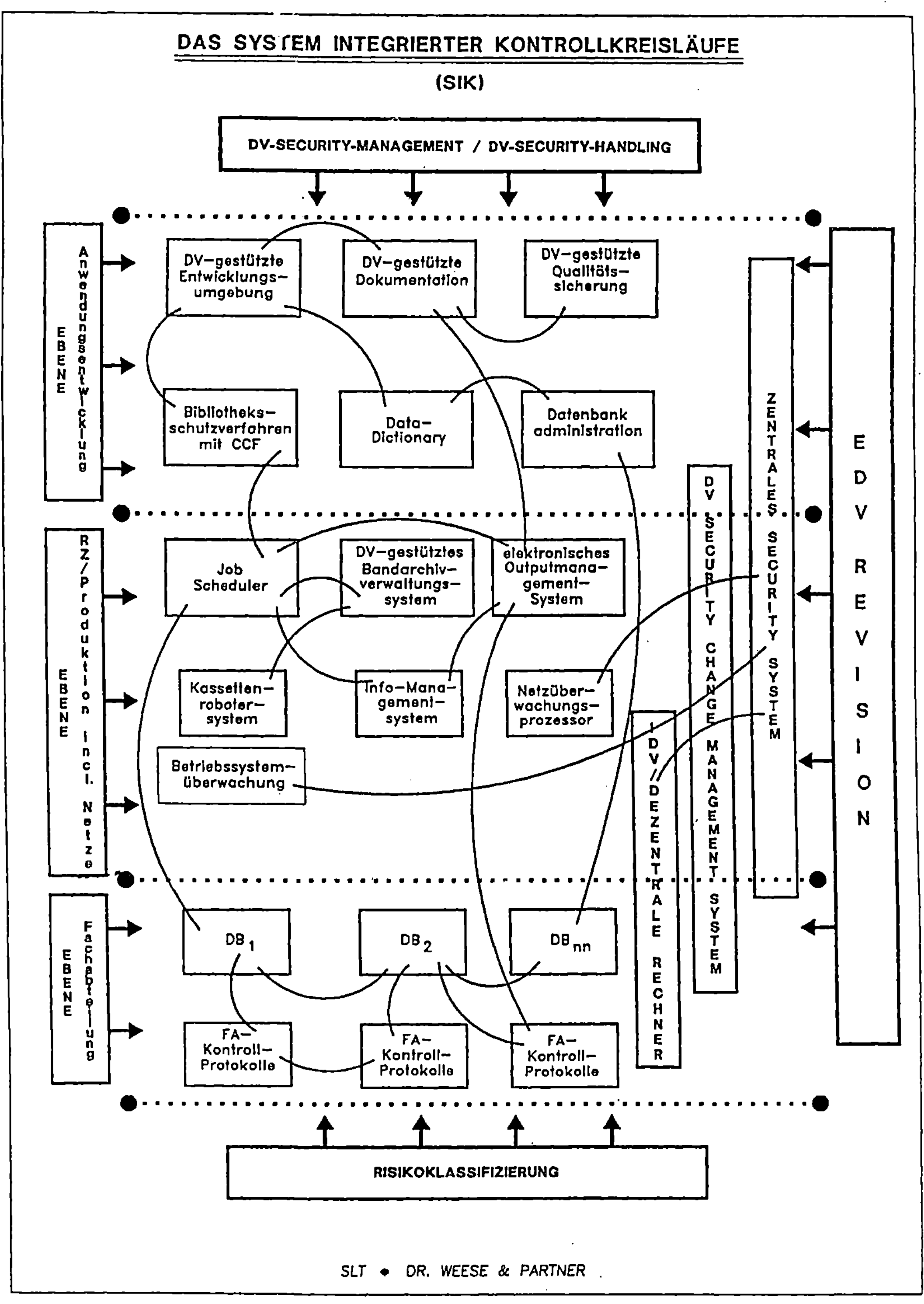

DAS SYSTEM INTEGRIERTER KONTROLLKREISLÄUFE
(SIK)
DV-SECURITY-MANAGEMENT / DV-SECURITY-HANDLING
Anwendungsentwicklung
EBENE
RZ/Produktion incl. Netze
EBENE
Fachabteilung
EBENE
DV-gestützte Entwicklungs-umgebung
DV-gestützte Dokumentation
DV-gestützte Qualitäts-sicherung
Bibliotheks-schutzverfahren mit CCF
Data-Dictionary
Datenbank administration
Job Scheduler
DV-gestütztes Bandarchiv-verwaltungs-system
elektronisches Outputmana-gement-System
Kassetten-roboter-system
Info-Mana-gement-system
Netzüber-wachungs-prozessor
Betriebssystem-überwachung
DB 1
DB 2
DB nn
FA-Kontroll-Protokolle
FA-Kontroll-Protokolle
FA-Kontroll-Protokolle
ZENTRALES SECURITY SYSTEM
DV SECURITY CHANGE MANAGEMENT SYSTEM
DV/DEZENTRALE RECHNER
EDV REVISION
RISIKOKLASSIFIZIERUNG
SLT ◆ DR. WEESE & PARTNER

AUFBAU EINER ZENTRALEN INFORMATIONSSICHERUNG

● **Kontrollkreisläufe**

(II.) ⟶ **RZ-Durchführung / DV-Betrieb**

⌐▷ zu überwachen und zu steuern durch
dezentrale Security Beauftragte

Beispiele

Gebiet/Datei/Programm	Kontrollstruktur	Automatische DV-gestützte Kontroll-Liste	Abzuzeichnen	- Hinweise
12) Übergabeverfahren Ablaufkontrolle	Stichprobe (N)	Übergabedaten elektro. Outputmanagement	zentraler Security-M.	
13)				
14) Verstöße gegen Risiko-klasse I, die auf Host liegen	(P)	T.S.S. / ACF2	– zentraler DV-Security-Beauf-tragter – Auditor	/
15) Produktionsaufträge an "scharfen Produktions-beständen" ("Reparatu-rarbeiten")	(P)	Liste durch Job-Scheduler (AV) (elektro. Outputmanagement)	– zentraler DV- Sec. – AV-Leitung – Auftraggeber – RZ-O.-S.	mit höchster Priorität zu behandeln bei Risi-koklasse I / Manipula-tion + Viren + Inf.
22) Vollständigkeitskontrol-le - Ablage der Kon-trollisten in separates Sicherheitsarchiv	Stichprobe (N)	div. Tools	– dez. Security M. – zentraler Security-M.	/
23) Fremdbandein-speicherung	Stichprobe (N)	Anlistung	– dez. Security-M. – Leitung RZ-Services	
36) Elektro. Output-Management - Zugriffsberech-tigung	Stichprobe (N)	– T.S.S. / ACF2 – Elektro. Output-Management	– Leitung Entwicklung – Leitung RZ – dez. Security-Beauftrag. – Auditor	Sicherstellen, daß keine Up-Date-Berechtigung und nur betreuende Entwickler lesenden Zugriff nur auf ihre Programme haben !!
37) Job-Scheduler Zugriffsberechtigung		– T.S.S. / ACF2 – Job-Scheduler-Security-Report	– Leitung AV – Leitung RZ – dez.-Security-Beauf-tragter – Auditor	Sicherstellen, daß keine Lese- und Up-Date-Berechtigung auf Produk-tiondaten eingeräumt werden – Ausnahmen sind zu dokumentieren und kontrollieren.

(III.) ⟶ **Zentrale IDV und dezentraler Rechnereinsatz**

⌐▷ zu überwachen und zu steuern durch
dezentrale Security Beauftragte

Gebiet/Datei/Programm	Kontrollstruktur	Automatische DV-gestützte Kontroll-Liste	Abzuzeichnen	- Hinweise
38) Sicherheitspfad-anforderung	(P)	– Security Change-Management System	– Leitung zentr. Security – Geschäftsführung – FA-Vorgesetzte	Sicherstellen, daß Auswahl und Einsatz von und mit dezentralen Rechner gemäß Sicherheitpfadfestlegung und Risikoklassifizierung erfolgt
39) AS-Einsatz sicher-stellen, daß keine Daten der Risiko-klasse I mit AS be-arbeitet werden	Stichprobe (N)	– T.S.S. / ACF2	– Sachgebietsleitung – zentraler Security – Auditor	/

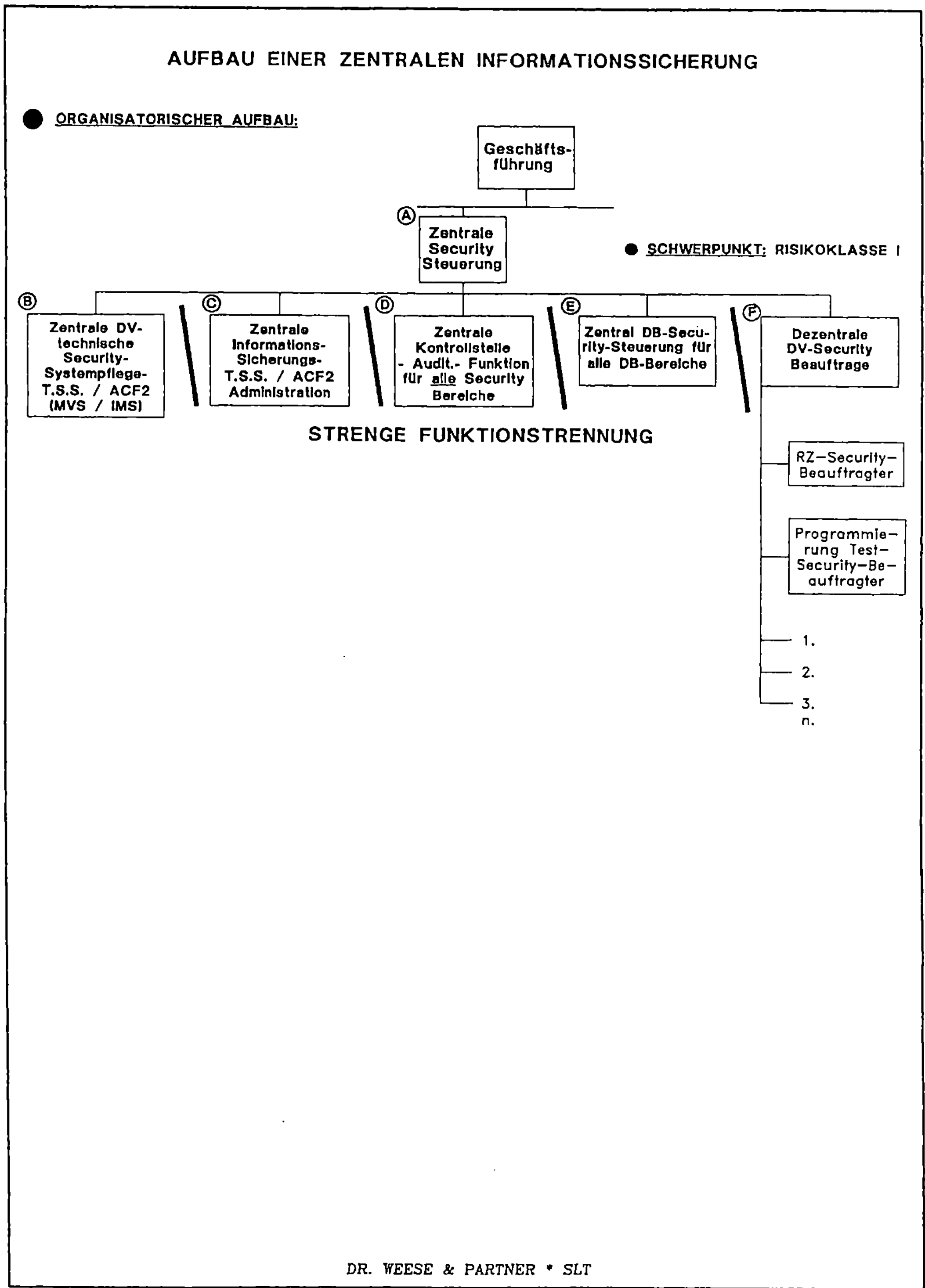

AUFBAU EINER ZENTRALEN INFORMATIONSSICHERUNG

ORGANISATORISCHER AUFBAU:

Geschäfts-
führung

(A)
Zentrale
Security
Steuerung

SCHWERPUNKT: RISIKOKLASSE I

(B)
Zentrale DV-
technische
Security-
Systempflege-
T.S.S. / ACF2
(MVS / IMS)

(C)
Zentrale
Informations-
Sicherungs-
T.S.S. / ACF2
Administration

(D)
Zentrale
Kontrollstelle
- Audit.- Funktion
für alle Security
Bereiche

(E)
Zentral DB-Secü-
rity-Steuerung für
alle DB-Bereiche

(F)
Dezentrale
DV-Security
Beauftrage

STRENGE FUNKTIONSTRENNUNG

RZ—Security—
Beauftragter

Programmie—
rung Test—
Security—Be—
auftragter

1.

2.

3.
n.

DR. WEESE & PARTNER * SLT

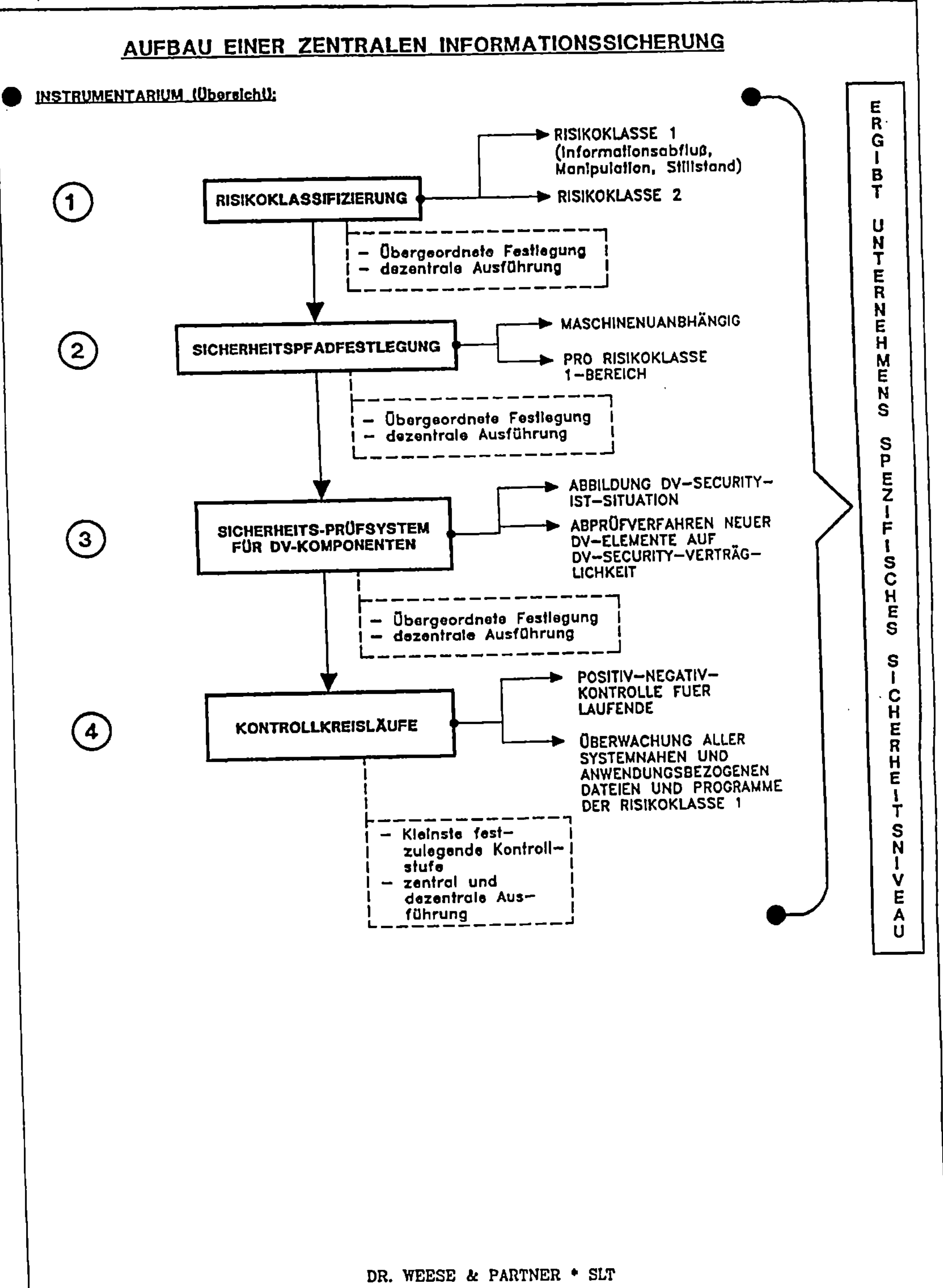
AUFBAU EINER ZENTRALEN INFORMATIONSSICHERUNG
INSTRUMENTARIUM (Übersicht):
1
RISIKOKLASSIFIZIERUNG
RISIKOKLASSE 1
(Informationsabfluß, Manipulation, Stillstand)
RISIKOKLASSE 2
- Übergeordnete Festlegung
- dezentrale Ausführung
2
SICHERHEITSPFADFESTLEGUNG
MASCHINENUANBHÄNGIG
PRO RISIKOKLASSE 1-BEREICH
- Übergeordnete Festlegung
- dezentrale Ausführung
3
SICHERHEITS-PRÜFSYSTEM FÜR DV-KOMPONENTEN
ABBILDUNG DV-SECURITY-IST-SITUATION
ABPRÜFVERFAHREN NEUER DV-ELEMENTE AUF DV-SECURITY-VERTRÄG-LICHKEIT
- Übergeordnete Festlegung
- dezentrale Ausführung
4
KONTROLLKREISLÄUFE
POSITIV-NEGATIV-KONTROLLE FUER LAUFENDE
ÜBERWACHUNG ALLER SYSTEMNAHEN UND ANWENDUNGSBEZOGENEN DATEIEN UND PROGRAMME DER RISIKOKLASSE 1
- Kleinste fest-zulegende Kontroll-stufe
- zentral und dezentrale Aus-führung
ERGIBT UNTERNEHMENS SPEZIFISCHES SICHERHEITSNIVEAU
DR. WEESE & PARTNER * SLT

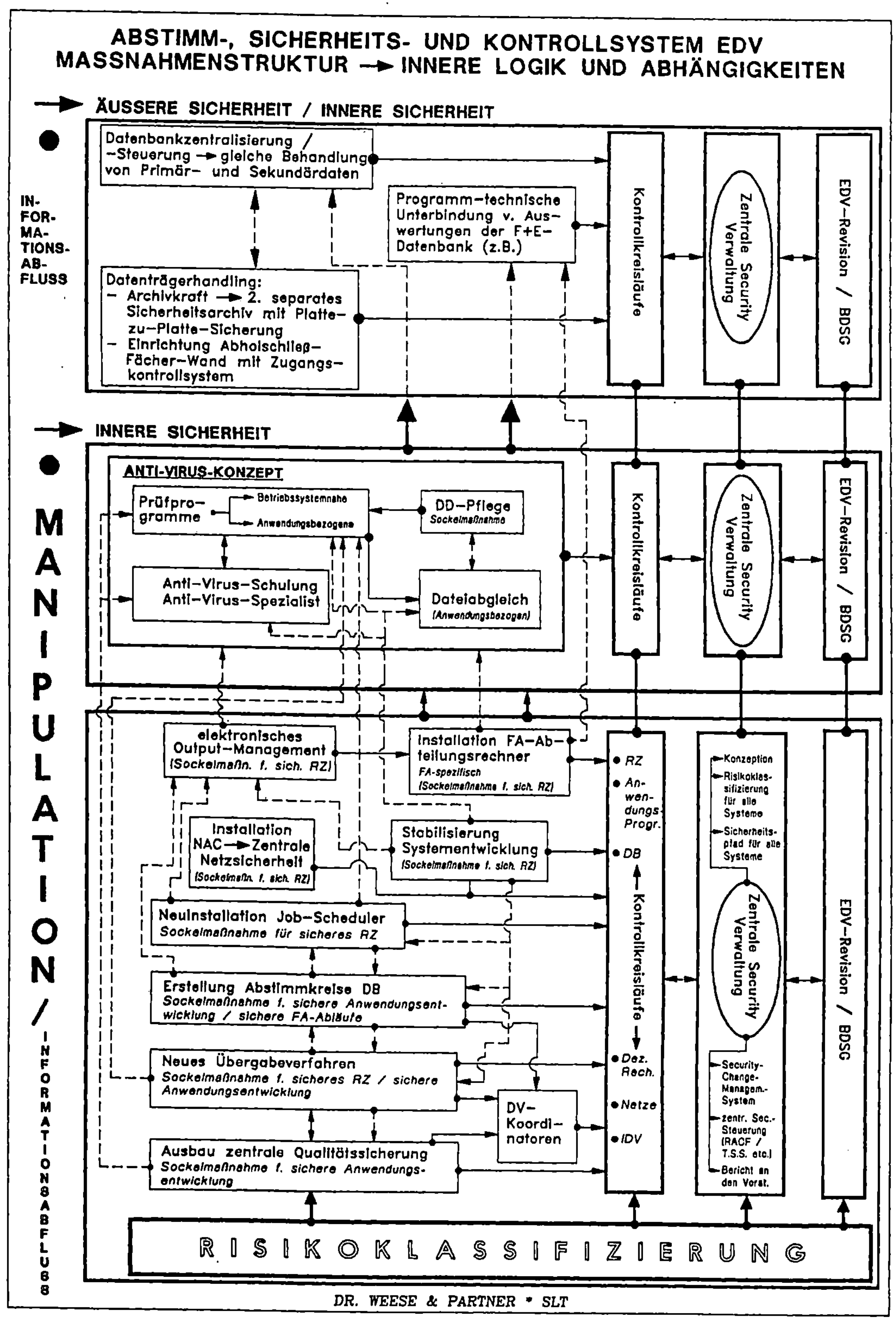
ABSTIMM-, SICHERHEITS- UND KONTROLLSYSTEM EDV
MASSNAHMENSTRUKTUR → INNERE LOGIK UND ABHÄNGIGKEITEN
ÄUSSERE SICHERHEIT / INNERE SICHERHEIT
INFOR-MA-TIONS-AB-FLUSS
Datenbankzentralisierung / -Steuerung → gleiche Behandlung von Primär- und Sekundärdaten
Programm-technische Unterbindung v. Aus- wertungen der F+E- Datenbank (z.B.)
Datenträgerhandling:
- Archivkraft → 2. separates Sicherheitsarchiv mit Platte- zu−Platte−Sicherung
- Einrichtung Abholschließ− Fächer−Wand mit Zugangs- kontrollsystem
Kontrollkreisläufe
Zentrale Security Verwaltung
EDV-Revision / BDSG
INNERE SICHERHEIT
MANIPULATION /
ANTI-VIRUS-KONZEPT
Prüfpro- gramme
Betriebssystemnahe
Anwendungsbezogene
DD−Pflege
Sockelmaßnahme
Anti−Virus−Schulung Anti−Virus−Spezialist
Dateiabgleich
(Anwendungsbezogen)
Kontrollkreisläufe
Zentrale Security Verwaltung
EDV-Revision / BDSG
elektronisches Output−Management
(Sockelmaßn. f. sich. RZ)
Installation FA−Ab- teilungsrechner
FA-spezifisch
(Sockelmaßnahme f. sich. RZ)
Installation NAC → Zentrale Netzsicherheit
(Sockelmaßn. f. sich. RZ)
Stabilisierung Systementwicklung
(Sockelmaßnahme f. sich. RZ)
Neuinstallation Job−Scheduler
Sockelmaßnahme für sicheres RZ
Erstellung Abstimmkreise DB
Sockelmaßnahme f. sichere Anwendungsent- wicklung / sichere FA−Abläufe
Neues Übergabeverfahren
Sockelmaßnahme f. sicheres RZ / sichere Anwendungsentwicklung
DV− Koordi- natoren
Ausbau zentrale Qualitätssicherung
Sockelmaßnahme f. sichere Anwendungs- entwicklung
RZ
An- wen- dungs- Progr.
DB
Dez. Rech.
Netze
IDV
Kontrollkreisläufe
Konzeption
Risikoklas- sifizierung für alle Systeme
Sicherheits- pfad für alle Systeme
Zentrale Security Verwaltung
Security- Change- Managem.- System
zentr. Sec.- Steuerung (RACF / T.S.S. etc.)
Bericht an den Vorst.
EDV-Revision / BDSG
INFORMATIONSABFLUSS
RISIKOKLASSIFIZIERUNG
DR. WEESE & PARTNER * SLT

RISIKO - DECKUNGS - KONZEPT / RISIKO-BILANZ

ANONYMISIERTES BEISPIEL ABC AG

UNGEDECKTE RISIKEN	MASSNAHMEN ZUR RISIKOVERMINDERUNG	INVESTITIONEN EINMALIG	KOSTEN JÄHRLICH

1. MANIPULATION VON PROGRAMMEN MIT VERFÄLSCHUNG VON DATENBANKEN:

Böswillige Veränderungen oder Teil- bzw. Totallöschungen von Daten zu Bereicherungszwecken oder durch Einschleusen von Virus-Algorithmen mit gravierenden Auswirkungen auf Finanzströme, Fertigung und Unternehmensergebnis;

die Rekonstruktion der Datenbanken TS und LK würde bis zu 75 Mannjahren dauern; dies würde eine existenzielle Bedrohung des Unternehmens bedeuten;

bei Verfälschungen anderer Datenbanken sind hohe Rekonstruktionskosten (AF !) aufzuwenden;

ca. 35 Mio DM

Bei überwiegender Verfälschung der FA-DB müßten 46.000 Finanztransaktionen für die Dauer von ca. 6 Monaten (Rekonstruktion der DB) ausgesetzt werden: Zinsverlust

4,8 Mio DM

des weiteren Fertigungs-/ Lieferausfall

34 Mio DM

des weiteren sind langfristige negative Marktnachteile nicht auszuschließen

——→ > > >

Maßnahmen zur Risikoverminderung:

* Einrichtung Qualitätssicherung und Übergabeverfahren

* Erstellung eines übergreifenden Abstimm-, Sicherungs- und Kontrollsystems (ASK)

* Aufbau eines Anti-Viren-Konzepts

* Einrichtung einer DV-Security- und einer DV-Revisionsstelle

* Einsatz eines Sicherheits-Tools

u.a.

TDM 3.680(inkl. TDM 330 für ASK-Fremdleistung)

TDM 240- TDM 380

wegen der Rekonkosten müssen 15 DB's ins A-V-Konzept!

Nutzen = Risikobegrenzung:
bei konsequenter Anwendung der Sicherungsmaßnahmen kann das Risiko auf die Rekonstruktion von mehreren Tagesproduktionen begrenzt werden; bei angenommener 4 % Zerstörung/ 10 Mitarbeiter für die Rekonstruktion der Stammsätze/ 30 Tage bis zur Rekonstruktion

Restrisiko.

ca. TDM 120- TDM 200

Evaluierung komplexer Systeme - Folgerungen für Sicherheitskriterien

Roland Schützig
INFODAS GmbH
Rhonestraße 2, 5000 Köln 71

Zusammenfassung

Die bisherigen Erfahrungen mit der Anwendung von standardisierten Sicherheitskriterien bei der Evaluierung von vernetzten Systemen verweisen auf verschiedene Mängel und Unzulänglichkeiten solcher Kriterien. Am Modell der Evaluation eines Software-Produktes, das einen Kommunikationsdienst gemäß der OSI-Transport-Schicht anbietet, mit den deutschen IT-Sicherheitskriterien werden diese Schwierigkeiten dargestellt. Es zeigt sich, daß ein genereller Bedarf nach differenzierteren Funktionalitätsklassen entsteht und daß insbesondere dem Aspekt "Gewährleistung der Funktionalität" erhöhte Bedeutung zukommt.
Die Probleme bei vernetzten Systemen lassen sich verallgemeinern und führen zum Begriff des "komplexen" Systems. Zu diesen können auch besonders umfangreiche Betriebssysteme gezählt werden, da die Untersuchung der praktischen Probleme bei deren Evaluation zu ähnlichen Folgerungen für die Sicherheitskriterien führt.

1   Einleitung

Der Begriff des "sicheren" Informationssystems ist abstrakt und hat dementsprechend zahllose Aspekte. Der Weg von dieser durchaus alten theoretischen Erkenntnis bis zu ihrer auch praktischen Anerkennung ist offenbar weit und steinig. Zunächst mußte man sich von dem "sicheren" System schlechthin verabschieden und spricht nun vom "vertrauenswürdigen" Informationssystem, was z.B. durch den Titel "Trusted Computer Systems Evaluation Criteria" des bekannten "Orange Book"[1] zum Ausdruck kommt. Hierdurch wurde die Unsicherheit eines Urteils über die Sicherheit an sich, d.h. die Qualität des Urteils selber, anerkannt.
Die bekanntlich starke Fixierung dieses Standards auf die Bedürfnisse des amerikanischen Militärs in Verbindung mit seinen diversen "Interpretations" zeigt aber, daß der Orange-Book-Begriff der Sicherheit bei weitem nicht umfassend genug ist. Der wahren Vielschichtigkeit des Begriffes wird erst in den

neueren Standards wie den deutschen "IT-Sicherheitskriterien" [2] oder einer Weiterentwicklung auf europäischer Ebene [3] (Information Technology Security Evaluation Criteria "ITSEC") Rechnung getragen. Die entscheidenden Fortentwicklungen in den IT-Sicherheitskriterien sind zum einen die Entkopplung der Sicherheitsfunktionalitäten von deren Qualitäten[1] und zum anderen das Konzept der "Funktionalitätsklassen", in denen verschiedene "Sicherheitsgrundfunktionen" jeweils zweckmäßig zusammengefaßt werden sollen.

In der vorliegenden Arbeit wird die Anwendbarkeit der IT-Sicherheitskriterien für vernetzte Systeme und für die Evaluierung umfangreicher Betriebssystemes untersucht. Im ersteren Fall wird zu diesem Zweck modellhaft eine Netzwerkkomponente, die Implementierung eines Kommunikationsprotokolls, unter dem Aspekt der Evaluierung untersucht. Im anderen Fall werden die bisherigen Erfahrungen aus der laufenden Evaluierung eines umfangreichen Großrechnerbetriebssystems reflektiert. Die dabei zu beobachtenden Probleme im Umgang mit dem Kriterienkatalog sind ähnlicher Art und führten zu einem hier formulierten Oberbegriff, dem "komplexen" System. Es zeigt sich, daß zum einen die Funktionalitätsklassen der IT-Sicherheitskriterien bedeutend ausgebaut, d.h. differenziert werden müssen. Zum anderen muß — damit zusammenhängend — die Bedeutung der Sicherheitsgrundfunktionen "Gewährleistung der Funktionalität" neu bestimmt werden. Eine mögliche Verfeinerung des Begriffs ist zum einen durch die Funktionalitäten der OSI-Layer (besser: "Services") und zum anderen durch die Formalisierung der "Infrastruktur", die die Endsysteme in einem Netz durch ihr Basisbetriebssystem den kommunizierenden Instanzen zur Verfügung stellen, gegeben.

Die IT-Sicherheitskriterien wie auch die ITSEC beinhalten durch das gegenüber dem "Orange-Book" neue Konzept der Funktionalitätsklassen ein enormes Potential an flexibler Weiterentwicklung, das, soweit erkennbar, alle gegenwärtigen Ansprüche befriedigen könnte. Dieses Potential muß jetzt genutzt werden, um der Entwicklung paralleler Standards oder unadäquater "Interpretationen" vorzubeugen.

2 Evaluierung komplexer Systeme

Als komplex werden hier allgemein solche Systeme erachtet, die unter dem Aspekt der Evaluierung nicht angemessen behandelt werden, falls man sie "monolithisch" als abgeschlossenes Ganzes betrachtet. Für eine sachgerechte Beurteilung der sicherheitsrelevanten Eigenschaften solcher Systeme muß deren Zerlegung in Teilkomponenten berücksichtigt werden. Deren jeweilige Sicherheitseigenschaften müssen beschreibbar, d.h. vermittelbar sein. Als komplexe Systeme sind insbesondere vernetzte Systeme anzusehen. Hier hat anerkanntermaßen die Evaluierung von Komponenten Relevanz [4]. Aber auch

---

[1] In [3] wird der Qualitätsaspekt weiter in "Korrektheit" (der Implementierung) und "Effektivität" (der Verfahren als solcher) zerlegt.

umfangreiche Betriebssysteme sind hier zu betrachten, wo etwa methodische Aspekte der Evaluierung (z.B. Arbeitsteilung) eine Betrachtung von Komponenten erzwingen. Darüberhinaus lassen sich hier interessante Beziehungen zu den Problemen der Evaluierung vernetzter Systeme aufweisen.

Datenbanken und allgemeine Applikationssysteme werfen ebenfalls besondere Probleme bei der Evaluierung auf, weil bei ihnen in der Regel die Sicherheitsanforderungen (die "Policy"), d.h. die Definition dessen, was eigentlich "sicher" in dem in Frage stehenden System meinen soll, entweder noch unklar bzw. in der Diskussion sind (bei Datenbanken) oder eben sehr anwendungsspezifisch. Auch IT-Systeme dieser Art sind ggf. im genannten Sinn komplex (zumal dann, wenn sie verteilt sind), sollen aber hier nicht betrachtet werden.

3 Evaluierung von Netzen

Für vernetzte Systeme liegt seit 1987 die "Trusted Network Interpretation" (TNI) [4] des "Orange Book" vor, die in ihrer charakteristischen Zweiteilung gerade das wesentliche Ziel der Normierung, nämlich eben eine *einheitliche* Norm zu liefern, verfehlt. Die TNI betrachtet zum einen Netze als abgeschlossene komplette Systeme, die als Ganzes evaluiert werden, wobei im wesentlichen das Orange Book angewendet wird ("Single Trusted System View"). Eine andere angebotene Sichtweise respektiert, daß Netze auch aus geprüften Komponenten zusammengesetzt werden können müssen ("Interconnected Accredited Systems View") und führt zu problematischen "composition rules" (s. z.B. "Cascading Problem"). In jedem Fall liefert die TNI zwei Maßstäbe, deren Äquiavalenz nicht gezeigt werden kann.

Netze bestehen naturgemäß aus vielen unabhängig aktiven Elementen, so daß oft nicht mehr die Bestimmung wohldefinierter Zustände des Netzes möglich ist. In der Folge sind verbreitete Sicherheitsmodelle (sofern diese auf Zustandsautomaten basieren) nicht mehr problemlos anwendbar. Wichtiger sind an dieser Stelle aber andere eher praktische Probleme bei der Evaluierung von Netzwerken.

- Netze sind in der Regel einer Dynamik im Umfang und Aufbau unterworfen. Dadurch stellen sich methodische Probleme bei der Evaluierung, insbesondere gewinnen Fragen der Nachevaluierung besonderes Gewicht. Vom Zertifikat wird erwartet, daß es aussagekräftig und flexibel genug ist, um "Klassen " von Netzen zu erfassen.

- Die Evaluierung von Netzkomponenten wie Server, Router oder auch Software-Komponenten in den Endsystemen rückt in den Vordergrund. Deren Sicherheitsfunktionen lassen sich oft kaum noch mit den klassischen Sicherheitsgrundfunktionen geeignet beschreiben [2].

---

[2] Man denke z.B. an eine Software-Komponente, die bestimmte sicherheitsrelevante Ereignisse meldet. Diese Funktionalität entspricht schon dann nicht der Sicherheitsgrund-

- Es mussen regelmäßig die anderweitig geprüften Qualitäten von Software-Komponenten (z.B. Kommunikationsprotokolle, Cryptoverfahren) vorausgesetzt werden.

Die genannten Probleme verweisen auf einen großen Bedarf nach erheblich differenzierteren *Beschreibungsmöglichkeiten* für die sicherheitsrelevanten Eigenschaften solcher Komponenten. Gleichzeitig sollen diese aber *standardisiert* sein. Wäre die Zerlegung eines Netzes in Teilkomponenten nur als bloßes methodisches Vorgehen im Verlauf der Evaluierung des Netzes anzusehen, wäre dies primär kein Gegenstand der Sicherheitskriterien selber. Die genannten Punkte sprechen jedoch dafür, daß die Evaluierung von ganzen Netzen zukünftig eher die Ausnahme darstellt, während die Regel vielmehr die Prüfung von Teilkomponenten sowie die Prüfung auf das Zusammenpassen gegebener (und schon geprüfter) Teilkomponenten sein wird. Damit eröffnet sich aber die Frage, ob die gegebenen Maßstäbe für Sicherheit geeignet genug sind, um die Sicherheitseigenschaften solcher Teilkomponenten adäquat zu beschreiben.

Zuvor müßte jedoch geklärt werden, welcher Art die Teilkomponenten eines Netzes sein können. Bei der Untersuchung dieser Frage trifft man auf eine zum Teil mit Dogmatismus geführte Auseinandersetzung. Die Positionen können überspitzt wie folgt charaktersisiert werden. Die einen betrachten Netze im wesentlichen als eine Sammlung von klassischen "monolithischen" Hosts, die über die unproblematische kleine Zusatzfunktion verfügen, Daten austauschen zu können ("Bit-Shipping-Net"). Dies ist der Kern des "Interconnected Accredited Systems View" der TNI. Für die Vertreter dieser Richtung sind als Netzkomponenten also lediglich die Endsysteme und ggf. dazwischenliegende Netzknoten, d.h. Routing-Devices, anzusehen.
Für die anderen ist das Netz im wesentlichen ein verteiltes (distributed) System, bestehend aus OSI-Layern und Kommunikationsprotokollen. Endsysteme sind hier wenig mehr als Träger von ausführenden Prozessoren für die "Application-Entities". Die Netzkomponenten sind hier Abstrakta wie die Layer-Entities [3].
Der Konflikt wird verständlicher, wenn man erkennt, daß diesem ein grundsätzlicher Gegensatz zwischen Praktikern und Theoretikern zugrundeliegt. Es besteht eine Meinungsverschiedenheit über die "Schnittrichtungen", an denen ein Netz am zweckmäßigsten zerlegt wird. Für den Praktiker sind die Schnittstellen am zweckmäßigsten, die zwischen Endsystemen liegen, d.h. Protokollschnittstellen im Sinne des OSI-Modells, weil diese am ehesten mit physischen Schnittstellen, d.h. letztlich "Stecker"-Schnittstellen identifizierbar sind. Für die anderen sind die Service-Schnittstellen von Bedeutung und auch natürlicher, also die hierarchische Zerlegung nach Funktionslayern gemäß dem

---

funktion nach "Beweissicherung", wenn die Komponente nicht selber für die sichere Speicherung der Meldungen sorgt.

[3] In dieser letzteren eher ganzheitlichen Sichtweise von Netzen finden sich ironischerweise deren Befürworter z.T. gerade mit jenen vereint, die in der Vergangenheit überhaupt jedes spezielle Problem bei Netzen bestritten und die Perspektive des "Single Trusted System View" in der TNI durchsetzten.

OSI-Modell. Diese Schnittstellen müssen aber nicht zwingend mit physischen Schnittstellen übereinstimmen.

Inzwischen ist hier eine Annäherung zu verzeichnen. Die einen beginnen zu verstehen, daß die Vertrauenswürdigkeit von Netzen nicht alleine aus vertrauenswürdigen Endsystemen "berechnet" werden kann, sofern es nicht spezielle Netze mit eingeschränktem Begriff von Sicherheit sind (wenn etwa im wesentlichen nur der Aspekt Multilevel Security berücksichtigt wurde). Die anderen sehen ein, daß die schönsten Verschlüsselungsprotokolle nichts nützen, wenn die Endsysteme nicht in der Lage sind, die Schlüssel vertrauenswürdig aufzuheben, d.h. Netzkomponenten müssen insbesondere auf die Vertrauenswürdigkeit der Endsysteme bauen. Es ist wohl von beiden Seiten zu akzeptieren, daß als sinnvolle Teilkomponenten sowohl Hardware-Komponenten (z.B. Router oder andere Netz-"Devices") aber auch Software-Komponenten wie ein verteiltes Software-Paket zur Implementierung von Kommunikationsprotokollen anzusehen sind [4].

Die Diskussionen [5] zeigen, daß die gegebenen Standards in der Situation vernetzter Systeme beiden Seiten nicht ohne jeweilige unzulässige Vereinfachungen gerecht werden können. In dieser Lage muß der Weg der Differenzierung der Sicherheitskriterien eingeschlagen werden, d.h. es müssen differenziertere Begriffe und Kategorien für die vielen Aspekte der Sicherheit gefunden werden. Dabei sollen die vorhandenen Begriffe keineswegs aufgegeben werden, sie müssen jedoch in einen breiteren und tieferen Rahmen eingebettet werden und können dort als spezielle Perspektive wiedergefunden werden.

3.1 Sicherheitseigenschaften einer Netzwerkkomponente am Beispiel

Im folgenden wird an einer typischen Netzkomponente untersucht, welcher Art die sicherheitsrelevanten Eigenschaften sind und wie sie mit den jetzt gültigen Begriffen, wie sie die IT-Sicherheitskriterien definieren, erfaßt werden. Diese Netzkomponente besteht aus Software zur Implementierung des ISO-Transport-Service gemäß [5]. Sie bietet zum einen die Service-Schnittstelle, wie sie der genannte Standard definiert, an, und zum anderen realisiert sie ein dafür geeignetes Transportprotokoll, das mit dem Basisreferenzmodell konform ist.

Um anspruchsvolle aber in naher Zukunft möglicherweise naheliegende Anforderungen an den Evaluationsprozeß und die Kriteriengrundlage zu erhalten, wird in dem Beispiel ferner erschwerend angenommen, daß der Hersteller

---

[4] In der Tat schließen sich diese Sichtweisen auch nicht aus, wie z.B. die Konzepte in [14] deutlich machen. In diesem Standard werden die Zusammenhänge zwischen den abstrakten OSI-Komponenten ("Open System") und den "physischen" Komponenten ("Real Open System") beleuchtet.

[5] Die zahlreichen zum Teil bis heute ungelösten Konflikte wie die genannten können sehr gut an den Ergebnissen eines Workshops zur Vorbereitung der TNI in [11] nachvollzogen werden. Vgl. auch [10].

die Portierung der Netzkomponente auf verschiedene Systemumgebungen beabsichtigt (im folgenden daher "Produkt" genannt). Das zu evaluierende Produkt besteht daher aus einem Paket von Quelltexten. Voraussetzungen an die notwendige Hardware bestehen neben der Annahme einer Multitasking-Fähigkeit und diesbezüglicher Performancevoraussetzungen aus der Spezifikation von einigen wenigen "System-Interfaces", d.h. Modulen, die Systemaufrufe enthalten und die bei einer Portierung angepaßt werden sollen. Diese Anpassungen sowie das Zusammenspiel des Produktes in seinem "Host-System" unterlägen dann einer wesentlich weniger aufwendigen Nachevaluierung.
Von dem Produkt seien einige sicherheitsrelevante Eigenschaften bzw. Anforderungen skizziert (Abbildung 1).

- Es werden privilegierte Anwender (d.h. Session-Instanzen) von nicht privilegierten unterschieden. Für den Zugriff auf Transport-Service-Access-Points ("TSAP's"), den Aufbau von Verbindungen und die Wahl der Qualität der Verbindungen bestehen Rechte, die von der Privilegierung des Anwenders abhängen.

- Für Verbindungen und TSAP's werden Zugriffsberechtigungen geprüft, d.h. es sind Label und Access Control Lists für die genannten Objekte definiert. Diese werden aus einer Datei entnommen, die von einer außerhalb des Produktes stehenden Instanz verwaltet wird.

- Zur Absicherung der Verbindungen besitzt das Produkt verschiedene kryptographische Algorithmen. Zur Verwaltung von Verbindungs- und TSAP-spezifischen Schlüsseln sowie Zugriffsberechtigungen ist wie oben eine entsprechende Datei definiert.

- An einer standardisierten Software-Schnittstelle nimmt das Produkt den Network-Service entgegen, dessen Qualität durch Parameter bei der Generierung des Produktes festgelegt wird. Die angenommenen Qualitäten des Network-Layer bestimmen im Einzelfall die notwendigen Maßnahmen auf der Transportebene.

Das so beschriebene Produkt hat verschiedene Sicherheitsgrundfunktionen aufzuweisen (Abbildung 2).

- *"Identifikation und Authentisierung"*
  Diese ist zum einen im Rahmen der Übertragungssicherung in der Form der "Peer Entity Authentication" sowie der "Data Origin Authentication" gegeben. Zum anderen werden Benutzer (d.h. Session Instanzen) identifiziert und authentisiert. Dies geschieht über eine definierte Schnittstelle, die vom Host-System im konkreten Fall adäqat zu bedienen ist.

- *"Rechteprüfung"*
  Der Zugriff auf TSAP's, d.h. die Bedienung an TSAP's, sowie der Aufbau von Verbindungen unterliegt definierten Regeln, die von der Aufruferidentität sowie seinen Attributen (Privilegierung, Clearance) unterliegt.

Abbildung 1: Beispiel für ein Evaluierungsobjekt: OSI Transport Layer Implementierung

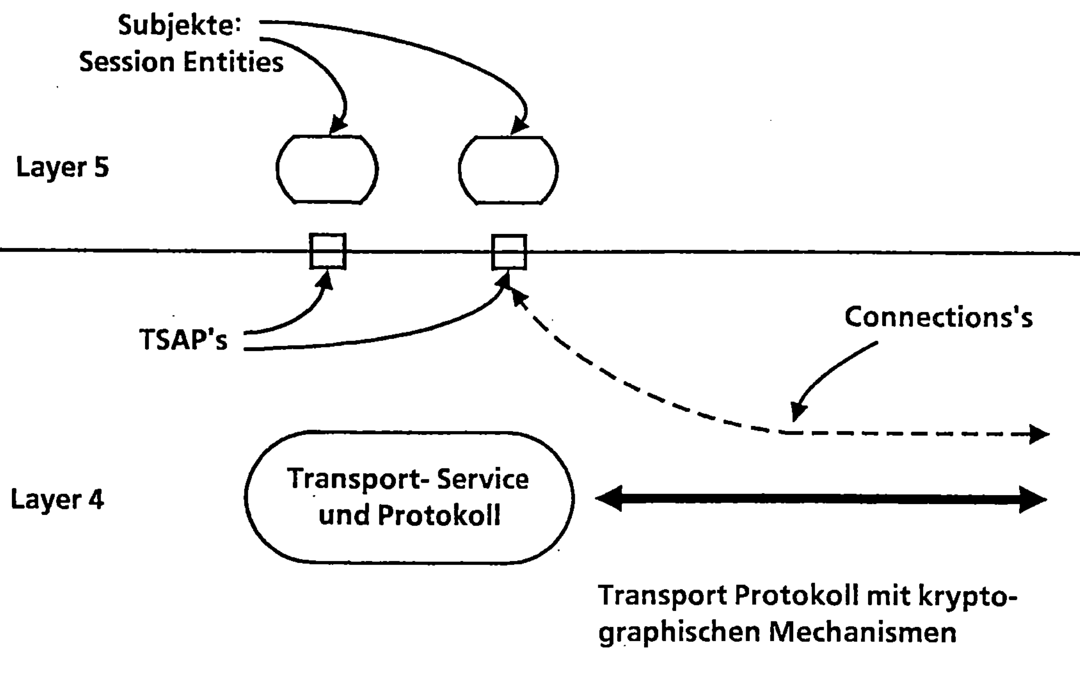

- *"Wiederaufbereitung"*
  Container (Puffer) von Transport-Service-Data-Units, d.h. die Einheiten,
  mit denen Daten an der Transport-Schicht-Schnittstelle ausgetauscht wer-
  den, werden vor Gebrauch gelöscht.
- *"Fehlerüberbrückung"*
  Übertragungsfehler werden im Rahmen des Transportschicht-spezifischen
  Error-Recovery behandelt.
- *"Gewährleistung der Funktionalität"*
  Es werden die verbindungsspezifischen "Quality-Of-Service"-Parameter ein-
  gehalten bzw. bei Abweichungen definierte Aktionen durchgeführt (Ab-
  bruch von Verbindungen, Mitteilung an Aufrufer o.ä.). Die so beschriebene

"Güte" einer Verbindung setzt sich zusammen aus Parametern wie (s. [5]) "Connection Establishment Delays/Failure Probability", "Throughput", "Transit Delay" u.a..

- *"Übertragungssicherung"*
  Die verschiedenen Sicherheitsvorkehrungen werden nach Maßgabe von Beschreibungen der sicherheitsrelevanten Eigenschaften von Session-Instanzen (z.B. der Vertrauenswürdigkeit hinsichtlich "Non-Repudiation") sowie der Eigenschaften des Network-Service (z.B. des Maßes an Vertraulichkeit, das dieser gewährleisten kann), ausgewählt.

Abbildung 2: Sicherheitsanforderungen am Beispiel der Implementierung eines Kommunikationsprotokolls

Sicherheitsanforderungen gemäß IT--Sicherheitskriterien

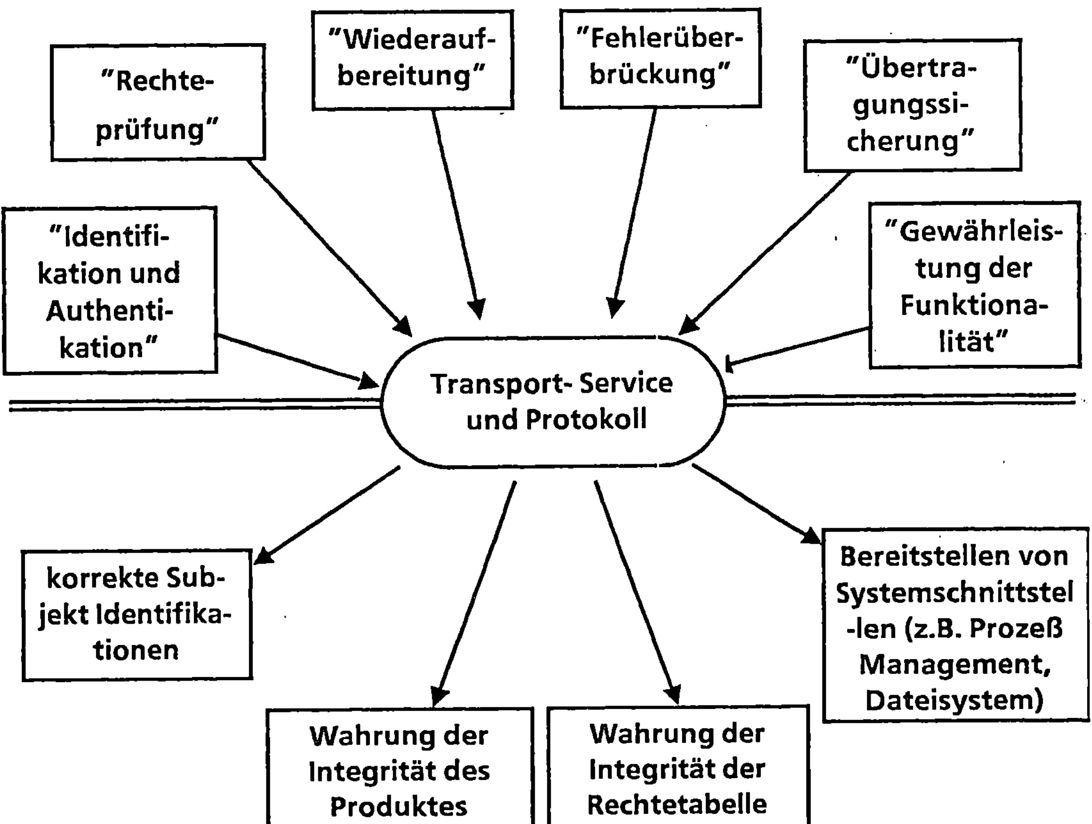

Anforderungen des Produkts an das umgebende Betriebssystem

3.2 Beschreibung und Bewertung der Sicherheit

Ziel einer Evaluierung ist die Erteilung eines Zertifikats. Dieses könnte z.B. aussagen "Das Produkt P ist gemäß der Funktionalitätsklasse Fx und der Qualität Qy erfolgreich geprüft worden". Die oben skizzierten Sicherheitseigenschaften müssen[6] nun den Qualitätsmaßstäben der IT-Sicherheitskriterien unterworfen werden. Ergebnis wäre vielleicht, daß alle Mechanismen, die die Sicherheitsfunktionen realisieren, "stark" (im Sinne der IT-Sicherheitskriterien) sind. Dann wäre eine Qualität Q3 festgestellt.

Welche Funktionalitätsklasse wäre nun auszuwählen ? Aus verschiedenen Gründen sind die Funktionalitätsklassen F3 bis F5, die Korrelate zu den Orange Book "Ratings" B1 bis A1 darstellen, zur Beschreibung der Sicherheitsfunktionalität des Produktes nicht ganz passend. Zum einen findet das Management der Zugriffsrechte auf Verbindungen und TSAP's außerhalb des Produktes im Gast-Betriebssystem statt. Die Sicherheitsgrundfunktion "Rechteverwaltung" ist somit im zu prüfenden Produkt nicht vorhanden, wobei hier aber eingewendet werden könnte, daß aus der Sicht des Produktes die Zugriffsrechte statisch sind und daher eine Rechteverwaltung nicht ausgezeichnet werden braucht. Wichtiger aber ist, daß keine Beweissicherung vorgesehen ist. Es wird vom Host-System erwartet, daß dieses den Zugriff auf TSAP's protokollieren kann. Zudem enthält das Produkt durch die Funktionalitäten im Rahmen der "Gewährleistung der Verfügbarkeit" und der "Übertragungssicherung" Aspekte der Funktionalitätsklassen F6 bis F10.

Zusammenfassend ist also sagen, daß nicht Beurteilung der Sicherheit im engeren Sinne, also die Zumessung einer Qualität problematisch ist. Vielmehr ist die *Beschreibung* der Sicherheitsfunkionalität, d.h. die Wahl der Funktionalitätsklasse, offenbar sehr schwierig, sofern diese normiert sein sollen.

Jeder Standard hat auch eine (zumindest faktische) normative Komponente, d.h. er verursacht Anpassung. Wenn das akzeptiert wird, könnte angesichts der oben dargestellten Unadäquatheit der gegebenen Funktionalitätsklassen auch behauptet werden, daß sich das Produkt zumindest insofern eben als nicht prüffähig erwiesen hat, als es keiner bestimmten Funktionalitätsklasse zugeordnet werden kann. Wenn aber, wie angenommen, ein Bedarf für die Evaluierbarkeit solcher Produkte besteht, ist doch wohl eher davon auszugehen, daß der Standard nicht angemessen ist.

Neben den Sicherheitsgrundfunktionen im Sinne der IT-Sicherheitskriterien, die das Produkt auszeichnen, stehen einige Betriebsvoraussetzungen, die das gastgebende Host-System erfüllen muß, damit das Produkt sicher läuft. Einige seien wie folgt skizziert (vgl. Abbildung 2 unten).

* Das Host-System muß Schnittstellen zum Task-Management bereitstellen, damit das Produkt Prozesse installieren und verwalten kann. Insbesondere müssen Mittel vorhanden sein, mit denen Performanceaspekte gesteuert werden können, um etwa kritische Antwortzeiten steuern zu können.

---

[6] Im Falle der Evaluierung natürlich in erheblich präziserer Form

- Die Integrität des Produktes, d.h. die Separierung von nicht vertrauenswürdigen anderen Teilen des Host muß vom Host-System gewährleistet werden.
- Die Authentizität der Identifikationen an den TSAP-Schnittstellen des Produktes muß vom Host-System gewährleistet werden.
- Es müssen Schnittstellen zum Dateisystem bereitgestellt sein.
- Das Management der Rechtetabelle (s.o.) darf nur autorisierten Benutzern möglich sein, was vom Host-System zu gewährleisten ist.

Diese Anforderungen sind im strengen Sinn keine Anforderungen an das hier diskutierte Produkt, sondern eher Sicherheitsanforderungen an das Host-System und somit Gegenstand der oben erwähnten Nachevaluierung einer konkreten Portierung in eine spezifische Systemumgebung. Wegen der Trennung dieser beiden Evalutationsprozesse sind diese Anforderungen aber für eine Standardisierung von Interesse. Wenn diese sich formalisieren ließen, wäre eine entsprechende Zertifizierung von "Basis"-Betriebssystemen möglich, deren Eignung als Ablaufumgebung für das Kommunikationsprodukt im Beispiel schneller geprüft werden könnte.

3.3 Diskussion

Das dargestellte Beispiel demonstriert, daß im allgemeinen Sicherheitsfunktionen und sonstige Funktionalität wesentlich stärker zusammenhängen können, als nur über den bekannten Konflikt "Sicherheit versus Performance", denn Sicherheitsfunktionen sind insbesondere Systemfunktionen und nutzen beliebige andere Systemfunktionen. In diesem Licht betrachtet, tritt die "Gewährleistung der Funktionalität", bisher eine undifferenzierte Sicherheitsgrundfunktion unter anderen, nun als eigentlich wesentliche Sicherheitsfunktion in den Vordergrund.
Eine Rückbesinnung auf ein Grundparadigma der Sicherheit, nämlich die Erwartung, daß ein vertrauenswürdiges System "das und nur das tut, was spezifiziert ist", also schlicht "korrekt" arbeitet, erscheint notwendig. Sicherheit kann im allgemeinen nicht gut durch das Vorhandensein bestimmter Mechanismen sondern — im negativen Sinne — nur durch die Abweichungen von einem erwarteten Verhalten bestimmt sein. Das erwartete Systemverhalten (im genannten Sinn die Sicherheitsanforderungen), das eine Komponente zu erfüllen hat, ist jedoch stets relativ auf den Nutzer dieser Komponente, der diese Anforderungen stellt, bezogen. Eine Vernachlässigung dieses Umstandes führt zu eingeschränkten Begriffen von Sicherheit, wenn die Anforderungen des Nutzers von spezieller Art sind. Genau dieses ist aber das große Problem des "Orange Book", an dem auch seine Nachfolger im Bemühen um Kompatibilität noch leiden. Der Begriff des "Orange Book" ist bekanntlich und oft beklagt zum einen stark an den Bedürfnissen des amerikanischen Militärs orientiert, wodurch gewisse an sich spezielle Schutzmodelle in den Standard Eingang fanden. Zum anderen orientiert sich der Standard zu stark an der Evaluierung abgeschlossener "Multi-Purpose"-Betriebssysteme, deren Nutzer nicht andere

IT-Systeme sondern die menschlichen Benutzer mit ihren speziellen Begriffen von Sicherheit sind.

Die Schwierigkeiten, die das obige Beispiel-Produkt in der Evaluierung macht, rühren offenbar nicht von der Anwendung der Qualitätsmaßstäbe her, sondern beruhen auf den unadäquaten Beschreibungsmöglichkeiten durch die gegebenen Funkionalitätsklassen. Die Beschreibung der Sicherheitsfunktionalitäten ist jedoch ohnehin nicht die Aufgabe der Evaluierung im engeren Sinn. In der Tat ist der Hersteller eines Systems nicht durch die IT-Kriterien gezwungen, sich an die gegebenen Fuktionalitätsklassen zu halten, er kann die Sicherheitsfunktionen seines Prüfobjektes unnormiert beschreiben[7]. Diese Überlegung legt nahe, in einer zukünftigen Version der IT-Sicherheitskriterien den Unterschied zwischen Funktionalität und Qualität durch getrennte Normen noch deutlicher zu machen.

4 Evaluierung eines umfangreichen Systems

Wie die Erfahrungen mit einem zur Zeit sich in der Evaluation befindlichen umfangreichen Betriebssytem zeigen, stellen sich bei solchen Systemen in der Praxis Probleme, deren Analyse interessanterweise zu ähnlichen Folgerungen führt wie bei vernetzten Systemen. Auch hier entstand ein Bedarf nach standardisierten Beschreibungsmöglichkeiten der Komponenten des Systems.

- Aufgrund des Herstellungsprozesses unterliegt das untersuchte System ebenfalls einer unvermeidlichen Dynamik. Das umfangreiche Software-System ist faktisch nie fertig, sondern stets im Fluß durch ständige Fehlerkorrektur und durch Versionswechsel. Dadurch bekommt die Evaluierung den Charakter einer begleitenden Evaluierung mit besonderen Problemen wie z.B. der stets unvollkommenen Dokumentation.

- Ein anderer dynamischer Aspekt des Systems besteht aber auch darin, daß es als modernes Großrechnerbetriebssystem für den Dauerbetrieb ausgelegt ist und daher Softwareänderungen auch dynamisch im laufenden Betrieb vorgenommen werden können sollen. Dadurch wurden einige früher sehr viel eindeutigere Begriffe der IT-Sicherheitskriterien wie "Systemstart", "Systemgenerierung", "Herstellung", "Wartung" und andere nun unscharf und müssen mit Mühe interpretiert werden.

- Generell hat die Nachevaluierung des Systems, von Teilen des Systems oder der Zulässigkeit einer Einbindung von neuen geprüften Teilen größte Bedeutung für die praktische Anwendbarkeit des schließlich evaluierten Systems.

---

[7] Dadurch wird die Evaluierung wahrscheinlich länger, da die *Konsistenz* der Sicherheitsanforderungen bei den gegebenen "erprobten" Funktionalitätsklassen möglicherweise leichter zu prüfen ist.

- Das System weist deutlich selber Phänomene der Vernetzung auf, da die Verbindung mit Peripheriesteuerungen offenbar wie ein Netz behandelt werden muß.

Die Evaluierung kann es sich bisher meist leisten, Aspekte der Vernetzung bei Systemen dieser Art zu vernachlässigen. Ein systematischer für Netzwerke adäquater Zugang konnte vermieden werden, weil diese internen "Netze" in der Regel noch homogen, klein und statisch sind, also leidlich überschaubar. Ein vertrauenswürdiges Bewertungsurteil auch für komplexe Systeme kann jedoch im allgemeinen nur bei ausreichender Transparenz für die Evaluatoren erlangt werden. Es muß bezweifelt werden, ob diese erlangbar ist, wenn eine faktisch gegebene Netzstruktur eines solchen Systems nicht auch vom Hersteller so präsentiert werden braucht, nur weil dieser das System nicht als Netzwerk bezeichnet[8].

Die Evaluierung des umfangreichen Betriebssystem wird wegen des Arbeitsaufwandes im hohen Maß arbeitsteilig durchgeführt. Auch hierdurch entstand ein Bedarf nach der Festlegung von standardisierten Komponenten, deren Prüfergebnisse leichter "kommunizierbar" weil standardisiert sind. Es konnte z.B. nicht davon ausgegangen werden, daß für die Evaluierung eine hinreichende Anzahl von Experten mit hoher Systemkenntnis überhaupt oder für die ganze Dauer der Prüfung zur Verfügung steht. Die Einarbeitung von Nichtexperten in die komplexe und umfangreiche Systemarchitektur ist jedoch teuer und zeitaufwendig.

In der Folge der genannten Erfahrungen gewinnt die Betrachtung von Teilkomponenten also auch hier wie bei Netzen an Relevanz. Und dabei reicht es nicht, entsprechende Detailergebnisse der Prüfung neben dem Gesamtergebnis aufzuheben. Damit Prüfergebnisse von Komponenten später effektiv ausgenutzt werden können und die Ergebnisse von Nachevaluierungen dieselbe Glaubwürdigkeit besitzen sollen wie das eigentliche Prüfergebnis, müssen die Detailergebnisse standardisiert sein.

5 Standardisierung von Betriebssystemfunktionalitäten

Für die Modellierung von Kommunikationsfunktionen ist das Basisreferenzmodell der Kommunikation offener Systeme [6] anerkannt. Ein vergleichbares Modell für standardisierte Betriebssystemfunktionen ist aber nicht gegeben. Beim Versuch, einen Überblick über mögliche Kandidaten für die Elemente eines solchen Modells zu gewinnen, stellt man fest, daß diese (wie beim OSI-Modell) auf unterschiedlichen Abstraktionsebenen gefunden werden können. Solche Funktionen können, wie in dem oben diskutierten Beispiel gezeigt,

---

[8] Andere interessante Entsprechungen zwischen solchen Systemen und Netzen unter einem "systemischen" Ansatz finden sich in [7], [8] und [9].

sehr technischer Art sein (Prozeßseparierung, Domänenbildung). Der Dateizugriff bzw. die Verwaltung eines Dateisystems (in Verallgemeinerung auch die Datenbankverwaltung) können ebenfalls in geeignetem Kontext als vergleichsweise abstraktere Betriebssystemgrundfunktionen angesehen werden.

Eine wichtige Anregung findet sich in einem in Vorbereitung befindlichen Standard der ECMA [12] (vgl. auch die Darstellung in [15]), in dem "Security Services" für den Gebrauch in der Anwendungsschicht 7 des OSI-Modells definiert werden. Diese korrespondieren in der Mehrheit im wesentlichen mit entsprechenden Sicherheitsgrundfunktionen der IT-Sicherheitskriterien (Abbildung 3). Anstelle der verschiedenen Sicherheitsgrundfunktionen im Rahmen der Übertragungssicherung wird hier aber ein einziger Service "Secure Association" erkannt. Damit ist eine bemerkenswerte Verschiebung des Interesses von den *Mechanismen* ("Protokolle"), die eine sichere Kommunikation gewährleisten sollen, auf den *Umstand* ("Service") der sicheren Kommunikation als solchen gegeben. In der Tat will ein Anwender nicht wissen, wie seine Daten sicher transportiert werden, sondern nur, daß sie sicher transportiert werden. Dies entspricht dem Prinzip der Schichtentransparenz des OSI-Modells.

Abbildung 3: Korrespondez zwischen ECMA Security Services und Sicherheitsgrundfunktionen

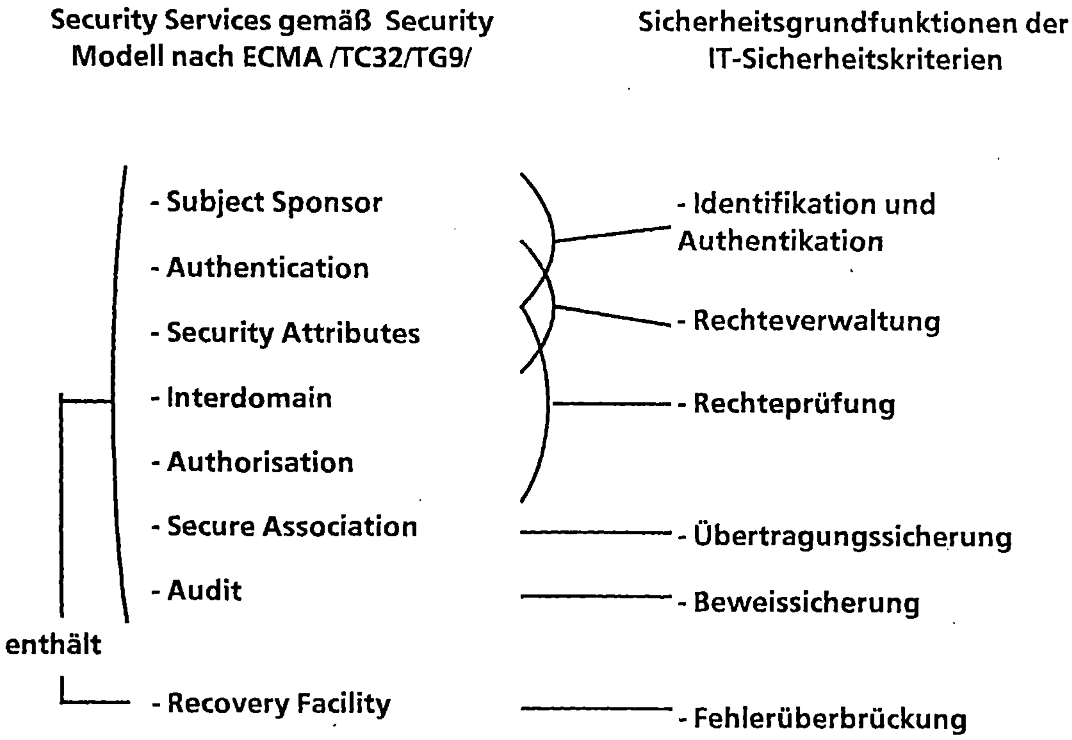

Im Rahmen des ECMA-Modells wird außerdem ein Licht auf das komplexe Verhältnis von OSI-Elementen und der von diesen genutzten von den lokalen Endsystemen bereitzustellenden "Security Infrastructure" geworfen (in [13]). Diese stellt sich als Ablauf-Environment für Applikations-Instanzen und Security-Services dar, für das eigene Sicherheitsfunktionalitäten im weiteren Sinn gefordert sind, die mit den IT-Sicherheitskriterien in der gegenwärtigen Form nicht erfaßbar sind (Abbildung 4).

- *"Schutz der Security Services vor Beeinträchtigung"*
  Die Security-Services sind zunächst eher als Algorithmen aufzufassen. Das Endsystem, in dem diese oder Teile davon implementiert werden, muß deren sicheren und korrekten Ablauf gewährleisten können. Dies kann z.B. dadurch erreicht werden, daß privilegierte Prozessorzustände zur Separierung der Security-Services von nicht vertrauenswürdigen Systemkomponenten ausgenutzt werden.

- *"Schutz der kommunizierenden Objekte vor Beeinträchtigung"*
  Instanzen im Endsystem, die sich nicht gegenseitig vertrauen können, müssen sich auf Schutzmaßnahmen ihrer Ablaufumgebung verlassen können. Hier ist als klassische Maßnahme z.B. die Prozeßseparierung im Rahmen der Leistungen eines Betriebssystems zu sehen.

- *"Bereitstellung der OSI-Security Services"*
  Hier wäre z.B. an die Bereitstellung von Kryptographischen Verfahren zu denken. Diese könnten etwa in "Verschlüsselungsboxen" bereitgestellt sein.

- *"Sichere Initialisierung der Security Services"*
  Alle Systemfunktionen und insbesondere die Funktionalitäten der Security-Services müssen beim Start eines Endsystems zunächst ggf. mit "Anfangsdaten" versehen werden. Dazu gehören z.B. Masterkeys in kryptographischen Verfahren oder etwa das Einlesen von Rechtedatenbanken für den Security-Service "Authorisation". In jedem Fall sind die Security-Services überhaupt erst einmal zu *installieren*, damit sie auch wirksam werden.

- *"Durchsetzung der Nichtumgehbarkeit des Authorisation Service"*
  Der Zugriff auf Dateien soll z.B. nur über autorisierte Systemkomponenten möglich sein, die auch die vorgesehenen Rechteprüfungen vornehmen. Die Nichtumgehbarkeit dieser Komponente kann aber nicht von dieser selbst gewährleistet werden sondern nur von der übrigen Systemumgebung.

- *"Verbindung zwischen Benutzern und Subject-Sponsor"*
  Durch die abstrakte Funktionalität "Subject-Sponsor" wird endsystemlokal der menschliche Benutzer mit einer der lokalen Applikation verbunden. Im einfachsten Fall ist dies zumindest ein vertrauenswürdiger "Logon-Prozessor". Bei steigendem Sicherheitsbedarf wird man außerdem die Verbindung zum Benutzer über die ganze Sitzung hinweg gesichert sehen wollen (vgl. "Trusted Path").

Abbildung 4: Einbettung von Security Services in eine "Security Infrastructure" nach ECMA/TC32/TG9/

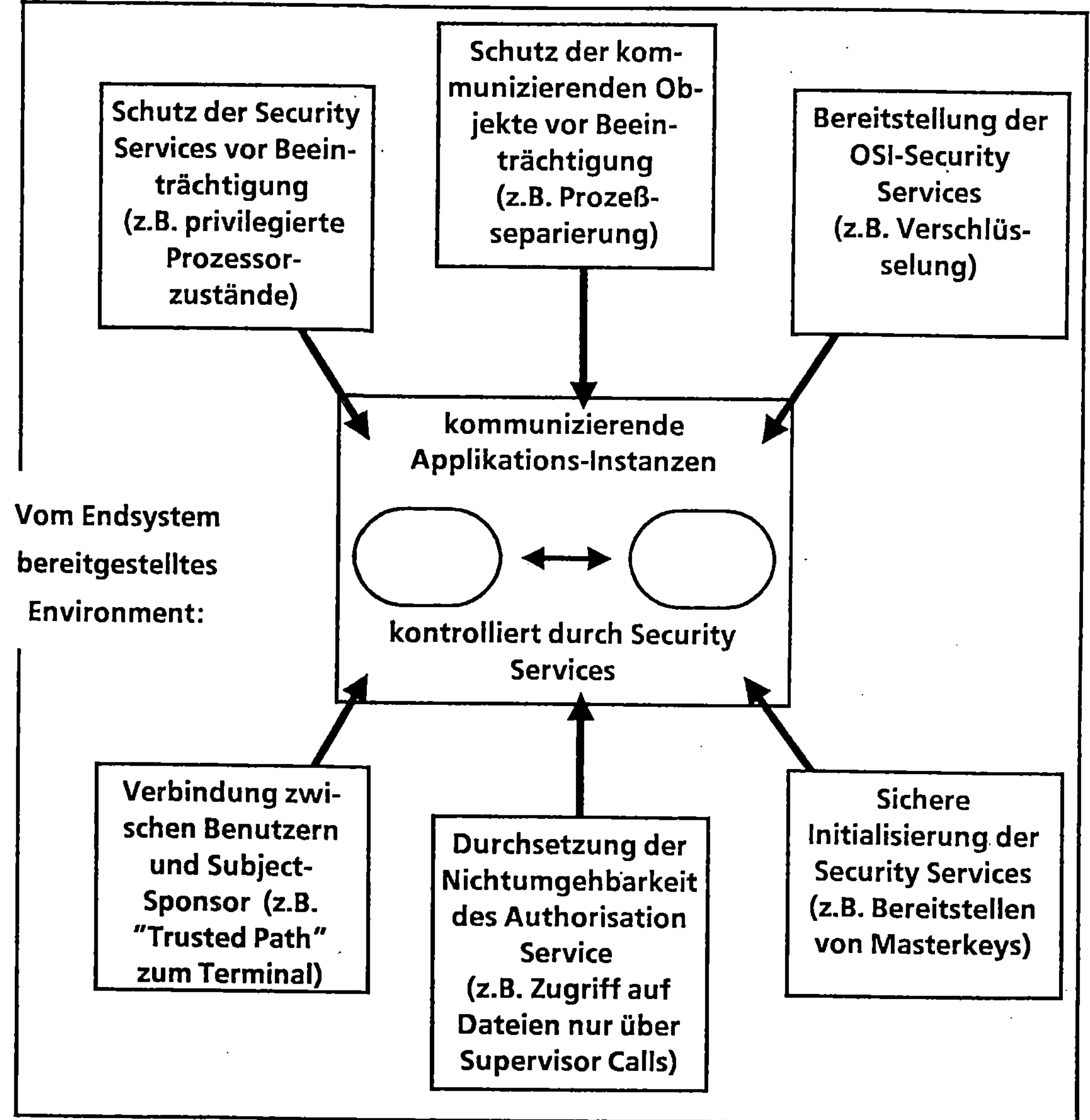

6 Folgerungen

Die IT-Sicherheitskriterien bieten im Prinzip alle Mittel, um beliebige Systeme abseits der klassischen Betriebssysteme sinnvoll bewerten zu können. Um jedoch die hier komplex genannten Systeme wie Netze und besonders umfangreiche Systeme angemessen behandeln zu können, muß man auch Teilkomponen-

ten verschiedener Art normiert beschreiben und beurteilen können. Vorrausetzung dafür ist die genauere Festlegung von differenzierten Funktionalitätsklassen, die insbesondere stärker allgemeine Funktionalitäten für die Zwecke einer Bewertung standardisieren.
Um die möglichen vielfältigen Funktionalitäten von Teilkomponenten mit den IT-Sicherheitskriterien zu erfassen, d.h durch Funktionalitätsklassen zu kategorisieren, müssen diese standardisiert sein und sich insbesondere durch eine in normierter Weise gewonnene Zerlegung in Komponenten ergeben. Die Schnittrichtungen, in denen ein vernetztes System sinnvoll und allgemein akzeptiert zerlegt wird, sind jedoch durch das OSI-Modell vorgezeichnet. So ist etwa die Definition von verschiedenen F-Klassen für die Dienstleistungen ("Services") der OSI-Layers sinnvoll. Zudem kann die Spezifikation von allgemeinen Betriebssystemfunktionalitäten sinnvoll sein, weil diese, wie gezeigt, den Rang von Sicherheitsanforderungen gewinnen können.
Neben der Neuformulierung und Differenzierung der Funktionalitätsklassen sollten auch die Sicherheitsgrundfunktionen einer Revision unterzogen werden. So lassen sich etwa die Sicherheitsgrundfunktionen der Übertragungssicherung angemessener als (mögliche) Mechanismen zur Realisierung einer korrekten Funktionalität begreifen. Ähnliche Überlegungen sind für die anderen Sicherheitsgrundfunktionen anzustellen.

Die vorgeschlagene Reform der IT-Sicherheitskriterien böte neben den erläuterten Gewinnen für die Anwendbarkeit noch zusätzlich die Möglichkeit, die Qualität der Zertifikate selber zu erhöhen. Die innere Struktur des zu prüfenden Systems bzw. die Beschreibung des Systems, d.h. auch seine Zerlegung in Komponenten, wird nur in höheren Qualitätsstufen insofern eingeschränkt, als zunehmend der Gebrauch von formalen Methoden bei der Spezifikation des Systems und der Abbildung von verschiedenen Spezifikationsebenen verlangt wird. Dadurch ist keine Beschränkung in der Art der Spezifikation an sich gegeben. Das steigende Vertrauen der Evaluatoren wird aus dem wachsenden Anteil an formalen Methoden gewonnen, aber nicht zwangsläufig aus einem besseren und genaueren Verständnis, d.h. erhöhter Transparenz des Systems für die Evaluatoren. Eine pragmatische Evaluierung mit vertrauenswürdigen Prüfungsergebnissen auch für kleinere Qualitätsstufen wie Q2 oder Q3 muß auch für komplexe Systeme, die nicht ausschließlich für die Evaluierung konzipiert wurden, möglich sein. Dann ist es aber unabdingbar, daß der Hersteller die innere Struktur gemäß akzeptierten Standards darlegt. Damit wäre keine Implementierungsvorschrift verbunden, denn es geht hier nur um die Art der *Präsentation* des Systems für die Zwecke der Evaluation. Maßgaben für eine solche Zerlegung des Systems können aber aus differenzierteren Funktionalitätsklassen folgen.

7 Literatur

[1] Departement of Defense: Trusted Computer System Evaluation Criteria (TCSEC), CSC-STD-001-83, August 1983.

[2] Zentralstelle für Sicherheit in der Informationstechnik ZSI: IT-Sicherheitskriterien, Kriterien für die Bewertung der Sicherheit von Systemen der Informationstechnik, 1. Fassung Januar 1989, Bundesanzeiger.

[3] Der Bundesminister des Innern: Kriterien für die Bewertung der Sicherheit von Systemen der Informationstechnik - Harmonisierte Kriterien von Frankreich, Deutschland, Niederlande, Großbritannien, Entwurf März 1990.

[4] National Computer Security Center: Trusted Network Interpretation, NCSC-TG-005, Juli 1985.

[5] International Standards Organization: Information Processing Systems - Open Systems Interconnection - Transport Service Definition, ISO 8072, 1984.

[6] International Standards Organization: Information Processing Systems - Open Systems Interconnection - Basic Reference Model, ISO 7498, 1977.

[7] Wilson, J.: A Security Policy for an AI DBMS (a Trusted Subject), In: Proceedings of the 1989 Symposium on Security and Privacy.

[8] Rihaczek Karl: Bedrohungen der Informationssicherheit - Gefahren und Lösungsansätze, In: it 1/90.

[9] Brown R.L.: Interdependance of Evaluated Subsystems, In: 11th National Computer Security Conference 1988.

[10] Walker S.T.: Network Security: The Parts of the Sum, In: Proceedings of the 1989 Symposium on Security and Privacy.

[11] Departement of Defense: Proceedings of the Departement of Defense Computer Security Center Invitational Workshop on Network Security, March 1985.

[12] European Computer Manufacturers Association (ECMA): Security in Open Systems - A Security Framework, ECMA TC32/TG9 - TR46.

[13] European Computer Manufacturers Association (ECMA): Security in Open Systems - Data Elements and Service Definitions "Alice in Wonderland", ECMA TC32/TG9 Draft from July 1989.

[14] International Standards Organization: Information Processing Systems - Data Communications - Internal Organization of the Network Layer, ISO/DIS 8648.

[15] Parker: Security in Open Systems, A Report on the standards Work of ECMA's TC32/TG9, In: Prceedings of the 10th National Computer Security Conference, Sep.1987.

Sicherheitsfunktionen im paneuropäischen Mobilfunknetz

Uwe Michel

Deutsche Telepost Consulting GmbH, Projekt Mobilkommunikation

Bertha-von-Suttner-Platz 2-4, D-5300 Bonn 1

1 Einleitung

Der technische Fortschritt auf dem Gebiet der Informationsverarbeitung bietet, außer seinen unbestrittenen Vorteilen, auch neue Möglichkeiten des Mißbrauchs. Dementsprechend sind heutzutage auch Kommunikationsnetze und dazugehörige Datenverarbeitungs-Anlagen solchen Mißbrauchsversuchen ausgesetzt.

Der Schutz vor Mißbrauch ist für die Vertrauenswürdigkeit eines Netzwerks von zentraler Bedeutung. Nur verläßliche und vertrauenswürdige Systeme finden letztlich Akzeptanz bei den Teilnehmern. Dabei geht es sowohl um die Wahrung der Interessen des Teilnehmers selbst als auch um die Interessen des Netzbetreibers.

Insbesondere ein Mobilfunknetz ist für Mißbrauchsversuche prädestiniert, da aufgrund der Mobilität der Teilnehmer Angriffe von jedem beliebigen Ort ausführbar sind. Andererseits eröffnen moderne Kommunikationsnetze infolge der digitalen Signalverarbeitung neue Möglichkeiten zum Einsatz kryptographischer Verfahren und somit zur Verhinderung von Mißbrauch.

Der vorliegende Artikel beschreibt die Sicherheitsfunktionen im GSM-Mobilfunknetz (GSM: Groupe Spécial Mobile), die von ETSI (European Telecommunications Standards Institute) europaweit standardisiert wurden.

2 Sicherheitsfunktionen des GSM-Systems

Bei den GSM-Sicherheitsfunktionen handelt es sich nicht um Dienste im Sinne von Teleservices, die von einem Teilnehmer gebucht werden können. Alle Sicherheitsfunktionen werden jedem Teilnehmer zur Verfügung gestellt; ihre Implementation ist für jeden GSM-Netzbetreiber zwingend vorgeschrieben.

Es sollte erwähnt werden, daß sich die GSM-Sicherheitsfunktionen auf den Bereich der Netzwerksicherheit beziehen; d.h. Ende-zu-Ende-Sicherheit wird an dieser Stelle nicht betrachtet. Es geht hierbei ausschließlich um den Schutz der Kommunikationsbeziehung zwischen Mobilfunkteilnehmer und Mobilfunknetzwerk.

Nachfolgend werden die Sicherheitsfunktionen im einzelnen betrachtet.

2.1 Authentikation von Mobilfunkteilnehmern

Aus Sicht des Netzbetreibers ist die eindeutige Identifizierung eines Mobilfunkteilnehmers zwingend erforderlich, da ansonsten eine Rechnungserstellung unmöglich ist. Es muß sichergestellt sein, daß die angefallenen Gebühren wirklich dem Teilnehmer in Rechnung gestellt werden, der sie verursacht hat.

Somit muß verhindert werden, daß ein Angreifer die Identität eines legalen Teilnehmers vortäuschen kann. Deshalb authentisiert sich ein Teilnehmer in bestimmten Situationen gegenüber dem Mobilfunknetz, um hierdurch seine Identität zu beweisen. Hierzu besitzt jeder Teilnehmer eine individuelle Chipkarte (SIM: Subscriber Identity Module), die einen Authentikationsalgorithmus sowie einen teilnehmerspezifischen Schlüssel enthält. Die Authentikation erfolgt nach dem sogenannten Challenge-Response-Verfahren, welches im Kapitel 4.1 dargestellt wird.

2.2 Geheimhaltung der Identität eines Mobilfunkteilnehmers

Dem Interesse des Netzwerkbetreibers einen Teilnehmer eindeutig identifizieren zu können, steht das berechtigte Interesse des Teilnehmers gegenüber, seine Identität nicht gegenüber einem Dritten preiszugeben. Ausschließlich der Netzbetreiber soll wissen, wer zu welchem Zeitpunkt das Mobilfunknetz nutzt. Insbesondere soll verhindert werden, daß durch Abhören des Informationsflusses auf der Luftschnittstelle ein Teilnehmer erkannt und möglicherweise verfolgt werden kann.

Zu diesem Zweck werden möglichst nur solche Informationen auf der Luftschnittstelle übertragen, aus denen die Identität des Teilnehmers für Außenstehende nicht erkennbar ist. Wichtigstes Hilfsmittel ist hierbei die Zuordnung einer temporären Identität (TMSI: Temporary Subscriber Identification Number) zu einem Teilnehmer. Die technische Realisierung des Verfahrens wird im Kapitel 4.2 erläutert.

2.3 Geheimhaltung von Signalisierungs- und Nutzdaten auf der Luftschnittstelle

Sofort einsichtig ist auch das starke Interesse der Teilnehmer an der Geheimhaltung der zwischen den Endteilnehmern ausgetauschten Nutzdaten. Hierbei kann es sich sowohl um Sprachdaten als auch um sonstige vom Teilnehmer stammenden Daten (z.B. Telefax-Daten) handeln. Die Nutzdaten können höchst sensible Informationen darstellen, wie z.B. Geschäftsgeheimnisse, die nicht in die Hände Unbefugter gelangen sollen.

Da man Abhörversuche auf der Luftschnittstelle für wesentlich wahrscheinlicher hält als Abhörversuche im ortsfesten Teil des Mobilfunknetzes, werden die auf der Luftschnittstelle übertragenen Nutzdaten verschlüsselt. Ziel dieser Maßnahme ist es, ein Sicherheitsniveau zu erreichen, das dem des Festnetzes entspricht. Dementsprechend wurde auf eine Verschlüsselung im ortsfesten Teil des Netzes verzichtet.

Um die im Kapitel 2.2 beschriebene Geheimhaltung der Identität eines Teilnehmers gewährleisten zu können, müssen außer den Nutzdaten auch Signalisierungsdaten verschlüsselt werden. Besonders wichtig ist in diesem Zusammenhang die verschlüsselte Übertragung der temporären Teilnehmerkennung (TMSI).

3 Sicherheitsrelevante Netzkomponenten des GSM-Systems

Das Mobilfunknetz, auch PLMN (Public Land Mobile Network) genannt, besteht aus einer Vielzahl verschiedener Netzkomponenten, die nachfolgend kurz dargestellt werden. Hierbei soll verdeutlicht werden, in welchen Netzkomponenten sicherheitsrelevante Funktionen beheimatet sind.

Die Abbildung 1 zeigt die Struktur des GSM-Mobilfunknetzes.

3.1 Subscriber Identity Module (SIM)

Jeder Mobilfunkteilnehmer besitzt eine teilnehmerindividuelle Chipkarte, auch SIM (Subscriber Identity Module) genannt, an die sein Teilnehmerverhältnis geknüpft ist. Es handelt sich hierbei um eine intelligente Chipkarte mit Mikroprozessor, welche die Implementation kryptographischer Algorithmen ermöglicht. Auf der Karte befinden sich dementsprechend der Authentikationsalgorithmus A3 (siehe Kapitel 4.1.2) sowie der Algorithmus A8 (siehe Kapitel 4.3.2), der zur Generierung eines Cipher-Keys benötigt wird. Darüberhinaus werden auf der Chipkarte die individuellen Daten eines Teilnehmers, wie z.B. die

Teilnehmerkennung und der zugehörige Authentikationsschlüssel, gespeichert. Die Schnittstelle der Chipkarte ist so gestaltet, daß sensitive Daten nicht ausgelesen werden können.

Bevor ein Teilnehmer die Chipkarte benutzen kann, muß er sich mittels Eingabe einer PIN (Personal Identification Number) gegenüber der Chipkarte authentisieren. Hierbei handelt es sich um eine passive Authentikation, bei der die PIN über die Benutzeroberfläche der Mobilstation eingegeben wird. Die Mobilstation leitet die PIN zur Chipkarte weiter, in welcher deren Überprüfung stattfindet. Erst nach erfolgreicher passiver Authentikation wechselt die Chipkarte in einen Status, in dem sie im Mobilfunknetz verwendet werden kann.

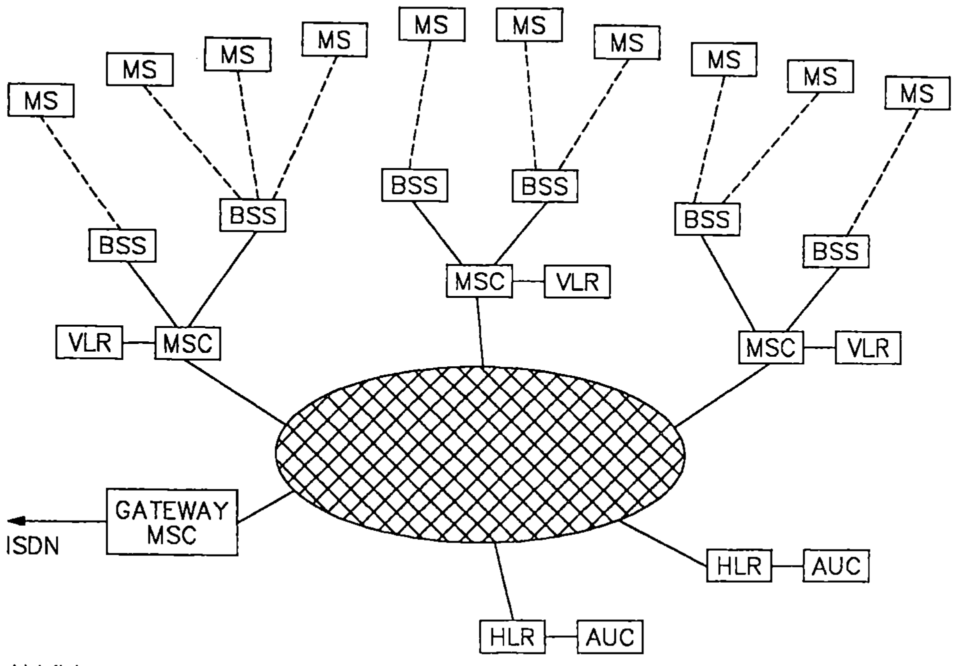

Abbildung 1: GSM-Netzstruktur

3.2 Mobile-Equipment (ME)

Eine Mobilstation (MS) besteht aus der Chipkarte und dem sogenannten Mobile-Equipment (ME). Das Mobile-Equipment beinhaltet keinerlei teilnehmerspezifische Daten, da das Teilnehmerverhältnis ausschließlich auf dem Besitz einer Chipkarte beruht.

Unter Mobile-Equipment versteht man normalerweise ein Mobiltelefon; es kann sich hierbei jedoch auch um ein Datenendgerät handeln.

Der für die Verschlüsselung auf der Luftschnittstelle benötigte Algorithmus A5 (siehe Kapitel 4.3.4) befindet sich im Mobile-Equipment.

3.3 Base Station System (BSS)

Die Basisstation, auch BSS (Base Station System) genannt, bildet das Gegenstück zur Mobilstation. Da die zwischen Basis- und Mobilstation über die Luftschnittstelle ausgetauschten Daten teilweise verschlüsselt sind, befindet sich in der Basisstation ebenfalls der Algorithmus A5 (siehe Kapitel 4.3.4).

3.4 Mobile Switching Center (MSC) / Visited Location Register (VLR)

Die Vermittlungsstellen werden im GSM-System als Mobile Switching Centers (MSC) bezeichnet. Für ihren Betrieb werden ihnen sogenannte Visited Location Registers (VLR) zugeordnet, in denen temporäre Daten eines Teilnehmers gespeichert werden. Das VLR ist u.a. für die Vergabe temporärer Kennungen an die Mobilfunkteilnehmer zuständig. Darüberhinaus findet hier die Auswertung statt, ob ein Authentikationsversuch erfolgreich war.

3.5 Home Location Register (HLR)

In der Heimatdatei, auch HLR (Home Location Register) genannt, werden überwiegend permanente Daten eines Teilnehmers gespeichert. Hierbei handelt es sich z.B. um die vom jeweiligen Teilnehmer gebuchten Dienste sowie dessen feste Teilnehmerkennung.

3.6 Authentication Center (AUC)

Wie der Name schon sagt, übernimmt das Authentikationszentrum, auch AUC (Authentication Center) genannt, eine wichtige Funktion bei der Abwicklung der Authentikationsprozedur. Im AUC werden die teilnehmerindividuellen Authentikationsschlüssel (die auch in der Chipkarte vorhanden sind) gespeichert. Mit deren Hilfe und unter Verwendung des Algorithmus A3 generiert das Authentikationszentrum sogenannte Authentikationsparameter (siehe Kapitel 4.1). Das AUC bildet das Gegenstück zur Chipkarte im ortsfesten Teil des Netzwerks. Hier werden auch die für die Verschlüsselung auf der Luftschnittstelle notwendigen Cipher-Keys generiert. Somit ist auch der Algorithmus A8 ein Bestandteil des Authentikationszentrums.

3.7 Gateway-MSC

Den Übergang zum ISDN (Integrated Services Digital Network) bilden spezielle Vermittlungsstellen, sogenannte Gateway-MSC. Alle Gespräche, die zwischen einem Mobilfunkteilnehmer und einem Teilnehmer im Festnetz geführt werden, laufen über solche Gateway-MSCs. Auch die Gespräche eines sich in Ausland aufhaltenden Mobilfunkteilnehmers werden über die Gateway-MSC abgewickelt.
Hält sich ein Teilnehmer in einem fremden GSM-Mobilfunknetz auf, so wird dieses als VPLMN (Visited PLMN) bezeichnet. Bewegt er sich hingegen in dem Netz, in dem er beheimatet ist, so wird dieses Netz HPLM (Home PLMN) genannt. Jedes PLMN hat die in der Abbildung 1 dargestellte oder eine ähnliche Struktur.

4 Sicherheitsmechanismen im GSM-System

In diesem Kapitel werden die für die Realisierung der Sicherheitsfunktionen eingesetzten kryptographischen Verfahren dargestellt.

4.1 Authentikation mittels Challenge-Response-Verfahren

4.1.1 Authentikationsprozedur

Die Authentikation mittels Challenge-Response-Verfahren beruht auf dem Prinzip, daß nur der legale Teilnehmer in der Lage ist, die zu einer Zufallszahl RAND (Challenge) passende Antwort SRES (Signed Response) zu ermitteln.
Den Ablauf einer Authentikationsprozedur zeigt die Abbildung 2.
Bevor eine Authentikationsprozedur stattfinden kann, muß sich der Teilnehmer gegenüber dem Netzwerk zu erkennen geben. Die für diesen Zweck an das Netzwerk übermittelte Kennung kann echt oder aber auch vorgetäuscht sein.
Die Authentikationsprozedur beginnt nun auf der Netzwerkseite mit der Erzeugung einer Zufallszahl (RAND) und deren Übermittlung zur Mobilstation (MS). Danach findet in der Mobilstation und im Netzwerk exakt der gleiche Prozess statt: Die Zufallszahl und ein teilnehmerindividueller Schlüssel K_i werden als Eingangsparameter für den Authentikationsal-

gorithmus A3 verwendet. Nur mit Hilfe des zu der vorgegebenen Identität gehörenden Schlüssels K_i, kann die zu RAND passende Antwort SRES berechnet werden. Die in der Mobilstation erzeugte Signed Response (SRES') wird nunmehr zum ortsfesten Teil des Netzes übertragen und mit der dort berechneten Referenzantwort (SRES) verglichen. Ein Teilnehmer wird als legaler Teilnehmer akzeptiert, wenn SRES und SRES' übereinstimmen.

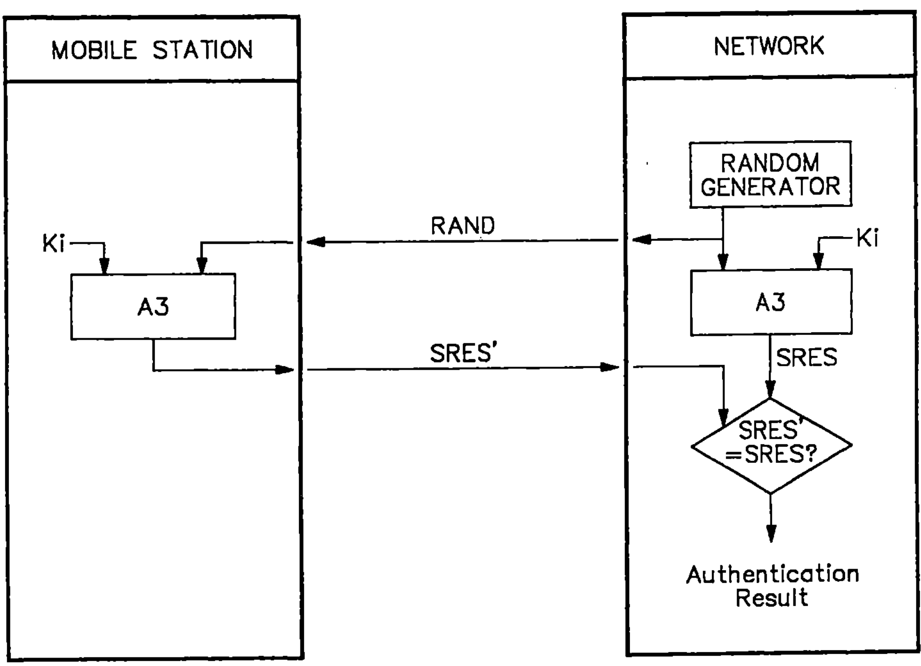

Abbildung 2: Authentikationsprozedur

4.1.2 Authentikationsalgorithmus A3

Der Authentikationsalgorithmus A3 ist nicht europaweit standardisiert, sondern kann vom jeweiligen Netzbetreiber selbst festgelegt werden. Somit hängt das Sicherheitsniveau eines Netzes von den Anforderungen des jeweiligen Netzbetreibers an die Systemsicherheit ab. Im eigenen Interesse jedes Netzbetreibers sollte der Algorithmus A3 jedoch eine möglichst gute Einwegfunktion darstellen, so daß aus dem berechneten Ausgangswert SRES nicht auf die Eingangsparameter RAND und K_i zurück geschlossen werden kann.

Standardisiert wurden hingegen die externen Eigenschaften des Algorithmus, wie z.B. die Ausführungszeit sowie die Eingangs- und Ausgangsparameter: Die Zufallszahl RAND besteht aus 128 Bit; SRES besteht aus 32 Bit.

4.1.3 Aufgabenverteilung auf verschiedenen Netzkomponenten

Aus Gründen der Anschaulichkeit wurde in der Abbildung 2 darauf verzichtet, zwischen den verschiedenen Netzkomponenten zu differenzieren, in denen eine Funktion ausgeführt wird. Dies soll hier kurz nachgeholt werden.

Für die Erzeugung der Authentikationsparameter RAND und SRES ist auf der Netzseite das Authentikationszentrum zuständig, welches auch die teilnehmerindividuellen Schlüssel K_i speichert. Die Erzeugung der Authentikationsparameter geschieht immer in einem Authentikationszentrum des Heimat-PLMN.

Der Vergleich zwischen SRES und SRES' geschieht hingegen im VLR, welches sich im HPLMN oder VPLMN befinden kann. Somit müssen die Authentikationsparameter ggf. von einem PLMN zum anderen weitergeleitet werden.

Auf der Mobilstations-Seite befindet sich der Algorithmus A3 sowie der Schlüssel K_i in der Chipkarte. Der Schlüssel K_i verläßt niemals die Chipkarte; lediglich die Authentikationsparameter werden über die SIM-Schnittstelle übertragen.

4.2 Temporäre Identität eines Mobilfunkteilnehmers

Jeder Mobilfunkteilnehmer besitzt eine ihm eindeutig zugeordnete Kennung IMSI (International Mobile Subscriber Identity). Hierbei handelt es sich jedoch nicht um seine Rufnummer, sondern um ein internes Hilfsmittel zur Adressierung, so daß diese Nummer, im Gegensatz zur Rufnummer, normalerweise nicht öffentlich bekannt ist. Die IMSI wird nur ein einziges Mal, und zwar bei der allerersten Kontaktaufnahme einer Mobilstation zum Netzwerk, zur Identifikation eines Teilnehmers eingesetzt. Ansonsten findet eine Übertragung der IMSI auf der Luftschnittstelle nur noch in Ausnahmesituationen, wie z.B. Fehlerfällen, statt.

Im Normalfall identifiziert sich ein Teilnehmer mit Hilfe seiner temporären Kennung (TMSI), welche von Zeit zu Zeit aktualisiert wird. In welchen Situationen die Neuvergabe einer TMSI stattfindet, bleibt weitgehend dem Netzbetreiber überlassen.

Wegen der verschlüsselten Übertragung der TMSI zur Mobilstation und der im Klartext stattfindenden Identifizierung eines Teilnehmers, kann durch Abhören auf der Luftschnittstelle nicht erkannt werden, welcher Teilnehmer gegenwärtig welche TMSI besitzt. Selbst wenn ein Angreifer einmal in den Besitz einer IMSI oder TMSI gelangt sein sollte, kann er nach einer TMSI-Neuvergabe nicht mehr feststellen, welcher Teilnehmer gerade das Mobilfunknetz nutzt.

4.2.1 Prozedur einer TMSI-Vergabe

Die Abbildung 3 verdeutlicht die Neuvergabe einer TMSI an einen Teilnehmer.

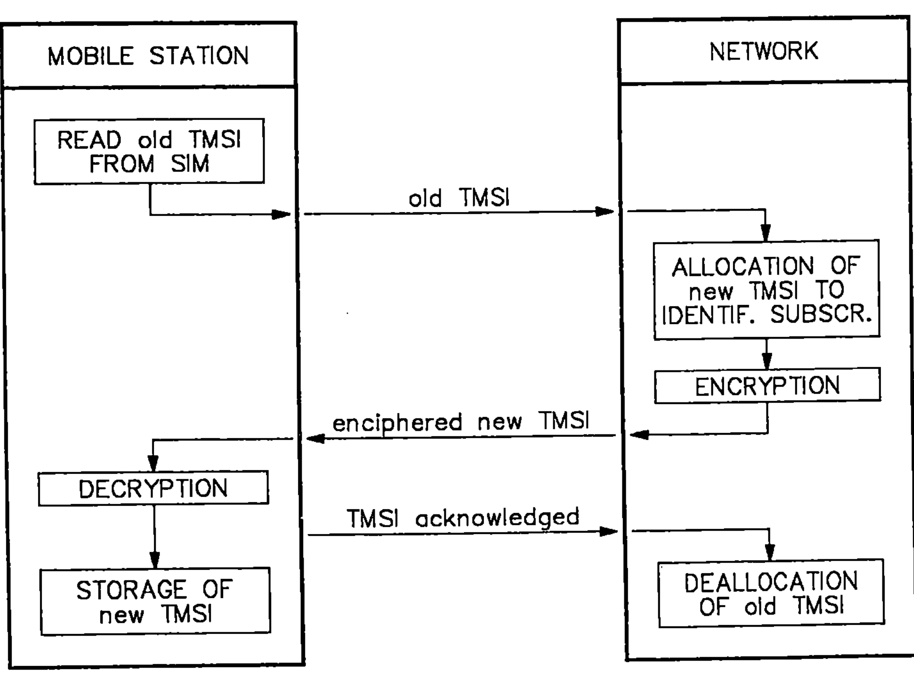

Abbildung 3: Neuvergabe einer TMSI

Voraussetzung für die Neuvergabe einer TMSI ist die erfolgreiche Ausführung einer Authentikationsprozedur sowie das Vorhandensein eines Cipher-Keys zur Verschlüsselung der TMSI.

Die Prozedur beginnt mit der Identifikation des Teilnehmers anhand seiner bislang gültigen TMSI. Auf der Netzseite wird nun eine neue TMSI generiert und verschlüsselt zur Mobilstation übertragen. Auf der Mobilstations-Seite wird die neue TMSI entschlüsselt und in der Chipkarte gespeichert. Nachdem die Prozedur erfolgreich abgeschlossen wurde kann die alte TMSI gelöscht werden.

4.3 Verschlüsselung von Daten auf der Luftschnittstelle

4.3.1 Ableitung des Schlüssels Kc

Bevor eine Verschlüsselung von Daten auf der Luftschnittstelle stattfinden kann, muß der für diesen Zweck benötigte Cipher-Key K_C generiert werden. Die Ableitung des Schlüssels K_C zeigt die Abbildung 4.

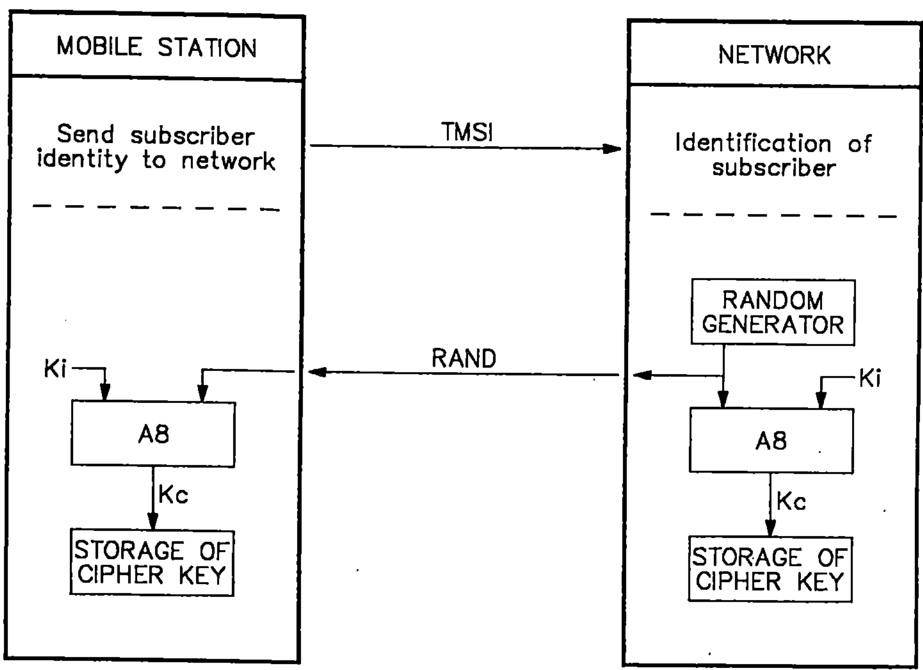

Abbildung 4: Ableitung des Cipher-Keys

Die Ableitung eines Cipher-Keys ist stets an die Ausführung einer Authentikationsprozedur gekoppelt. Somit hängt die Gültigkeitsdauer des Cipher-Keys von der Häufigkeit der Ausführung einer Authentikationsprozedur ab, was wiederum weitgehend dem Netzbetreiber überlassen bleibt. Der für die Ableitung des Cipher-Keys zuständige Algorithmus A8 verwendet die selben Eingangsparameter wie der Authentikationsalgorithmus A3.

Da der Cipher-Key nicht über die Luftschnittstelle übertragen werden soll, muß sich der Algorithmus A8 sowohl im Authentikationszentrum als auch in der Chipkarte befinden.

4.3.2 Algorithmus A8

Wie bereits erwähnt, verwendet der Algorithmus A8 die selben Eingangsparameter wie der Algorithmus A3. Da er darüberhinaus ebenso wie A3 nicht standardisiert ist, bietet es sich an, die Algorithmen A3 und A8 zu einem Algorithmus A3/A8 zu kombinieren, welcher sowohl die Signed Response als auch den Cipher-Key berechnet.

4.3.3 Verschlüsselungsprozess

Die Abbildung 5 zeigt den Verschlüsselungsprozess.

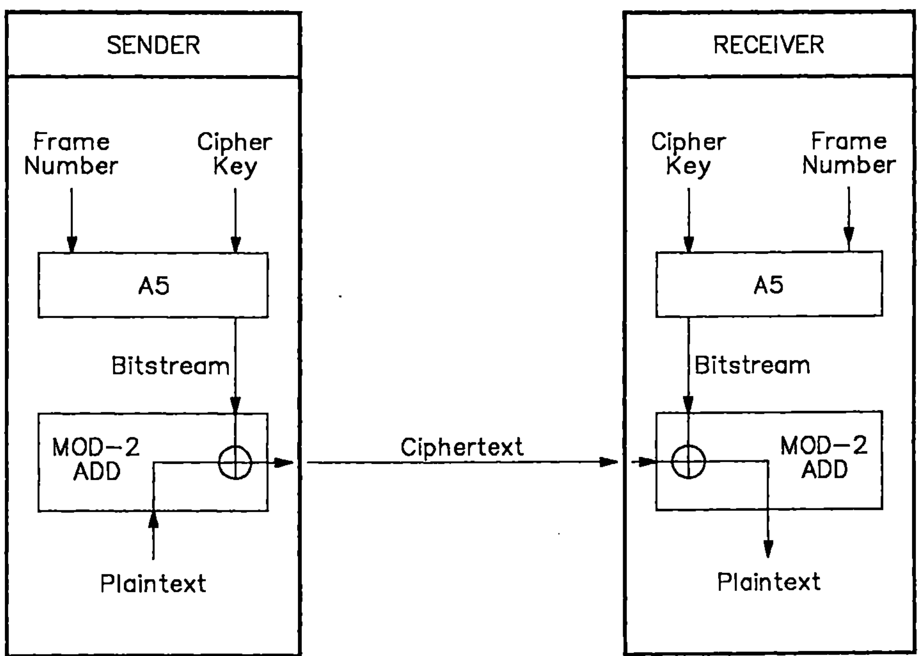

Abbildung 5: Verschlüsselungsprozess

Auf der Senderseite werden die zu verschlüsselnden Klartext-Daten mit einer Folge pseudozufälliger Bits modulo-2 addiert. Auf der Empfängerseite wird der gleiche pseudozufällige Bitstrom verwendet, um die verschlüsselten Daten zu dechiffrieren.
Der pseudozufällige Bitstrom wird vom Verschlüsselungsalgorithmus A5 generiert.

4.3.4 Verschlüsselungsalgorithmus A5

Der Verschlüsselungsalgorithmus A5 wurde europaweit standardisiert, da sämtliche Basis- und Mobilstationen einen einheitlichen Algorithmus benötigen.

Gemäß einem Beschluß der Unterzeichner des sogenannten Memorandum of Understanding (MoU, Gremium in welchem sich GSM-Netzbetreiber zusammengeschlossen haben) wird die Spezifikation dieses Algorithmus jedoch ausschließlich den Systemlieferanten der Netzbetreiber sowie den Herstellern von Mobilstationen zur Verfügung gestellt. Insofern kann an dieser Stelle auf die genaue Funktionsweise des Algorithmus nicht eingegangen werden.

Als Eingangsparameter für den Algorithmus A5 dienen der mit Hilfe des Algorithmus A8 abgeleitete Cipher-Key K_c (64 Bit) sowie die TDMA-Rahmennummer (Time Division Multiple Access, 22 Bit). Aus diesen Eingangsparametern generiert der Algorithmus A5 alle 4.615 ms eine Folge von 114 pseudozufälligen Bits.

Mit Hilfe der TDMA-Rahmennummer besitzt man ein Hilfsmittel, um den Ver- bzw. Entschlüsselungsprozess auf beiden Seiten zu synchronisieren. Da die TDMA-Rahmennummer Werte zwischen 0 und 2715647 annimmt, ist gewährleistet, daß sich der pseudozufällige Bitstrom erst nach ungefähr 209 Minuten wiederholt.

5 Resümee

Das GSM-System stellt, bezüglich der Systemsicherheit, einen guten Kompromiß dar zwischen dem, was aus Sicht von Teilnehmer und Netzbetreiber wünschenswert ist, und dem, was mit vertretbaren technischen Aufwand gegenwärtig machbar ist.

Trotzdem erscheint eine Neubewertung der Sicherheitsfunktionen im Laufe der Zeit ratsam, um die vorhandenen Mechanismen ggf. neuen Anforderungen anpassen zu können.

Darüberhinaus sollte noch erwähnt werden, daß abgesehen von den Sicherheitsfunktionen im Wirknetzbereich eines Netzes eine Vielzahl von Sicherheitsfunktionen im Bereich Operation-&-Maintenance bzw. Security-Management benötigt werden, auf die in diesem Artikel nicht eingegangen wurde.

Die in diesem Bereich einzusetzenden kryptographischen Verfahren sind sowohl für die Teilnehmer als auch für den Netzbetreiber nicht weniger bedeutsam. Da diese Funktionen weitgehend im Verantwortungsbereich des jeweiligen Netzbetreibers liegen, bietet sich hier eine gute Möglichkeit, sich gegenüber konkurrierenden Netzbetreibern zu profilieren.

Anhang

Abkürzungsverzeichnis

A3	*Authentikationsalgorithmus*
A5	*Verschlüsselungsalgorithmus*
A8	*Algorithmus zur Ableitung des Cipher-Keys*
AUC	*Authentication Center*
BSS	*Base Station System*
ETSI	*European Telecommunications Standards Institute*
GSM	*Groupe Spécial Mobile*
HLR	*Home Location Register*
HPLMN	*Home Public Land Mobile Network*
IMSI	*International Mobile Subscriber Identity*
ISDN	*Integrated Services Digital Network*
K_c	*Cipher Key*
K_i	*Authentikationsschlüssel*
ME	*Mobile Equipment*
MoU	*Memorandum of Understanding*
MS	*Mobile Station*
MSC	*Mobile Switching Center*
PLMN	*Public Land Mobile Network*
RAND	*Random Number*
SIM	*Subscriber Identity Module*
SRES	*Signed Response*
TDMA	*Time Division Multiple Access*
TMSI	*Temporary Mobile Subscriber Identity*
VLR	*Visited Location Register*
VPLMN	*Visited Public Land Mobile Network*

Referenzen

ETSI/TC GSM
Recommendation GSM 02.09, Version 3.0.1
'Security Aspects'

ETSI/TC GSM
Recommendation GSM 02.17, Version 3.2.0
'Subscriber Identity Modules, Functional Characteristics'

ETSI/TC GSM
Recommendation GSM 03.20, Version 3.3.1
'Security Related Network Functions'

ETSI/TC GSM
Recommendation GSM 11.11, Version 3.3.0
'Specification of the SIM-ME-Interface'

P.C.J. VAN DER AREND
'Security aspects and the implementation in the GSM system'
Digital Cellular Radio Conference, Hagen FRG, October 1988

Das datenschutzorientierte Informationssystem DORIS:
Stand der Entwicklung und Ausblick

Joachim Biskup
Hans Hermann Brüggemann
Institut für Informatik, Universität Hildesheim
Samelsonplatz 1, D-3200 Hildesheim

Zusammenfassung

Wir beschreiben die Ziele, das Modell des persönlichen Wissens und eine prototypische dezentrale Implementierung für das datenschutzorientierte Informationssystem DORIS. Die Bewertungen ergeben, daß das Modell die Ziele weitgehend erfüllen kann, aber für praktische Anwendungen noch weiter ausgestaltet werden sollte. Die dezentrale Implementierung zeigt, daß eine Verwirklichung des Modells grundsätzlich möglich ist, aber eine Untersuchung der Sicherheitsanforderungen an das zugrunde liegende Betriebssystem und Effizienzsteigerung sind noch zu erledigende Aufgaben.

1. Ziele

Rechnergestützte Informationssysteme erlangten während der letzten zwei Jahrzehnte zunehmende Bedeutung für das öffentliche und wirtschaftliche Leben unserer Gesellschaften. Die Vielfalt und der Umfang von in solchen Informationssystemen gespeicherten personenbezogenen Daten und die aufkommenden technischen Möglichkeiten, diese Daten massenweise schnell und preisgünstig zu verarbeiten und sie über Rechnernetze zusammenzuführen, wurden von besorgten Bürgern als Herausforderung ihrer Persönlichkeitsrechte und zumindest denkbare Bedrohung demokratischer Verfassungen empfunden. Als staatliche Abwehrmaßnahmen gegen solche Gefahren entstanden daraufhin besondere rechtliche Regelungen zum "Datenschutz" oder

-besser ausgedrückt- zur Unterstützung des von der Verfassung geschützten Grundrechts auf **informationelle Selbstbestimmung** [Bvg 83]:

> "Unter den Bedingungen der modernen Datenverarbeitung wird der Schutz des Einzelnen gegen unbegrenzte Erhebung, Speicherung, Verwendung und Weitergabe seiner persönlichen Daten von dem allgemeinen Persönlichkeitsrecht des Art.2 Abs.1 in Verbindung mit Art.1 Abs.1 Grundgesetz umfaßt. Das Grundrecht gewährleistet insoweit die Befugnis des Einzelnen, grundsätzlich selbst über die Preisgabe und Verwendung seiner persönlichen Daten zu bestimmen."

Der Begriff der "informationellen Selbstbestimmung" kann am besten aus einer bestimmten soziologischen Sichtweise weiter erklärt werden. Danach handelt ein Einzelner in verschiedenen sozialen Rollen, die jeweils ein Verhaltensmuster bezüglich einer Gruppe von anderen Personen beinhalten. Zum Beispiel kann jeder der Verfasser unter anderem in folgenden sozialen Rollen handeln: als Ehemann bezüglich seiner Ehefrau, als Vater bezüglich seiner Kinder, als Steuerzahler bezüglich den Finanzbeamten, als Patient bezüglich den Ärzten, als Informatiker bezüglich den Herausgebern einer Zeitschrift, usw. "Informationelle Selbstbestimmung" bedeutet dann, daß der Einzelne

- eigenverantwortlich über seine sozialen Rollen verfügen kann und
- darauf vertrauen kann, daß öffentliche und private Institutionen die von ihm angestrebten Rollentrennungen streng beachten, insbesondere daß eine Sicht von ihm, die er in einer ersten sozialen Rolle jemandem erlaubt, nicht in einer zweiten sozialen Rolle, gegebenenfalls durch Weitergabe der Sicht, mißbraucht wird.

Da Informationssysteme aber gerade entwickelt wurden, um für viele und verschiedenartige Handelnde, die überdies im allgemeinen auch in verschiedenen sozialen Rollen agieren, Daten zusammenzuführen (um Redundanz zu vermeiden, semantische Bedingungen aufrechtzuerhalten, die Verfügbarkeit zu erhöhen usw.), ergibt sich ein letztlich nicht voll auflösbarer Zielkonflikt zwischen dem Grundrecht der informationellen Selbstbestimmung einerseits und dem aufgrund anderer Bedürfnisse oder Rechte angestrebten technischen Zweck eines Informationssystems andererseits.

Das in diesem Bericht beschriebene datenschutzorientierte Informationssystem DORIS stellt einen Versuch dar, derzeit verfügbare Techniken relationaler Datenbanken, objektorientierter Programmiersprachen und Capability-gestützter Betriebssysteme zusammenzuführen, um vorrangig (und damit zunächst einseitig) das Ziel der informationellen Selbstbestimmung zu fördern. Wir beschränken uns hier auf eine einführende Darstellung und verweisen auf die jeweils angeführte Literatur für weitere Einzelheiten. Dort findet man auch Einordnungen unserer Ergebnisse im Vergleich mit anderen Ansätzen, siehe insbesondere [Bi Br 88, Bi 90].

2. Modell des persönlichen Wissens

Das Modell des **persönlichen Wissens** [BiBr 88] versucht programmiersprachlich eine Welt nachzubilden, in der jeder Handelnde zunächst nur über sein eigenes, für ihn notwendiges persönliches Wissen verfügt und darüber hinaus dann mit anderen Handelnden innerhalb festgelegter Regelungen Mitteilungen austauschen kann. Es soll in dieser gedachten Welt also keine großen Nachschlagewerke geben, die Daten sozusagen auf Vorrat zusammenführen und dadurch der unmittelbaren Kontrolle der Betroffenen entziehen. Stattdessen soll eine Denkweise versucht werden, in der jeder Handelnde alles über sich selbst weiß, aber Daten über andere Handelnde im allgemeinen nicht auf Dauer aufbewahren kann, sondern immer wieder neu direkt von ihnen erfragen muß. Auch in dieser Denkweise erfordern natürlich Beziehungen zwischen Handelnden, zum Beispiel Verträge, daß im jeweils persönlichen Wissen auch Daten über andere Handelnde enthalten sind. Ferner könnte die Zusammenschau des persönlichen Wissens aller Handelnder wieder als "Nachschlagewerk" betrachtet werden; eine solche Zusammenschau soll aber gerade im allgemeinen nicht tatsächlich möglich sein.

Jeder Handelnde oder Betroffene wird im Informationssystem als ein eingekapseltes, systemweit eindeutig durch ein Surrogat identifiziertes Objekt (person)[1] repräsentiert. Sein persönliches Wissen wird im Datenteil dieses Objekts in Form einer (möglicherweise nur ansatzweise ausgeprägten) relationalen Datenbank dargestellt. Diejenigen anderen Handelnden oder Betroffenen, denen er Mitteilungen senden darf, werden im Datenteil dieses Objekts durch die Menge der entsprechenden Surrogate (acquaintances)[1] dargestellt. Die Struktur der wichtigsten Komponenten des Datenteils eines solchen Objekts kann man sich durch ein nichtnormalisiertes Tupelgerüst veranschaulichen wie etwa im folgenden Beispiel, in dem anwendungsabhängig eine Person seinen Namen, seine Wohnsitze und seine Grade "weiß".

---

[1] In Klammern wird jeweils die für unser experimentelles Datenschutz-orientiertes Informationssystem DORIS verwendete Redeweise angegeben.

SURROGATE	KNOWS							ACQUAINTED	...
	NAME	WOHNSITZ			GRADE				
		STADT	STRASSE	NR	ART	FACH	UNI		

Wie in objektorientierten Systemen üblich werden solche Objekte als Instanzen von Klassen (groups)[1] erzeugt. In deren Vereinbarung werden der anwendungsabhängige Teil der Struktur, die KNOWS-Komponente, durch Attribute und deren Typen und auch der anwendungsabhängige Teil des Operationenteils festgelegt. Einige Standardoperationen wie zum Beispiel Lesen, Einfügen, Entfernen, Ändern von "Wissen", d.h. Werten in KNOWS-Unterkomponenten, (tell, insert, delete, modify)[1] oder Einfügen, Entfernen von Mitteilungsempfängern, d.h. Surrogate in die ACQUAINTED-Komponente, (grant, revoke)[1] sind vordefiniert.

Die Verpflichtungen einer Gruppe von Handelnden oder Betroffenen werden dann dadurch ausgedrückt, daß für die Klasse der sie repräsentierenden Objekte Rollen (roles)[1] und Vollmachten (authorities)[1] bestimmt werden. Eine Rolle besteht neben einem Rollennamen aus einer Menge von (parametrisierten) Operationennamen, die für die entsprechende Klasse definiert sein müssen. Die Vereinbarung einer Rolle für eine Klasse besagt, daß (ausgelöst durch im allgemeinen andere Objekte) die in der Rolle aufgeführten Operationen bzgl. der Instanzen dieser Klasse ausgeführt werden können. Eine Vollmacht besteht aus einem Klassennamen und einem Rollennamen. Die Vereinbarung einer Vollmacht für eine Klasse besagt, daß die Instanzen dieser Klasse die durch den Rollennamen bestimmten Operationen auf die Instanzen der in der Vollmacht genannten Klasse anwenden dürfen, sofern sie für diese zusätzlich noch (in der ACQUAINTED-Komponente) deren Surrogat besitzen. In einer verfeinerten Fassung des Modells [Br 89] werden in der ACQUAINTED-Komponente die Surrogate sogar für jede Vollmacht getrennt verwaltet. Die Datenmanipulationssprache für Anfragen und Änderungen ist mengenorientiert und relational ausgerichtet. Eine Anfrage wird dreischrittig ausgewertet: Zunächst wird eine Relation über Surrogate bestimmt, sodann aus deren KNOWS-Komponenten eine Relation über Werten ermittelt, die abschließend noch relational bearbeitet werden kann. Anschaulich bestimmt man zunächst (eine Beziehung zwischen) Personen, sodann befragt man diese Personen (über Teile ihres Wissens), deren Antworten abschließend noch verarbeitet werden können.

Jeder Benutzer des Informationssystems wird, wie alle anderen Handelnden und Betroffenen auch, als ein Objekt repräsentiert. Stellt ein Benutzer eine Anfrage, so wird sie für sein ihn repräsentierendes Objekt ausgeführt. Ein Anfrageergebnis wird nur geliefert, wenn dieses Objekt Instanz einer Klasse ist, in der für alle zur Auswertung benötigten Operationen die passenden Vollmachten vereinbart sind, wobei für jede unter den Operandenobjekten auftretende Klasse höchstens eine Rolle benutzt werden darf; andernfalls wird die Anfrage als unerlaubt zurückgewiesen. Darüberhinaus wird im ersten Auswertungsschritt die Bildung der in der Anfrage beschriebenen Relation auf diejenigen Surrogate eingeschränkt, die das repräsentierende Objekt in seiner ACQUAINTED-Komponente (in der verfeinerten Fassung bezüglich der verwendeten Vollmacht) vorweisen kann. Entsprechende Regelungen gelten für Änderungen.

Für den Einsatz des datenschutzorientierten Informationssystems DORIS legt man also wie folgt **Zugriffsrechte** fest:

> Man vereinbart für jede Gruppe von Handelnden oder Betroffenen einschließlich der Benutzer eine geeignete Klasse mit ihren Verpflichtungen entsprechenden Rollen und Vollmachten;

> man erzeugt jeweils die repräsentierenden Objekte und versieht deren ACQUAINTED-Komponente mit den für ihre Verpflichtungen notwendigen Surrogaten.

Als grundlegendes Ziel möchte man erreichen, daß Benutzer Zugang zum Informationssystem nur entsprechend der statisch vereinbarten Vollmachten und der dynamisch veränderbaren Surrogatmengen (in der ACQUAINTED-Komponente) ihrer repräsentierenden Objekte besitzen.

3. Beispiel eines Einsatzes:
ein medizinisches Informationssystem

Medizinische Informationssysteme betreffen beinahe jeden Bürger, und eine Vielzahl von Institutionen möchte sich zumindest gelegentlich ihrer bedienen. Schon eine erste Analyse zeigt, daß sehr viele und recht verschiedenartige Personen im allgemeinen jeweils in mehreren sozialen Rollen als Handelnde oder als Betroffene eines medizinischen

Informationssystems auftreten. In [Bi 89] wird dazu eine (noch unvollständige) Übersicht gegeben, und in [Wo 90] wird mit den Sprachmitteln von DORIS ein Ausschnitt modelliert, der Patienten beim frei praktizierenden Arzt, Maßnahmen bei einem Arbeitsunfall, Patienten im Krankenhaus, Träger der gesetzlichen Sozialversicherung und Maßnahmen zur Versicherung eines Bürgers zumindest näherungsweise umfaßt.

Wie oben erläutert muß zunächst eine geeignete Einteilung der Handelnden oder Betroffenen, genauer der sie repräsentierenden Objekte, in Klassen erfolgen, zwischen denen dann eine Vererbungshierarchie festgelegt wird. Man erhält etwa den in Abbildung 1 dargestellten Klassenbaum. Für jede Klasse müssen natürlich insbesondere die Rollen und Vollmachten, entsprechend den Grundsätzen der Aufgaben- und Rollentrennung und der kleinstmöglichen Berechtigung, sorgfältig entworfen und dann in DORIS vereinbart werden, siehe [Wo 90].

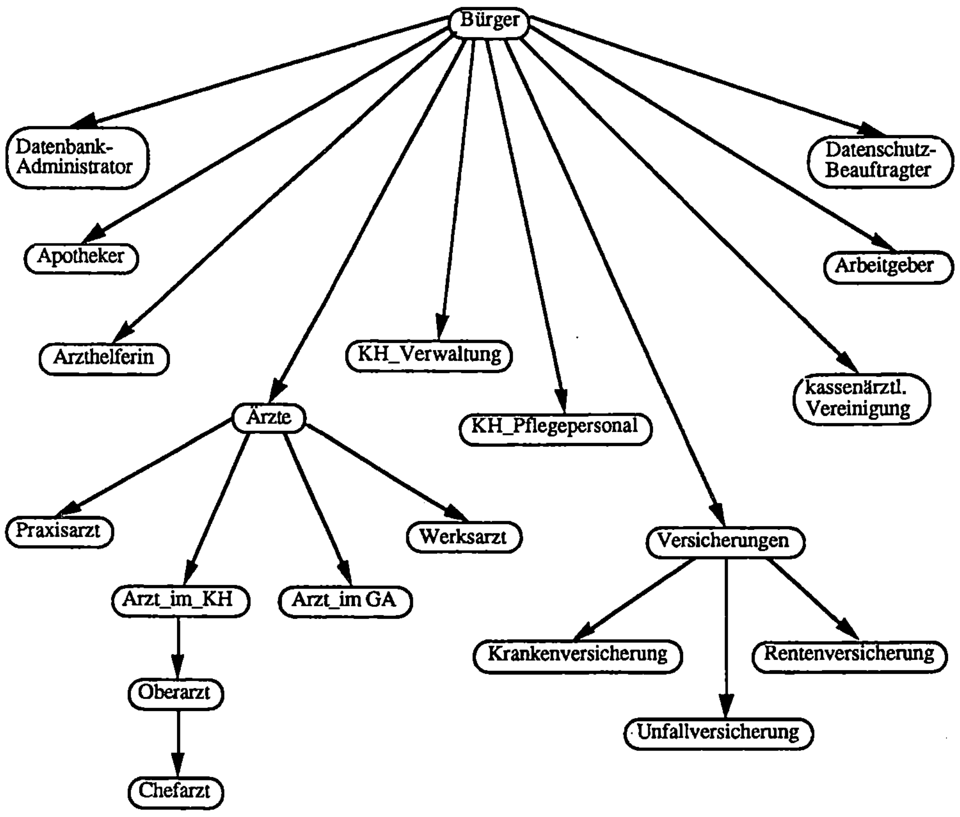

Abbildung 1: Klassenbaum für medizinisches Informationssystem

4. Analyse und Bewertungen

Die Mittel objektorientierter Programmiersprachen werden für DORIS insbesondere dafür eingesetzt, die (von uns bevorzugte Sicht der) Welt möglichst unmittelbar nachzubilden [Bi 88]. Die Welt umfaßt dabei in erster Linie

- die handelnden oder betroffenen **Personen**,
- ihre **Verpflichtungen** innerhalb des betrachteten "Unternehmens",
  die von der jeweils ausgeführten **sozialen Rolle** abhängen,
- ihr dazu notwendiges **Wissen**,
- ihre kommunikativen **Handlungen** und schließlich
- die zugrunde liegenden **Mitteilungen** (Daten).

Obwohl diese Nachbildung in DORIS im allgemeinen recht gut gelingt, zeigten sich doch auch einige typische Schwierigkeiten.

Eine soziale Rolle beinhaltet ein Verhaltensmuster bezüglich einer Gruppe von Personen. Ein Verhaltensmuster wird in DORIS im wesentlichen durch eine Vollmacht (für in einer Rollenvereinbarung aufgeführte Operationen) nachgebildet; eine Gruppe von Personen wird durch eine Klasse nachgebildet. Wird eine soziale Rolle tatsächlich wahrgenommen, so bezieht sie sich in der Regel aber nicht auf die Gruppe insgesamt, sondern nur auf jeweilig gegebene einzelne Gruppenmitglieder. Eine Menge solcher Gruppenmitglieder wird in DORIS nachgebildet, indem in die betreffende ACQUAINTED-Komponente die Menge der repräsentierenden Objekte eingetragen wird. In der ersten Fassung von DORIS wurden Vollmachten und ACQUAINTED-Komponenten **orthogonal** behandelt, wodurch jedoch unbeabsichtigt zu starke Zugriffsrechte vergeben werden konnten [Bi 88]. In einer verfeinerten Fassung von DORIS [Br 89] werden **ACQUAINTED-Komponenten direkt an einzelne Vollmachten** gebunden, um eine strikte Trennung sozialer Rollen zu unterstützen. Diese Verfeinerung verlangt einerseits einen erhöhten Aufwand für die Verwaltung vermehrter ACQUAINTED-Komponenten, erlaubt aber andererseits auch einige Vereinfachungen in der Anfragesprache.

Informationelle Selbstbestimmung ist wesentlich durch das Gebot der Trennung sozialer Rollen bestimmt. Entsprechend enthält die Semantik von DORIS-Anfragen eine **Eine-Rolle-per-Klasse-Regel**, die Rollen vermischende Anfragen als unerlaubt zurückweist. So sehr Rollentrennung grundsätzlich wünschenswertes Ziel ist, so muß doch andererseits auch sichergestellt werden, daß aufgrund anderer Ziele Zusammenarbeit möglich ist. Die verfeinerte Fassung von DORIS [Br 89] enthält dazu das Sprachmittel der **Dienstleistungsvollmacht**, die innerhalb der Bearbeitung einer Anfrage eine Art wohldefinierter **Rechteerweiterung** erlaubt.

Ein Informationssystem soll die Kommunikation zwischen handelnden Personen technisch unterstützen. Dazu ist es wünschenswert, daß im Informationssystem gezielt **Kommunikations-(unter-)kanäle** zwischen wohlbestimmten Gruppen von sendenden bzw. empfangenden Personen angelegt werden können [Bi 90]. Die im DORIS-Modell verfügbaren Sprachmittel von Rollen- und Vollmachtvereinbarungen erlauben dies auf eine natürliche Weise, die zudem, wenn sie sinnvoll durchgeführt wird, in den Klassenvereinbarungen nachvollziehbar dokumentiert wird. In der Rollenbeschreibung wird sichtbar, **was** mit den Instanzen der jeweiligen Klasse (passiv) geschehen kann; in der Vollmachtvereinbarung wird sichtbar, **wer** (d.h. welche Objekte) die Geschehnisse auslösen kann. Allerdings sind in DORIS die Kommunikationsunterkanäle jeweils nur lokal eingerichtet, und es sind leider keine wirkungsvollen Mittel vorhanden, die transitive Hintereinanderschaltung solcher lokalen Unterkanäle zu kontrollieren. Diese Schwierigkeit beruht auf einem allgemeineren Problem, daß nämlich wie in vielen anderen Ansätzen **Datenflußkontrolle** letztlich durch Zugriffskontrollen erfolgen soll.

Jedes Unternehmen muß Vorsorge für Veränderungen und seine eigene Weiterentwicklung treffen. Dazu können in DORIS die ACQUAINTED-Komponenten **dynamisch geändert** werden (durch die Operationen grant und revoke). Darüber hinaus ist ein besonderes Sprachmittel entwickelt worden, mit dem Rechte zeitweilig für andere Objekte **verfügbar** gemacht werden können, ohne diese wirklich weitergeben zu müssen. Insbesondere behält das die Rechte besitzende Objekt die vollständige Kontrolle über die verfügbar gemachten Rechte, und jeder Nutznießer der Verfügbarmachung muß sich in seinen Anfragen ausdrücklich auf das die Rechte besitzende Objekt beziehen.

Sowohl Rechteänderungen als auch Verfügbarmachung wurden in Anlehnung und in Erweiterung bekannter Modelle zur Zugriffskontrolle untersucht [BiGr 89]. Es zeigte sich, daß die möglichen Auswirkungen von Rechteänderungen und Verfügbarmachungen im wesentlichen aus dem vorliegenden Zustand des Informationssystems **vorherbestimmt** werden können, so daß ein Sicherheitsadministrator die **Dynamik der Rechteverteilung** verläßlich beherrschen kann.

Schwieriger und zur Zeit noch offen ist jedoch die Anforderung, daß Handelnde oder Betroffene ihre Stellung innerhalb des Unternehmens verändern können und daß solche Änderungen durch einen **Wechsel der Klassenzugehörigkeit** der repräsentierenden Objekte leicht nachbildbar sein sollte.

Kommunikative Handlungen sind häufig wesentlich dadurch bestimmt, daß sie Anschlußhandlungen erwarten. Die solchermaßen entstehenden Handlungsfolgen müssen dann häufig als Einheiten aufgefaßt werden. Handlungen können in DORIS entsprechend dem objektorientierten Ansatz gut durch Vereinbarung **klassenspezifischer Operationen** nachgebildet werden. Handlungsfolgen können oft ebenfalls durch klassenspezifische Operationen erfaßt werden, verlangen jedoch manchmal auch Eigenschaften klassischer **Transaktionskonzepte.** Eine entsprechende Erweiterung von DORIS ist für die Zukunft vorgesehen.

Die Struktur eines einzelnen Objekts ist bislang aus Gründen der Vereinfachung auf die Mächtigkeit einer relationalen Datenbank beschränkt. Die verwendeten objektorientierten Sprachmittel würden jedoch grundsätzlich auch **komplexere Strukturen** erlauben. Ferner sind bislang auch nur Objekte zugelassen, die (das Wissen) eine(r) Person repräsentieren. Manche Anwendungen ließen sich jedoch leichter modellieren, wenn man auch **Gegenstände repräsentierende Objekte** begrenzt erlauben würde. Mit zunehmender Komplexität der möglichen Klassenvereinbarungen, die ja neben den erweiterten strukturellen Teilen dann auch entsprechend erweiterte operationale Teile enthielten, ergibt sich das Problem, Rechte unter Ausnutzung der Vererbungseigenschaften entlang der Klassenhierarchie übersichtlich auszudrücken. Dazu könnte es insbesondere nützlich sein, auch **negative Rechte,** d.h. Verbote, ausdrücklich zu vereinbaren. In [Br 90] wird dazu ein allgemeines Vorgehen beschrieben, das allerdings für das DORIS-Modell noch einige Anpassungen erfordert.

Schließlich bietet das DORIS-Modell zwar geeignete Sprachmittel an, um das Ziel der informationellen Selbstbestimmung zu unterstützen, aber das Erreichen dieses Ziels hängt wesentlich davon ab, daß für den jeweiligen Einsatz die Klassenvereinbarungen geeignet entworfen werden. Die Nachbildung einer vielschichtigen Welt sollte deshalb durch rechnergestützte **Entwurfswerkzeuge** erleichtert werden. Die Entwicklung einer **Entwurfsmethodik** und der zugehörigen Werkzeuge sollen Gegenstand zukünftiger Arbeiten werden.

5. Dezentrale Implementierung

Im Modell des persönlichen Wissens kann jeder Handelnde oder Betroffene seine eigene (relationale) Datenbank unterhalten. Die Kommunikation zwischen den Handelnden und Betroffenen wird durch Austausch von Nachrichten unterstützt. Dieses Modell legt eine völlig **dezentrale Implementierung** nahe: Für jedes einen Handelnden oder Betroffenen repräsentierende Objekt wird eine Prozeßschar erzeugt, die weitgehend selbständig, sowie unabhängig und abgeschirmt von den anderen Prozeßscharen arbeitet. Im Grenzfall sollte jeder Handelnde oder Betroffene seinen eigenen Rechner betreiben können, auf dem unter seiner persönlichen Kontrolle die eigene Datenbank eingerichtet ist und auf dem die seinem repräsentierenden Objekt zugeordnete Prozeßschar **physisch isoliert** abläuft. Bedient ein Rechner mehrere Prozeßscharen, so müssen diese virtuell streng isoliert werden. Nur soweit dies zur Erfüllung der Verpflichtungen notwendig ist, soll über eine **Netzverbindung** ein Austausch von Nachrichten entsprechend den klassenspezifischen Operationen stattfinden können. Falls mehrere Prozeßscharen auf einem Rechner ablaufen, bleibt die Netzverbindung natürlich virtuell. Die dezentralen Dienstleistungen für die Netzverbindung, sowie für die Initialisierung des Gesamtsystems sollen dabei so klein wie möglich gehalten werden.
Während wir einerseits erwarten, daß Dezentralisierung und weitgehende physische Isolierung die Ziele der informationellen Selbstbestimmung fördern können, ergeben sich andererseits durch die Benutzung eines im allgemeinen mehr oder weniger öffentlichen Netzes auch neue Gefahren. In einem **dezentralen Prototypen** für DORIS, der kürzlich von einer studentischen Projektgruppe fertiggestellt wurde, konnten naturgemäß nicht alle Probleme gelöst werden. Er diente im wesentlichen dazu, wertvolle Erfahrungen für weiterreichende Arbeiten zu sammeln. Im folgenden soll die in diesem Prototyp verwendete Prozeßstruktur und Netzverbindung kurz erläutert werden [Ec 90].

Kommunikation zwischen Prozessen (verschiedener Objekte) erfolgt über **remote procedure calls, RPC's,** unter UNIX auf einem lokalen ETHERNET, was ohne weitere Vorsichtsmaßnahmen unter Schutzgesichtspunkten sicherlich nicht ungefährlich ist. Als Vorsichtsmaßnahme wird zunächst jeder schutzwürdige Prozeß mit einem eigenen Rechteüberprüfungsverfahren versehen. Als weitere Schutzmaßnahme ist die Verschlüsselung der übermittelten Daten vorgesehen. Beide Maßnahmen sind sicherlich allenfalls dann wirkungsvoll, wenn das zugrunde liegende Betriebssytem und das benutzte Kryptosystem hohen Sicherheitsanforderungen genügen. Für den Prototyp haben wir dies idealisierend einfach vorausgesetzt, eine genaue Analyse der von DORIS gestellten

Anforderungen steht aber noch aus.

Folgende Prozesse sind wesentlich (siehe Abbildung 2):

- Der **Initialisierungsprozeß** startet das System und installiert die beteiligten Rechner.
- Auf jedem Rechner erzeugt ein **Serverprozeß** die repräsentierenden Objekte und unterhält Objektverzeichnisse.
- Für jedes repräsentierende Objekt startet ein **Koordinationsprozeß** die anderen dem Objekt zugeordenten Prozesse und wickelt dann die Bearbeitung von Anfragen ab.
- Für jedes repräsentierende Objekt bedienen **Benutzerprozesse** einen am Bildschirm arbeitenden Benutzer bzw. bearbeiten die Anfrageteile mit Dienstleistungsvollmachten.
- Für jedes repräsentierende Objekt führen **Systemoperationenprozesse** die eigentlichen Datenzugriffe und darauf aufbauende relationale Operationen durch.
- Für jedes repräsentierende Objekt führen **Klassenoperationenprozesse** die klassenspezifischen Operationen durch.
- Für jedes repräsentierende Objekt protokolliert ein **Gedächtnisprozeß** die wesentlichen ein Objekt betreffenden Ereignisse und führt gegebenenfalls Auswertungen der Protokolle durch.

Benutzer-, Systemoperations-, Klassenoperations- und Gedächtnisprozesse verfügen über jeweils eigene, auf ihre besonderen Aufgaben zugeschnittene Rechteüberprüfungsverfahren: Sie liefern nur dann die angeforderten Ergebnisse, wenn die im DORIS-Modell geforderten Rechte wirklich vorliegen.

Die komplexe Struktur der Menge der ablaufenden Prozesse führt natürlich zu einem stark erhöhten Laufzeitaufwand für Anfragen. Weitergehende Untersuchungen müssen aufzeigen, welche Möglichkeiten zur Effizienzsteigerung vorhanden sind.

6. Zusammenfassung

Wir beschrieben die Ziele, das Modell des persönlichen Wissens und eine prototypische dezentrale Implementierung für das datenschutzorientierte Informationssystem DORIS.

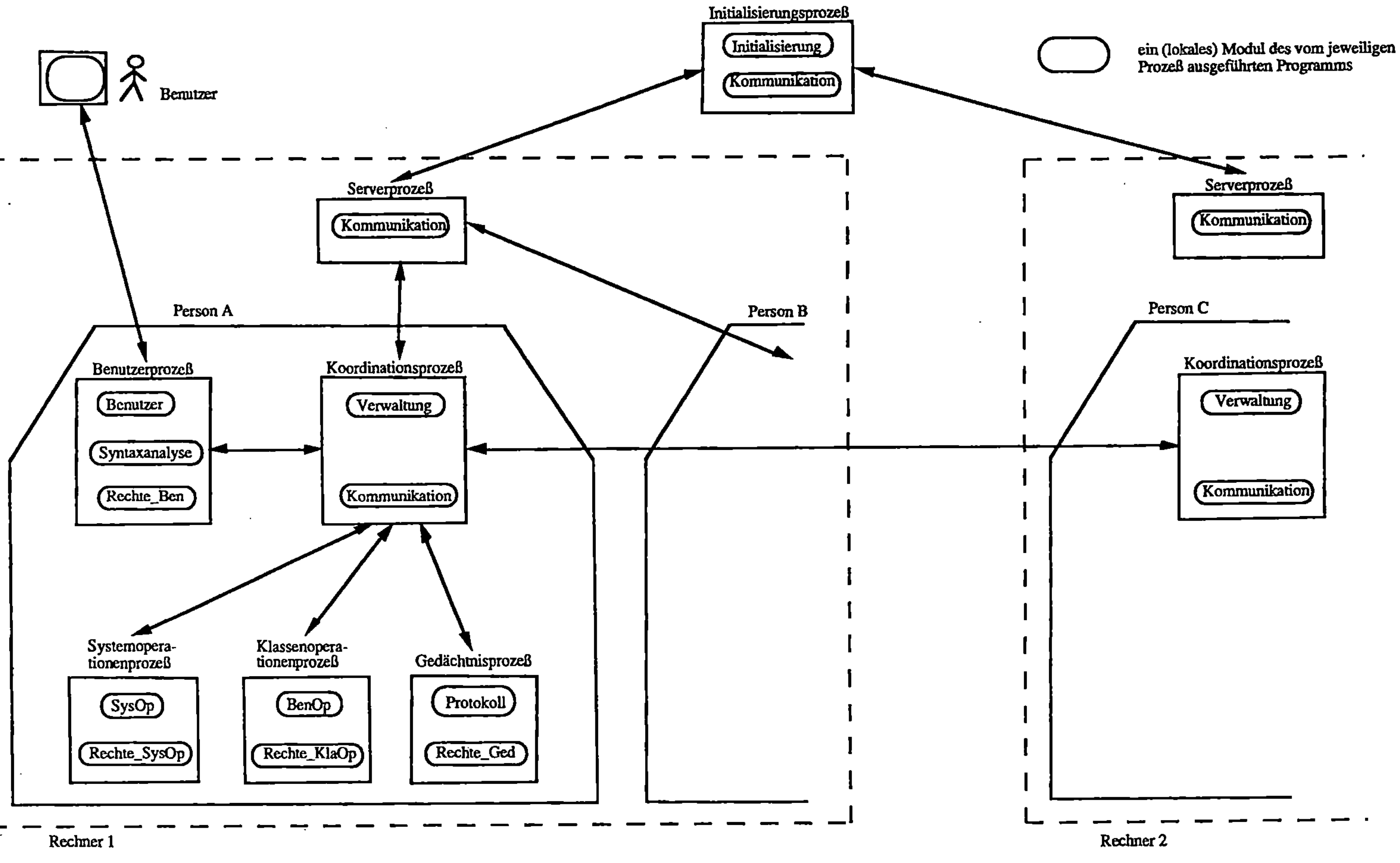

Abbildung 2: Prozesse der dezentralen Implementierung von DORIS

Die Bewertungen ergaben, daß das Modell die Ziele weitgehend erfüllen kann, aber für praktische Anwendungen noch weiter ausgestaltet werden sollte. Die dezentrale Implementierung zeigte, daß eine Verwirklichung des Modells grundsätzlich möglich ist, aber eine Untersuchung der Sicherheitsanforderungen an das zugrunde liegende Betriebssystem und Effizienzsteigerung sind noch zu erledigende Aufgaben.

7. Literaturangaben

Bi 88   J. Biskup,
Privacy Respecting Permissions and Rights,
Database Security: Status and Prospects (ed.: C.E. Landwehr),
North-Holland, Amsterdam etc., 1988, pp. 173-185.

Bi 90   J. Biskup,
A general framework for database security,
Proc. European Symposium on Research in Computer Security, Oct. 24 - 26, 1990, Toulouse (published by AFCET, Paris), pp. 35 - 41.

BiBr 88 J. Biskup, H.H. Brüggemann,
The personal model of data - towards a privacy-oriented information system,
Computers & Security 7 (1988), pp. 575-597.

BiGr 89 J. Biskup, H.-W. Graf,
Analysis of the privacy model for the information system DORIS,
Database Security, II: Status and Prospects (ed.: C.E. Landwehr),
North-Holland, Amsterdam etc., 1989, pp. 123-140.

Br 89   H.H. Brüggemann,
Interaction of authorities and acquaintances in the DORIS privacy model of data,
Proc. MFDBS 89, Lecture Notes in Computer Science 364, Springer, 1989, pp. 85-99.

Br 90   H.H. Brüggemann,
Rights in an object-oriented environment,
Hildesheimer Informatik-Berichte, Universität Hildesheim, Okt. 1990.

Bvg 83 Bundesverfassungsgericht
Urteil vom 15. Dezember 1983 zum Volkszählungsgesetz 1983,
Bundesanzeiger 35, 241a (1983).

Ec 90   C. Eckert,
Entwicklung und Implementierung des Moduls Kommunikation (für DORIS),
Projektgruppenbericht, Institut für Informatik, Universität Hildesheim, 1990.

Wo 90   C. Wonhardt,
Modellierung und Implementierung eines Beispiels in DORIS: ein medizinisches Informationssystem,
Projektgruppenbericht, Institut für Informatik, Universität Hildesheim, 1990.

B1-Funktionalität für Betriebssysteme: Sicherheitskennzeichen für Exportkanäle

Eike Born
SIEMENS NIXDORF Informationssysteme AG
Otto-Hahn-Ring 6, D-8000 München 83

Die Modelle des regelbasierten Zugriffsschutzes ("mandatory access control") in Betriebssystemen beruhen fast ausnahmslos auf Kennzeichen, mit denen die zu schützenden Informationen (etwa als Dateien) gekennzeichnet werden. Zur Regelung des Zugriffs auf Informationen sind in der Regel auch Ablaufträger (Prozesse) und Kommunikationsinstanzen (Kanäle) des Betriebssystems mit diesen Sicherheitskennzeichen zu versehen. Im Gegensatz zu Dateien und Prozessen sind Kanäle weder in den Modellen noch in existierenden Betriebssystemen eine wohletablierte Objektklasse. Die Arbeit diskutiert die Anforderungen an Kanäle im Rahmen des regelbasierten Zugriffsschutzes mit dem Ziel, eine allgemeine Vorgehensweise für die Einrichtung dieser Objekte in bestehenden Betriebsssystemen zu ermöglichen.

1 Einleitung

Die Sicherheit, die Betriebssysteme ihnen anvertrauten Datenobjekten bieten, hängt in wesentlichem Maße von den Funktionen ab, die das Betriebssystem zur Kontrolle des Zugriffs auf Datenobjekte zur Verfügung stellt. Neben dem benutzerbestimmbaren Zugriffsschutz spielt der regelbasierte Zugriffsschutz ("mandatory access control") eine herausragende Rolle. So fordert etwa der amerikanische Kriterienkatalog ("orange book" [OB]), an Hand dessen die Sicherheit eines Betriebssystems von entsprechenden Prüfstellen beurteilt wird, für eine Einstufung eines Betriebssystems in die Sicherheitsstufe B1 die Verwaltung von Sicherheitskennzeichen als Grundlage eines regelbasierten Zugriffsschutzes.

Fast allen bisher vorgeschlagenen Modellen des regelbasierten Zugriffsschutzes liegt das Prinzip einer Kennzeichnung von Dateien und Prozessen mit definierten Kennzeichen ("security labels") zu Grunde (vgl. etwa [BP], [DE], [DI], [ME], [LS], [LT], [US] oder [LA]). Die Kriterienkataloge [IT] und [OB] der mit der Bewertung von Betriebssystemen beauftragten Behörden fordern darüberhinaus für sichere Betriebssysteme die Kennzeichnung von Kanälen.

Im Rahmen der Entwicklung von Betriebssystemen der Stufe B1 haben sich für die Kennzeichnung von Prozessen und Dateien im wesentlichen einheitliche Vorgehensweisen durchgesetzt (vgl. etwa [FR], [GI], [GL], [GR], [LT] oder [LU]). Im Gegensatz dazu sind bisher keine allgemeine Prinzipien zur Kennzeichnung von Kanälen bekannt. Es ist nicht einmal eine einheitliche Vorstellung von der Objektklasse "Kanal" vorhanden, und zwar weder im Rahmen der theoretischen Modelle noch bei entsprechenden Implementierungen. Zur Realisierung eines regelbasierten Zugriffsschutzes in einem Betriebssystem sind daher der Begriff des Kanals zu konkretisieren und die dadurch geschaffenen Objekte einer Kennzeichnung zugänglich zu machen. Dies erfordert neben einer geeigneten Festlegung des Bereiches des sicheren Systems ("trusted computer base") eine Analyse derjenigen Vorgänge im Rechner, die Kanäle nutzen.

Wir stellen im folgenden Prinzipien dar, die eine einheitliche und konkrete Definition der Objektklasse "Kanal" ermöglichen. Sie beruhen zum einen auf dem verbandstheoretischen Modell eines sicheren Betriebssystems von Bell und LaPadua (vgl. [BP], [DE] oder [LA]), zum anderen auf den Kriterienkatalogen [OB] und [IT] sowie Ergebnissen und Erfahrungen bisheriger Bewertungen der entsprechenden Behörden ([IO], [MU], [SC]). Dabei wird die Kenntnis des auf Sicherheitskennzeichen basierenden Zugriffsschutz nach dem Modell von Bell und LaPadula vorausgesetzt.

2 Forderungen der Kriterienkataloge

In den zitierten Arbeiten über formale Modelle des regelbasierten Zugriffsschutzes finden sich keine Hinweise auf Objekte der Klasse "Kanal". Die Kriterienkataloge sind daher die einzigen Quellen für Hinweise auf Anforderungen an die Kennzeichnung von Kanälen.

Nach dem amerikanischen Kriterienkatalog [OB] müssen "communication channels and I/O devices", im folgenden "Kanäle" bzw. "Geräte" genannt, nach dem deutschen Kriterienkatalog [IT] "Exportkanäle" entweder einstufig oder mehrstufig kennzeichenbar sein. Die Kennzeichnung oder Kennzeichnungsänderung eines Kanals darf nur explizit (am. Kriterienkatalog: "manually") und protokolliert ("auditable") in nichttäuschbarer Weise durch einen autorisierten Benutzer erfolgen. Über einstufig gekennzeichnete (Export-) Kanäle dürfen nur Informationen vermittelt werden, deren Kennzeichnung einen fest vorgegebenen Wert besitzt; die Kennzeichnung muß nicht übertragen werden, da sie implizit durch die Kennzeichnung des Kanals festgelegt ist. Bei mehrstufig gekennzeichneten (Export-) Kanälen muß durch das Übertragungsprotokoll sichergestellt sein, daß die Empfängerseite die Kennzeichnung empfangener Information vollständig rekonstruieren kann.

Es wird deutlich, daß die Kriterienkataloge den Begriff des Kanals durch die Funktion und weniger durch die Gestalt beschreiben. Vor einer Realisierung von Sicherheitskennzeichen in einem Betriebssystem sind daher folgende Fragen zu beantworten:
- Welche Strukturen des Betriebssystem kommen als Kanäle, welche als Geräte in Frage?
- Wie sind die Objekte "Kanäle" und "Geräte" im Betriebssystem zu definieren?
- Wie kann die Kennzeichnung der so identifizierten Objekte durchgeführt werden?
- Wie wird die regelkonforme Nutzung von Kanälen und Geräten sichergestellt?

Grundlage einer Diskussion dieser Fragen ist das in den Kriterienkatalogen beschriebene, auf den Ansätzen von Bell und LaPadula beruhende Modell eines sicheren Betriebssystems.

3 Das Modell eines sicheren Betriebssystems

Den Kriterienkatalogen liegt teils explizit teils implizit ein Modell eines sicheren Betriebssystems zu Grunde. Die Darstellung erfordert die Präzisierung eines allgemeinen, für unsere Betrachtungen geeigneten Modells eines Betriebssystems.

3.1 Modell eines Betriebssystems

Es wird sich im folgenden als sinnvoll erweisen, ein Betriebssystem als ein geschichtetes Modell anzusehen. Jede Schicht stellt Objekte der Objektklassen Ablaufträger, Datenträger und Kommunikationsinstanzen zur Verfügung; die Objekte der höheren Schichten stützen sich auf denen der jeweils darunterliegenden Schicht ab.

Die Hardware stellt die unterste Schicht dar und besteht etwa aus den Objekten Hauptspeicher (HSP), Zentralprozessoren (CPU's), E/A-Prozessoren, Magnetplatten, Drucker und Terminals. Zwischen den meisten dieser Objekte bestehen Kommunikationsinstanzen in Form datenübertragender Leitungen (Busse). Dies sind die Kanäle der Hardware.

Die nächsthöhere Schicht des Betriebssystems wird von der Kern-Software gebildet. Die hier zur Verfügung gestellten Objekte wie Adreßräume, Prozesse oder virtuelle E/A-Geräte sind auf die Bedürfnisse höherer Schichten zugeschnittene Abbilder der Objekte der Hardware. Die Kommunikationsinstanzen der Kern-Software werden etwa durch supervisor calls oder gemeinsame Speicherbereiche realisiert.

Die oberste Schicht des Betriebssystems besteht aus den Subsystemen, die den eigentlichen produktiven Betrieb eines auf dem Betriebssystem aufsetzenden Anwendungssystems ermöglicht. Hierzu zählen etwa die Objekte Dateien und Dateiverwaltungssysteme, Benutzer und Benutzerverwaltungssysteme, Benutzer-Aufträge und Auftragsverwaltung oder Kommunikationspartner einer Kommunikationsverwaltung. Die Kanäle dieser Schicht sind über entsprechende Programm- oder Kommando-Schnittstellen realisiert und stellen geeignete Abbilder der Kanäle tieferer Schichten dar.

Dies ist nur eine Möglichkeit der Schichtung eines Betriebssystems. In existierenden Betriebssystemen sind teil differenziertere, teils unvollständige Schichtungen anzutreffen. Die Abbildungen der Objekte tieferer Schichten auf solche höherer Schichten sind in der Regel nicht eindeutig. Es sollte schließlich nicht übersehen werden, daß zwar erläutert wurde, welche Objekte der Schichten als Kanäle in Frage kommen, diese Objekte jedoch nicht definiert wurden. Bild 1 gibt eine Vorstellung von dem dargestellten Modell eines Betriebssystems.

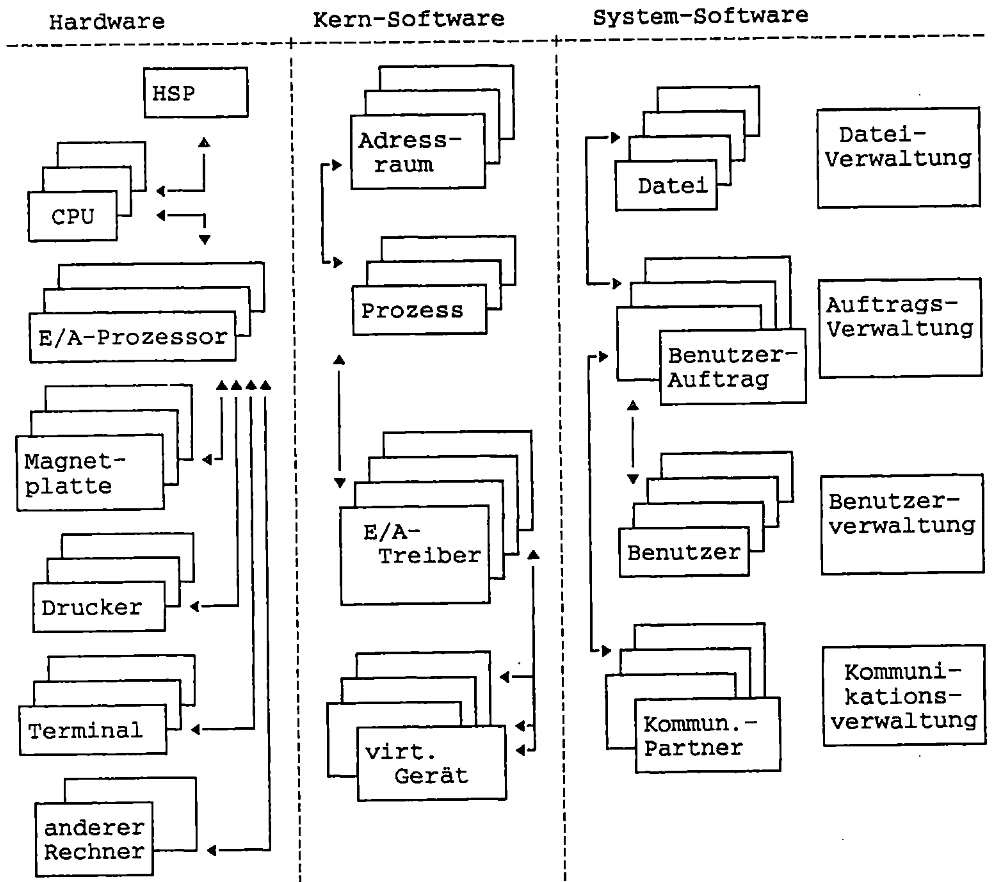

Bild 1: Modell eines geschichteten Betriebssystems
    ◄—► = Kommunikationsinstanz

3.2 Bestandteile eines sicheren Betriebssystems

Die Kriterienkataloge legen verschiedene Bereiche eines sicheren Betriebssystems fest.

Der **Sicherheitskern** ("trusted computer base") ist die Zusammenfassung aller zur Durchsetzung der Sicherheitspolitik notwendigen Mechanismen. Er umfaßt im wesentlichen in der Hardware die Zentral- und E/A-Prozessoren und den Hauptspeicher sowie die zur Realsierung der Sicherheitspolitik notwendigen Teile der Kern-Software und ggf. entsprechende Instanzen der System-Software.

Die sichere Konfiguration ist die Zusammenfassung aller Instanzen der Hard- und Software, die einer Bewertung unterzogen werden; die entsprechenden Instanzen befinden sich "unter Kontrolle des sicheren Systems" ([OB], Sect. 6) und werden im folgenden oft einfach als "sicher" bezeichnet. Die sichere Konfiguration ist der Teil des Betriebssystems, der im Sinn des Modells von Bell und LaPadula den sicheren Zustand durch keine Aktion verläßt. Bei einem realen System wird dies im Rahmen der Bewertung durch entsprechende Behörden möglichst weitgehend überprüft. Die sichere Konfiguration bezieht sich stets auf einen (isolierten) einzelnen Rechner. Neben den Instanzen des Sicherheitskerns umfaßt sie die Teile des Rechners, die einen produktiven Betrieb ermöglichen, also etwa in der Hardware sicher konfigurierte Bandgeräte, Magnetplatten, Drucker und Terminals und in der Software die wesentlichen Teile der Kern- und System-Software.

(Kommunikations-) Kanäle werden vom amerikanischen Kriterienkatalog aufgeführt, jedoch nicht weiter definiert. Man wird daher unter Kanälen alle HW- und SW-Instanzen verstehen, die vom Betriebssystem zur Kommunikation zwischen verschiedenen Instanzen genutzt werden.

(E/A-) Geräte werden ebenfalls nur vom amerikanischen Kriterienkatalog aufgeführt. Hierunter sind alle Instanzen zu verstehen, die zur Ein- und Ausgabe menschenlesbarer Daten dienen. In diesem Sinn stellen sie die physikalische bedienerseitige Schnittstelle einer Rechenanlage dar.

Statt der Kommunikationskanäle und E/A-Geräte des amerikanischen Kriterienkatalog führt der deutsche Kriterienkatalog [IT] Exportkanäle auf. Sie sollen im folgenden die Unterklasse derjenigen (Kommunikations-) Kanäle sein, die zur Kommunikation zwischen Instanzen innerhalb und außerhalb der sicheren Konfiguration dienen.

Die Struktur eines sicheren Betriebssystems ist in Bild 2 schematisch dargestellt.

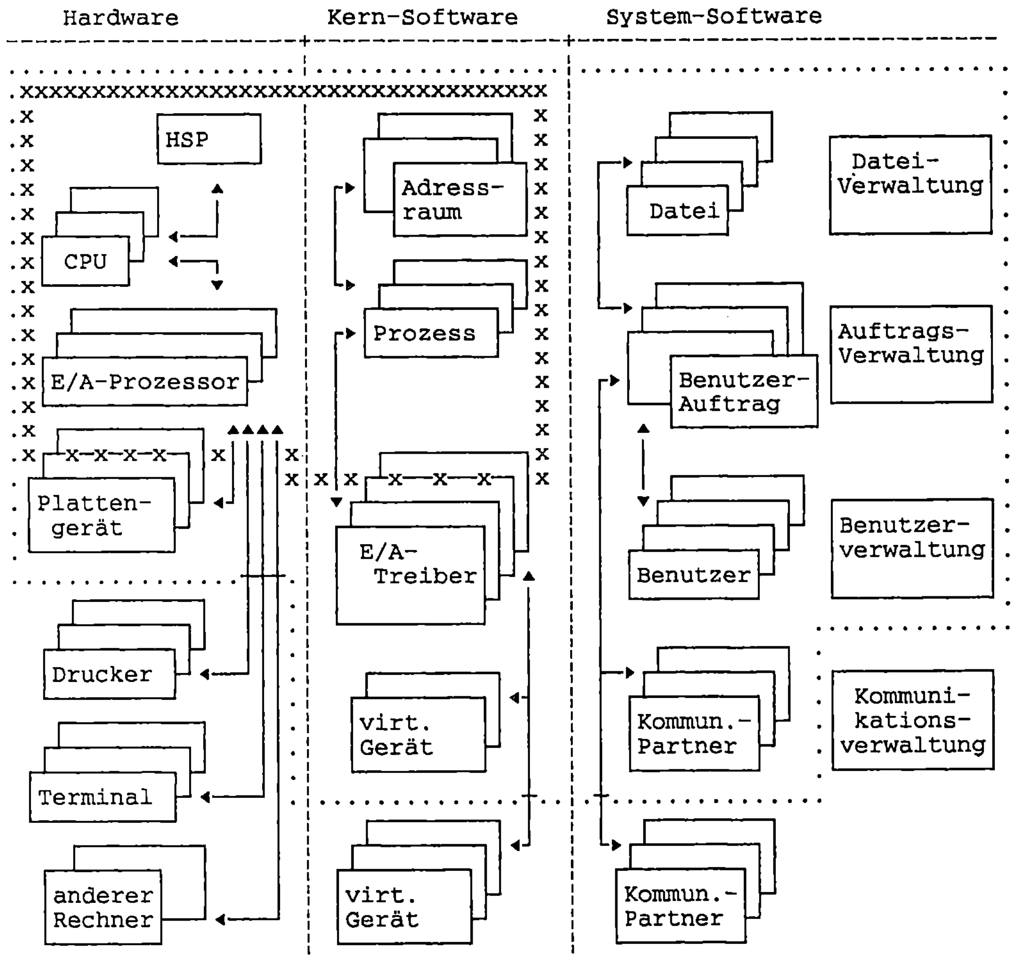

Bild 2: Bestandteile einer sicheren DV-Anlage
xxxxx = Sicherheitskern
..... = sichere Konfiguration
◄——► = Kanäle
◄—|—► = Exportkanäle

4 Anforderungen an Kanäle

Wir stellen im folgenden die grundlegenden Anforderungen an die schützenswerten Kommunikationsinstanzen eines sicheren Betriebssystems dar.
Sowohl zu Grunde liegende Modelle des regelbasierten Zugriffsschutzes
als auch die Zielsetzung der Kriterienkataloge erlauben dabei eine Einschränkung der Betrachtung allein von Exportkanälen. Erste Forderungen
an Exportkanäle können direkt aus den Kriterienkatalogen abgeleitet

werden, für weitergehende Forderungen ist eine Analyse des Verhältnisses zwischen der sicheren Konfiguration und den Schichten des Betriebssystems hilfreich.

4.1 Exportkanäle versus Kommunikationskanäle

Die formalen Modelle des regelbasierten Zugriffsschutzes in Betriebssystemen betrachten ausschließlich einzelne isoliert ablaufende Betriebssysteme. Dies erlaubt die Entwicklung geschlossener, vollständiger und konsistenter Modelle. Eine solche Abstraktion ist für den produktiven Betrieb eines Betriebssystems jedoch nicht tragfähig; dieser ist ohne eine intensive Einbettung in Netze kommunizierender Partner wie Fremdrechner oder Frontends heute nicht denkbar.

Dieser Anforderung haben die Kriterienkataloge der mit der Beurteilung beauftragten Behörden durch die Einführung von Kanälen als schützenswerten Instanzen eines Betriebssystems Rechnung getragen. Ziel ist es, die Isolation des sicheren Betriebssystems aufzuheben und einen kontrollierten Datenaustausch mit der u. U. nicht sicheren Umgebung zu ermöglichen, ohne daß der von der sicheren Konfiguration zur Verfügung gestellte Schutz beeinträchtigt wird. Insbesondere soll die Einrichtung von Kanälen die Kopplung mehrerer sicherer Betriebssysteme zu einer Einheit ermöglichen, die in ihren Grenzen Schutz und Sicherheit äquivalent dem innerhalb einer sicheren Konfiguration bietet. Aus diesem Grund ist bei der Betrachtung von Kanälen durch die Kriterienkataloge die Betonung auf den Exportkanälen zu sehen.

Eine Betrachtung allein von Exportkanälen ist auch mit den formalen Modellen sicherer Betriebssysteme verträglich. In diesen Modellen gelten alle Operationen der sicheren Konfiguration als sicher. Insbesondere sind sie so realisiert, daß Kennzeichnungen nicht verfälscht werden können. Dadurch ist aber auch die Kennzeichnung der Kommunikationsinstanzen innerhalb der sicheren Konfiguration überflüssig, da diese allein zur Sicherstellung der Kennzeichnung übertragener Information dient.

Instanzen zur Kommunikation zwischen Partnern innerhalb der sicheren Konfiguration stellen somit keine funktionale Erweiterung der sicheren Konfiguration dar. Kommunikationsinstanzen zwischen Partnern außerhalb der sicheren Konfiguration stehen offensichtlich nicht unter Kontrolle des sicheren Systems und eigenen sich daher nicht als schützenswerte

Instanzen. Wir betrachten daher im Rahmen des regelbasierten Zugriffsschutzes etwa nach dem Modell von Bell und LaPadula als schützenswerte, zu kontrollierende und daher kennzeichnungspflichtige Kommunikationsinstanzen allein Exportkanäle, also Instanzen zur Kommunikation über die Grenze der sicheren Konfiguration hinweg.

Durch die Einführung von Exportkanälen als schützenswerte Objekte wird die ohne solche Instanzen scharfe Grenze der sicheren Konfiguration kontrolliert durchlässig gemacht. In der Praxis führt dies zur Etablierung einer kontrollierbaren Konfiguration, welche die sichere Konfiguration umfaßt.

4.2 Elementare Anforderungen

Die Objektklasse Exportkanal besteht aus Instanzen eines Betriebssystems, die zur Übermittlung von Information zwischen zwei weiteren Instanzen innerhalb und außerhalb der sicheren Konfiguration in Anspruch genommen werden können. Eine Reihe von Forderungen an die Objektklasse Exportkanal lassen sich direkt aus den Kriterienkatalogen ableiten:

a) Nur solche Verbindungen kommen als Exportkanäle in Frage, die von gekennzeichneten Subjekten des Betriebssystems (Benutzer-Tasks) über definierte Schnittstellen zum Zweck einer Informationsübermittlung angesprochen werden können.

b) Exportkanäle müssen soweit statisch sein, daß sie einer Verwaltung durch autorisierte Benutzer grundsätzlich zugänglich sind. Sie sollten also mehrere Betriebsphasen einer DV-Anlage überdauern können. Von normalen Benutzern definierbare Objekte (etwa individuelle Mail-Adressen) können nicht Grundlage einer sicheren Definition von Exportkanälen sein.

c) Einrichtung und Nutzung der Exportkanäle muß unter Kontrolle des sicheren Systems geschehen können.

4.3 Identifikationsart

Es sind grundsätzlich zwei Möglichkeiten der Identifikation eines Exportkanals denkbar:
- Identifizierung durch beide Endpunkte,
- Identifizierung durch nur einen Endpunkt.

Bei einer ersten Betrachtung mag die Identifikation eines Exportkanales durch beide Endpunkte als die natürliche erscheinen. Sie faßt die Granularität der Kommunikationsinstanzen feiner und präziser. Eine Identifikation von Exportkanälen ist auch dann möglich, wenn mehrere sichere Instanzen die gleiche unsichere Instanz oder umgekehrt eine unsichere Instanz mehrere unsichere Instanzen ansprechen. Eine Differenzierung der Exportkanäle durch nur einen Endpunkt ist in diesem Fall nur teilweise möglich.

Auf der anderen Seite ist bei der Identifikation eines Exportkanales durch beide Endpunkte u. U. eine nach den Kriterienkatalogen und den formalen Modellen verbotene Senkung der Sicherheitskennzeichen von Information ("Herunterstufung") möglich: Gehen zu einer zur Datenübernahme und -ausgabe fähigen externen "unsicheren" Instanz zwei Exportkanäle, die auf Grund der Unsicherheit der Instanz jeweils einstufig gekennzeichnet sind, so kann bei unterschiedlicher Kennzeichnung dieser Kanäle Information mit einer hohen Kennzeichnung über den Kanal mit der höheren Kennzeichnung exportiert und über den Kanal mit der niedrigeren Kennzeichnung wieder importiert werden. Das System schließt üblicherweise beim Import von der Kennzeichnung des Kanals auf die Kennzeichnung der Information zurück; diese wird dadurch heruntergestuft (s. Bild 3).

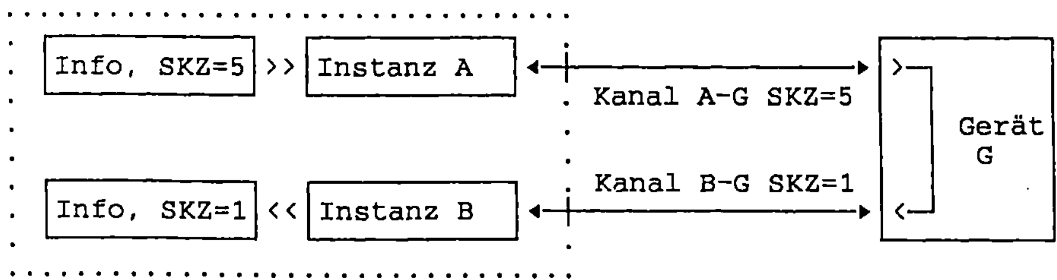

Bild 3: Unsichere Exportkanal-Definition
.... = Sichere Konfiguration
◄───┼───► = Exportkanal
>>   = Datenweitergabe

Das dargestellt Problem entsteht offensichtlich nur bei der Kommunikation mehrerer Instanzen der sicheren Konfiguration mit der gleichen Instanz außerhalb der sicheren Konfiguration. Es läßt sich nur durch Absprachen bei der Einrichtung und Kennzeichnung von Exportkanälen vermeiden. Eine solche Absprache bedeutet dem Wesen nach aber nichts anderes als die Installation einer Verwaltung von Exportkanälen, die auf den außerhalb der sicheren Konfiguration gelegenen Endpunkten basiert. Wie Bild 4 zeigt, ist bei einer solchen Identifikation der Exportkanäle eine unerwünschte Herunterstufung der Kennzeichnung von Daten durch Export und anschließenden Import ausgeschlossen.

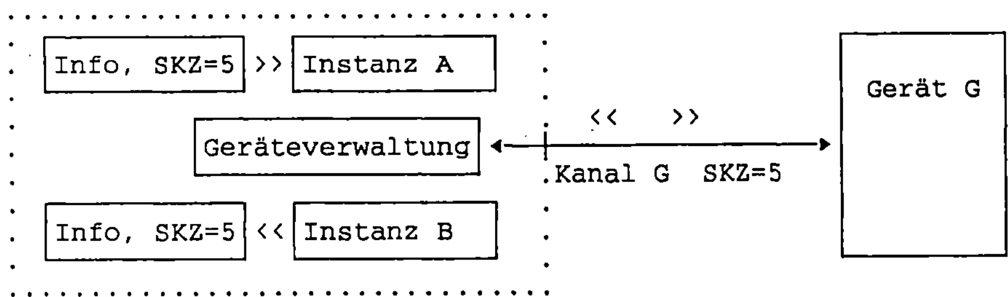

Bild 4: Sichere Exportkanal-Definition
.... = Sichere Konfiguration
◄──┼──► = Exportkanal
>>   = Datenweitergabe

Aus Gründen der Datensicherheit und der Anwendbarkeit der verwendeten theoretischen Modelle des regelbasierten Zugriffsschutzes sind Exportkanäle also durch ihren außerhalb der sicheren Konfiguration gelegenen Endpunkt zu identifizieren. Sie können daher im wesentlichen mit den entsprechenden E/A-Geräten identifiziert werden.

Wenn bei einem Betriebssystem ein außerhalb der sicheren Konfiguration liegendes Gerät durch mehrere Instanzen in der sicheren Konfiguration angesprochen werden kann, so läßt diese Form der Identifizierung keine eindeutige Nachbildung der existierenden Kommunikationsinstanzen zu. In diesem Fall ist die Schaffung einer Verwaltungsinstanz für Exportkanäle bzw. E/A-Geräte notwendig. Dies behebt die mangelnde Präzision der vorgeschlagenen Identifikationsart.

4.4 Identifikationsebene

Die Definition der Objekte der Klasse Exportkanal hängt von der
semantischen Ebene ab, in der der Benutzer den außerhalb der sicheren
Konfiguration gelegenen Endpunkt bzw. das zu Grunde liegende Gerät
anspricht und nutzt. Diese Ebenen sind i. A. Subsystem-spezifisch:
So kann man eine Verbindung zu einem Gerät "Drucker" etwa über die
Benutzer-Schnittstellen einer Anwendung, über den Geräte-Treiber selber
oder gegebenenfalls über Treiber des Betriebssystem-Kerns nutzen. Im
allgemeinen wird das angesprochene Gerät im Betriebssystem auf den
verschiedenen Ebenen unterschiedlich repräsentiert. Bild 5 gibt ein
Beispiel für solche Ebenen semantischer Hierarchie zusammen mit einer
Ausprägung der sicheren Konfiguration. Die Abbilder des dargestellten
Gerätes in den verschiedenen Schichten des Betriebssystems sind dabei
als Bestandteile des Gerätes selber dargestellt.

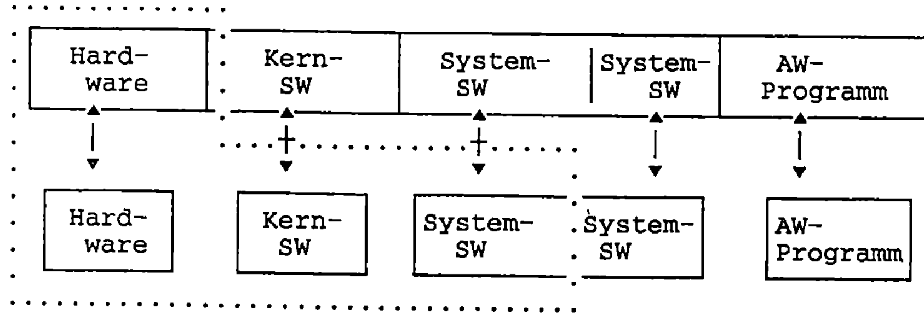

<u>Bild 5</u>: Semantische Ebenen von Exportkanälen
..... = sichere Konfiguration
= vom Betriebssystem sichtbares Gerät
= Kanal
= Exportkanal

Für die zu wählende Ebene der Identifikation der Endpunkte des
Exportkanales ergeben sich zwei Anforderungen. Zum einen sollte die
Identifikation möglichst stabil und von der sicheren Konfiguration kon-
trollierbar und verwaltbar sein. Zum anderen sollte sie möglichst hoch
und benutzer-nah liegen, damit die Exportkanäle tatsächlich das Objekt
sind, daß der Benutzer zum Ziel der Kommunikation anspricht. Als Identifikation der Exportkanäle sollte daher das auf der höchsten Schicht
innerhalb der sicheren Konfiguration liegende Abbild der entsprechenden
Geräte gewählt werden.

4.5 Identifikation von komplexen Exportkanälen

Entsprechend der Darstellungen in 4.3 mindert eine Geräteverwaltung innerhalb der sicheren Konfiguration die mangelnde Differenziertheit der endpunktbezogenen Identifikation von Exportkanälen. Sie kann jedoch nicht in allen Fällen eine vom Benutzer gewünschte Granularität der Objektklasse Exportkanäle zur Verfügung stellen. So umfaßt die sichere Konfiguration u. U. zwar zentrale Verteiler, enthält jedoch nicht dezentrale Verteiler, über die die durch den Benutzer addressierten Geräte letztendlich angesprochen werden. In Bild 6 ist sowohl die Situation eines zentralen Verteilers mit hinreichend feiner Adressierung der Endgeräte durch Exportkanäle (untere Hälfte) wie auch die Situation eines nicht in der sicheren Konfiguration gelegenen Verteilers (obere Hälfte) schematisch dargestellt.

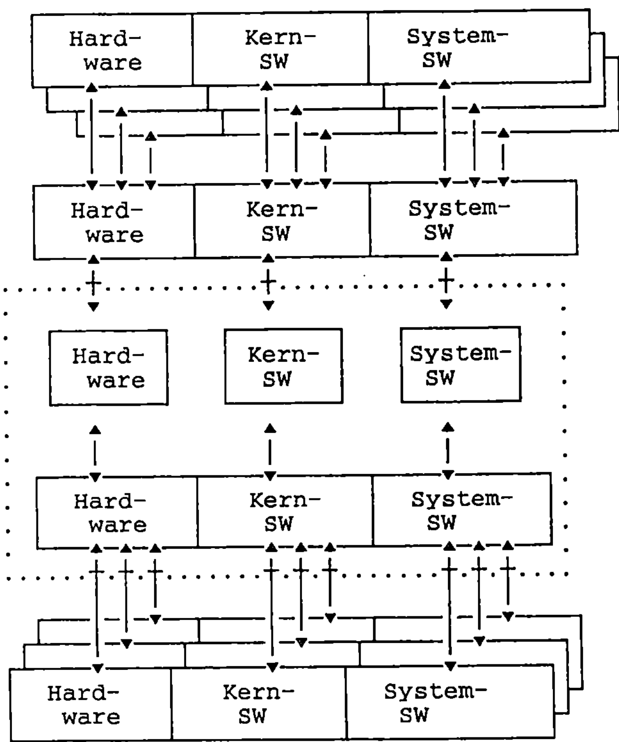

Bild 6: Eindeutigkeit der Exportkanäle

Liegt ein solcher Verteiler innerhalb der sicheren Konfiguration, so kann man ohne weiteres die adressierten Endgeräte durch Exportkanäle ansprechen. Der Verteiler arbeitet in diesem Fall als Geräteverwaltung. Liegt ein solcher Verteiler jedoch außerhalb der sicheren Konfiguration, so bereitet eine solche Festlegung Probleme: Die Endgeräte sind als Exportkanäle ungeeignet, da sie in dieser Granularität nicht zur Adressierung durch das sichere System herangezogen werden können. Der Verteiler eignet sich nicht als Exportkanal, da eine Kennzeichnung nicht die tatsächlichen gerätespezifischen Bedürfnisse berücksichtigen kann.

Allein eine geeigente Wahl der sicheren Konfiguration kann diesen Mangel beheben und gewährleisten, daß Exportkanäle soweit wie möglich unter Einhaltung der übrigen Forderungen (insbesondere der Verwaltbarkeit durch die sichere Konfiguration) auf Endgeräte bezogen definiert werden sollen.

Man kann weiter fordern, daß die Identifikatoren aller Exportkanäle auf einer Ebene im Sinn des dargestellten geschichteten Betriebssystem-Modells liegen und nicht auf verschiedenen Ebenen, die von der Kanalart oder den den Kanal zur Verfügung stellenden Subsystemen abhängig sind. Die Existenz einer solchen Ebene hängt jedoch von der speziellen Ausprägung der sicheren Konfiguration ab.

4.6 Zusammenfassung

Zusammenfassend sind im folgenden alle bisher entwickelten Forderungen an Exportkanäle aufgeführt:

- Ein Exportkanal wird durch den außerhalb der sicheren Konfiguration liegenden Endpunkt bzw. ein entsprechendes E/A-Geräte identifiziert.

- Die Identifikation der Exportkanäle sollte auf der höchsten semantischen Ebene innerhalb der sicheren Konfiguration gewählt werden.

- Die sichere Konfiguration muß die wesentlichen Verteilungsinstanzen der Datenkommunikation umfassen.

- Die Exportkanäle müssen vom Benutzer ansprechbar und durch autorisierte Benutzer verwaltbar sein.

5 Die Verwaltung von Exportkanälen

Wenn die Objektklasse "Exportkanal" beschrieben ist, muß eine Instanz
zur Verwaltung der Exportkanäle festgelegt werden. Diese ist Bestandteil des Sicherheitskerns und wird im allgemeinen außerhalb aller die
Exportkanäle nutzenden Instanzen liegen. Es ist sicherzustellen, daß
die Zugriffe auf einen Exportkanal, nämlich seine Einrichtung, Kennzeichnung und Nutzung, nur unter Kontrolle der Exportkanalverwaltung
und unter Benutzung der festgelegten Identifikatoren geschehen können.
Die Verwaltungseinheit kann u. U. die Identifikation der Exportkanäle
in eindeutiger Weise auf leichter verwaltbare Bezeichner abbilden.

Die Objektklasse "Exportkanal" ist definiert durch die anwendbaren
Methoden
- Dateneinlesen ("Schreiben"),
- Datenauslesen ("Lesen")
und gegebenenfalls
- Öffnen,
- Schließen
und kann daher formal wie eine Datei behandelt werden. Ein Objekt
"Exportkanal" wird erzeugt durch die Methode "Kanaldefinition" des
Superobjektes Betriebssystem, wobei sein Name und unter Umständen eine
Auswahl der anwendbaren Methoden angegeben und in die entsprechende
Verwaltungstabelle eingetragen werden. Dies darf nur durch einen dazu
autorisierten Benutzer über eine entsprechende Schnittstelle erfolgen.
Die Kennzeichnung (erstmalig/modifizierend) kann über die gleiche
Schnittstelle wie die Einrichtung durch einen autorisierten Benutzer
erfolgen. Sie verbindet die Identifikation des Exportkanales in
nichttäuschbarer Weise mit einer Anzeige über die Art der Kennzeichnung
(einstufig/mehrstufig) sowie mit dem oder den Sicherheitskennzeichen.
Im Gegensatz zur Kennzeichnung von Dateien bezieht sich die
Kennzeichnung eines Kanals nicht auf enthaltene Information, sondern
auf die Instanz selber.

Die Kennzeichnung eines Exportkanales sowie gegebenenfalls eine u. U.
dynamische Umstufung müssen protokolliert werden.

Für die Anforderung auf Überprüfung der Nutzungsberechtigung eines
Exportkanals ist das auf der höchsten semantischen Ebene innerhalb der
sicheren Konfiguration liegende Subsystem zuständig, welches auf die in
der Exportkanalverwaltung verwalteten Exportkanäle zugreift.

6 Beispiel: Exportkanäle des Betriebssystems BS2000

6.1 Kanäle des Betriebssystems

BS2000 ist ein Großrechner-Betriebssystem, daß dem Benutzer an der
Oberfläche eine Fülle von Objekten und Methoden zur Verfügung stellt.
Im wesentlichen läßt sich eine in Abschnitt 3.1 dargestellte Schichtung identifizieren. Im folgenden wird die Geräteverwaltung des BS2000
in Version 10 kurz dargestellt.

Die Geräteverwaltung bildet die wesentliche Verwaltungsinstanz für
Geräte des BS2000. Sie besteht aus den auf der Hardware aufsetzenden
Kanaltreibern sowie den darauf aufsetzenden Geräte-Treibern.

Die Verbindungen zu allen dem BS2000 bekannten Geräten (RZ-Drucker,
Konsolen, Vorrechner, Platten- und Bandgeräte,...) werden bei der
Generierung des Systems auf Grundlage der realisierten physikalischen
Verbindungen mittels des Subsystems Universal Generator (UGEN) über
entsprechende Eintragungen in den Konfigurationstabellen definiert.
Neben einer i. A. nicht eindeutigen 2-Byte-Adresse (channel path id,
unit-Adresse mit u. U. mehrere Verbindungen zu einem Gerät) wird
der mnemotechnische Gerätename ("mn") als eindeutige Geräteadressierung
in diesen Tabellen festgelegt. Eine Modifikation dieser mn's
(Verfügbarkeitsstatus,...) ist beim Hochfahren des Systems nur über die
Rekonfigurationsschnittstelle CONFUPD des Subsystems UGEN und danach
über explizite Operator-Kommandos der Geräteverwaltungsschnittstelle
möglich. Die Konfigurationstabellen werden dabei fortwährend aktuell
gehalten.

Für die verschiedenen Geräte bzw. Gerätetypen existieren entsprechende
Geräte-Treiber, die die physikalischen Verbindungen entsprechend
den UGEN-Eintragungen für höhere Betriebssystem-Ebenen zur Verfügung
stellen:
- Datenfernübertragungs-Treiber BCAM für die entsprechenden Verbindun-
  gen (PDN, TIAM, OMNIS, DCAM,....),
- Drucker-Treiber SPOOL für Drucker und Diskettenlaufwerke,
- Band-Treiber für Bandgeräte,
- Platten-Treiber für Plattenlaufwerke,
- Konsol-Treiber für Konsolen,
- Treiber für Nicht-Standard-Geräte (ADAM),
- Nicht-BS2000-Treiber (FDDRL,....),
- Test- und Diagnose-Programme für verschiedene Gerätetypen.

In der semantisch unterhalb der Treiber liegenden Systemschicht bearbeitet das Modul DJCTRL die Ein- und Ausgaben. Zur Nutzung eines Gerätes erhält der Geräte-Treiber (etwa SPOOL) zu der mn des entsprechenden Gerätes ein device access right (DAR) vom DAR-Manager. Mit dieser Identifikation kann er den Auftrag über DJCTRL - nach Überprüfung der Berechtigung zum Gerätezugriff durch den DAR-Manager - dem entsprechenden Gerät zustellen.

6.2 Das Modell eines sicheren BS2000

Der Sicherheitskern des BS2000 wird im wesentlichen in der Hardware die Zentral- und E/A-Prozessoren und den Hauptspeicher umfassen. Auf der Ebene der Kern-Software werden die zur Durchführung und Überwachung der Sicherheitspolitik notwendigen Teile des Basissystems, in der System-Software die ggf. zu schaffenden Instanzen zur Kontrolle der Sicherheitspolitik enthalten sein. Für nicht privilegiert ablaufende Subsysteme sind ggf. zusätzliche Schutzmechanismen zu implementieren.

Die sichere Konfiguration des BS2000 bezieht sich auf ein isoliertes System. Neben dem Sicherheitskern umfaßt sie in der Hardware sicher konfigurierte Bandgeräte, Platten, Drucker und Terminals, in der Kern-Software das Basissystem des BS2000 und damit die meisten Kanal- und Geräte-Treiber sowie für den produktiven Betrieb wesentliche aufsetzende Subsysteme der System-Software. Hierzu gehören als wesentliche Betriebsmittel der Kommunikation etwa Basic Communication Access Method (BCAM), Terminal Interactive Access Method (TIAM) sowie OMNIS als virtueller Terminaltreiber und DCAM als Benutzerschnittstelle der Datenfernübertragung.

6.3 Die Objektklasse Exportkanäle

Entsprechend den dargestellten Überlegungen sind die zu schützenden Exportkanäle eines sicheren BS2000 gegeben durch die außerhalb der sicheren Konfiguration gelegenen, durch Instanzen der sicheren Konfiguration adressierbaren Geräte. Die mnemotechnischen Geräteadressen erfüllen für fast alle Geräte-Typen die dargestellten Anforderungen an die Identifikation von Exportkanälen. Für den DF-Bereich erfüllen die mn's die Anforderungen an Kanal-Identifikatoren nicht: Es werden nur die Vorrechner erfaßt, die Endgeräte sind auf dieser semantischen Stufe nicht adressierbar. BCAM erlaubt jedoch auf einer höheren semantischen Ebene eine feinere über die Vorrechner hinausgehende Adressierung; insofern sollte BCAM in der sicheren Konfiguration enthalten sein.

Die einheitliche Identifikation der Exportkanäle muß daher zweistufig geschehen. Der erste Teil bezeichnet den für die Identifikation des Kanals und seine Nutzung zuständigen Gerätetreiber, der zweite Teil ist der Treiber-spezifische Identifikator.

Die beschriebenen Schnittstellen und Instanzen können im wesentlichen Grundlage für die Verwaltung der entsprechenden Exportkanäle sein. Es ist allein eine geeignete Verwaltungsinstanz zu schaffen. Zur Nutzung eines Exportkanals im sicheren System ist diese Verwaltungsinstanz aufzurufen. Dabei wird die Anforderung auf Überprüfung der Sicherheitskennzeichen entweder durch in der sicheren Konfiguration gelegene, auf den Treibern aufsetzende Subsysteme (wie bei BCAM-Kanälen), durch den Treiber selber oder bei nicht validierten Treibern durch den DAR-Manager an die Kanalverwaltungsinstanz gestellt.

7. Zusammenfassung und Ausblick

Zur Konsistenz der Modelle eines sicheren Betriebssystems wie etwa dem von Bell und LaPadula ist die Kennzeichnung der Datenobjekte und der Subjekte der Rechenanlage notwendig. Um die Einbindung sicherer Betriebssysteme in Datennetze ohne Verlust der Sicherheit zu ermöglichen, fordern die Kriterienkataloge der mit der Beurteilung von Betriebssystemen betrauten Behörden die Etablierung, Verwaltung und Kennzeichnung von (Export-) Kanälen.

Im Gegensatz zur Kennzeichnung von Datenobjekten und Subjekten einer Datenverarbeitungsanlage ist die Kennzeichnung von Kanälen eine nichttriviale Aufgabe des System-Designers: im allgemeinen sind Kanäle keine vorgegebenen, vom Betriebssystem verwalteten Objekte. Ihre Festlegung und Verwaltung erfordert die Berücksichtigung vieler systemspezifischer Gegebenheiten. Unabhängig von solchen systemspezifischen Gegebenheiten sind bei der Etablierung der Objektklasse (Export-) Kanal jedoch auch eine Reihe systemunabhängiger Gesichtspunkte zu berücksichtigen. Es wurde versucht, diese Aspekte darzustellen, zu analysieren und zu bewerten. Dadurch können wir den Bereich möglicher Realisierungen dieser Objektklasse eingrenzen und irreführende Alternativen ausschließen.

Die kurze Darstellung einer möglichen Implementierung von Exportkanälen im Betriebssystem BS2000 zeigt, daß eine konsistente Definition und Verwaltung von Exportkanälen in einem real existierenden Betriebssystem unter Berücksichtigung der aus den theoretischen Modellen abgeleiteten Anforderungen durchaus machbar ist.

Andererseits wird im Rahmen der Erörterungen deutlich, daß es an einem fundierten theoretischen Konzept für die Behandlung von Kanälen mangelt. Vorhandene Ansätze etwa aus dem Bereich sicherer Kommunikationsnetze (vgl. etwa [LS]) scheinen für eine Übertragung auf Betriebssysteme weniger geeignet; hier wird von einer zentral verwalteten Sicherheitspolitik im Sinn einer sicheren Netzkonfiguration ("trusted network base") ausgegangen. Von Interesse ist aber eher ein Modell für die dezentrale Kombination verschiedener Betriebssysteme mit u. U. unterschiedlichen Sicherheitspolitiken zu einem Verbund mit einer definierten Sicherheitsstufe. Erste Ansätze dazu finden sich etwa in der "hook up property" in [MC]. Ein gangbarer Weg wäre auch die Einbeziehung von Exportkanälen in die formalen Modelle des regelbasierten Zugriffsschutzes zum Ziel der Etablierung einer oben erwähnten kontrollierbaren Konfiguration. Insbesondere ist zu untersuchen, inwieweit die Anforderungen der Kriterienkatalog bezüglich der Behandlung von Exportkanälen und des entsprechenden Informationstransfers tatsächlich ausreichend sind, den sicheren Zustand der sicheren Konfiguration bei allen Aktionen zu erhalten, und wie diese Anforderungen gegebenenfalls zu modifizieren sind.

8. Literatur

[BP]   Bell, D. E., LaPadula, L. J.: Secure Computer Systems. Air Force Elec. Syst. Div. Report ESD-TR-73-278, Vols I, II and III, 1973.

Bell, D. E., LaPadula, L. J.: Secure Computer Systems: Mathematical Foundations and Model. MITRE Corp. Bedford MA, 1974.

Bell, D. E., LaPadula, L. J.: Secure Computer Systems: Unified Exposition and Multics Interpretation. MITRE Corp., Rep. MTR-2997, 1976.

[DE]   Denning, D. E.: A lattice model of secure information flow. Commun. ACM 19 (1976), 236 - 243.

[DI]   Dion, L. C.: A Complete Protection Model. Proc. 1981 Symposium on Security and Privacy.

[FR]   Fraim, L. J.: Scomp: A Solution to the Mulitlevel Security Pro-
        blem. COMPUTER 1983, 26 - 34.

[GI]   Resource Access Control Facility (RACF) - General Information
        Manual. Program Number 5740-XXH. IBM 1987.

[GL]   Gasser, M., Lipner, S. B.: Secure system development in indu-
        stry: a perspective from Digital Equipment. Fourth Aerospace
        Computer Security Applications Conference Orlando, 1988.

[GR]   Gligor, D., et al.: Design and Implementation of Secure Xenix.
        IEEE Trans. Softw. Eng. 13 (1987), 208 - 221.

[IT]   IT-Sicherheitskriterien - Kriterien für die Bewertung der
        Sicherheit von Systemen der Informationstechnik (IT). Hrsg.
        Zentralstelle für Sicherheit in der Informationstechnik (ZSI),
        1989.

[IO]   Interpretations of the trusted computer system evaluation cri-
        teria. Sammlung 1989.

[LA]   Landwehr, C. E.: Formal Models for Computer Security. ACM Comp.
        Surv. 13 (1981), 247 - 278.

[LS]   Lu, W. P., Sundareshan, M. K.: A Model for Multilevel Security
        in Computer Networks. IEEE Trans. Softw. Eng. 16 (1990), 647 -
        659.

[LU]   Luckenbaugh, G. L. et al.: Interpetation of the Bell-LaPadula
        Model in Secure Xenix. Proc. 9th DoD/NBS Nat. Comput. Security
        Conf., Gaitherburg, MD, Sept. 1986.

[LT]   Lunt, T. F., Denning, D. E., Schell, R. R., Heckman, M.,
        Shockley, W. R.: The Sea View Security Model. IEEE Trans.
        Softw. Eng. 16 (1990), 647 - 659.

[MC]   McCullough, D.: Noninterference and the Composability of
        Security Properties. Proc. 1988 IEEE Symp. on Research in
        Security and Privacy, CS Press, Los Alamitos, CA, pp. 177 -
        186.

[ME]   Meadows, C.: Extending the Brewer-Nash Model to a Multilevel
        Context. Proc. IEEE Symp. on Research in Security and Privacy,
        Oakland, CA, May 1990.

[MU]   Final Evaluation Report of Honeywell Multics MR 11.0. National
        Computer Security Center, CSC-EPL-85/003.

[OB]   Department of Defense Trusted Computer System Evaluation
        Criteria, DOD CSC-STD-001-83, 1985 ("orange book").

[SC]   Final Evaluation Report of SCOMP Secure Communication Processor
        STOP Release 2.1. Department of Defense, National Computer
        Security Center CSC-EPL-85/001 (1985).

[US]   Sibert, W. O.: UNIX system Security Standard Proposal - Confi-
        gurable Labels. Sun Microsystems Inc., 1987.

Auf dem Weg zu einer Sicherheitsarchitektur

Michael Groß   Hermann Härtig
Oliver C. Kowalski

Gesellschaft für Mathematik und Datenverarbeitung (GMD)
St. Augustin

Zusammenfassung

Wie sieht die Architektur aus, die es erlaubt, Sicherheits-Mechanismen und Maßnahmen so zusammenzufassen und einzusetzen, daß anwendungsspezifische Sicherheits-Politiken durchsetzbar werden? Dieses Papier motiviert diese Frage und versucht, sie ansatzweise und im Kontext des BirliX-Betriebssystems zu beantworten.

Das Papier konzentriert sich auf Sicherheit im Sinne des englischen *security* als einem Aspekt verläßlicher Systeme und diskutiert Fehlertoleranzfragen nur kurz und am Rande.

1   Einleitung

Die Diskussion um sichere Systeme ist geprägt durch die Diskussion über konkrete Vorfälle [Sto88], über Sicherheitsmechanismen und über den Forderungskatalog des amerikanischen Verteidigungsministeriums [TCS85]. Dabei wird die in diesem Katalog vorgenommene Festlegung auf eine konkrete, für militärische Dokumentenverwaltung geeignete Sicherheitspolitik hingenommen. Mechanismen werden diskutiert im Hinblick auf ihre Fähigkeit, bestimmte konkrete Bedrohungen abzuwenden (beispielsweise Programmsignaturen gegen Bedrohung durch Viren [Coh87]).

In diesem Papier wird ein anderer Ansatz versucht. Es wird davon ausgegangen, daß unterschiedliche Anwendungsbereiche der Informationstechnik (Szenarien) unterschiedliche Sicherheitsanforderungen haben, daß also anwendungsspezifische Sicherheitspolitiken zu ihrer Durchsetzung notwendig sind, und daß Sicherheitsmechanismen zusammengefaßt und genutzt werden zur Durchsetzung dieser Politiken. Gesucht ist eine mehr oder weniger feste Struktur, in die unterschiedlichste Sicherheitsmechanismen eingefügt werden und die dann den Rahmen für die Durchsetzung anwendungsspezifischer Sicherheitsmechanismen bildet.

Wir gehen davon aus, daß Betriebssysteme, oder allgemeiner die Techniken der Systemprogrammierung bei einer solchen Architektur eine Schlüsselrolle spielen, da diese in einem gewissen Umfang Denk- und Programmierparadigmen festlegen, die dann auch für die Sicherheit entscheidend sind. In diesem Papier gehen wir von vorneherein von Rahmenbedingungen aus, wie sie durch moderne Betriebssysteme wie etwa BirliX [HKK+90] gegeben sind. Wir wollen uns an dieser Stelle nicht mit der Reparatur von Sicherheitsmängeln existierender Systeme (z.B. UNIX) befassen.

1.1 Einige Begriffe

Unter *Sicherheit* wollen wir die Eigenschaft eines Systems verstehen, Fehlleistungen von Menschen tolerieren zu können (bösartige sowie versehentliche). Wir subsummieren dabei Vertraulichkeit, Integrität, Verfügbarkeit und Authentizität.

Unter *Sicherheitsanforderungen* verstehen wir (anwendungsspezifische) Bedürfnisse von Systemen in Bezug auf Vertraulichkeit, Integrität, Verfügbarkeit und Authentizität, sowie die Randbedingungen unter denen ein System funktionieren muß (z.B. kann ein Netz abgehört werden oder nicht?).

Unter *Sicherheitsmechanismen* verstehen wir Einzelmaßnahmen, mit deren Hilfe ganz bestimmte Dinge durchgesetzt werden können. Beispiele dafür sind Verschlüsselungsverfahren und die üblichen Zugriffssteuermechanismen von Betriebssystemen.

Unter einer *Sicherheitspolitik* versteht man nun die Gesamtheit aller Maßnahmen innerhalb und außerhalb eines Systems, die der Durchsetzung von Sicherheitsanforderungen mittels gegebener Sicherheitsmechanismen dienen.

1.2 Thesen

Die Auswahl eines Schutzparadigmas ist von entscheidender Bedeutung bei der Entwicklung und Akzeptanz eines neuen Betriebssystems. Es wird allgemein akzeptiert, daß es keine universelle Sicherheitspolitik geben kann. Ebenso bieten Betriebssysteme keinen Schutz per se, sondern bilden nur eine Basis, um Anwendern (Programmierern, Administratoren, Benutzern) die Konstruktion und Administrierung von sicheren Systemen zu ermöglichen [Sat89]. Um dies zu erreichen, müssen bei der Konstruktion von sicherbaren Betriebssystemen unseres Erachtens folgende Thesen berücksichtigt werden:

These 1 Es gibt keine universelle Sicherheitspolitik. Sicherbare Betriebssysteme sollen deshalb in der Lage sein verschiedene Sicherheitspolitiken durchzusetzen.

These 2 Aktionen müssen auf verantwortlich handelnde Personen rückführbar sein. Aus pragmatischen Erwägungen können nur menschliche Benutzer verantwortliche Subjekte in einem System sein.

2 Die BirliX-Architektur

Das wesentliche Konstruktionskonzept in BirliX sind abstrakte Datentypen. Ein BirliX-System besteht aus dem BirliX-Kern, der die Konstruktion von Typen und ihre Instantiierung erlaubt, sowie aus einer Reihe von Typen und Instanzen. So wird etwa bsd4.3 Unix durch fünfzehn abstrakte Datentypen, darunter File, Directory und Socket, emuliert. Andere Systemschnittstellen wie zum Beispiel der vorgeschlagene POSIX-Standard sind parallel hierzu leicht zu emulieren. Ein Anwendungsprogramm unter BirliX ist ein Geflecht untereinander kommunizierender Instanzen abstrakter Datentypen.

Abstrakte Datentypen

Der BirliX-Kern ist im wesentlichen ein System zur Verwaltung abstrakter Datentypen, das die Definition und die Instanziierung von abstrakten Datentypen, die Identifikation von Typen und deren Instanzen, und die Kommunikation zwischen Instanzen unterstützt. Gemeinsame Eigenschaften aller Datentypen bezüglich Verteilung, Recovery und Sicherheit werden von einem Primär-Typ vererbt, wann immer ein neuer Typ definiert wird. Natürliche Eigenschaft eines Datentyp-Systems sind die Funktionserweiterung und die Anpasssung an neue Anforderungen durch die Definition neuer Typen.

Instanzen abstrakter Datentypen sind die kleinste Einheit für die Identifikation und Kommunikation. BirliX-Applikationen bestehen aus Mengen von Instanzen abstrakter Datentypen, die zwischen den Rechnern im Netzwerk verteilt sind, wobei auf jedem Knoten eines Rechnernetzes der BirliX-Kern vorliegt. Instanzen kommunizieren mittels netzwerktransparenten remote procedure calls. Auf der Anwendungsebene ist ein Netz von BirliX Rechnern ein einziges großes System, das die Ressourcen unabhängig von der Verteilung auf die Rechner anbietet. Instanzen werden durch typ- und orts- unabhängige Namen in einem globalen, strukturierten Namensraum identifiziert. Innerhalb des Systems werden Instanzen durch eindeutige Identifikatoren in einem globalen, flachen Namensraum identifiziert.

Teams

Alle abstrakten Datentypen besitzen eine gleichartige, typunabhängige Implementierungsstruktur, die Team genannt wird. Ein Team faßt aktive Ressourcen (in Form von *Threads*) und passive Ressourcen (in Form vom *Segmenten*) zu einer funktionalen Einheit zusammen. Die passive Repräsentation eines Teams ist in einem ausgezeichneten Segment abgelegt. Der Zugriff auf die passive Repräsentation aktiviert das Team und schafft eine Kommunikationsverbindung zwischen dem zugreifenden Team und einem erzeugten *Agenten-Thread* innerhalb des aktivierten Teams. Eine aktives Team besteht dann aus einer Menge von Threads in einem Adreßraum, in den Ausschnitte von Segmenten gemappt sind. Durch die parallelen Aktivitäten der Threads und den schnellen Zugriff auf die Segmente, ist eine effiziente Implementierung von abstrakten Datentypen möglich.

Zur Integration von Einprozessor- und Mehrprozessor-Systemen bietet der Nucleus des Systems Rechen-Ressourcen in Form von Threads und Kommunikation zwischen Threads an. Threads sind Leichtgewichtsprozesse; das heißt die Erzeugung eines Threads impliziert nicht notwendigerweise die Erzeugung eines Adreßraums, und ein Prozeßwechsel führt nicht unbedingt zu einem Adreßraumwechsel. Jedem Thread ist ein Adreßraum zugewiesen; mehrere Threads können einen gemeinsamen Adreßraum besitzen. Threads sind sequentielle Aktivitäten, die parallel zueinander ablaufen können. Innerhalb eines Adreßraums kommunizieren Threads synchronisiert durch Monitore über den gemeinsamen Speicher. Kommunikation über Adreßraumgrenzen und somit auch über Rechnergrenzen erfolgt mittels netzwerk-transparenten remote procedure calls.

Die Speicherverwaltung von BirliX bietet virtuelle Adreßräume und Segmente als einzige Abstraktion von physikalischen Speicher-Ressourcen an. Dies geschieht netzwerktransparent und unabhängig von den Eigenschaften der jeweiligen MMU (memory management unit). Fenster, deren Größe ein vielfaches der Seitengröße des unterliegenden Systems ist, werden benutzt, um Ausschnitte von Segmenten über Rechnergrenzen hinweg in einen Adreßraum zu mappen. Der Zugriff erfolgt dann unter Ausnutzung der Seitenfehler-Behandlung durch normale Maschinenbefehle.

Das Naming-System

Das Naming-System organisiert Benennung, eineindeutige Identifikation und Lokalisierung von Datentypinstanzen. BirliX besitzt einen ausgefeilten Namingmechanismus, der durch Ausnutzung des oben genannten Vererbungsprinzips die Konkatenation beliebig vieler Nameserver unterschiedlichen Typs zuläßt. Dadurch werden die in vielen Systemen anzutreffenden Speziallösungen (globale Namensräume [der ITC Nameserver an der Carnegie Mellon Universität], *hidden directories* [im LOCUS-Betriebssystem], die baumartige Hierarchie des Unix Dateisystems) verallgemeinert und konstruktiv auf einfache Weise in BirliX integrierbar.

Team-Generator

BirliX unterstützt die Definition und Benutzung von abstrakten Datentypen momentan in der Programmiersprache Modula-2. Hierfür wird eine Typ-Schablone angeboten, die um die typspezifischen Operationen ergänzt wird. Anschließend werden mit Hilfe des Team-Generators aus der Typ-Implementierung zusätzlich ein Interface-Modul und ein Team-Modul erzeugt. Der Interface-Modul ermöglicht die prozedurale Benutzung der abstrakten Datentypen, indem die Aufrufparameter in eine Nachricht verpackt und an das Team weitergeleitet werden. Der Team-Modul nimmt die Nachricht entgegen, ruft die Operationen des Typs, mit dem Inhalt der Nachricht als Parameter, auf und sendet eine mit den Ergebnisparametern gefüllte Antwort-Nachricht an den Aufrufer zurück. Dort nimmt der Interface-Modul die Antwort-Nachricht entgegen und entpackt sie in die Ergebnisparameter des Operationsaufrufs.

3 Die Sicherheitsarchitektur

In dem durch BirliX vorgegebenen Kontext ist die angestrebte Sicherheitsarchitektur in drei Schichten gegliedert.

- Die Hardware und das sichere Booten
  Aufgabe des sicheren Bootens ist es, dem Anwender Gewißheit zu verschaffen, daß man es mit einem authentischen BirliX-Kern zu tun hat.

- **Der BirliX Kern**
  setzt das BirliX-Abarbeitungsmodell in sicherer Weise durch. Das heißt, er gewährleistet die Integrität von Nachrichten, die Kapselung von Typen und Instanzen und bietet Mechanismen zur Zugriffsteuerung an. Er bietet außerdem verschiedene Möglichkeiten um die Durchsetzung von Vertraulichkeit und Integrität zu steuern. Beispielsweise ist die Integrität von Nachrichten in einer abhörsicheren Hardwareumgebung anders durchzusetzen als in einer nicht abhörsicheren. Oder die Durchsetzung der Kapselung von Instanzen kann sich auf die Durchsetzung der Kapselung von Typen beschränken, wenn der Typ vertrauenswürdig implementiert ist.

- **Die Politikobjekte**
  setzen auf der Basis der Mechanismen des Kerns die Sicherheitspolitik(en) durch. Hier werden Objekte anzusiedeln sein, die der Benutzerverwaltung dienen und eine Anbindung der Außenwelt an die Systemwelt realisieren. Zudem sind die oben bereits erwähnten Politik-Verwaltungsobjekte, die einzelnen Benutzern eine Schnittstelle anbieten, um das Schutzsystem nach den entsprechenden Anforderungen einzustellen, zu implementieren. Die Forderung nach der Rückführbarkeit auf Verantwortliche für Aktionen innerhalb des Systems ist hier ein wesentlicher Aspekt. Ein Beispiel für Politikobjekte sind Benutzerverwalter, die zur Verwaltung der dem System bekannten Benutzer dienen.

Der Rest des Kapitels befaßt sich detaillierter mit den Aufgaben der Schichten und ihrer Durchsetzung mittels wohlbekannter Mechanismen.

3.1 Das sichere Booten und die dazu notwendige HW

Die Sicherheit eines BirliX-Systems setzt verschiedene Sicherheitseigenschaften der Hardware voraus, die im folgenden diskutiert werden sollen:

Die Hardware eines verteilten Systems läßt sich hierfür grob in zwei Klassen aufteilen:

- Knoten, deren Funktionalität durch austauschbare Software bestimmt wird. (beispielsweise BirliX-Knoten, intelligente Terminals, ...)

  Diese Knoten müssen in Verbindung mit ihrer Software authentisiert werden. Eine alleinige Authentisierung der Hardware ist nicht ausreichend.

- Geräte, deren Funktionalität von ihrem Hersteller fest vorgegeben ist. (Beispiele hierfür sind Drucker, Plattenlaufwerke, Standardterminals, ...)

  Alle Geräte, die nicht nur verschlüsselte Daten weiterleiten sollen, müssen authentisiert werden können, wenn ihre Authentizität nicht durch organisatorische Maßnahmen gewährleistet werden kann.

Alle nicht vertrauenswürdigen Teile der Hardware dürfen keine Möglichkeit haben die Integrität und die Vertraulichkeit von Daten zu gefährden. Eine Voraussetzung für die

Konstruktion sicherer Systeme ist deshalb die Sicherstellung der Authentizität von sicherheitsrelevanten Hardwarekomponenten und die Etablierung von sicheren Kanälen zur Übertragung von Daten zwischen solchen Komponenten. Authentische Komponenten werden überall dort benötigt, wo Daten im Klartext verarbeitet, gespeichert oder übertragen werden müssen. (beispielsweise Prozessor, Hauptspeicher, Terminal, Drucker, etc.)

Die Authentifizierung von sicherheitsrelevanten Hardwarekomponenten erfordert Hardwaremechanismen, da die Software alleine nicht in der Lage sein kann die Integrität dieser Komponenten zu prüfen und deshalb auch eine externe Authentizitätsprüfung ohne Hardwareunterstützung nicht möglich ist. Die Integrität der sicherheitsrelevanten Hardwarekomponenten wird durch eine Integritätsschale geschützt, deren Unversehrtheit beim Authentifizierungsvorgang erkennbar sein muß. Alle Teile innerhalb der Schale sollen als integer und authentisch betrachtet werden und müssen deshalb im Betrieb nicht mehr einzeln authentifiziert werden. Außerhalb der Integritätsschale liegt die Außenwelt mit weiteren sicherheitsrelevanten Komponenten, die authentifiziert werden müssen. Zudem muß es möglich sein zwischen zwei derartigen Komponenten auch in einer unsicheren Umgebung einen sicheren Kanal zu etablieren.

Auch zur Etablierung von sicheren Kanälen zwischen sicherheitsrelevanten Hardwarekomponenten benötigt man Hardwareunterstützung, da zum Beispiel die Sicherung der Verbindung zwischen Maschine und Terminal bei herkömmlichen Terminals nur auf organisatorischer Ebene (z.B. Kabel sicher verlegen) und nicht mit kryptographischen Mitteln möglich ist.

Die Vertraulichkeit von Daten muß innerhalb der sicherheitsrelevanten Komponenten gewährleistbar sein. Dazu müssen zumindest diejenigen Teile dieser Komponenten, die Daten im Klartext benötigen, durch eine Vertraulichkeitsschale physikalisch geschützt sein. Sie müssen in der Lage sein die Vertraulichkeit von Daten mit kryptographischen Mitteln in allen abhörgefährdeten Teilen der sicherheitsrelevanten Komponenten durchzusetzen. Die Kanäle innerhalb einer Vertraulichkeitsschale sind sicher und müssen nicht durch kryptographische Maßnahmen geschützt werden (Performancevorteil).

Die Abhörsicherheit der Prozessorhardware und des Hauptspeichers ist notwendig, da die Daten hier im Klartext verarbeitet werden und somit nicht mit kryptographischen Mitteln geschützt werden können. Hintergrundspeicher werden in BirliX, falls nicht bereits durch die Hardware oder organisatorische Maßnahmen garantiert, durch kryptographische Maßnahmen abhörsicher gemacht.

In einem sicheren System wird der BirliX-Kern beim Booten von der Hardware identifiziert und mit einem Schlüsselpaar sowie einigen zur Authentisierung nötigen Zertifikaten versehen [Gro90]. Unter der Vorraussetzung, daß die Integritätsschale und die Vertraulichkeitsschale nicht verletzt wurden, ist daher ein BirliX-Knoten in der Lage anderen seine Authentizität zu beweisen und mit kryptographischen Mitteln sichere Kanäle zu anderen Knoten zu etablieren.

Da ein Knoten sich zwar von der Authentizität, nicht jedoch von der Vertrauenswürdigkeit eines anderen Knotens überzeugen kann, ist die Vertrauenswürdigkeit ein Sicherheitskriterium, das in BirliX-Systemen durch die Sicherheitspolitik vorgegeben werden muß.

3.2 Der vertrauenswürdige Kern und seine Mechanismen

ADTs und Instanzen

ADT's und Instanzen werden eindeutig vom BirliX-Kern durch den Basismechanismus *UniqueId* gekennzeichnet. Bei Ihrer Erzeugung erhalten diese Objekte vom Kern eine UniqueId, die weltweit eindeutig und unfälschbar das Objekt identifiziert. Objekte werden voreinander durch den Basismechanismus *Objektisolation* geschützt. Der Kern selbst verletzt die Integrität der Objekte nicht. Es ist feststellbar, welcher Benutzer einen ADT in das System eingebracht hat und wer eine Instanz aus welchem ADT erzeugt hat.

Authentische Nachrichten

Objekte kommunizieren miteinander durch Austausch von Nachrichten. Solche Nachrichten werden vom BirliX-Kern mit einer unfälschbaren Absenderkennung versehen und dem Empfänger zugestellt. Die Kernmechanismen setzen dabei sowohl die Integrität, als auch die Vertraulichkeit des Nachrichteninhalts durch. Innerhalb eines Knotens wird der Schutz von Nachrichten durch den Schutz des Hauptspeichers realisiert. Beim Versenden von Nachrichten über das Netz müssen jedoch sichere Kanäle zwischen den Knoten benutzt werden, die bei physikalisch unsicheren Netzen mit kryptographischen Methoden erzeugt werden.

Mechanismen zur Zugriffssteuerung

Das BirliX-System unterscheidet zwei Arten der Zugriffskontrolle. Zum einen wird der Zugriff auf ein Objekt aus der Sicht des Objekts kontrolliert, zum anderen aus der Sicht der benutzenden Subjekte. Der erste Mechanismus ist der verbreitete *Zugriffssteuerlisten*-Mechanismus (ACL's), der zweite wird *Subjektrestriktionslisten*-Mechanismus genannt.

Zugriffssteuerlisten

Zugriffssteuerlisten bestimmen welche Subjekte in welcher Form auf ein gegebenes Objekt zugreifen dürfen. Die Zugriffssteuerlisten des BirliX-Systems unterscheiden sich von denen konventioneller Systeme in mehrfacher Hinsicht:

- Es können beliebig viele Einträge in einer gegebenen Zugriffssteuerliste vorgenommen werden.

- Es können nicht nur ausschließlich Benutzer- und Benutzergruppen-Einträge sondern auch Instanzen-, Typen- und allgemeine Gruppen-Einträge vorgenommen werden. Dadurch werden die aus den konventionellen Systemen bekannten Rechteerweiterungs-Mechanismen (Bsp.: Unix setuid) obsolet.

- Anstatt nur Schreib-/Lese-Rechte vergeben zu können, sind in BirliX alle von einem ADT angebotenen Operationen einzeln schützbar.

Subjektrestriktionslisten

In einem System, in dem Benutzer ihre Schutzanforderungen fein granuliert durchsetzen können sollen [SS75], reicht die Sichtweise der Objekte alleine nicht aus. Einerseits können zum Beispiel Netzwerkpartitionierungen einen Zugriff auf die ACL von Objekten verhindern, andererseits hat in der Regel nicht jedes Subjekt die notwendigen Rechte um auf die ACL eines zu schützenden Objekts zuzugreifen. Neben der Objektsicht benötigt man daher eine weitere Sichtweise, die Subjektsicht. Sie wird durch den Mechanismus der Subjektrestriktionen realisiert. Hierbei wird die Menge der Objekte definiert auf die ein gegebenes Subjekt zugreifen darf.

Erst das Zusammenspiel der beiden Sichtweisen und der sie unterstützenden Mechanismen ergeben die Schutzumgebung, in der Subjekte und Objekte in Wechselwirkung treten.

3.3 Die Politikobjekte

Benutzerauthentifizierung

Externe Subjekte, das sind Benutzer und fremde Rechensysteme, werden durch *Repräsentanten* in einem BirliX-System dargestellt. Es existieren zwei Klassen von Repräsentanten, die *Benutzer-* und die *Rollen-Repräsentanten*. Sie unterscheiden sich durch die Anzahl der externen Subjekte, die sie repräsentieren. Im Falle des Benutzer-Repräsentanten wird *genau* ein externes Subjekt dargestellt, im Falle des Rollen-Repräsentanten können es beliebig viele sein.

Die Authentifizierungsmechanismen des BirliX-Kerns sind im Falle der Repräsentanten nicht ausreichend, da externe Subjekte identifiziert und authentifiziert werden müssen. Den Repräsentanten werden zur Bewältigung dieser Aufgaben *Authentifizierungs-Objekte* zur Verfügung gestellt, die eine Reihe von Mechanismen zur Authentifizierung externer Subjekte bereitstellen, wie zum Beispiel den bekannten Kennwort-Mechanismus oder die intelligente Chipkarte. Welcher Authentifizierungsmechanismus für einen gegebenen Repräsentanten zu verwenden ist, wird mit der Schutzstrategie festgelegt.

Eine weitere Strategieentscheidung ist es, ob der initiale Zugang zu einem BirliX-System nur über Benutzer-Repräsentanten erfolgen darf, womit eine anonyme Benutzung des Systems unterbunden werden kann, oder wenn dies nicht von Interesse ist, ob auch Rollen-Repräsentanten initial verwendet werden dürfen.

Politikverwaltungsobjekte

Politikverwaltungsobjekte (PVO) dienen als Schnittstelle zwischen der Mechanismen-Schicht des Schutzsystems und den Anwendern, die ihre Schutzwünsche durchgesetzt wissen wollen. Die PVOs belegen, gemäß ihres lokalen Wissens die entsprechenden Zugriffssteuerlisten und Subjektrestriktionslisten.

4   Die FT Architektur

Die BirliX-Fehlertoleranzarchitektur folgt den gleichen Prinzipien wie die BirliX-Sicherheitsarchitektur. Ziel ist auch hierbei, durch Mechanismen des Kerns Strategien nicht festzulegen, sondern anwendungsspezifische Strategien durchsetzbar zu machen.

Eine BirliX-Applikation ist eine Menge kooperierender Instanzen abstrakter Datentypen. Die Mechanismen des Kerns unterstützen infolgedessen Checkpointing und Recovering solcher Instanzen sowie das Wiederherstellen von Verbindungen zwischen diesen. Diese Mechanismen werden benutzt von Politikobjekten, deren Aufgabe im wesentlichen in der Festlegung einer anwendungsspezifisch konsistenten Recoverylinie besteht. Beispiel für eine Strategie in diesem Sinne ist ein Transaktionsmanager.

Eine ausführlichere Beschreibung findet sich in [LKKH90].

5   Abschließende Bemerkungen

In dem vorangegangenen Kapiteln haben wir eine Sicherheitsarchitektur vorgestellt. Wie aber bereits der Titel impliziert, handelt es sich hierbei um ein vorläufiges Ergebnis. Es existiert eine Reihe ungelöster Probleme beziehungsweise noch nicht vollständig durchdachter Lösungsansätze. Einige sollen hier kurz skizziert werden.

Nameserver

Die Rolle von Nameservern in der BirliX-Sicherheitsarchitektur ist noch nicht abschließend geklärt. Der durch die Menge aller Nameserver aufgespannte Namensraum läßt sich nämlich durch die Belegung der Zugriffslisten von Nameservern für bestimmte Subjekte einschränken. Das bedeutet jedoch, daß die Sichtbarkeit von Objekten für einzelne Subjekte eingeschränkt sein kann, wodurch die Subjekte eine Teilmenge des globalen Namensraums als privaten Namensraum haben. In einem solchen privaten Namensraum nicht enthaltene Objekte können dann nicht mehr direkt angesprochen werden, auch wenn die Belegung Ihrer Zugriffssteuerliste dies zulassen würde.

Attribute

Die bisherigen Konzepte der Zugriffssteuerlisten und Subjektrestriktionslisten sahen eine feste Anzahl der unterschiedlichen Einträge vor. (Instanz-, Typ-, Benutzer- und Gruppen-Einträge). Es fiel bereits auf, das ein Mangel an weiteren Beschreibungsmöglichkeiten herrschte. Wie sollen zulässige Zeitintervalle (um z.B. Zugriffe auf ein Objekt außerhalb der regulären Arbeitszeit zu verhindern), oder andere logische Verknüpfungen als die *oder*-Verknüpfung der verschiedenen Listeneinträge beschrieben werden? Als potentielle Lösung sehen wir das Konzept der *Attribute*.

Attribute sind beliebige Eigenschaften, die für ein gegebenes Subjekt (bzw. Objekt) erfüllt sein können oder auch nicht. In unserem System existieren bereits eine Reihe solcher Attribute, wie beispielsweise 'ist-ein-Gruppenmitglied'. Die Auswertung dieser Attribute erfolgt durch den Kern. Was aber, wenn man beliebige Attribute zuläßt, und deren Auswertung ganz in externe Objekte (Attribut-Instanzen) auslagert, wie das bei den Gruppen bereits geplant ist.

Jede Attribut-Instanz hat eine wohldefinierte Operation 'evaluiere-Attribut' zur Verfügung zu stellen, die einen booleschen Wert liefert. Die oben erwähnten Zeitintervalle wären dann in der entsprechenden Attribut-Instanz zu codieren. Eine solche Instanz würde dann zum Beispiel nur während der regulären Arbeitszeit 'true' liefern. Auch das *Vier-Augen-Prinzip* könnte durch eine Attribut-Instanz realisiert werden.

Die Evaluierung der Steuerlisten würde dann zwar kostenintensiver, aber:

- beliebiger Schutz ist teuer

- unter Umständen existiert in naher Zukunft ein brauchbares Cache-Konzept

- Beschleunigungen in der Evaluierung bestimmter Attribute könnten durch die direkte Implementierung im Schutzsystem erreicht werden

Schlußbemerkung

Die in diesem Papier vorgestellte Sicherheitsarchitektur bietet die Möglichkeit, sicherbare Applikationen zu implementieren. Sie ist in Teilen bereits in einem BirliX-Prototyp realisiert und demonstrierbar.

Literatur

[Coh87]   F. Cohen. A Cryptographic Checksum for Integrity Protection. *Computer & Security*, 6(6):505–510, December 1987.

[GGKL89] Morrie Gasser, Andy Goldstein, Charlie Kaufman, and Butler Lampson. The Digital Distributed System Security Architecture. *Proceedings of 1989 National Computer Security Conference*, 1989.

[Gro90]   Michael Groß. Vertrauenswürdiges Booten als Grundlage authentischer Basissysteme. Internes Arbeitspapier, 26. Juni 1990. Gesellschaft für Mathematik und Datenverarbeitung (GMD), Projekt BirliX.

[HKK+90] Hermann Härtig, Winfried E. Kühnhauser, Oliver C. Kowalski, Wolfgang Lux, Wolfgang Reck, Hermann Streich, and G. Goos. The Architecture of the BirliX Operating System. *11. ITG/GI Fachtagung, März 1990*. ITG/GI, March 1990.

[KH90a]   Oliver C. Kowalski and Hermann Härtig. Protection in the BirliX Operating System. *Proceedings of the 10th International Conference on Distributed Computing Systems*, pages 160–166. IEEE, May 1990.

[Lie90] Jochen Liedtke. Schutz in L3 – auch für DOS-Anwender. *Proccedings of DA-TASAFE '90*, November 1990.

[Lie+91] Jochen Liedtke et al. Two Years of Experience with a μ-Kernel Based OS. Appearing in *Operating Systems Rewiew*, Januar 1991.

[LKKH90] W. Lux, O.C. Kowalski, W.E. Kühnhauser, and H. Härtig. Mechanisms for Dependability. Internes Arbeitspapier, 11. September 1990. German National Research Center for Computer Science (GMD), Project BirliX.

[Sat89] M. Satyanarayanan. Integrating Security in a Large Distributed System. *ACM Transactions on Computer Systems*, 7(3):247–280, August 1989.

[SS75] J.H. Saltzer and M.D. Schroeder. The Protection of Information in Computer Systems. *Proceedings of the IEEE*, 63(9):1278–1308, September 1975.

[Sto88] C. Stoll. Stalking the Wily Hacker. *Communications of the ACM*, 31(5):484–497, May 1988.

[TCS85] Department of Defense. *Trusted Computer System Evaluation Criteria*, December 1985.

Vertrauenswürdiges Booten als Grundlage authentischer Basissysteme

Michael Groß

Gesellschaft für Mathematik und Datenverarbeitung (GMD)
Darmstadt

Zusammenfassung

Für viele Anwendungen von Computersystemen benötigt man ein vertrauenswürdiges Basissystem als Grundlage für die Garantie bestimmter Funktionalitäten des Gesamtsystems. Vertrauenswürdiges Booten ist ein Verfahren, ein bestimmtes Betriebssystem auf einer gegebenen Hardware so zu starten, daß die Authentizität beider Komponenten überprüft werden kann. Wenn wir eine vertrauenswürdige Zentraleinheit und ein vertrauenswürdiges Betriebssystem voraussetzen, dann kann man beide so zusammenfügen, daß ein vertrauenswürdiges Basissystem entsteht, welches in der Lage ist, sich anderen Instanzen gegenüber zu authentifizieren.

1 Einleitung

Das Vertrauen eines Anwenders in ein System beruht auf seinem Vertrauen in die einzelnen Systemkomponenten. Da die Sicherheit eines Betriebssystems oder der Zentraleinheit im allgemeinen nicht überprüfbar ist, ist der Anwender darauf angewiesen, sich auf die Zuverlässigkeit der Hersteller zu verlassen. Dies ist natürlich nur möglich, wenn diese Systemkomponenten authentisch sind, sie nicht manipuliert wurden und ihre Hersteller bekannt sind.

Eine Workstation eines vertrauenswürdigen Herstellers ist nur dann vertrauenswürdig, wenn sie nachweislich nicht manipuliert wurde und von einem sicheren Betriebssystem kontrolliert wird. Um ein sicheres verteiltes System zu erhalten, ist es deshalb notwendig, die beteiligten Knoten und ihre Betriebssysteme zu authentifizieren. Nur unter dieser Voraussetzung kann das Vertrauen eines Anwenders in die Sicherheit des Gesamtsystems auf die Zuverlässigkeit der Hersteller zurückgeführt werden.

Da verteilte Systeme aus einem Netzwerk mit vielen Knoten bestehen, ergeben sich zur Durchsetzung der Sicherheitsinteressen eines Anwenders spezielle Probleme. Insbesondere bei der Kommunikation von Knoten untereinander, jedoch auch bei der Kommunikation des Anwenders mit dem System, ist die Authentizität der beteiligten Rechnerknoten eine Voraussetzung für die Sicherheit des Gesamtsystems. Im vorliegenden Papier wird ein Verfahren beschrieben, das es erlaubt, beim Bootvorgang die Voraussetzungen zur Authentifizierung von Knoten und Software und zum Aufbau von sicheren Kommunikationskanälen zu schaffen.

In vielen verteilten Systemen werden als Voraussetzung für die Systemsicherheit unmanipulierbare Knoten und ein authentischer Betriebssystemkern postuliert. In der Praxis sind die geforderten Voraussetzungen jedoch schwer durchzusetzen, da eine Manipulation an der Hardware normalerweise nur mit hohem Aufwand (z.B. spezielle, gesicherte Maschinenräume) auszuschließen ist. Auch der Betriebssytemcode darf nicht ausgetauscht werden können, was in der Praxis wohl zumindest eine für Angreifer unzugängliche Aufbewahrung aller Betriebssytemdatenträger erforderlich macht.

Da Manipulationen jedoch niemals vollständig ausgeschlossen werden können, ist es wünschenswert, Veränderungen an den Knoten eines verteilten Systems erkennbar zu machen. Sowohl der Benutzer als auch andere Knoten im Netz müssen eine Möglichkeit haben, die Authentizität und Integrität jedes beteiligten Knotens jederzeit zu überprüfen. Weiterhin soll in einem Netz mit privaten Knoten jedes beliebiege Betriebssystem gebootet werden dürfen, ohne die Sicherheit der anderen Knoten zu beeinträchtigen. Dies erfordert, daß die Authentizität eines Betriebssystems sowohl vom Benutzer als auch von anderen Knoten während des Betriebs überprüft werden kann.

1.1 Authentische Systemkomponenten

Zu den Aufgaben eines sicheren Betriebssystems gehört die Prüfung der Authentizität von Anwendungssoftware. Auf eine solche Prüfung kann sich der Anwender jedoch nur verlassen, wenn das Betriebssystem selbst authentisch ist und die Annahmen des Betriebssystemherstellers über die Funktionalität der Hardware stimmen. Heute übliche Computersysteme bieten jedoch keine ausreichenden Möglichkeiten zur Überprüfung der Hardware und des Betriebssystems.

Die Prüfung der Authentizität einzelner Komponenten eines Systems kann durch andere Systemkomponenten erfolgen, die selbst auch wieder von Komponenten des Systems überprüft werden. Auf diese Weise entsteht eine Kette von Authentizitätsprüfungen, wobei am Anfang einer solchen Prüfungskette eine Komponente steht, die nicht innerhalb des Systems selbst überprüft werden kann. Die Authentizität dieser Komponente muß deshalb von einer externen Instanz (z.B. dem Anwender) geprüft werden können.

Die Systemkomponente am Anfang der Prüfungskette sollte ein Teil der Hardware sein, dessen Integrität mit herkömmlichen Methoden so gesichert wird, das Integritätsverletzungen erkennbar werden (z.B. eingießen in Kunststoff). Bei unverletzter Integrität müßte diese Komponente in der Lage sein sich anderen Instanzen gegenüber zu authentifizieren und einen Betriebssystemkern so zu laden, das auch dieser sich gegenüber anderen Instanzen authentifizieren kann.

Die Zentraleinheit eines Computersystems, bestehend aus Prozessor, Bus, Hauptspeicher und E/A-Kanälen, ist eine für diese Anforderungen geeignete Systemkomponente, da ihr

Schutz vor externen Bedrohungen (z.B. Abhören des Busses muß unmöglich sein) von vielen Sicherheitsmechanismen der Software sowieso vorausgesetzt wird und bis auf einige kleinere Erweiterungen der Zentraleinheit für unsere Zwecke keine weiteren Änderungen an der Hardware nötig werden.

Ausgehend von einem unmanipulierten und authentifizierbaren Betriebssystemkern auf einer unmanipulierten und authentifizierbaren Zentraleinheit kann das Betriebssystem dann seine weiteren Bestandteile selbst überprüfen. Eine wichtige Voraussetzung für das Vertrauen des Anwenders und der Hersteller von Anwendungssoftware in die Sicherheit eines Betriebssystems wäre damit erfüllt.

In Verbindung mit dem Betriebssystem bildet die Zentraleinheit ein Basissystem für die oben beschriebene Prüfungskette, welches in der Lage ist, sich gegenüber Dritten zu authentifizieren, und dessen Vertrauenswürdigkeit unter der Voraussetzung zuverlässiger Hersteller gewährleistet ist kann. Dieses Basissystem kann nicht nur als Fundament für alle weiteren Prüfungen der Prüfungskette dienen, sondern ist auch allgemein als Basis für verschiedene Sicherheitsmechanismen des Betriebssystems und der Anwendungsprogramme geeignet.

Ein Basissystem entsteht beim Bootvorgang durch das Starten eines Betriebssystems auf einer Zentraleinheit. Dabei wird vom Urlader zunächst ein Teil des Betriebssystems in den Hauptspeicher der Zentraleinheit geladen, welcher anschließend die Kontrolle über den weiteren, betriebssystemspezifischen Ablauf des Bootvorgangs übernimmt. Wenn der Urlader vor Übergabe der Kontrolle die Authentizität dieses Betriebssystemteils prüft und die Zentraleinheit physikalisch vor unbemerkbaren Veränderungen geschützt ist, kann man ein vertrauenswürdiges Betriebssystem auf einer vertrauenswürdigen Zentraleinheit so booten, daß ein vertrauenswürdiges Basissystem entsteht.

1.2 Vertrauenswürdige Zentraleinheiten

Die Funktionalität der Zentraleinheit (ZE) kann nur dann gewährleistet werden, wenn die Zentraleinheit authentisch ist und nicht manipuliert wurde. In diesem Falle hängt die Vertrauenswürdigkeit der Zentraleinheit von den Fähigkeiten und der Zuverlässigkeit ihres Herstellers ab. Der Anwender eines Computersystems muß deshalb jederzeit feststellen können, ob die Zentraleinheit manipuliert wurde oder nicht. Dazu gibt es prinzipiell drei Möglichkeiten:

- Er vertraut auf die Prüfungen eines Systemverwalters.
- Er prüft die Unversehrtheit und Authentizität des Gehäuses der Zentraleinheit.
- Er besitzt spezielle Hardware zum Prüfen (z.B. Chipkarte) und die Zentraleinheit kann sich gegenüber dieser Hardware authentifizieren.

Für die Vertrauensürdigkeit einer Zentraleinheit ist ihre Authentizität alleine nicht ausreichend. Sie ist jedoch eine wichtige Voraussetzung. Auf eine Überprüfungsmöglichkeit kann daher keinesfalls verzichtet werden.

1.3   Vertrauenswürdige Betriebssysteme

Die Sicherheit eines Betriebssystems wird vom Betriebssystemhersteller spezifiziert und der Benutzer ist darauf angewiesen, dem Hersteller zu vertrauen, daß das Betriebssystem diese Spezifikation voll erfüllt. Ebenso wie bei der Zentraleinheit muß deshalb auch bei einem vertrauenswürdigen Betriebssystem jederzeit der Hersteller feststellbar sein. Ebenso muß überprüft werden können, ob der Betriebssystemcode nach der Auslieferung manipuliert wurde. Nur so kann das Vertrauen in ein Betriebssystem (BS) auf dem Vertrauen in die Fähigkeiten und die Zuverlässigkeit des Betriebssystemherstellers beruhen.

Eine mögliche Sicherung des Betriebssystemcodes liegt auf der Hand: Damit das Betriebssystem vom Binden beim Hersteller bis zum Booten beim Kunden nicht mehr unbemerkt verändert werden kann, signiert der Hersteller sein Betriebssystem vor der Auslieferung mit Hilfe eines kryptografischen Signierverfahrens. Dies garantiert, daß Manipulationen am Betriebssystemcode erkennbar werden.

1.4   Welches Betriebssystem läuft im Moment in der Zentraleinheit ?

Forderung: Der Anwender eines Systems muß dem System vertrauen können.

Um diese Forderung zu erfüllen gibt es zwei Möglichkeiten:

- Er vertraut darauf, daß es einen zuverlässigen Systembetreuer gibt, der die Vertrauenswürdigkeit des Systems garantieren kann.
- Er kann selbst kontrollieren, mit welchen Betriebssystemen und Anwenderprogrammen er auf welchen Zentraleinheiten arbeitet, und vertraut den Herstellern.

Hier soll die zweite Möglichkeit betrachtet werden, da der Systembetreuer ebenfalls als Anwender betrachtet werden kann, der sich zunächst von der Authentizität des Basissystems überzeugen muß.

Die Authentizität einer Zentraleinheit kann vom Anwender nicht immer direkt geprüft werden, da sich die Zentraleinheit nicht unbedingt an seinem Arbeitsplatz befinden muß. Es sollte also möglich sein, ihre Authentizität mit kryptographischen Protokollen über eine größere Entfernung zu prüfen.

Bei einer Prüfung des Betriebssystems im laufenden Betrieb müßten sowohl der Code als auch die aktuellen Daten auf Konsistenz und Korrektheit überprüft werden, um sicher zu sein, daß das Betriebssystem keine trojanischen Pferde enthält und nicht in unerlaubter Weise manipuliert wurde. Dazu wäre es zumindest nötig, mit Testprogrammen von außerhalb des Betriebssystems auf den Adressraum des Betriebssystems zugreifen zu können. Dies stellt jedoch generell ein erhebliches Sicherheitsrisiko dar.

Aus diesen Gründen sollte die Überprüfung des Betriebssystems beim Bootvorgang durchgeführt werden, d.h. der Anwender oder zumindest der Systembetreuer muß dann nur noch überprüfen können, welches Betriebssystem beim letzten Reset gebootet wurde. Unter der Voraussetzung, daß ein Betriebssystem nicht durch ein anderes ersetzt werden kann und auf einer sicheren Zentraleinheit nicht manipulierbar ist, kann man so jederzeit feststellen, welches Betriebssystem gerade läuft.

2 Kryptographische Methoden

Für die Realisierung des Vertrauenswürdigen Bootens sollen kryptographische Signaturverfahren angewendet werden. Die vorgeschlagene Lösung basiert auf dem Prinzip der digitalen Signatur, das zuerst von Diffie und Hellman vorgestellt wurde [DH76]. Eine Eigenschaft dieser digitalen Signaturen ist ihre Fälschungssicherheit. Dies macht sie auch zu einem geeigneten Instrument für die Authentifizierung von Instanzen.

Die gleichen Verfahren können auch angewendet werden, um die Kommunikation externer Instanzen mit dem von uns betrachteten Basissystem fälschungssicher zu gestalten. Dazu gehen wir davon aus, daß folgende Forderungen zu erfüllen sind:

- Modifikationen an einer Nachricht sind erkennbar.
- Der Absender einer Nachricht kann festgestellt werden.
- Nachrichten werden vor 'message replay' geschützt.

Die konventionellen, klassischen Kryptographieverfahren arbeiten mit einem geheimen Schlüssel, den alle beteiligten Kommunikationspartner kennen müssen. Diese Verfahren nennt man daher symmetrische Verfahren oder Private-Key-Verfahren. Der Schlüssel muß von einem Partner an den anderen oder von einem Dritten an beide übermittelt werden.

Im Gegensatz zu den Private-Key-Verfahren verwenden Public-Key-Verfahren (asymmetrische Verfahren) verschiedene Schlüssel für die Ver- und Entschlüsselung. Der Verschlüsselungsschlüssel (Public-Key, öffentlicher Schlüssel) läßt sich aus dem Entschlüsselungsschlüssel (Secret-Key, geheimer Schlüssel) leicht berechnen und wird veröffentlicht. Die Berechnung des geheimen Schlüssels aus dem öffentlichen Schlüssel ist jedoch unmöglich oder zumindest komplexitätstheoretisch sehr schwer.

Für die Anwendung eines solchen Public-Key-Verfahrens benötigt die Instanz X also das Schlüsselpaar (PK_X, SK_X):

$$PK = (\text{öffentlicher Schlüssel, Public Key})$$
$$SK = (\text{geheimer Schlüssel, Secret Key})$$

Rivest, Shamir und Adleman haben ein Verfahren vorgestellt [RSA78], das in hohem Maße fälschungssicher zu sein scheint und dem hier verwendeten Signatursystem zugrunde liegen könnte. Die Sicherheit dieses Verfahrens basiert auf dem Problem, eine große natürliche Zahl zu faktorisieren. Die Zerlegung großer Zahlen in ihre Primfaktoren ist aber mit allen zur Zeit bekannten Algorithmen extrem schwierig. Die Ver- und Entschlüsselungszeiten sind trotz softwaremäßiger Optimierung noch recht groß. Für die hier beschriebene Anwendung spielen diese Zeiten jedoch eine untergeordnete Rolle, da nur sehr wenige Ver- und Entschlüsselungen bei jedem Bootvorgang nötig sind.

2.1 Signaturen

Eine digitale Signatur entspricht in ihrer Funktion der Unterschrift einer Person unter einem Dokument. Im Unterschied zu einer herkömmlichen Unterschrift ist eine digitale

Signatur sowohl abhängig von ihrem Erzeuger als auch vom Inhalt des signierten Dokuments. Dies hat zur Folge, daß nach einer Manipulation am signierten Dokument die Signatur nicht mehr zum Dokument paßt und auf diese Weise Manipulationen an digitalen Dokumenten erkennbar werden. Die Instanz, die eine digitale Signatur erzeugen möchte, muß dazu über ein Geheimnis verfügen, welches zur Erzeugung der Signatur benötigt wird. Dies gewährleistet, daß die Signatur ausschließlich von dem Besitzer des Geheimnisses erzeugt werden kann. Eine öffentliche Information erlaubt anderen Instanzen, ohne Kenntnis des Geheimnisses, eine solche Signatur zu verifizieren und so den Inhaber der geheimen Information als Erzeuger der Signatur zu identifizieren. Durch Verifizieren der Signatur wird daher gleichzeitig die signierende Instanz und der Inhalt des Dokuments authentifiziert. Als Signierverfahren könnte hier z.B. der RSA-Algorithmus in Verbindung mit einer Hashfunktion angewendet werden [EHV88] [Zim86].

2.1.1 Signieren einer Nachricht

Mit einer öffentlich bekannten Hashfunktion wird zunächst ein Merkmal fester Länge (Hashwert, MAC, MDC) aus der Nachricht berechnet. Dieser Hashwert wird dann digital unterschrieben - also mit dem eigenen, geheimen Schlüssel SK_X verschlüsselt - und an die Nachricht angehängt.

gegeben:	Nachricht	N
	Secret Key der Instanz X	SK_X
	RSA-Funktion	E
	Hashfunktion	h

1. berechne $h(N)$

2. berechne $E(SK_X, h(N)) = S_{N,X}$

3. konkateniere N und $S_{N,X}$

In folgenden soll die Nachricht stets mit ihrer Signatur gemeinsam betrachtet werden, wobei die Nachricht im Klartext vorliegt und die Signatur angehängt wird.

Notation: $[N]_X$

Signieren einer Nachricht kann also nur die Authentizität dieser Nachricht, nicht jedoch ihre Vertraulichkeit gewährleisten.

2.1.2 Prüfung einer Signatur

Zur Prüfung der Signatur wird nun aus dem Dokument das Merkmal mit Hilfe der Hashfunktion H bestimmt, und dann mit Hilfe des öffentlichen Schlüssels PK die Signatur entschlüsselt. Stimmen Hashwert und entschlüsselte Signatur überein, so stammt die Unterschrift vom Besitzer des geheimen Schlüssels SK_X, und es ist gewährleistet, daß das Dokument nach der Erzeugung der Signatur nicht mehr verändert wurde.

gegeben: Nachricht mit Signatur $[\,N\,]_X$
Public Key der Instanz X PK_X
RSA-Funktion D
Hashfunktion h

1. berechne $h(N)$

2. berechne $D(\,PK_X,\text{ Signatur }\,)$

3. vergleiche $D(\,PK_X,\text{ Signatur }\,)$ und $h(N)$

Die Prüfung der Signatur entspricht jedoch nur dann einer Authentizitätsprüfung der Nachricht, wenn der Public Key, der zum Prüfen verwendet wurde, authentisch ist.

2.2   Zertifikate

Eine Instanz, die in der Lage ist, einen geheimen Schlüssel zu speichern und damit digitale Signaturen zu erzeugen, kann sich anderen Instanzen gegenüber dadurch authentifizieren, daß sie eine Nachricht der anderen Instanz unterschreibt und zurückschickt. Voraussetzung für eine solche Authentisierung ist, daß die verifizierende Instanz den öffentlichen Schlüssel der signierenden Instanz kennt, und der geheime Schlüssel dieser Instanz wirklich geheimgehalten wurde. Das Problem der Authentizität des öffentlichen Schlüssels kann man mit Zertifikaten lösen.

Ein Zertifikat ist eine digital signierte Nachricht, mit der eine Zertifizierungsinstanz die Zuordnung von bestimmten Merkmalen zu einer anderen Instanz beglaubigt.

Wird dabei als Merkmal der Besitz eines Schlüsselpaares gewählt, so kann ein Zertifikat die Frage beantworten, zu wem ein öffentlicher Schlüssel gehört, und erlaubt dieser Instanz so, sich anderen Instanzen gegenüber mit Hilfe ihres geheimen Schlüssels selbst zu authentifizieren. Ebenso lassen sich mit Zertifikaten den Inhabern bestimmter Merkmale auch weitere Merkmale zuordnen.

Ein Zertifikat, wie es hier benötigt wird, besteht aus:

a) Merkmale der Instanz

   - Name der Instanz X (Id_X)
   - öffentlicher Schlüssel von X (PK_X)
   - weitere Merkmale von X

b) Signatur der Zertifizierungsinstanz

Notation: $\langle\,Id_X,\ PK_X,\ \dots\,\rangle_{Zertifizierungsinstanz}$

Diese Zertifikate werden von der signierenden Instanz mit der signierten Nachricht mitgeschickt und enthalten ihren Namen und ihren öffentlichen Schlüssel. Für die Authentizitätsprüfung muß die verifizierende Instanz dann nur den öffentlichen Schlüssel der Zertifizierungsinstanz kennen.

3 Sicheres Booten

In konventionellen Systemen wird beim Booten ein Betriebssystem ohne Authentizitätsprüfung von der Zentraleinheit geladen und gestartet. Beim vertrauenswürdigen Booten
dagegen soll die Zentraleinheit ein Betriebssystem nicht nur laden und starten, sondern
auch vor dem Starten die Authentizität des geladenen Codes prüfen. Weiterhin soll die
Zentraleinheit dem Systemverwalter direkt den Namen des geladenen Betriebssystems anzeigen können und dem Betriebssystem ein Schlüsselpaar zur Verfügung stellen, mit dessen
Hilfe sich das Betriebssystem gegenüber anderen Systemen authentisieren kann.

Damit der vorgeschlagene Bootmechanismus zu einem vertrauenswürdigen Basissystem
führt, müssen sowohl vertrauenswürdige Betriebssysteme als auch vertrauenswürdige Zentraleinheiten zusätzliche Anforderungen erfüllen:

Anforderungen an ein vertrauenswürdiges Betriebssystem:

- Das Betriebssystem ist so konstruiert, daß es nach dem Booten im laufenden Betrieb
  nicht mehr durch einen anderes Betriebssystem ersetzt werden kann. Es darf keine
  Möglichkeit geben, den Code oder die Daten zu manipulieren.

- Das Betriebssystem kann einen geheimen Schlüssel sicher aufbewahren und damit
  digitale Signaturen erzeugen, um sich anderen Systemen gegenüber zu authentifizieren.

Anforderungen an eine vertrauenswürdige Zentraleinheit:

- Die Zentraleinheit kann dem Betriebssystem ein Schlüsselpaar zur Verfügung stellen.

- Die Zentraleinheit kann dem Betriebssystem ein Zertifikat für seinen öffentlichen
  Schlüssel zur Verfügung stellen, damit sich das Betriebssystem anderen gegenüber
  mit Hilfe seiner Signatur und des Zertifikats authentifizieren kann.

- Eine Anzeige am Gehäuse der Zentraleinheit zeigt den Namen des geladenen Betriebssystems unfälschbar an und ermöglicht dem Anwender eine direkte optische
  Kontrolle des Bootvorgangs. Er kann so ohne Zuhilfenahme weiterer (evtl. kompro-
  mittierter) Geräte feststellen, welches Betriebssystem die Zentraleinheit kontrolliert.

3.1 Grundprinzipien des vertrauenswürdigen Bootens

Wie kann sich das Betriebssystem authentifizieren ?

> Jedes Exemplar eines Betriebssystems besitzt bei der Ausführung ein eigenes
> Schlüsselpaar. Es kann Authentifizierungsprotokolle durchführen und mit dem
> geheimen Schlüssel Signaturen erzeugen. Der öffentliche Schlüssel des Betriebs-
> systemexemplars muß dazu veröffentlicht werden.

Wie kann der öffentliche Schlüssel unfälschbar veröffentlicht werden ?

> Der öffentliche Schlüssel wird von einer vertrauenswürdigen Instanz zertifiziert,
> deren öffentlicher Schlüssel authentifizierbar ist.

Woher bekommt das Betriebssystem sein Schlüsselpaar ?

> Die Zentraleinheit erzeugt das Schlüsselpaar für das Betriebssystem. Dieses
> Schlüsselpaar wird dem Betriebssystem beim Booten von der vertrauenswürdi-
> gen Zentraleinheit übergeben, nachdem sie sich von der Authentiziät des Be-
> triebssystems überzeugt hat.

Wer zertifiziert den öffentlichen Schlüssel des Betriebssystems ?

> Die Zentraleinheit zertifiziert den öffentlichen Schlüssel des Betriebssystems.
> Dazu besitzt sie ein eigenes Schlüsselpaar und kann damit Signaturen erzeugen.

Woher bekommt die Zentraleinheit ihr Schlüsselpaar ?

> Das Schlüsselpaar für die Zentraleinheit wird von ihr selbst erzeugt. Dies ge-
> schieht vor der Auslieferung durch den Hersteller, da so der Hersteller den
> öffentlichen Schlüssel der Zentraleinheit zertifizieren kann.

Für die obigen Antworten gibt es auch Alternativen, die in einem Arbeitspapier der GMD
[Gro91] demnächst diskutiert werden sollen. Die prinzipielle Vorgehensweise beim vertrauenswürdigen Bootens bleibt jedoch gleich:

- Jedes Betriebssystemexemplar besitzt ein eigenes Schlüsselpaar.
- Die Zentraleinheit besitzt ebenfalls ein eigenes Schlüsselpaar.
- Die Zentraleinheit ordnet beim Booten dem Betriebssystem sein Schlüsselpaar zu.
- Bei Authentifizierungen des Basissystems werden immer sowohl das Betriebssystem
  als auch die Zentraleinheit authentifiziert.

3.2   Instanzen

Für das vertrauenswürdige Booten ist es nötig, folgende Instanzen zu unterscheiden, die
durch einen weltweit eindeutigen Namen (Id) identifiziert werden können:

- Betriebssystem-Hersteller (BSH)

  > $Id_{BSH} = ($ Firmenname, Firmensitz $)$
  > Die Id des Betriebssystemherstellers soll weltweit eindeutig sein. Deshalb
  > sollte nicht nur der Firmenname (national), sondern auch der Firmensitz
  > (international) verwendet werden.

- Betriebssystem (BS)

  $Id_{BS} = ($ BS-Name, Version, Seriennummer, Id_{BSH} $)$

  Jedes auszuliefernde Betriebssystem erhält außer seinem Namen und der Betriebssystemversion eine Seriennummer. Die Id des Herstellers als Bestandteil der Id des Betriebssystems ermöglicht die direkte Identifikation des Herstellers und macht die Id des Betriebssystems weltweit eindeutig.

- Zentraleinheit-Hersteller (ZEH)

  $Id_{ZEH} = ($ Firmenname, Firmensitz $)$

  Die Id des Herstellers der Zentraleinheit soll weltweit eindeutig sein. Deshalb sollte nicht nur der Firmenname (national), sondern auch der Firmensitz (international) verwendet werden.

- Zentraleinheit (ZE)

  $Id_{ZE} = ($ ZE-Name, Version, Seriennummer, Id_{ZEH} $)$

  Jede produzierte Zentraleinheit erhält außer ihrem Namen und der Versionsnummer eine Seriennummer. Die Id des Herstellers als Bestandteil der Id der Zentraleinheit ermöglicht die direkte Identifikation des Herstellers und macht die Id der Zentraleinheit weltweit eindeutig.

3.3 Bootvorgang

Nach einer Vorbereitungsphase, in der die Zentraleinheit (ZE) und das Betriebssystem (BS) von ihren Herstellern erzeugt worden sind, werden sie beim Bootvorgang zu einem Basissystem kombiniert. Erst in der anschließenden Betriebsphase ist dann die Nutzung des Computersystems durch den Anwender möglich.

Normalerweise wird am Ende des Bootprogramms eine Laderoutine ausgeführt, welche den BS-Lader in den Speicher lädt und startet. Das Problem beim konventionellen Booten besteht darin, das der BS-Lader nicht von der Laderoutine überprüft wird und deshalb unbemerkt modifiziert werden kann. Nach seiner Aktivierung lädt der BS-Lader weitere Teile des BS in den Speicher und initialisiert und startet sie. Dieser Teil des Bootvorgangs ist abhängig vom verwendeten BS.

Der BS-Hersteller kann zwar einen sicheren Mechanismus entwerfen, um das BS gegen unerlaubte Manipulationen im betriebssystemspezifischen Teil des Bootvorgangs zu schützen, aber er ist nicht in der Lage, das Laden des BS-Laders zu kontrollieren. Dieser erste Schritt ist ein Sicherheitsproblem, das nicht vom BS-Hersteller alleine gelöst werden kann und deshalb eine enge Zusammenarbeit mit dem Hersteller der ZE erfordert.

Die vorgeschlagene Methode des vertrauenswürdigen Bootens ermöglicht es der ZE, ein Programm zu laden, seine Authentizität zu prüfen und es zu starten. Ein solches Programm, dessen Code in einem sogenannten Security-Boot-Modul enthalten sein muß, ist der BS-Lader, der dann als Verankerung für die Kette von Sicherheitsmechanismen des BS benutzt werden kann.

Damit die Authentizität des BS-Laders geprüft werden kann, wird der Security-Boot-Modul vom BS-Hersteller unterschrieben. Auf ähnliche Weise müssen sicherlich auch die anderen Teile des BS gesichert werden, was jedoch zu den Sicherheitsmechanismen des BS zählt und deshalb hier nicht betrachtet werden soll.

$$\textit{Security-Boot-Modul} \qquad [\ Id_{BS},\ \text{BS-Lader}\ ]_{BSH}$$

Während des Bootens bekommt der BS-Lader von der ZE ein Schlüsselpaar und verschiedene Zertifikate, die er an das BS weitergibt. Mit Hilfe des Schlüsselpaares und den Zertifikaten kann sich das BS dann selbsttätig gegenüber anderen Systemen authentifizieren. Durch die Zertifikate wird dabei immer die ZE ebenfalls authentifiziert.

3.4 Die Hersteller

Die Hersteller von Betriebssystemen und Zentraleinheiten besitzen alle eigene Schlüsselpaare. Zur Authentizitätssicherung ihrer öffentlichen Schlüssel gibt es verschiedene Möglichkeiten, die in [Gro91] diskutiert werden sollen. Eine mögliche Lösung ist es, daß ihre öffentlichen Schlüssel von einer internationalen Herstellervereinigung (HV) zertifiziert werden, deren öffentlicher Schlüssel allgemein bekannt ist.

$$\textit{Zertifikat für den Hersteller des BS} \qquad \langle\ Id_{BSH},\ PK_{BSH}\ \rangle_{HV}$$

$$\textit{Zertifikat für den Hersteller der ZE} \qquad \langle\ Id_{ZEH},\ PK_{ZEH}\ \rangle_{HV}$$

3.5 Das Betriebssystem

Jedes aktive Betriebssystemexemplar besitzt ein eigenes Schlüsselpaar, welches von der ZE erzeugt wird. Der geheime Schlüssel (SK_{BS}) wird beim Booten dem BS von der ZE zur Verfügung gestellt. Das BS ist dann für den weiteren Schutz dieses Schlüssels selbst verantwortlich. Mit dem geheimen Schlüssel kann das BS Signaturen erzeugen. Der zugehörige öffentliche Schlüssel (PK_{BS}) wird von der ZE im Bootzertifikat zertifiziert.

$$\textit{Geheimnis des BS} \qquad SK_{BS}$$

$$\textit{Bootzertifikat} \qquad \langle\ Id_{BS},\ PK_{BS},\ PK_{BSH}\ \rangle_{ZE}$$

Da bei jedem Bootvorgang ein neues Schlüsselpaar verwendet wird, ist gewährleistet, daß selbst im Falle der Kompromittierung des geheimen Schlüssels eines Betriebssystemexemplars, nur die Identität dieses einen Exemplars vorgetäuscht werden kann.

3.6 Die Zentraleinheit

Eine vertrauenswürdige ZE muß prinzipiell so geschützt sein, daß niemand unkontrollierten Zugriff auf ihre Komponenten hat. Jede derartige ZE soll ein eigenes Schlüsselpaar besitzen, das von der ZE vor der Auslieferung selbst erzeugt wird, da der geheime

Schlüssel (SK_{ZE}) so niemals die ZE selbst verlassen muß und der Hersteller den öffentlichen Schlüssel (PK_{ZE}) direkt nach der Erzeugung zertifizieren kann.

Geheimnis der ZE SK_{ZE}

ZE-Zertifikat $\langle\, Id_{ZE},\ PK_{ZE}\,\rangle_{ZEH}$

Der Schlüsselspeicher für den geheimen Schlüssel der ZE ist eine spezielle Hardwareerweiterung einer konventionellen ZE, der zu existierenden ZE nur hinzugefügt werden muß. Er wird so konstruiert, daß er nur nach einem Reset gelesen werden kann und vom Bootprogramm anschließend gesperrt wird. Dies garantiert, daß der geheime Schlüssel nicht von der Software ausspioniert werden kann. Sollte das Schlüsselpaar einer ZE von einem Angreifer doch kompromittiert werden, so könnte er die Identität dieser ZE vortäuschen. Das Ausspionieren des geheimen Schlüssels erfordert jedoch Manipulationen an der Hardware. Durch geeignete Konstruktion des Schlüsselspeichers führen solche Manipulationen zum Verlust des Schlüssels, was ein Ausspionieren unmöglich macht. Der Verlust des Schlüssels ist dann auch ein Hinweis auf eine Manipulation an der Zentraleinheit.

Jede vertrauenswürdige ZE soll zusätzlich eine Bootanzeige enthalten. Diese muß im Gegensatz zur Konsole in das Gehäuse integriert werden und darf nicht durch die Software beeinflußbar sein. Eine solche Anzeige kann deshalb dem Anwender unfälschbar das aktive BS anzeigen.

4 Ablauf

Das Vorgehen zur Erzeugung und Authentifizierung von Basissystemen läßt sich in drei Phasen unterteilen:

Phase 1   Vorbereitungsphase

>In dieser Phase wird die ZE bei ihrem Hersteller initialisiert und der Security-Boot-Modul vom BS-Hersteller unterschrieben.

Phase 2   Vertrauenswürdiges Booten

>Der Security-Boot-Modul wird geladen und authentifiziert. Die Bootanzeige wird gesetzt und er bekommt ein Schlüsselpaar und die notwendigen Zertifikate. Anschließend wird der BS-Lader gestartet.

Phase 3   Betriebsphase

>Vom Start des BS-Laders bis zum Ausschalten oder dem nächsten Reset befindet sich das System in der Betriebsphase. Das BS wird hochgefahren und kontrolliert nun die ZE. Das entstandene Basissystem kann sich gegenüber dem Benutzer oder einem anderen Basissystem authentifizieren.

4.1 Phase 1 (Vorbereitungsphase)

Phase 1.a ZE-Initialisierung beim Hersteller.

a) Vor der ersten Inbetriebnahme schreibt der Hersteller in das EPROM der ZE ihre Id_{ZE} und den BP-Code.

$$Id_{ZE} \quad \text{und} \quad \text{BP-Code}$$

b) Die ZE erzeugt dann beim ersten Einschalten ein Schlüsselpaar (SK_{ZE}, PK_{ZE}) und gibt den öffentlichen Schlüssel aus. Der geheime Schlüssel (SK_{ZE}) wird im ZE-Schlüsselspeicher abgelegt.

$$PK_{ZE}$$

c) Anschließend erzeugt der Hersteller das ZE-Zertifikat, das er der ZE für spätere Authentifizierungen ihres öffentlichen Schlüssels übergibt.

$$\langle \, Id_{ZE}, \, PK_{ZE} \, \rangle_{ZEH}$$

Phase 1.b Der Security-Boot-Modul wird erzeugt.

Für sein BS erzeugt der BS-Hersteller eine Id_{BS} und signiert sie gemeinsam mit dem BS-Lader. Der entstandene Security-Boot-Modul wird zusammen mit den anderen Teilen des BS ausgeliefert.

$$[\, Id_{BS}, \text{BS-Lader} \,]_{BSH}$$

4.2 Phase 2 (Vertrauenswürdiges Booten)

Nach einem Reset der ZE wird zunächst das Bootprogramm gestartet, welches nach den üblichen Funktionsprüfungen der ZE und einem löschenden Speichertest den Bootvorgang durchführt. Die Zerstörung des alten Speicherinhalts garantiert dabei, daß Daten, die sich vor dem Reset im Hauptspeicher befanden, sicher gelöscht werden. Beim anschließenden vertrauenswürdigen Booten werden das BS und die ZE so zu einem Basissystem kombiniert, daß sich das Basissystem gegenüber anderen authentifizieren kann.

Nachdem der Security-Boot-Modul in den Hauptspeicher geladen wurde, wird die Signatur des BS-Herstellers geprüft. Dazu benötigt die Zentraleinheit den öffentlichen Schlüssel des BS-Herstellers. Anschließend erzeugt die Zentraleinheit das Bootzertifikat, welches die Identität des geladenen BS (Id_{BS}), den öffentlichen Schlüssel des erzeugten Schlüsselpaares (PK_{BS}) und den öffentlichen Schlüssel des BS-Herstellers (PK_{BSH}) enthält. Da ab jetzt der geheime Schlüssel der ZE nicht mehr benötigt wird, kann der ZE-Schlüsselspeicher nun gesperrt werden. Dies garantiert, daß nur das Bootprogramm der ZE Zugriff auf den Schlüsselspeicher hat und niemand sonst eine Möglichkeit hat, den geheimen Schlüssel der ZE auszuspionieren. Als nächstes wird auf der Bootanzeige der Name des Betriebssystems angezeigt und die Bootanzeige wird ebenfalls gesperrt, damit kein Programm die Möglichkeit hat, diese Anzeige zu kompromittieren. Am Ende des Bootvorgangs wird der BS-Lader gestartet, der dann das komplette BS lädt, prüft und startet. Das laufende BS hat nun Zugriff auf seinen geheimen Schlüssel, das ZE-Zertifikat und das Bootzertifikat. Diese Dinge können vom BS benutzt werden, um sich anderen Basissystemen gegenüber zu authentifizieren oder abhörsichere authentische Kommunikationskanäle zu realisieren.

Für den Bootvorgang ergibt sich damit folgendes Szenario:

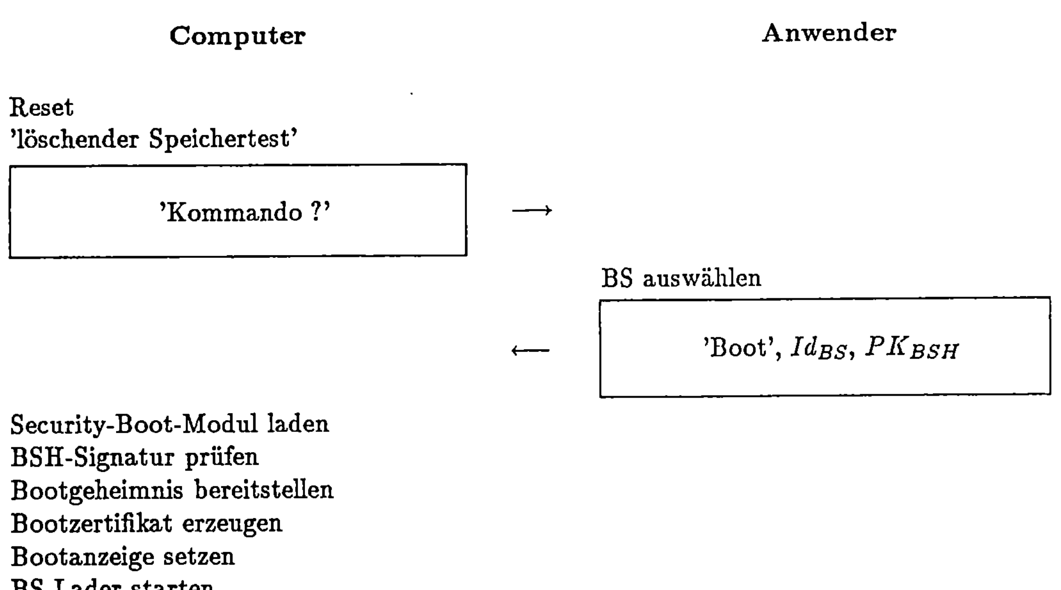

4.3 Phase 3 (Betriebsphase)

Zur Authentifizierung des Basissystems gibt es verschiedene Möglichkeiten:

a) Die Bootanzeige zur Authentifizierung des BS direkt durch den Anwender, unter der Voraussetzung einer nicht manipulierten, authentischen ZE .

b) Die Authentifizierung eines BS und einer ZE von einem anderen Basissystem aus, zur Realisierung eines sicheren verteilten Systems.

Die bereitgestellten Zertifikate und das Schlüsselpaar des BS können als Grundlage für die Durchsetzung verschiedener Sicherheitsmechanismen mit kryptographischen Verfahren dienen. Hier soll als Beispiel die Authentifizierung eines Basissystems gezeigt werden. Weitere Anwendungen werden in [Gro91] beschrieben.

Beispiel für die Authentifizierung eines Basissystems

Um ein Basissystem während des Betriebs zu authentifizieren, muß die Prüfinstanz die authentischen öffentlichen Schlüssel der Hersteller von ZE und BS kennen. Dies könnte zum Beispiel wie bereits oben beschrieben mit Hilfe von Zertifikaten einer Herstellervereinigung erreicht werden.

Zunächst überträgt man eine nie zuvor gesendete Nachricht (Nonce) an das zu prüfende Basissystem. Diese Nachricht wird vom BS mit seinem geheimen Schlüssel (SK_{BS}) unterschrieben und dann zusammen mit dem ZE-Zertifikat und dem Bootzertifikat zurückgeschickt. Die Eigenschaft der Nachricht, nie zuvor gesendet worden zu sein, ist notwendig, damit die signierte Nachricht nicht mehrmals verwendet werden kann. Sie kann z.B. durch eine Kombination von Datum und Zufallszahl erreicht werden. Als erstes prüft man die Signatur des Herstellers der ZE mit seinem bereits bekannten öffentlichen Schlüssel (PK_{ZEH}). Wenn diese Signatur authentisch ist, kennt man den authentischen öffentlichen Schlüssel der Zentraleinheit (PK_{ZE}), der zur Prüfung der Signatur des Bootzertifikats verwendet werden muß. Ist auch diese Signatur authentisch, so kennt man anschließend die Identität des BS (Id_{BS}) und des Herstellers (Id_{BSH}) sowie den öffentlichen Schlüssel (PK_{BSH}), der zum Prüfen des Security-Boot-Moduls verwendet worden war. Ein Vergleich mit dem bereits bekannten authentischen Schlüssel des BS-Herstellers zeigt dann die Authentizität des BS. Am Ende wird die Signatur des BS überprüft. Diese Signatur zeigt, daß das identifizierte BS auch wirklich die ZE kontrolliert.

In unserem Authentisierungsbeispiel ergibt sich damit folgendes Szenario:

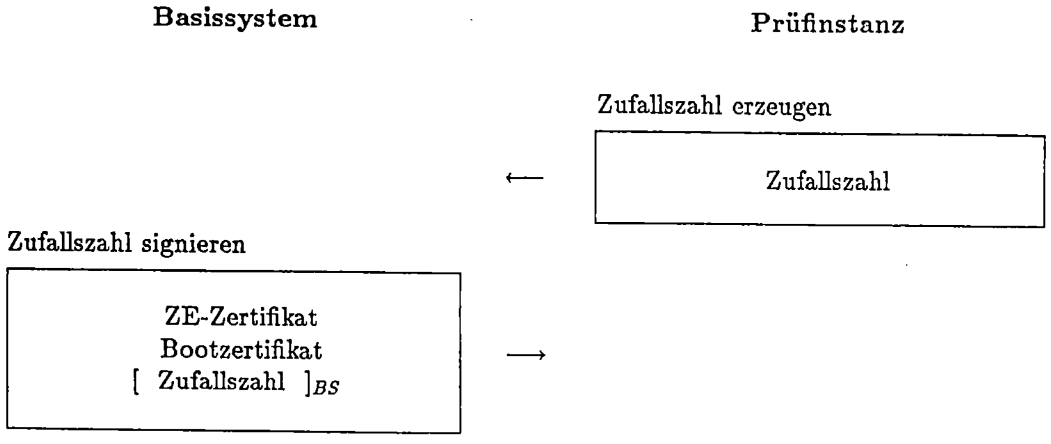

5 Ausblick

Der vorgeschlagene Bootmechanismus ermöglicht die Konstruktion sicherer verteilter Systeme. Eine geplante Implementierung von vertrauenswürdigem Booten im Rahmen des BirliX-Projektes soll die praktische Anwendbarkeit des Verfahrens zeigen. Im BirliX-System soll das Verfahren als Basis zur Durchsetzung der in [KH90] beschriebenen Sicherheitsmechanismen dienen. Die im vorliegenden Papier nicht diskutierten Details und Alternativen werden demnächst in einem Arbeitsbericht der GMD 'Die Implementierung von vertrauenswürdigem Booten im BirliX-System' [Gro91] dargestellt werden. Im Kontext der DEC-Sicherheitsarchitektur wurde das Problem der Authentizität von Systemkomponenten ebenfalls erkannt und in [GGKL89] diskutiert. Durch die geplante Implementierung von vertrauenswürdigem Booten in Verbindung mit BirliX soll ein konkreter Weg zur Konstruktion verteilter Systeme, auf deren Sicherheit der Anwender vertrauen kann, aufgezeigt werden.

Anhang

Abkürzungen

ZE	Zentraleinheit
ZEH	Hersteller einer Zentraleinheit
BS	Betriebssystem
BSH	Hersteller eines Betriebssystems
HV	Herstellervereinigung

Notation

PK_X	öffentlicher Schlüssel von X
SK_X	geheimer Schlüssel von X
$[\text{Nachricht}]_X$	Nachricht mit digitaler Signatur von X
$\langle Id_Y, PK_Y \rangle_X$	Zertifikat der Instanz X für die Instanz Y

Datenstrukturen

ZE-Geheimnis	SK_{ZE}
ZE-Zertifikat	$\langle Id_{ZE}, PK_{ZE} \rangle_{ZEH}$
Bootgeheimnis	SK_{BS}
Bootzertifikat	$\langle Id_{BS}, PK_{BS}, PK_{BSH} \rangle_{ZE}$
Security-Boot-Modul	$[Id_{BS}, \text{BS-Lader}]_{BSH}$
ZEH-Zertifikat	$\langle Id_{ZEH}, PK_{ZEH} \rangle_{HV}$
BSH-Zertifikat	$\langle Id_{BSH}, PK_{BSH} \rangle_{HV}$

Wo sollen die Daten gespeichert sein ?

- externer Speicher (z.B. Platte, Diskette oder Band):

    Security-Boot-Modul
    Betriebssystem

- Arbeitsspeicher (RAM):

    Bootgeheimnis
    Bootzertifikat

- EPROM:

    Id_{ZE}
    BP-Code

- ZE-Schlüsselspeicher:

    ZE-Zertifikat
    ZE-Geheimnis

Literatur

[Cle88]   Wolfgang Clesle. Schutz auch vor Herstellern und Betreibern von Informations-
          systemen. Diplomarbeit, Universität Karlsruhe, Juni 1988. Institut für Rech-
          nerentwurf und Fehlertoleranz, Prof. W. Görke.

[Den82]   Dorothy E. Denning. *Cryptography and Data Security*. Addison-Wesley, Reading,
          Massachusetts, 1982.

[DH76]   Whitfield Diffie and Martin E. Hellman. New Directions in Cryptography. *IEEE
          Transactions on Information Theory*, 22(6):644–654, November 1976.

[DP84]   D. W. Davies and W. L. Price. *Security for Computer Networks*. John Wiley &
          Sons, Chichester, 1984.

[EHV88]   J. Ekberg, S. Herda, and J. Virtamo. TeleTrust - Technical Concepts and Basic
          Mechanisms. *Proceedings of EUTECO '88*, p.523–533, 1988.

[GGKL89] Morrie Gasser, Andy Goldstein, Charlie Kaufman, and Butler Lampson. The
          Digital Distributed System Security Architecture. *Proceedings of 1989 National
          Computer Security Conference*, 1989.

[Gro91]   Michael Groß. Die Implementierung von vertrauenswürdigem Booten im BirliX-
          System. *Arbeitspapiere der GMD*, in Vorbereitung.

[KH90]   O. C. Kowalski and H. Härtig. Protection in the BirliX Operating System. *Pro-
          ceedings of the 10th International Conference on Distributed Computing Systems*,
          p.160–166. IEEE, May 1990.

[RSA78] R. L. Rivest, A. Shamir, and L. Adleman. A Method for Obtaining Digital Signatures and Public Key Cryptosystems. *Communications of the ACM*, 21(2):120–126, 1978.

[Zim86] P. Zimmermann A Proposed Standard Format for RSA Cryptosystems. *Computer*, 19(9):21–34, September 1986.

Computer Aided Verification
of Parallel Processes

Klaus Estenfeld
Hans-Albert Schneider
Dirk Taubner
Erik Tidén

Siemens AG, Corporate Research and Development (ZFE IS INF2)
Otto-Hahn-Ring 6, D-8000 München 83, F.R. Germany

Abstract

We describe the components of a typical tool for the verification of parallel processes based on process algebras. Process algebras such as CCS, TCSP, and ACP offer two means of verification, equivalence checking and model checking. For finite-state processes we describe algorithms for both problems and for the needed non-trivial preprocessing. We indicate how the approach may be exploited for verifying communication protocols.

Keywords   parallel processes, process algebra, verification, bisimilarity, model checking, communication protocols

Introduction

One approach to increase the confidence in the dependability of information systems is to model the system formally and to verify its wanted behaviour. Opposed to testing and simulation verification guarantees correctness with respect to the analyzed properties. Hence especially for parallel processes where testing is difficult the approach of verification is promising.

For the modelling of parallel processes one approach, called process algebra, has over the past decade established itself as very successful. Main representatives of this approach are the Calculus of Communicating Systems (CCS) [12], the Theory of Communicating Sequential Processes (TCSP) [2], and the Algebra of Communicating Processes (ACP) [1].

The semantics of a term of a process algebra is defined to be a transition system, i.e., a Rabin-Scott-automaton (or finite-state machine) without the restriction of having finitely many states and without final states.

Besides the theoretically motivated aspect of how to model parallel processes adequately, process algebras also provide means for verifying parallel processes which can be exploited practically and—at least for finite-state processes—can be effectively supported by computer tools. Two of these verification methods and their efficient algorithmic solution, including the necessary (and non-trivial) preprocessing, are the topic of this paper.

The first verification technique, called equivalence checking, proceeds as sketched in Fig. 1. One starts from a system description *SYS* and its specification *SPEC* both given as terms of the process algebra. Their semantics yield transition systems which are checked for equivalence with respect to a suitable notion. The system description is verified to comply with the specification if and only if this check is positive. The specification has to be *complete* in the sense that it covers all aspects of the system description.

The choice of an adequate notion of equivalence which captures the important properties is crucial. There is a long and appearingly never ending discussion about this. As a working hypothesis we choose as equivalence weak bisimilarity [15, 12].

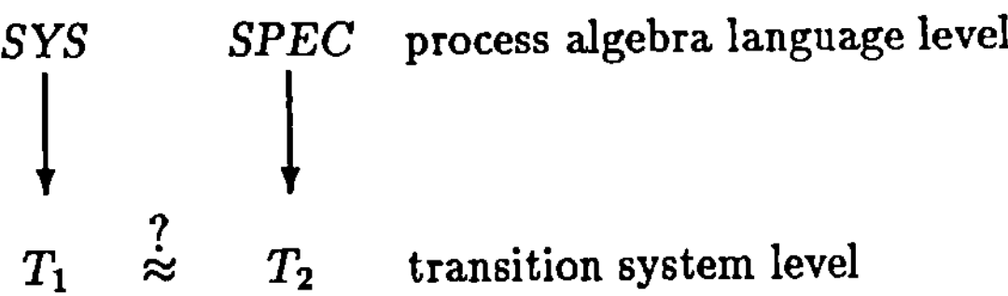

Figure 1: Equivalence checking

The second verification technique, called model checking, is sketched in Fig. 2. Again it starts with a system description *SYS*. However in this approach the specification is expressed as formulas of a modal logic which express desired properties of the system. For each formula it is checked whether the transition system is a (logical) model of it. As the formulas may specify certain properties only, this approach allows to check for compliance with a *partial* specification which may be easier to state.

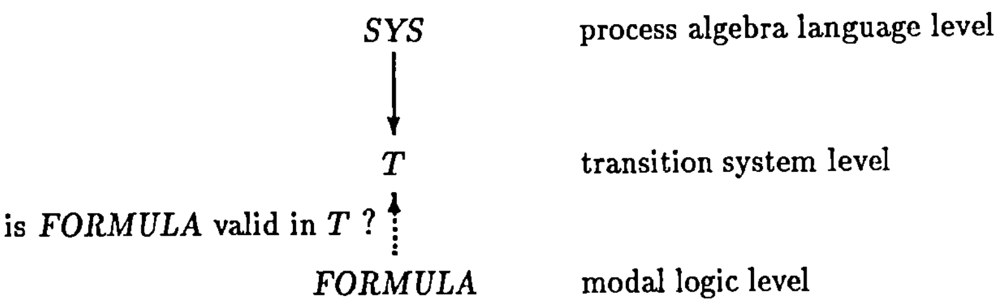

Figure 2: Model checking

Of course there are other verification techniques, notably for process algebras the algebraic method. See [13] for a complete axiomatization of finite-state behaviours. Nevertheless in this paper only equivalence and model checking are treated as they appear to be best suited for computer support.

Both verification techniques shall be explained with the following example from the area of communication protocols, cf. Fig. 3. The service provided by some layer is specified as a term *Service* of the process algebra, it offers input and output communication via the actions (signal names) *Req* and *Ind*. The protocol supposed to realize this service is given as

$$Protocol := (Sender \mid LowerL \mid Receiver) \setminus \{a, b, c, d\}$$

i.e. as three parallel components which are forced to synchronize via the actions a, b, c, and d. These actions are not visible to the environment.

The first verification approach is used to answer the question *Service* $\approx$ *Protocol*, i.e., whether both have the same external behaviour. The second approach checks for a modal formula whether it holds for *Protocol*. For example, if the ν-calculus formula.

$$\nu X.([Req]X \wedge [Ind]X \wedge (\langle Req \rangle true \vee \langle Ind \rangle true))$$

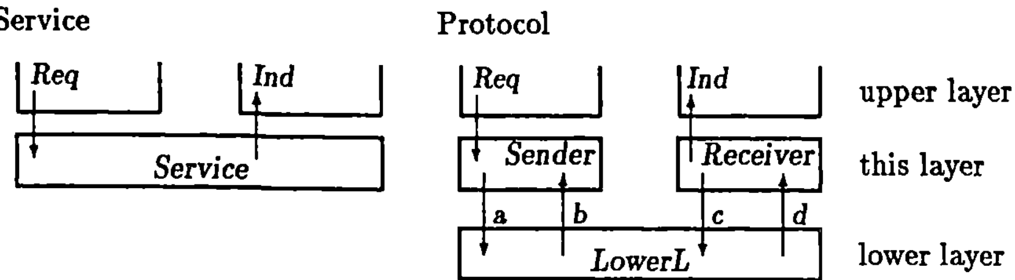

Figure 3: Verification of a communication protocol

holds for *Protocol* this expresses that the protocol cannot deadlock.

If the involved transition systems are finite both verification techniques can be supported algorithmically and indeed there are a number of tools around, we give a brief overview in Section 6.

The contents of this paper is to present the known best algorithms for solving these problems. Fig. 4 shows the structure of a typical process algebra tool. The rest of this paper will be structured accordingly. However, before we start with the generation of the transition systems we collect the necessary definitions from process algebras in the next section.

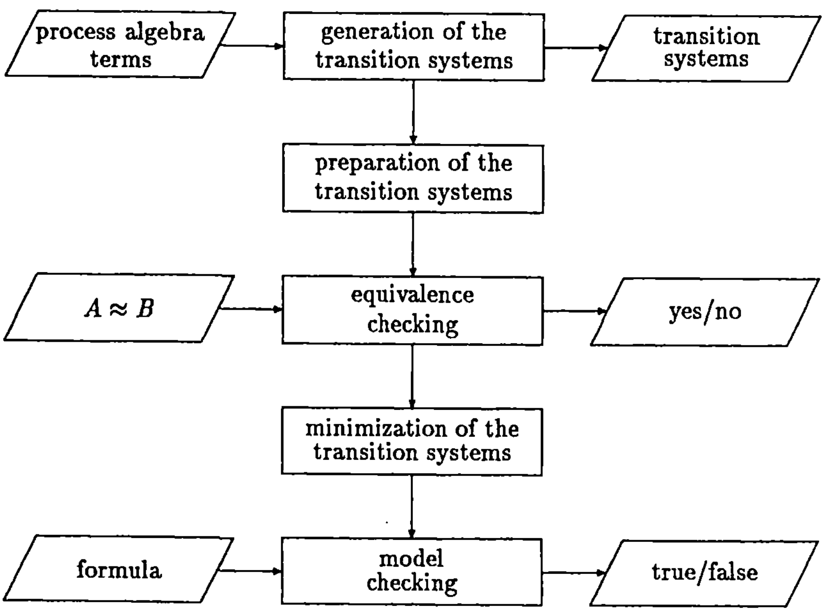

Figure 4: Structure of a typical process algebra tool

1 Preliminaries

Let us fix the precise syntax and semantics of the process algebra under consideration. Given a set $Vis := \{a, b, c, \ldots\} \cup \{\bar{a}, \bar{b}, \bar{c}, \ldots\}$ of names for the basic visible actions, the set of actions

$$Act := \{\tau\} \cup Vis \cup \{[\alpha, \beta] \mid \alpha, \beta \in Vis\}$$

additionally consists of the internal action τ and the compound actions built as unordered pairs of two basic visible actions. An action function is a mapping $f : Act \cup \{\bot\} \to Act \cup \{\bot\}$ where the special symbol $\bot$ stands for 'undefined' and where $f(\bot) = \bot$ and $f(\tau) = \tau$. Let Idf be a set of process identifiers. The syntax for the process algebra under consideration is defined as follows.

Definition 1.1 (syntax)

$$P ::= 0 \ \Big| \ p \ \Big| \ \alpha P \ \Big| \ Pf \ \Big| \ P + P \ \Big| \ P \not\mid P$$

where $\alpha \in Act$, f is an action function and $p \in Idf$.

Let $PAterms$ be the set of all terms generated by this grammar. ☐

The intuitive meaning of 0 is a stopped process, αP performs α and then behaves as P. The process Pf behaves as P except that an action α is renamed if $f(\alpha) \in Act$ (which includes the case that α is internalized, namely if $f(\alpha) = \tau$). Otherwise if $f(\alpha) = \bot$ the action and the behaviour dependent on it are disallowed. $P + Q$ represents a choice and $P \not\mid Q$ is the parallel composition where both sides may proceed asynchronously and may synchronize if each can perform a basic visible action, say a_1 and a_2 respectively, which yields the compound action $[a_1, a_2]$. An identifier serves as reference in a set of defining (recursive) equations.

A *set of defining equations* is given by a mapping $\Delta : I \to PAterms$ where $I \subseteq Idf$ is finite. For example $b\,0 + A$ with the defining equation $A \stackrel{\Delta}{=} aA$ can either perform a b and stop or cycle with an a.

The semantics of a process algebra term is given as a transition system. A transition system consists of a set of states, a set of transitions which are state-action-state triples, and a starting state.

Definition 1.2 (semantics) Given $\Delta : I \to PAterms$ the transition system of $R \in PAterms$ is

$$T_\Delta[R] := \langle PAterms, \to, R \rangle$$

where $\to \,\subseteq PAterms \times Act \times PAterms$ is the least relation satisfying the following rules.

$$\textbf{Act} \quad \alpha P \xrightarrow{\alpha} P$$

$$\textbf{Fun} \quad \frac{P \xrightarrow{\alpha} P' \ \wedge \ f(\alpha) \neq \bot}{Pf \xrightarrow{f(\alpha)} P'f}$$

$$\textbf{Sum} \quad \frac{P \xrightarrow{\alpha} P'}{P + Q \xrightarrow{\alpha} P'} \qquad \frac{P \xrightarrow{\alpha} P'}{Q + P \xrightarrow{\alpha} P'}$$

$$\textbf{Asyn} \quad \frac{P \xrightarrow{\alpha} P'}{P \not\mid Q \xrightarrow{\alpha} P' \not\mid Q} \qquad \frac{P \xrightarrow{\alpha} P'}{Q \not\mid P \xrightarrow{\alpha} Q \not\mid P'}$$

$$\textbf{Syn} \quad \frac{a, b \in Vis \ \wedge \ P \xrightarrow{a} P' \ \wedge \ Q \xrightarrow{b} Q'}{P \not\mid Q \xrightarrow{[a,b]} P' \not\mid Q'}$$

$$\textbf{Idf} \quad \frac{p \stackrel{\Delta}{=} P \ \wedge \ P \xrightarrow{\alpha} P'}{p \xrightarrow{\alpha} P'} \qquad\qquad ☐$$

Usually only the part of a transition system which is reachable from its initial state is of interest. Consequently the notion of equivalence introduced later neglects the non-reachable part.

The process algebra we use is general with respect to parallel composition, for example CCS parallel composition may be expressed as

$$P \mid Q := (P \nmid Q)f \quad \text{where} \quad f(\alpha) := \begin{cases} \alpha & \text{if } \alpha \in Vis \cup \{\tau\} \\ \tau & \text{if } \alpha = [a, \bar{a}] \\ \bot & \text{otherwise.} \end{cases}$$

Also CCS restriction can be expressed for a set $A \subseteq Act - \{\tau\}$.
Define $P \setminus A := P\{a \mapsto \bot, \bar{a} \mapsto \bot | a \in A\}$. See [18] for details.

We now turn to the notion of equivalence. As explained in the introduction we use weak bisimilarity as our working equivalence. It is defined via the notion of bisimulation. Let $T_i = \langle S_i, \rightarrow_i, z_i \rangle$ be two transition systems (for $i \in \{1, 2\}$) with set of states S_i, set of transitions $\rightarrow_i \subseteq S_i \times Act \times S_i$ and starting state z_i.

Definition 1.3 (bisimulation) $B \subseteq S_1 \times S_2$ is a *simulation* for T_1 and T_2 if for all $\langle s, t \rangle \in B$, and for all $\alpha \in Act$:

$$s -\alpha\rightarrow_1 s' \text{ implies } \exists t' : t -\alpha\rightarrow_2 t' \land \langle s', t' \rangle \in B.$$

B is a *bisimulation* for T_1 and T_2 if additionally the inverse B^{-1} of B is a simulation for T_2 and T_1.

T_1 is *bisimilar* to T_2 iff there exists a bisimulation B such that $\langle z_1, z_2 \rangle \in B$. In this case we write $T_1 \sim T_2$. The relation $\sim$ is called *bisimilarity*.[1]

For $T = \langle S, \rightarrow, z \rangle$ define the *τ-closure of T* as $T^\tau := \langle S, \Rightarrow, z \rangle$ where $\Rightarrow \subseteq S \times Act \times S$ is defined as

$$\begin{aligned} =\tau\Rightarrow \quad &:= \quad (-\tau\rightarrow)^* \\ =a\Rightarrow \quad &:= \quad =\tau\Rightarrow \circ -a\rightarrow \circ =\tau\Rightarrow \quad \text{for all } a \in Act - \{\tau\}. \end{aligned}$$

Here * denotes transitive closure and ∘ denotes composition of relations. B is a *weak bisimulation* for T_1 and T_2 iff it is a bisimulation for T_1^τ and T_2^τ. T_1 and T_2 are called *weakly bisimilar* iff $T_1^\tau \sim T_2^\tau$, we write $T_1 \approx T_2$ in this case. The relation $\approx$ is called *weak bisimilarity*. □

Bisimilarity identifies (1) nondeterminism to 'equal' alternatives, (2) unfolding, and (3) reachable subsystems as the examples in Fig. 5 show. Weak bisimilarity additionally abstracts from certain τ-transitions (4) but not if the τ reduces the number of alternatives (5).

We have the following properties, for proofs see [12, 18].

Proposition 1.4 Given transition systems T, T_1, and T_2.

1. $\bigcup\{B \mid B$ is a bisimulation for T_1 and $T_2\}$ is the largest bisimulation for T_1 and T_2

2. Any bisimulation is also a weak bisimulation, i.e. $T_1 \sim T_2$ implies $T_1 \approx T_2$

3. $T^\tau = (T^\tau)^\tau$

4. For any bisimulation B on T the quotient $T/B := \langle S/B, \{\langle [s]_B, \alpha, [t]_B \rangle \mid s -\alpha\rightarrow t\}, [z]_B \rangle$ is the unique minimal transition system bisimilar to T. □

Given some set of defining equations Δ, and terms P and Q we say that P and Q are *bisimilar* (*weakly bisimilar*) if $T_\Delta[P] \sim T_\Delta[Q]$ ($T_\Delta[P] \approx T_\Delta[Q]$). We then write $P \sim Q$ and $P \approx Q$ respectively.

---

[1]Sometimes this relation is called *strong bisimilarity* or *(strong) bisimulation equivalence*.

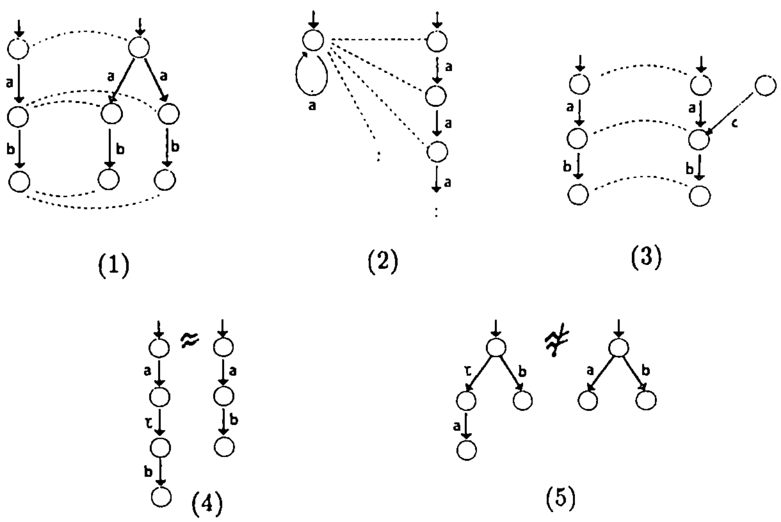

Figure 5: Examples for bisimilarity

2 Transition system generation

Both verification techniques described in the introduction need the transition systems for process algebra terms. In fact transition systems which are bisimilar to these suffice. The *problem of transition system generation* is to build for some term P a transition system T such that $T \sim \mathcal{T}_\Delta[P]$.

Although such a transition system always exists (take $T = \mathcal{T}_\Delta[P]$), there does not necessarily exist a finite one. For example A where $A \stackrel{\Delta}{=} in\,(out\,0 \mid A)$ has only infinite transition systems, e.g., the following:

$$\xrightarrow{\quad} \bigcirc \overset{in}{\underset{out}{\rightleftarrows}} \bigcirc \overset{in}{\underset{out}{\rightleftarrows}} \bigcirc \overset{in}{\underset{out}{\rightleftarrows}} \cdots$$

Such terms can be relevant, e.g., for unbounded buffers. Nevertheless the approach presented in this paper is restricted to terms which have a finite transition system. We have the following sufficient condition.

Theorem 2.1 [18, Th. 3.29] Given P and $\Delta : I \to PA\mathit{terms}$ for $I = \{p_1, \ldots, p_k\}$. If for all $i \in \{1, \ldots, k\}$ every subterm $Q_1 \not\upharpoonright Q_2$ of $\Delta(p_i)$ contains only identifiers in $\{1, \ldots, i-1\}$ and for every subterm Qf of $\Delta(p_i)$ we have that $\{a \in Act \mid f(a) \notin \{a, \tau, \perp\}\}$ is finite then a finite transition system $T \sim \mathcal{T}_\Delta[P]$ can be effectively constructed. $\qquad\square$

This condition can be weakened. However in general the problem of being finitely representable is undecidable. For both points see [18].

For the transition system generation for a term P there are two algorithmic solutions.

Generation by rules. This approach proceeds by applying the rules of the semantics. A waiting list (which initially carries P only) indicates which states have to be processed. Upon processing a state Q, a rule of Definition 1.2 is applied where the originating state of the transition of the consequence (below the line) matches Q. This is repeated recursively for the premises of the rule until a transition from Q is proved or the proof fails. Backtracking ensures that all transitions are considered. Newly reached states are added to the waiting list. The transition system is finished if the waiting list is empty. Fig. 6 sketches a Prolog program for this solution.

```
trans( pre(A,P), A, P ).
trans( fun(P,F), A1, fun(Q,F) )      :- apply( F, A, A1 ), trans( P, A, Q ).
trans( sum(P1,_), A, Q )             :- trans( P1, A, Q ).
trans( sum(_,P2), A, Q )             :- trans( P2, A, Q ).
trans( par(P1,P2), A, par(Q1,P2) )   :- trans( P1, A, Q1 ).
trans( par(P1,P2), A, par(P1,Q2) )   :- trans( P2, A, Q2 ).
trans( par(P1,P2), pair(A1,A2), par(Q1,Q2) )
                                     :- trans( P1, A1, Q1 ), trans( P2, A2, Q2 ).
trans( idf(Name), A, Q )             :- delta( Name, P ), trans( P, A, Q ).
```

Figure 6: Prolog fragment for the generation of transitions by rules

Generation by operators. For this approach one needs operators on transition systems corresponding to the process algebra operators, including the recursion within defining equations. The transition system for a term P and its defining equations Δ is then built by interpreting the operators of P and Δ as operators on transition systems. In a sense the transition system is generated bottom up.

For example the parallel composition on transition systems is defined as the Cartesian product of the state sets. Transitions are inherited or are new 'diagonal' transitions. For example

$$P \quad :\equiv \quad a\,a\,a\ldots a\,0$$
$$Q \quad :\equiv \quad \bar{a}\,\bar{a}\,\bar{a}\ldots\bar{a}\,0$$

with transition systems as in Fig. 7 combine to the transition system T_3.

The operator on transition systems for an action function (as an example let $f = \{a \mapsto \bot, \bar{a} \mapsto \bot, [a,\bar{a}] \mapsto b\}$) starts at the initial state of its argument. This state is copied. The function is applied to the actions of all outgoing transitions and if it yields a value different from $\bot$ a corresponding transition is generated. The states thus reached are treated similarly. The example $T_3 f$ is given in Fig. 7.

This example unveils a problem of the transition system generation by operators. The intermediate results may be large, say T_1 and T_2 each have n states then although the final transition system for $(P \nmid Q)f$ has only n states the intermediate system $P \nmid Q$ has n^2 states. This problem does not occur with generation by rules as only reachable states of the argument (here $(P \nmid Q)f$) are explored.

However, the problem can be overcome also for generation by operators by considering

$$(T_1 \nmid T_2 \nmid \cdots \nmid T_n)f$$

as one (polyadic) operator which directly constructs a transition system from its arguments $T_1,\ldots,T_n$ starting from the joint initial state $(z_1,\ldots,z_n)$ in such a way that transitions restricted by f are not further developed.

Details of the other operators and for the handling of recursion may be found in [18, Chap. 4]. In Table 1 the complexity of the operators in terms of the number of states and transitions is

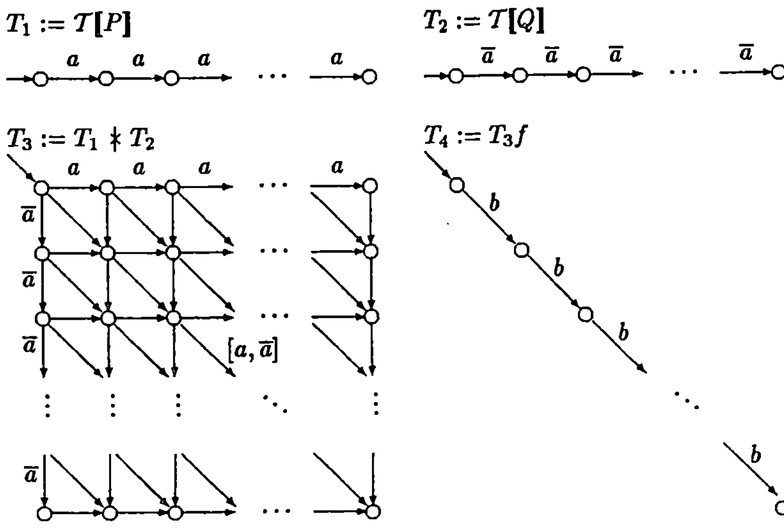

Figure 7: Parallel composition operator on transition systems

	states	transitions
$0,\ p$	$O(1)$	$O(1)$
$\alpha T,\ Tf$	$O(n)$	$O(m)$
$T_1 + T_2$	$O(n_1 + n_2)$	$O(m_1 + m_2)$
$T_1 \nmid T_2$	$O(n_1 \cdot n_2)$	$O(m_1 \cdot m_2)$
$p \stackrel{\Delta}{=} T$ without recursive use of $\cdot \nmid \cdot$ and $(\cdot)f$	$O(n)$	$O(m \cdot n)$

Table 1: Complexity of operators on transition systems

stated. E.g., if the transition system of T_i has n_i states and m_i transitions then the number of states and transitions of the resulting transition system of $T_1 + T_2$ is bounded by $O(n_1 + n_2)$ and $O(m_1 + m_2)$ respectively. The bounds given for $p \stackrel{\Delta}{=} T$ suppose that for the term which generated T every subterm of the form $Q_1 \nmid Q_2$ or Qf contains only identifiers for which the defining equation has already been processed. Otherwise recursion is much more complex.

Of course the parallel composition is most critical. It causes the worst case bound for both states and transitions of the transition system for some term P of size k to be exponential in k, i.e., for some constant c the bound is $O(c^k)$. This bound may actually be reached, it is problem inherent. Generation by rules suffers the same problem. This phenomenon is known as state space explosion.

Both solutions for generating the transition system equally suffer from the problem of storing and retrieving information on generated transitions and already reached states efficiently. However each approach has advantages.

Generation by rules

- is simple to program, e.g., in Prolog, see Fig. 6

- automatically restricts to the reachable subsystem.

Generation by operators

- allows intermediate minimizations

- yields finite transition systems for a larger class of terms, even e.g. for $A \stackrel{\Delta}{=} a(A\{a \mapsto b\})$

- handles unguarded recursion easily (e.g. $A \stackrel{\Delta}{=} A + a0$)

- is more efficient in certain cases.

Let us explain the last point with an example. Consider

$$P f_1 f_2 \ldots f_k \nmid Q g_1 g_2 \ldots g_k$$

where P and Q are as above. Assume that the action functions do not restrict any actions, and that the transition systems of P and Q have m transitions each. The transition system for the whole term has $O(m^2)$ transitions. The generation by rules needs for the derivation of a transition

$$(a\,a \ldots a\,0) f_1 \ldots f_k \nmid Q' \; -\alpha\rightarrow \; (a \ldots a\,0) f_1 \ldots f_k \nmid Q'$$

one application of rule **Asyn**, k applications of rule **Fun** and one of rule **Act**. Symmetrically this holds for transitions caused by the right-hand side. For joint transitions $2 \cdot k + 3$ rule applications are necessary. In total, generation by rules needs $O(m^2 \cdot k)$ applications of derivation rules.

On the other hand generation by operators first constructs the operands. Constructing $P' f_i$ from P' traverses each transition of P' once. Hence constructing the left and right operand of $\nmid$ costs $O(m \cdot k)$ each. The resulting transition systems still have m transitions each, therefore the construction for $\nmid$ costs $O(m^2)$. This totals to $O(m \cdot k + m^2)$ traversions of transitions for the generation by operators. This is more efficient.

A similar argument holds for nested parallel composition as in $P_1 \nmid P_2 \nmid \ldots \nmid P_k$. Of course the number of rule applications and the number of traversed transitions is not directly comparable but they are a quantitative hint.

From a practical point of view the ability to perform intermediate minimizations is most important. This enabled us to treat terms which were otherwise not tractable.

3 Preparation of transition systems

The previous section showed how to construct for terms P_i transition systems T_i strongly bisimilar to their semantics. If we store the transition relations such that the predecessors of a state are easily accessible the algorithm for bisimilarity checking of the next section can be directly applied to check $T_1 \sim T_2$, i.e. to check strong bisimilarity. In order to use the same algorithm to check for weak bisimilarity the τ-closure (Def. 1.3) has to be computed first. This includes computing the transitive closure of $-\tau\rightarrow$. Fast algorithms for computing the transitive closure based on matrix multiplication have *best* case space complexity $\Omega(n^2)$ which is far too much. We prefer a representation of relations by adjacency lists to allow better best or average case behaviour of algorithms.

Before computing $-\tau\rightarrow^*$ we observe that for any transition system, states which are mutually reachable via τ-paths are weakly bisimilar. We therefore may contract strongly τ-connected components.

Proposition 3.1 For a transition system T define

$$C := \{\langle s_1, s_2 \rangle \mid s_1 \overset{*}{-\tau\to} s_2 \wedge s_2 \overset{*}{-\tau\to} s_1\}$$

then $T \approx T/C$.

Proof As C is a weak bisimulation by Prop. 1.4(4.) $T^\tau \sim T^\tau/C$. One easliy checks that as C is a weak bisimulation $T^\tau/C = (T/C)^\tau$, hence $T \approx T/C$. □

The equivalence classes induced by C are called strongly τ-connected components. They can be contracted to one state, i.e., the quotient T/C where additionally τ-loops ($s \,-\tau\to\, s$) are omitted can be built in time and space linear to the number of states and τ-transitions, using Tarjan's modified depth-first search algorithm [17]. The resulting transition system has no τ-cycles. This allows for the computation of the transitive closure of $-\tau\to$ to use the modified depth-first search algorithm given by Mehlhorn [11, p. 8]. Its complexity is stated in Table 2.

The operations needed next are the relation compositions

$$=\!\tau\!\Rightarrow \; \circ \; -a\to \; \circ \; =\!\tau\!\Rightarrow$$

to calculate $=\!a\!\Rightarrow$ for each $a \in Act - \{\tau\}$. In general the composition of two binary relations R_1 and R_2 on a set S can be calculated as shown in Fig. 8. Here we assume that a relation R is represented as an S-indexed array R of sorted lists such that $\langle s, s' \rangle \in R$ iff $s' \in R(s)$. Step $(*)$ is executed $m_1 := |R_1|$ times and the merge operation of two sorted lists costs the length of the longer one which in the worst case is $n := |S|$. Hence the time complexity is $O(n \cdot m_1)$, and the space complexity is $O(n + m_1 + m_2 + m)$, where $m := |R|$.

$$
\begin{array}{ll}
 & \text{for all } s \in S \\
 & \quad R(s) := [\,] \\
 & \quad \text{for all } s' \in R_1(s) \\
(*) & \quad\quad R(s) := \text{merge } (R(s), R_2(s'))
\end{array}
$$

Figure 8: Computation of the relation composition $R = R_1 \circ R_2$

Hence computation of $R_a := \,-a\to\, \circ \,=\!\tau\!\Rightarrow$ costs $O(n \cdot m_a)$ time for each $a \in Act$. Using the same algorithm for computing $=\!\tau\!\Rightarrow \circ\, R_a$ would amount in $O(|=\!\tau\!\Rightarrow| \cdot n)$ time. However by slightly altering Mehlhorn's algorithm for the transitive closure we can compute it in the time stated in Table 2.

Finally the algorithm of the next section needs the inverse relation of $=\!\alpha\!\Rightarrow$ for each $\alpha \in Act$. The corresponding adjacency lists of predecessors can be computed traversing all transitions once.

4 Bisimilarity checking following Paige and Tarjan

We are now ready to present the fastest known algorithm for checking bisimilarity based on the Relational Coarsest Partitioning algorithm of Paige and Tarjan [14].

We need a few definitions. Let T be a transition system with states S and transitions $D \subseteq S \times Act \times S$. Let F be a partition of S, i.e. $F = \{B_1, \ldots, B_k\}$ such that every block B_i is non-empty, every two blocks are disjoint and $\bigcup_i B_i = S$. For $\alpha \in Act$ and $Q \subseteq S$ let

$$D_\alpha^{-1}(Q) := \{s \mid \exists t \in Q : s \,-\alpha\to_D t\}$$

	time	space
Contraction of strongly τ**-connected components** *modified depth-first search* [17]	$O(n + m_\tau)$	$O(n + m_\tau)$
Transitive closure of acyclic $-\tau\rightarrow$ *modified depth-first search* [11]	$O(n \cdot m_\tau^{\text{red}})$	$O(n + m_\tau^*)$
Relation composition $\quad R_a := -a\rightarrow \; \circ \; =\tau\Rightarrow$ $\quad$ *Fig. 8*	$O(n \cdot m_a)$	
$\quad -a\rightarrow \; := \; =\tau\Rightarrow \; \circ \; R_a$ $\quad$ *modified depth-first search* [11]	$O(n \cdot m_\tau^{\text{red}} + |R_a|)$	
$\quad$ Total for all $a \in Act - \{\tau\}$	$O(n \cdot \Sigma_a m_a$ $+|Act| \cdot n \cdot m_\tau^{\text{red}})$	$O(n + m_\Rightarrow)$
Predecessors	$O(n + m_\Rightarrow)$	$O(n + m_\Rightarrow)$
Total (for fixed Act**)**	$O(n \cdot m)$	$O(n + m_\Rightarrow)$

Let n denote the number of states, m (m_α) the number of transitions (α-transitions), m_τ^* $(m_\Rightarrow)$ the size of $-\tau\rightarrow^*$ $(\Rightarrow)$, and m_τ^{red} the size of $\{\langle s_1, s_2\rangle \mid s_1 -\tau\rightarrow s_2 \; \wedge \; \neg\exists s' : s_1 -\tau\rightarrow s' \; \wedge \; s' -\tau\rightarrow^+ s_2\}$ which corresponds to the Hasse diagram of $-\tau\rightarrow$.

Table 2: Complexity of algorithms used for the preperation of a transition system

denote the α-predecessors of Q.

A block $B \in F$ is α-*stable wrt* Q if and only if $B \subseteq D_\alpha^{-1}(Q) \; \vee \; B \cap D_\alpha^{-1}(Q) = \emptyset$. In words B either completely lies within the α-predecessors of Q or completely outside of them.

A partition is α-*stable wrt* Q iff all of its blocks are α-stable wrt Q. A partition is *stable wrt* Q iff it is α-stable wrt Q for all $\alpha \in Act$, and it is *stable* iff it is stable wrt all of its own blocks, i.e., F is stable iff $\forall \alpha \in Act : \forall B, B' \in F : B$ is α-stable wrt B'.

The *Multiple Relational Coarsest Partitioning (MRCP) Problem*[2] is to find for T and F the coarsest, stable refinement of F.

If for two partitions F and G, for all $B \in F$ there exists $B' \in G$ such that $B \subseteq B'$ one says that F is a refinement of G, and that G is coarser than F.

Below it is shown that for a finite transition system the MRCP problem has a unique solution which can be computed efficiently. The next proposition shows that a solution to the MRCP is also a solution for our original problem.

Proposition 4.1 Given T, the solution G of the MRCP for T and the trivial partition $\{S\}$ induces the largest bisimulation on T, i.e.,

$$\{\langle s_1, s_2\rangle \mid \exists B \in G : s_1 \in B \wedge s_2 \in B\}$$

is the largest bisimulation on T.

---

[2]Originally in [14] the algorithm is given for the Relational Coarsest Partitioning Problem, i.e., where $Act = \{a\}$. Insofar the following is a mild generalization.

Proof   One checks that a partition F is stable if and only if the relation induced by F is a bisimulation.   □

We need one more definition. Let $B \in F$, $Q \subseteq S$ and $\alpha \in Act$. The splitting of F with respect to Q and α, denoted by

$$split(F, Q, \alpha),$$

cuts every block B of F into two parts (see Fig. 9), namely into

$$D_\alpha^{-1}(Q) \cap B \text{ and } B - D_\alpha^{-1}(Q)$$

unless one of the parts is empty, in which case B is not changed. If $F \neq split(F, Q, \alpha)$ then Q is called an α-*splitter*.

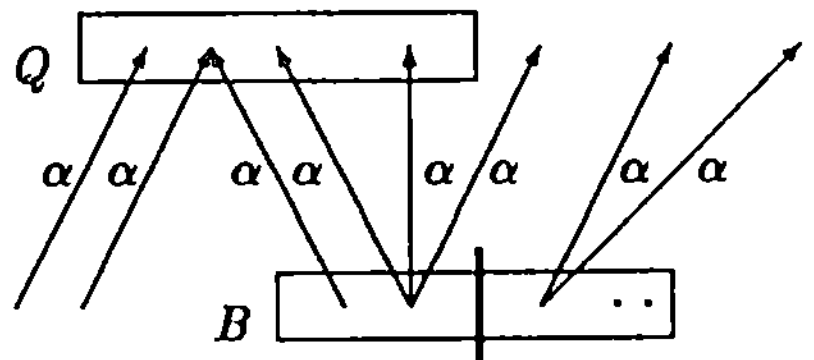

Figure 9: Split B with respect to Q and α

We have the following properties [14].

(1) α-stability and stability are inherited under refinement. If F is a refinement of G and G is α-stable (stable) wrt Q then F is α-stable (stable) wrt Q.

(2) α-stability and stability are inherited under union. If a partition is α-stable (stable) wrt two sets Q_1 and Q_2 then it is α-stable (stable) wrt $Q_1 \cup Q_2$.

(3) The function *split* is monotone in its first argument. If F is a refinement of G then $split(F, Q, \alpha)$ is a refinement of $split(G, Q, \alpha)$.

(4) The function *split* is commutative. The coarsest refinement of a partition F which is α-stable wrt Q_1 and β-stable wrt Q_2 is

$$split(split(F, Q_1, \alpha), Q_2, \beta) = split(split(F, Q_2, \beta), Q_1, \alpha).$$

A naïve algorithm for the MRCP problem is the following.

$F := F_{init}$
while there exists an α-splitter Q being a union of some of the blocks of F
$\quad F := split(F, Q, \alpha)$

It is used to prove that for any finite transition system the MRCP problem has a unique solution.

Theorem 4.2   1. The naïve algorithm maintains the loop invariant that any coarsest stable refinement of the initial partition F_{init} is also a refinement of F.

   2. The naïve algorithm is correct and terminates having computed the unique coarsest partition.

Proof   Analogous to [14] Lemma 2 and Theorem 2 respectively.   □

The above theorem shows that any order of splittings leads to the solution. This fact is exploited in the Paige-Tarjan algorithm which is outlined in Fig. 10. Another point is to find splitters efficiently. To this end a second partition G of the states is maintained which initially just contains one block, namely all states, and which is always coarser than the working partition F until it equals F.

```
coarser partition   G  [________________]   initially {S}
finer partition     F  [__][__]...[__]       initially given as input
preprocessing
(1)      for all α ∈ Act :  F := split(F, S, α)

main loop
/* invariant: F is stable wrt all B ∈ G and                      */
/*             F is a refinement of G                            */
(2)      while ∃X ∈ G :  X encloses more than one block of F
(3)          select Q ∈ F such that Q ⊆ X  ∧  |Q| ≤ |X|/2
(4)          G := G − {X}  ∪  {Q, X − Q}
(5)          for all α ∈ Act
(6)              F := split(F, Q, α)        ⎫
(7)              F := split(F, X − Q, α)    ⎬  so-called three-way-splitting
(8)          endfor
(9)      endwhile
```

Figure 10: The Paige-Tarjan algorithm for the MRCP problem

The preprocessing splits F with respect to the single block S of G and all actions, so that afterwards F is stable wrt S. From then on we have the loop invariant that every block of G has been used for splitting F wrt all actions, i.e., that F is stable wrt all blocks of G. Hence only a block of F which is a proper subset of a block of G is a potential splitter. Such a block is selected in lines (2–3) of the algorithm. Although not every such selection leads to an actual refinement of F (it will stay unchanged in some cases) this is still efficient, as only n such selections are made because every selection increases in line (4) the number of blocks in G which can be at most n. The selection itself is performed in constant time by maintaining a list of compound blocks of G (not shown in Fig. 10; initially it is empty and the splitting of a block in F causes the enclosing block of G to be added to the list).

The second even more important trick is that the block Q of F is selected in such a way that it is smaller than its complement $X - Q$ relative to the enclosing block of G and that for all actions the partition F is split wrt both Q and $X - Q$. Both splits can be done jointly in time $O(|Q| + \Sigma_{s \in Q}|D_\alpha^{-1}(s)|)$, i.e., independent of the size of $X - Q$.

The two splits of lines (6-7) are jointly called three-way-split of F wrt Q and α for the following reason. In general the situation for the two split operations is as given in Fig. 11 (a). B may be split into four parts. However, as F is stable wrt X (see the invariant) either $D_\alpha^{-1}(Q) \cap B = \emptyset = D_\alpha^{-1}(X - Q) \cap B$, in which case nothing has to be split, or $B \subseteq D_\alpha^{-1}(X) = D_\alpha^{-1}(Q) \cup D_\alpha^{-1}(X - Q)$, in which case we have the situation of Fig. 11 (b), explaining the terminology.

Theorem 4.3 [14] The MRCP algorithm of Fig. 10 has time complexity $O((n + m) \cdot \log n)$ and space complexity $O(n + m)$.

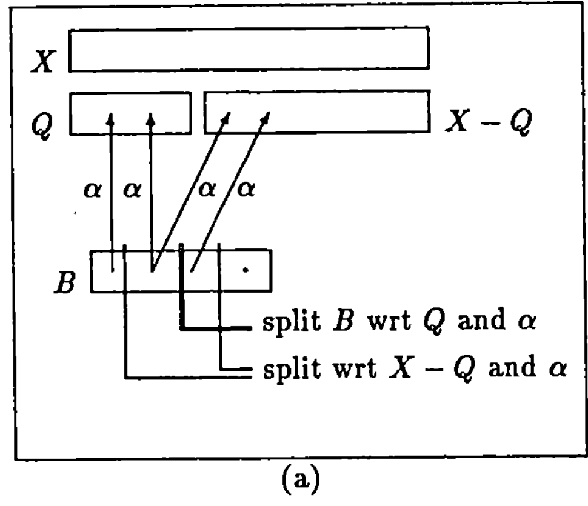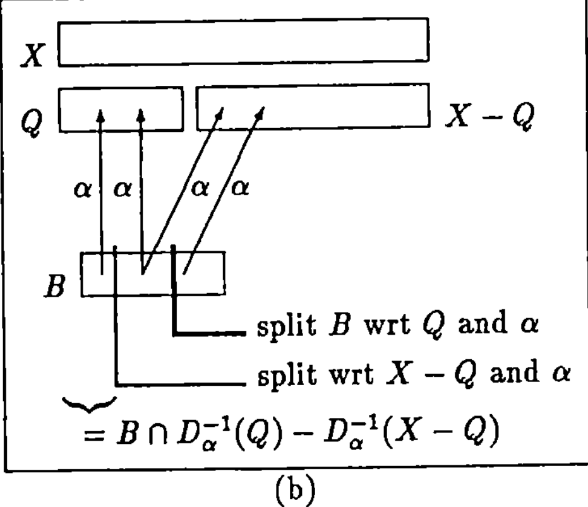

Figure 11: (a) General situation   (b) Three-way-splitting

Proof   Preprocessing needs $O(n+m)$ time. Three-way-splitting can be implemented such that $O(|Q| + \Sigma_{s\in Q}|D_\alpha^{-1}(s)|)$ time is needed. A given state is in at most $\log_2 n + 1$ different blocks Q used as a refining set, as each successive such set is at most half the size of the previous one. Summing up over all blocks Q used as a splitting set yields $O(\Sigma_Q|Q| + \Sigma_Q\Sigma_{\alpha\in A}\Sigma_{s\in Q}|D_\alpha^{-1}(s)|)$. Due to the previous argument this equals $O((n + m) \cdot \log n)$. $\qquad\square$

5   Model checking

In this section we briefly introduce a modal logic, called Hennessy-Milner Logic (HML) due to its use in [8], and an extension allowing for recursion. We refer to the efficient model checking algorithm given by Emerson and Lei.

Definition 5.1 (Hennessy-Milner Logic)

Syntax

$$F ::= \text{true} \mid F \wedge F \mid \neg F \mid \langle a\rangle F$$

for all $a \in Act$. Let *HML* denote the set of formulas thus generated.

Semantics   Given a transition system $T = \langle S, \rightarrow, \_\rangle$ define $[\,\cdot\,] : HML \rightarrow 2^S$ as follows.

$$
\begin{aligned}
[\textit{true}] \quad &:= \quad S \\
[F_1 \wedge F_2] \quad &:= \quad [F_1] \cap [F_2] \\
[\neg F] \quad &:= \quad S - [F] \\
[\langle a\rangle F] \quad &:= \quad \{s \in S \mid \exists s' \text{ with } s -a\rightarrow s' : s' \in [F]\}
\end{aligned}
\qquad\square
$$

The modality $\langle a\rangle F$ expresses that for the state under consideration there exists an a-successor for which the formula F holds. There is a dual modality $[a]F$ expressing that for *all* such successors the formula holds. It may be considered as an abbreviation of the above syntax by letting

$$[a]F := \neg\langle a\rangle\neg F.$$

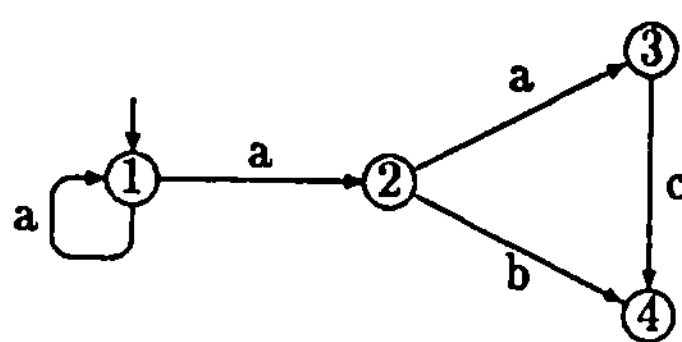

Figure 12:

We have that $[[a]F] = \{s \mid \forall s' \text{ with } s -a\to s' : s' \in [F]\}$. Note that this modality is trivially true for a state which has no a-successors.

For the transition system in Fig. 12 we have the following semantics of formulas. We omit the brackets [and].

$$
\begin{array}{rcl}
true & = & \{1,2,3,4\} \\
\langle b\rangle true & = & \{2\} \\
\langle a\rangle\langle b\rangle true & = & \{1\} \\
[a]\langle b\rangle true & = & \{3,4\}
\end{array}
$$

This logic may be used to characterize bisimilarity, as has been done in [8]. Two finite transition systems $T_i = \langle S_i, \to_i, z_i\rangle$ for $i \in \{1,2\}$ are bisimilar ($T_1 \sim T_2$) if and only if $\{F \in HML \mid z_1 \in [F]\} = \{F \in HML \mid z_2 \in [F]\}$, i.e., if the same subset of formulae holds for the starting states [8, Theorem 2.2]. However for specifying interesting properties its expressiveness is very limited. One formula can only express properties concerning a finite initial part of the behaviour starting at a particular state. For example it is not possible to express that from some state arbitrarily long sequences of a's may be performed. This property is for example true for state 1 in Fig. 12.

A remedy is to extend HML with recursion. One then reaches a logic known long before as μ-calculus [9]. We state its syntax and semantics next. A set Var of variables is used for references for recursive bindings. The semantics is defined relative to a valuation which assigns a set of states to each variable.

Definition 5.2

Syntax (in addition to HML)

$$
\ldots \quad \Big| \quad X \quad \Big| \quad \mu X.F
$$

where $X \in Var$, and where $\mu X.F$ obeys the restriction that X occurs only positive in F. This means that every free occurrence of X in F is within the scope of an even number of negations. This restriction is necessary to get a well-defined semantics.

Semantics Given a transition system $T = \langle S, \to, \_\rangle$ and a valuation $V : Var \to 2^S$

$$
\begin{array}{rcl}
[X]_V & := & V(X) \\
[true]_V & := & S \\
[F_1 \wedge F_2]_V & := & [F_1]_V \cap [F_2]_V \\
[\neg F]_V & := & S - [F]_V \\
[\langle a\rangle F]_V & := & \{s \mid \exists s' \text{ with } s -a\to s' : s' \in [F]_V\} \\
[\mu X.F]_V & := & \bigcap\{S' \subseteq S \mid [F]_{V[S'/X]} \subseteq S'\}
\end{array}
$$

Here $V[S'/X]$ is the same valuation as V except that it maps X to S'. The μ binding construct yields as semantics the least fixpoint of the equation $[F]_{V[S'/X]} = S'$. There is a dual binding construct ν which yields the greatest fixpoint. It may be seen as an abbreviation of the above syntax by defining

$$\nu X.F := \neg \mu X. \neg (F[\neg X/X]).$$

Then $[\nu X.F]_V = \bigcup \{S' \subseteq S \mid [F]_{V[S'/X]} \supseteq S'\}$. As an example for the transition system of Fig. 13 we have

$$
\begin{aligned}
\mu X.\langle a\rangle X &= \emptyset \\
\nu X.\langle a\rangle X &= \{1,3\} \\
\nu X.([a]X \wedge [b]X \wedge (\langle a\rangle true \vee \langle b\rangle true)) &= \{3\}.
\end{aligned}
$$

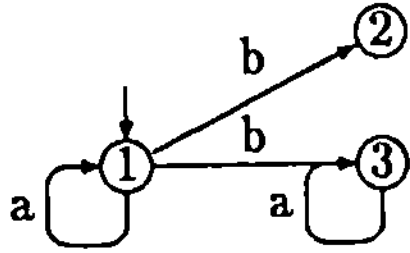

Figure 13:

Strictly speaking, model checking means to check for a given transition system T, formula F, and valuation V, whether T is a model for F, i.e., whether $[F]_V$ is non-empty for the transition system T. However usually one understands that by a model checking algorithm the whole set of states for which F holds is output.

The definition of the semantics together with the approximation of a fixpoint implied by the Tarski-Knaster theorem directly yields an algorithm for model checking. However Emerson and Lei [4, Figure 3-2] have proposed a more efficient algorithm. It is based on the idea to use a simultaneous ('diagonal') approximation for nested fixpoints of the same kind (i.e., all being either μ or all being ν). For details see [4].

The alternation depth $\mathcal{A}$ of a formula counts how often the two kinds of fixpoints alternate in the formula. For example $\mathcal{A}(\mu X.\nu Y.\mu Z. \ldots X \ldots) = 3$. Emerson and Lei state the following theorem. Additionally they show that already the restriction of the μ-calculus such that formulas have at most alternation depth 2 is quite powerful.

Theorem 5.3 [4] Model checking T for F has time complexity

$$O\left((|F| \cdot (n+m))^{\mathcal{A}(F)+1} \right).$$ $\square$

Another method for model checking uses the tableau method. We just mention the most relevant references [10, 16, 20].

6 Overview tools

In Table 3 below we give a brief overview of tools which are close to the approach described in this paper and which are known to the authors.

	progr. language	efficiency # of states	remarks
Concurrency Workbench [3] Univ. Edinburgh and Sussex Cleaveland, Parrow, Steffen	ML	$< 10^4$ slow	many different equivalences
Auto/Autograph [19] INRIA Sophia Antipolis de Simone, Vergamini	Lisp	10^5 medium	early minimization; input by graphics
Caesar/Aldébaran [5] IMAG Grenoble Sifakis, Garavel, Fernandez	C	10^6 fast	LOTOS as input; efficient Paige-Tarjan implementation
TAV [6] Univ. Aalborg Larsen	CProlog	10^2 poor	emphasis on explanation of errors
Groote, Vaandrager [7]	Pascal	$> 10^5$ very fast	other equivalence: branching bisimilarity
many others		up to $8 \cdot 10^6$	often model checking only
PVE Schneider, Taubner	C++	†	under development; aiming at max. efficiency

† The current prototype lies between Auto and Aldébaran with respect to efficiency

Table 3: Process algebra tools

7 Pragmatic aspects

So far we have presented algorithms for supporting the verification of parallel processes. As stated in the introduction both techniques for verification, equivalence checking and model checking, check a system against a (partial) specification.

In an ideal case, first the specification is written and then the system. However usually the systems exists but no specification. In the following we explain a variety of differently complex means to give a specification which may be used for the verification technique presented here.

Consider the following practically motivated example. Assume that for some network layer protocol there exists a description for the handling of a single call by one station of the network. This description has to be reformulated in the process algebra language, say as C. The system description SYS is gained by putting two copies of C in parallel, by enforcing the desired synchronizations, and by hiding the signals which are not used for communication with the next higher layer. Using CCS operators this may be formulated as

$$SYS := (C|C) \setminus H,$$

where H is the set of internally used actions. For the specification there are the following possibilities:

1. Complete specification: specify $SPEC$ in CCS and verify

$$SYS \approx SPEC.$$

2. Complete specification of certain aspects: specify *PartSPEC* in CCS and verify

$$(SYS)\{a \mapsto \tau | a \in A\} \approx PartSPEC,$$

where A is a set of actions from which is abstracted in this verification.

3. Check for transparency, i.e., check whether the direct connection SYS behaves as if routed via some transit station: specify the transit station *Transit* and verify

$$(SYS|Transit|SYS) \setminus H' \approx SYS.$$

4. Specification of certain properties: specify a wanted property by a modal logic formula F and check whether the transition system of SYS is a model for F.

Conclusion

This paper has presented the functions of a typical tool for verifying parallel processes based on process algebras together with the algorithms for their implementation. Hence the verification process can be supported by computer assistance. The efficiency as reflected by the size of the treatable problems is encouraging. But of course one must keep in mind that verification of large programs or large protocols remains impossible. What one should aim at is to select certain key services or properties and verify them.

Many things remain to be done. Within the presented approach a most efficient implementation is needed. Also a connection to specification languages used in the field, such as SDL, is needed. Here the implicit buffers of SDL, which are unbounded, make problems. To reach finite transition systems they have to be bounded, if possible to a small capacity. On the practical side the search for a specification and wanted properties has to be answered. On the theoretical side improvements of the transition system generation and the model checking are desirable.

Beyond the presented approach, ideas concerning abstraction and hierarchization are most important.

References

[1] J. A. Bergstra and J. W. Klop. Algebra of communicating processes with abstraction. *Theoretical Computer Science*, 37:77–121, 1985.

[2] S. Brookes, C. Hoare, and A. Roscoe. A theory of communicating sequential processes. *Journal of the ACM*, 31:560–599, 1984.

[3] R. Cleaveland, J. Parrow, and B. Steffen. The concurrency workbench: A semantics based tool for the verification of concurrent systems. LFCS Report Series ECS-LFCS-89-83, LFCS University of Edinburgh, August 1989.

[4] E. A. Emerson and C.-L. Lei. Efficient model checking in fragments of the propositional mu-calculus. In *Proc. of the First Annual Symp. on Logic in Computer Science*, pages 267–278. Computer Society Press, 1986.

[5] J.-C. Fernandez. Aldébaran a tool for verification of communicating processes. Technical Report RTC 14, IMAG, Grenoble, October 1989.

[6] J. C. Godskesen, K. G. Larsen, and M. Zeeberg. TAV (Tools for Automatic Verification) users manual. Technical Report R-89-19, University of Aalborg, August 1989.

[7] J. F. Groote and F. Vaandrager. An efficient algorithm for branching bisimulation and stuttering equivalence. In *ICALP '90*, Lecture Notes in Computer Science, Berlin, 1990. Springer.

[8] M. Hennessy and R. Milner. Algebraic laws for nondeterminism and concurrency. *Journal of the ACM*, 32(1):137–161, 1985.

[9] D. Kozen. Results on the propositional μ-calculus. *Theoretical Computer Science*, 27:333–354, 1983.

[10] K. G. Larsen. Proof systems for Hennessy - Milner logic with recursion. In M. Dauchet and M. Nivat, editors, *CAAP '88*, volume 299 of *Lecture Notes in Computer Science*, pages 215–230, Berlin, 1988. Springer. Nancy, 1988.

[11] K. Mehlhorn. *Data Structures and Algorithms 2: Graph Algorithms and NP-Completeness*, volume 2 of *EATCS Monographs on Theoretical Computer Science*. Springer-Verlag, Berlin, 1984.

[12] R. Milner. *Communication and Concurrency*. Prentice Hall, New York, 1989.

[13] R. Milner. A complete axiomatisation for observational congruence of finite-state behaviours. *Information and Computation*, 81:227–247, 1989.

[14] R. Paige and R. E. Tarjan. Three partition refinement algorithms. *SIAM J. Comput.*, 16(6):973–989, 1987.

[15] D. Park. Concurrency and automata on infinite sequences. In P. Deussen, editor, *Theoretical Computer Science*, volume 104 of *Lecture Notes in Computer Science*, pages 167–183, Springer, Berlin, 1981.

[16] C. Stirling and D. Walker. Local model checking in the modal mu-calculus. In J. Díaz and F. Orejas, editors, *TAPSOFT '89. Volume 1., Proceedings, Barcelona 1989*, volume 351 of *Lecture Notes in Computer Science*, pages 369–383, Berlin, 1989. Springer.

[17] R. Tarjan. Depth first search and linear graph algorithms. *SIAM J. Computing*, 1(2):146–160, 1972.

[18] D. Taubner. *Finite Representations of CCS and TCSP Programs by Automata and Petri Nets*, volume 369 of *Lecture Notes in Computer Science*. Springer, Berlin, 1989.

[19] D. Vergamini. Verification by means of observational equivalence on automata. Rapports de Recherche 501, INRIA, March 1986.

[20] G. Winskel. A note on model checking the modal ν-calculus. In G. Ausiello, M. Dezani-Ciancaglini, and S. Ronchi Della Rocca, editors, *Automata, Languages and Programming. Proceedings Stresa, Italy*, volume 372 of *Lecture Notes in Computer Science*, pages 761–772, Berlin, 1989. Springer.

Werkzeuggestützter Nachweis von Verläßlichkeitseigenschaften

Bernhard Hohlfeld
Daimler-Benz AG
Forschungsinstitut Ulm
Postfach 2360
W-7900 Ulm/Donau

Abstract

Verläßlichkeit und Vertrauenswürdigkeit sind zunehmend entscheidend für die Anwendbarkeit und die Akzeptanz von Systemen der Informationstechnik. Zur Gewährleistung der Funktionssicherheit (Korrektheit), eines Teilaspekts von Verläßlichkeit und Vertrauenswürdigkeit, wurden in der Informatik verschiedene formale Methoden zur Programmverifikation entwikkelt. Im Beitrag wird zunächst wird ein Verifikationssystem für Programme in imperativen Programmiersprachen vorgestellt. Die zum System gehörende Sprache erlaubt die formale Spezifikation von Verläßlichkeitseigenschaften. Der Nachweis der Verläßlichkeitseigenschaften erfolgt durch Konstruktion und Beweis von Korrektheitskriterien (Verifikationsbedingungen). Die Anwendung von Sprache und System wird beispielhaft an einem Sicherheitsnachweis demonstriert. Es wird nachgewiesen, daß einfache Zugriffsfunktionen auf vertrauliche Daten dem Sicherheitsmodell von Bell und La Padula genügen.

1 Das Verifikationssystem PASQUALE

Das Verifikationssystem PASQUALE unterstützt formale Methoden zur Spezifikation, zum Entwurf, zur Implementierung und zur Verifikation von verteilten Systemen und sequentiellen Programmen. PASQUALE unterstützt insbesondere die schrittweise Entwicklung von hierarchisch strukturierten Programmen aus wiederverwendbaren Komponenten.

PASQUALE besteht aus der Sprache PASQUALE-L und dem PASQUALE-Werkzeug. Die Semantik aller Sprachkonstrukte von PASQUALE-L ist formal definiert und PASQUALE-L enthält Sprachkonstrukte zur formalen Spezifikation von Programmeinheiten. Damit wird die formale Verifikation von PASQUALE-L-Programmen durch Korrektheitsbeweise ermöglicht. Die Verifikation von PASQUALE-L-Programmen wird durch das PASQUALE-Werkzeug unterstützt. Das Werkzeug ist in eine Software-Entwicklungsumgebung eingebettet, die eine an die speziellen Erfordernisse der Software-Entwicklung angepaßte Datenhaltung umfaßt.

1.1 Das PASQUALE-Werkzeug

Das PASQUALE-Werkzeug ist ein integrierter Satz von Kommandoprozeduren und PASCAL-Programmen, mit denen PASQUALE-L-Programmeinheiten bearbeitet und verwaltet werden. Den Kern des Werkzeuges, im folgenden ebenfalls PASQUALE genannt, bildet ein Programm, das PASQUALE-L-Programmeinheiten syntaktisch prüft und Verifikationsbedingungen nach dem Hoare-Kalkül erzeugt. PASQUALE umfaßt ca. 30000 Zeilen PASCAL-Code, das Programm ist nach dem PASQUALE-L-Modulkonzept hierarchisch zerlegt. Abbildung 1 zeigt die Grobstruktur der Zerlegung. (M_S bezeichnet die Spezifikation der Programmeinheit M, M_I ihre Implementierung.)

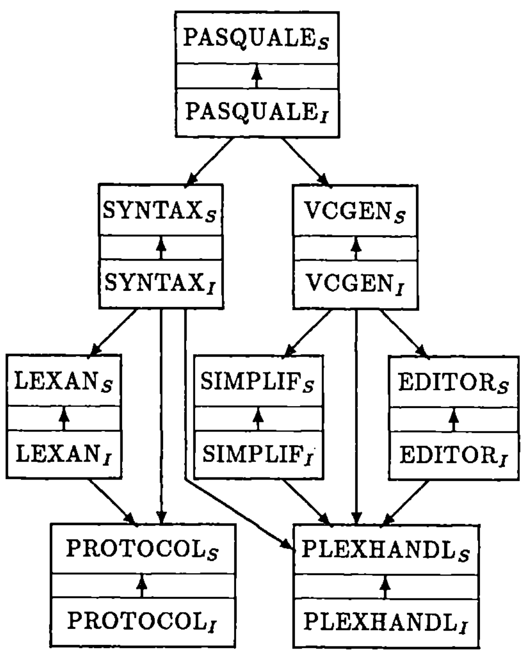

Abbildung 1: Grobstruktur von PASQUALE

Wesentliche Komponenten von PASQUALE sind der Vorübersetzer (Module LEXAN und SYN-TAX) sowie der Modul zur Erzeugung von Verifikationsbedingungen (VCGEN). Der Vorübersetzer prüft nach der Methode des rekursiven Abstiegs Syntax und statische Semantik und erzeugt eine zwischensprachliche Darstellung ähnlich der Ada-Zwischensprache DIANA [DIA83]. Die zwischensprachliche Darstellung ist intern als abstrakter Datentyp PLEX realisiert, die Bearbeitungsfunktionen für den Typ PLEX stellt der Modul PLEXHANDL zur Verfügung. Die Übersetzung wird protokolliert (Modul PROTOCOL). Fehlerfreie PASQUALE-L-Programmeinheiten werden in der zwischensprachlichen Darstellung an den Modul VCGEN übergeben. VCGEN erzeugt, ebenfalls in zwischensprachlicher Darstellung, Verifikationsbedingungen. Im Modul SIMPLIF sind einige Vereinfachungsregeln (Aussagenlogik, Wissen über Datentypen, Compilezeit-Rechnung) implementiert. Der Modul EDITOR übersetzt die Verifikationsbedingungen aus der zwischensprachlichen Darstellung zurück in Textform (Ausdrücke der Prädikatenlogik 1. Stufe nach PASQUALE-L-Syntax). Aus der zwischensprachlichen Darstellung lassen sich die Verifikationsbedingungen auch in andere syntaktische Formen übersetzen, z.B. entsprechend der Syntax der Eingabesprache eines automatischen Beweisers.

PASQUALE-L-Programmeinheiten werden in einer Datenhaltung verwaltet. In der Datenhaltung werden die Zustände der einzelnen Einheiten und die Abhängigkeiten der Einheiten untereinander vermerkt. Insbesondere wird mit Hilfe der Datenhaltung erreicht, daß die einzelnen Einheiten in der richtigen Reihenfolge übersetzt und verifiziert werden.

1.2 Die Sprache PASQUALE-L

Die Sprache PASQUALE-L ist in [HJK89] mit zahlreichen Beispielen ausführlich beschrieben. In PASQUALE-L gibt es vier verschiedene Programmeinheiten: Systeme, Prozesse, Hauptprogramme und Module. Auf Systeme und Prozesse wird im folgenden nicht weiter eingegangen.

Jede Programmeinheit zerfällt in die beiden Übersetzungseinheiten Spezifikation und Implementierung. In jeder Übersetzungseinheit werden die Namen der benutzten Einheiten explizit angegeben. Die Datenhaltung des PASQUALE-Werkzeugs hat so nach jeder Bearbeitung einer Übersetzungseinheit alle zur Aktualisierung benötigten Informationen. Ändern einer Übersetzungseinheit und Fortschreiben der Datenhaltung sind damit ein Vorgang.

Hauptprogramme sind sequentielle Programme, die modular zerlegt sein können. Die Struktur des PASQUALE-Werkzeugs (Abbildung 1) ist ein Beispiel für die modulare Zerlegung eines Hauptprogramms.

In Modulen werden logisch zusammengehörende Daten und Unterprogramme (Funktionen und Prozeduren) zusammengefasst. Die Funktionen und Prozeduren eines Moduls erbringen eine Dienstleistung, sie sind z.B. die Bearbeitungsfunktionen eines abstrakten Datentyps. Einer Übersetzungseinheit, die einen Modul benutzt, ist nach dem Prinzip des "information hiding" nur die Spezifikation des benutzten Moduls bekannt, nicht dagegen die Implementierung.

1.2.1 Datentypen und Anweisungen

PASQUALE-L enthält die wesentlichen Datentypen und Anweisungen von PASCAL. Im einzelnen sind dies u.a. Aufzählungstypen und Unterbereichstypen, darunter die vordefinierten Typen CHAR, BOOLEAN, INTEGER und REAL, die Datentypen array, record, set und file sowie Zeigertypen. Zu den PASQUALE-L-Anweisungen gehören Wertzuweisung, Prozedur-Aufruf und leere Anweisung sowie Verbund-Anweisung, if-Anweisung, case-Anweisung, while-Schleife, repeat-Schleife und Laufanweisung.

Die Semantik der PASQUALE-L-Anweisungen wird mit Hoareschen Verifikationsregeln formal beschrieben. Dabei wird vorausgesetzt, daß bei der Auswertung von Ausdrücken keine Seiteneffekte auftreten. Hoare und Wirth schreiben dazu in "An Axiomatic Definition of the Programming Language PASCAL" [HOW73]:

> "The axioms and rules of inference given in this article explicitly forbid the presence of certain 'side-effects' in the evaluation of functions and execution of statements. Thus programs which invoke such side-effects are, from a formal point of view, undefined. The absence of such side-effects can in principle be checked by a textual (compile-time) scan of the program."

Der PASQUALE-Ansatz zur Spezifikation von Prozeduren und seine Implementierung im Vorübersetzer des PASQUALE-Werkzeugs gewährleisten, daß in PASQUALE-L-Programmen alle Seiteneffekte entdeckt werden.

1.2.2 Unterprogramme

Unterprogramme (Funktionen und Prozeduren) sind parametrisierte Anweisungen. Funktionen verallgemeinern Ausdrücke und dienen zur Berechnung von Werten. Prozeduren dagegen verallgemeinern Anweisungen und dienen zur Veränderung des Programmzustands, d.h. der Werte von Variablen.

PASQUALE-L-Funktionen sind seiteneffektfreie Funktionen ohne implizite Parameter. Sie verhalten sich wie mathematische Abbildungen mit wohldefinierter Definitionsmenge (gegeben durch die möglichen Werte der Parameter) und wohldefinierter Zielmenge (gegeben durch den Typ des von der Funktion berechneten Wertes).

Die von einem Prozedur-Aufruf bewirkte Abbildung von Eingangsparametern auf Ausgangsparameter wird mit einer Spezifikationsfunktion beschrieben. Parameter der Spezifikationsfunktion sind die Eingangsparameter der Prozedur (Formalparameter und alle in der der Prozedur benutzten globalen Variablen), der Ergebnistyp der Spezifikationsfunktion entspricht den Ausgangsparametern der Prozedur (alle während der Ausführung der Prozedur geänderten Formalparameter und globalen Variablen). Die Spezifikationsfunktion entspricht der "associated function" einer Prozedur in der Sprache CIP-L [CIP85].

Abbildung 2 zeigt ein Beispiel. Die Prozedur VECTOR_SUM addiert ihre Parameter Y und Z komponentenweise und übergibt das Ergebnis an den Parameter X. Hier beschreibt die Spezifikationsfunktion die Abbildung der Eingangsparameter X, Y und Z auf den Ausgangsparameter X. Die einzige Variable, die während der Ausführung der Prozedur VECTOR_SUM geändert wird, ist diejenige, die für den Formalparameter X eingesetzt wird.

```
Type Declarations

    type
        RANGE = 1 .. 100 ;
        VECTOR = array [ RANGE ] of INTEGER ;


Specification Function

    sfunction VECTOR_SUM ( X, Y, Z : VECTOR ) : VECTOR ;


Procedure Heading

    procedure VECTOR_SUM ( var X, Y, Z : VECTOR )
        actslike X := VECTOR_SUM( X, Y, Z ) ;


Formal Specification

    all I:RANGE   (VECTOR_SUM(X, Y, Z)[I] = Y[I] + Z[I])
```

Abbildung 2: Eine Prozedur und ihre Spezifikationsfunktion

1.2.3 Hauptprogramme

Ein Hauptprogramm wird mit Prädikaten über die Programmvariablen formal spezifiziert (Abbildung 3). Nach dem Schlüsselwort "entry" wird optional eine Forderung an die Eingabedaten (Eingangszusicherung, entry assertion) angegeben. Die geforderte Nachbedingung des Hauptprogrammes (Ausgangszusicherung, exit assertion) wird nach dem Schlüsselwort "exit" angegeben. Die Bedeutung dieser Hoare-Spezifikationen ist, daß die Nachbedingung nach Ausführung des Programmes gilt, vorausgesetzt, die Vorbedingung gilt vor Ausführung des Programmes.

Die Implementierung eines Hauptprogramms enthält die Anweisungsfolge, die beim Aufruf des Hauptprogramms ausgeführt wird. In Abbildung 3 benutzt das Hauptprogamm PROG den Modul SUM und ruft die Funktion SUM_TO_N aus dem Modul SUM auf.

Bei der Verifikation eines Hauptprogrammes wird nachgewiesen, daß die Anweisungsfolge aus der Implementierung die Spezifikation erfüllt. Verifikationsmethode ist der Hoare-Kalkül. Die durch Anwendung der Axiome und Ableitungsregeln des Kalküls automatisch erzeugte Verifikationsbedingung wird unter der Annahme bewiesen, daß die Funktion SUM_TO_N ihre (hier nicht aufgeführte) formale Spezifikation erfüllt.

```
programspec PROG ;
var A, B : INTEGER ;
formalspec
    entry A >= 0 ;
    exit  B = A * ( A + 1 ) div 2 ;
end formalspec ;
end programspec.

programimpl PROG ;
use SUM ;
begin
    A := 100 ;
    B := SUM.SUM_TO_N( A ) ;
end ;
end programimpl.
```

Abbildung 3: Spezifikation und Implementierung eines Hauptprogramms

1.2.4 Module

Module (package) fassen Datenstrukturen und Unterprogramme zu deren Bearbeitung zusammen. Module werden von anderen Programmeinheiten (Hauptprogramme, Module) benutzt, d.h. die benutzenden Programmeinheiten verwenden die Datenstrukturen und rufen die Unterprogramme auf.

In der Spezifikation werden die vom Modul exportierten Daten und Unterprogramme syntaktisch beschrieben. Das Zusammenwirken der Unterprogramme wird in einer Schnittstellenspezifikation formal spezifiziert. Die Implementierung eines Moduls umfaßt die Implementierung der vom Modul exportierten Unterprogramme sowie die Deklaration lokaler Daten. Die einzelnen Unterprogramme werden in der Implementierungsspezifikation mit Vor- und Nachbedingungen formal spezifiziert.

Entsprechend der zweistufigen formalen Spezifikation werden Module zweistufig verifiziert. Die erste Stufe der Verifikation ist der Nachweis, daß die Implementierungsspezifikation bezüglich der Schnittstellenspezifikation korrekt ist. Die zweite Stufe der Verifikation ist der Nachweis, daß die Funktionen und Prozeduren des Moduls bezüglich der Implementierungsspezifikation korrekt sind.

PASQUALE-L-Module können zur Spezifikation und Implementierung von abstrakten Datentypen benutzt werden. In der Terminologie von Programmiersprachen ist ein abstrakter Datentyp die Zusammenfassung einer Datenstruktur mit ihren Bearbeitungsfunktionen und einer Beschreibung in einem Modul. Abstrakte Datentypen verallgemeinern einerseits das Konzept der Typbindung von Variablen und andererseits das Konzept der Programmstrukturierung durch Funktionen, Prozeduren und Module. Abbildung 4 zeigt die Spezifikation eines abstrakten Datentyps QUEUE in PASQUALE-L-Notation. Das Attribut "private" in der Definition des Datentyps QUEUE hat dieselbe Bedeutung wie in der Programmiersprache Ada:

- Die Struktur des Datentyps (hier array) ist nur im Modul QUEUE bekannt.

- Variable und Parameter des Typs QUEUE können nur mit den vom Modul QUEUE exportierten Funktionen und Prozeduren bearbeitet werden.

```
packagespec QUEUE ;
const
   MAX = 100 ;
type
   DATA = INTEGER ;
   QUEUE = array [ 0 .. MAX ] of DATA private ;
sfunction EMPTY ( Q : QUEUE ) : QUEUE ;
procedure EMPTY ( var S : QUEUE )
   actslike S := EMPTY( S ) ;
function IS_EMPTY ( Q : QUEUE ) : BOOLEAN ;
sfunction APPEND ( Q : QUEUE ; X : DATA ) : QUEUE ;
procedure APPEND ( var S : QUEUE ; D : DATA )
   actslike S := APPEND( S, D ) ;
sfunction CUT ( Q : QUEUE ) : QUEUE ;
procedure CUT ( var S : QUEUE )
   actslike S := CUT( S ) ;
function FIRST ( Q : QUEUE ) : DATA ;
formalspec
   axioms
      with Q : QUEUE ; X : DATA
      begin
      IS_EMPTY( EMPTY( Q ) ) = TRUE ;
      IS_EMPTY( APPEND( Q, X ) ) = FALSE ;
      FIRST( APPEND( Q, X ) ) = if IS_EMPTY( Q )
      then X else FIRST( Q ) fi ;
      CUT( APPEND( Q, X ) )
      = if IS_EMPTY( Q ) then Q else APPEND( CUT( Q ), X ) fi ;
      end ;
end formalspec ;
end packagespec .
```

Abbildung 4: Abstrakter Datentyp QUEUE

2 Ein Fallbeispiel

Das folgende Beispiel ist ein Sicherheitsnachweis für ein System zur Verwaltung von vertraulichen Daten, auf die nicht beliebig zugegriffen werden darf. Die Zugriffsfunktionen auf die Daten sollen dem Sicherheitsmodell von Bell und La Padula [BLP75] genügen. Die formale Spezifikation des Sicherheitsmodells, die formalen Spezifikationen der Funktionen sowie schließlich deren Implementierung werden entsprechend der Syntax von PASQUALE-L notiert. Die Verifikationsbedingungen werden mit dem PASQUALE-Werkzeug generiert. In [CHE81] werden an einem ähnlichen Beispiel verschiedene Verifikationssysteme wie GYPSY [GOO85] und AFFIRM [GER80] miteinander verglichen.

2.1 Das Low-Water-Mark-Beispiel

Aktive Prozesse (die Benutzer eines Informationssystems) haben Zugriff auf passive Objekte (die im Informationssystem gespeicherten Daten). Prozesse und Datenobjekte haben Sicherheitsklassen, die abgefragt und geändert werden können. Die Sicherheitsklassen sind linear geordnet. Es gibt vier Zugriffsfunktionen für Prozesse auf Datenobjekte. Mit NULL-OBJECT initialisiert ein Prozeß ein Datenobjekt. Mit READ liest ein Prozeß aus einem Datenobjekt. Mit WRITE schreibt ein Prozeß in ein Datenobjekt. Mit RESET setzt ein Prozeß die Sicherheitsklasse eines Datenobjektes auf die höchste Stufe. Der Name Low-Water-Mark-Beispiel kommt daher, daß die Sicherheitsklasse eines Datenobjektes nur sinken, aber außer durch RESET nicht steigen kann.

Ein Sicherheitsmodell ist eine Menge von Regeln, die festlegen, ob ein bestimmter Prozeß Zugriff auf ein bestimmtes Datenobjekt hat. Die Entscheidung wird an Hand der Sicherheitsklassen von Prozeß und Datenobjekt getroffen. Eine vereinfachte Form des Sicherheitsmodells von Bell und La Padula besteht aus zwei Zugriffsregeln.

1. ⋆-Eigenschaft (⋆-property, ⋆ = "star")
   Wenn ein Prozeß Schreibzugriff auf ein Datenobjekt hat, dann muß die Sicherheitsklasse des Prozesses kleiner oder gleich der Sicherheitsklasse des Datenobjektes sein.

2. Einfache Sicherheitsbedingung (simple security condition)
   Wenn ein Prozeß Lesezugriff auf ein Datenobjekt hat, dann muß die Sicherheitsklasse des Prozesses größer oder gleich der Sicherheitsklasse des Datenobjektes sein.

Die ⋆-Eigenschaft verhindert das Kopieren von Information in niedriger klassifizierte Datenobjekte, die einfache Sicherheitsbedingung ist eine Geheimhaltungsvorschrift.

Prozesse und Datenobjekte werden als abstrakte Datentypen PROCESS und DATA-OBJECT in den Modulen PROCMOD und DATAMOD implementiert. Abbildung 5 zeigt die Schnittstellenspezifikation des Moduls PROCMOD. Objekte des Typs PROCESS erhalten mit der Funktion SET-PROCESS-CLASS eine Sicherheitsklasse, die im weiteren fest bleibt. Die Sicherheitsklasse eines Prozesses kann mit PROCESS-CLASS abgefragt werden.

```
function SET_PROCESS_CLASS ( P : PROCESS ; L : LEVEL ) : PROCESS ;
function PROCESS_CLASS ( P : PROCESS ) : LEVEL ;

formalspec
    axioms
        with P : PROCESS ; L : LEVEL
            begin
            PROCESS_CLASS( SET_PROCESS_CLASS( P, L ) ) = L
            end ;
end formalspec ;
```

Abbildung 5: Schnittstellenspezifikation des Moduls PROCMOD

Die Schnittstellenspezifikation des Moduls DATAMOD ist wesentlich umfangreicher (Abbildungen 6 und 7). DATAMOD exportiert zehn Funktionen zur Bearbeitung von Datenobjekten des Typs DATA-OBJECT. Sechs der Funktionen (Aufbau- oder Konstruktor-Funktionen) ändern das Datenobjekt, vier der Funktionen (Zugriffs- oder Extraktor-Funktionen) geben Informationen über das Datenobjekt.

Abbildung 6 zeigt die syntaktische Schnittstellenspezifikation des Moduls DATAMOD (Signatur des abstrakten Datentyps DATA-OBJECT). In Abbildung 7 wird die Wirkung der exportierten Funktionen durch Axiome über das Zusammenwirken von Aufbau- und Zugriffsfunktionen beschrieben. Die semantische Schnittstellenspezifikation des Moduls DATAMOD besteht aus insgesamt 24 Axiomen (= 6 Aufbaufunktionen × 4 Zugriffsfunktionen). Die Axiome über die Wirkung der Zugriffsfunktionen auf die Aufbaufunktion SET-CONT (die ersten vier Axiome) besagen, daß D der Inhalt (CONT) eines Datenobjektes DAT ist, dessen Inhalt durch SET-CONT auf D gesetzt wurde. Die Sicherheitsstufe CLASS von DAT sowie Lese- und Schreibzugriff (READ_ACCESS und WRITE_ACCESS) auf DAT ändern sich durch den Aufruf von SET_CONT nicht. Die Axiome sind zur späteren Verwendung (2.3) von (D1) bis (D24) durchnumeriert.

```
function SET_CONT ( DAT : DATA_OBJECT ; D : DATA ) : DATA_OBJECT ;
function SET_CLASS ( DAT : DATA_OBJECT ; L : LEVEL ) : DATA_OBJECT ;
function SET_READ_ACCESS ( P : PROCESS ; DAT : DATA_OBJECT ) : DATA_OBJECT ;
function SET_WRITE_ACCESS ( P : PROCESS ; DAT : DATA_OBJECT ) : DATA_OBJECT ;
function RESET_READ_ACCESS ( P : PROCESS ; DAT : DATA_OBJECT ) : DATA_OBJECT ;
function RESET_WRITE_ACCESS ( P : PROCESS ; DAT : DATA_OBJECT ) : DATA_OBJECT ;
function CONT ( DAT : DATA_OBJECT ) : DATA ;
function CLASS ( DAT : DATA_OBJECT ) : LEVEL ;
function READ_ACCESS ( P : PROCESS ; DAT : DATA_OBJECT ) : BOOLEAN ;
function WRITE_ACCESS ( P : PROCESS ; DAT : DATA_OBJECT ) : BOOLEAN ;
```

Abbildung 6: Syntaktische Schnittstellenspezifikation des Moduls DATAMOD

Der Sicherheitsnachweis wird in vier Schritten geführt.

1. Die Funktionen NULL_OBJECT, READ, WRITE und RESET genügen dem Sicherheitsmodell von Bell und La Padula (2.2). Für den Nachweis werden die formale Spezifikation des Sicherheitsmodells sowie die formale Spezifikationen der Funktionen benötigt. Dieser Nachweis ist die Verifikation der Schnittstelle des Moduls LOWWATER.

2. Die Funktionen NULL_OBJECT, READ, WRITE und RESET sind korrekt bezüglich ihrer formalen Spezifikation (2.3). Die Implementierung des Moduls LOWWATER wird verifiziert. Die Axiome des abstrakten Datentyps DATA_OBJECT werden beim Beweis der Verifikationsbedingungen benötigt.

3. Die Schnittstelle des Moduls DATAMOD wird verifiziert.

4. Die Implementierung des Moduls DATAMOD wird verifiziert.

Von den 4 Verifikationsschritten werden hier die ersten beiden exemplarisch in Teilen durchgeführt.

2.2   Verifikation der Schnittstelle von LOWWATER

In diesem Abschnitt wird nachgewiesen, daß die formalen Spezifikationen der Operationen des Moduls LOWWATER (NULL_OBJECT, READ, WRITE und RESET) der formalen Spezifikation des Sicherheitsmodells von Bell und La Padula entsprechen. Auf dieser obersten Entwurfsebene sind noch einige Implementierungsentscheidungen offen gelassen. So ist nichts über die Datenstrukturen PROCESS, DATA und DATA_OBJECT ausgesagt.

Eine formale Spezifikation des Sicherheitsmodells von Bell und La Padula lautet wie folgt (vgl. 2.1).

```
SECURE( DAT )
     eqv
all PR : PROCESS
    ( ( WRITE_ACCESS( PR, DAT ) impl ( PROCESS_CLASS( PR ) <= CLASS( DAT ) ) )
    and
    ( READ_ACCESS( PR, DAT ) impl ( CLASS( DAT ) <= PROCESS_CLASS( PR ) ) ) )
```

```
with DAT : DATA_OBJECT ; D : DATA ; L : LEVEL ; P, Q : PROCESS
begin
(D1)    CONT( SET_CONT( DAT, D ) ) = D ;
(D2)    CLASS( SET_CONT( DAT, D ) ) = CLASS( DAT ) ;
(D3)    READ_ACCESS( P, SET_CONT( DAT, D ) ) = READ_ACCESS( P, DAT ) ;
(D4)    WRITE_ACCESS( P, SET_CONT( DAT, D ) ) = WRITE_ACCESS( P, DAT ) ;
(D5)    CONT( SET_CLASS( DAT, L ) ) = CONT( DAT ) ;
(D6)    CLASS( SET_CLASS( DAT, L ) ) = L ;
(D7)    READ_ACCESS( P, SET_CLASS( DAT, L ) ) = READ_ACCESS( P, DAT ) ;
(D8)    WRITE_ACCESS( P, SET_CLASS( DAT, L ) ) = WRITE_ACCESS( P, DAT ) ;
(D9)    CONT( SET_READ_ACCESS( P, DAT ) ) = CONT( DAT ) ;
(D10)   CLASS( SET_READ_ACCESS( P, DAT ) ) = CLASS( DAT ) ;
(D11)   READ_ACCESS( Q, SET_READ_ACCESS( P, DAT ) )
            = if Q = P then TRUE else READ_ACCESS( Q, DAT ) fi ;
(D12)   WRITE_ACCESS( Q, SET_READ_ACCESS( P, DAT ) ) = WRITE_ACCESS( Q, DAT ) ;
(D13)   CONT( SET_WRITE_ACCESS( P, DAT ) ) = CONT( DAT ) ;
(D14)   CLASS( SET_WRITE_ACCESS( P, DAT ) ) = CLASS( DAT ) ;
(D15)   READ_ACCESS( Q, SET_WRITE_ACCESS( P, DAT ) ) = READ_ACCESS( Q, DAT ) ;
(D16)   WRITE_ACCESS( Q, SET_WRITE_ACCESS( P, DAT ) )
            = if Q = P then TRUE else WRITE_ACCESS( Q, DAT ) fi ;
(D17)   CONT( RESET_READ_ACCESS( P, DAT ) ) = CONT( DAT ) ;
(D18)   CLASS( RESET_READ_ACCESS( P, DAT ) ) = CLASS( DAT ) ;
(D19)   READ_ACCESS( Q, RESET_READ_ACCESS( P, DAT ) )
            = if Q = P then FALSE else READ_ACCESS( Q, DAT ) fi ;
(D20)   WRITE_ACCESS( Q, RESET_READ_ACCESS( P, DAT ) ) = WRITE_ACCESS( Q, DAT ) ;
(D21)   CONT( RESET_WRITE_ACCESS( P, DAT ) ) = CONT( DAT ) ;
(D22)   CLASS( RESET_WRITE_ACCESS( P, DAT ) ) = CLASS( DAT ) ;
(D23)   READ_ACCESS( Q, RESET_WRITE_ACCESS( P, DAT ) ) = READ_ACCESS( Q, DAT ) ;
(D24)   WRITE_ACCESS( Q, RESET_WRITE_ACCESS( P, DAT ) )
            = if Q = P then FALSE else WRITE_ACCESS( Q, DAT ) fi
end
```

Abbildung 7: Semantische Schnittstellenspezifikation des Moduls DATAMOD

Der Sicherheitsnachweis wird induktiv geführt. Es wird zunächst nachgewiesen, daß ein neu initialisiertes Datenobjekt sicher ist, formal:

```
SECURE( NULL_OBJECT( P, DAT ) ) .
```

Des weiteren wird nachgewiesen, daß ein sicheres Datenobjekt nach Anwendung der Operationen WRITE und RESET sicher ist:

```
SECURE( DAT ) impl SECURE( WRITE( P, D, DAT ) ) ,
SECURE( DAT ) impl SECURE( RESET( P, DAT ) ) .
```

Die Operation READ ändert das Datenobjekt und damit auch seine Sicherheitsklasse sowie Lese- und Schreibzugriff nicht. Ein sicheres Datenobjekt bleibt nach Anwendung von READ sicher. Der Sicherheitsnachweis wird exemplarisch für die Operation WRITE geführt.

Die Operation WRITE ist wie folgt spezifiziert (Abbildung 8). Der Prozeß P habe zunächst Schreibzugriff auf das Datenobjekt DAT. Dann soll D der Inhalt des geänderten Datenobjektes WRITE(P, D, DAT) sein (1), und seine Sicherheitsklasse die von P (2). Alle Prozesse mit höherer Sicherheitsklasse als P sollen die Schreibberechtigung verlieren (3). Die Leseberechtigung soll für alle Prozesse (5) gleich bleiben, mit Ausnahme von P selbst (4). P erhält Leseberechtigung auf das geänderte Datenobjekt. Wenn P keine Schreibberechtigung auf DAT hat, soll DAT durch die Operation WRITE(P, D, DAT) nicht geändert werden.

```
      ( WRITE_ACCESS( P, DAT )
(1)       impl ( CONT( WRITE( P, D, DAT ) ) = D )
                and
(2)         ( CLASS( WRITE( P, D, DAT ) ) = PROCESS_CLASS( P ) )
                and
(3)         all PR : PROCESS
              ( ( PROCESS_CLASS( PR ) > PROCESS_CLASS( P ) )
                  impl not WRITE_ACCESS( PR, WRITE( P, D, DAT ) ) ) )
                and
(4)         READ_ACCESS( P, WRITE( P, D, DAT ) )
                and
(5)         all PR : PROCESS
              ( ( PR <> P ) impl ( READ_ACCESS( PR, WRITE( P, D, DAT ) )
                                    = READ_ACCESS( PR, DAT ) ) ) ) )
     and ( not WRITE_ACCESS( P, DAT ) impl ( WRITE( P, D, DAT ) = DAT ) )
```

Abbildung 8: Formale Spezifikation der Operation WRITE

Es ist nachzuweisen, daß ein sicheres Datenobjekt nach Anwendung der WRITE-Operation sicher bleibt, d.h. ⋆-Eigenschaft und einfache Sicherheitsbedingung erfüllt. Formal wird dieser Nachweis durch den Beweis der folgenden Verifikationsbedingung geführt:

```
SECURE( DAT ) impl SECURE( WRITE( P, D, DAT ) )
```

- ⋆-Eigenschaft von WRITE(P, D, DAT)

```
all PR : PROCESS
  ( ( WRITE_ACCESS( PR, WRITE( P, D, DAT ) )
      impl ( PROCESS_CLASS( PR )
          <= CLASS( WRITE( P, D, DAT ) ) ) ) )
```

Nach (2) aus der formalen Spezifikation von WRITE gilt

```
CLASS( WRITE( P, D, DAT ) ) = PROCESS_CLASS( P ).
```

Die ⋆-Eigenschaft ist damit äquivalent zu (3).

- Einfache Sicherheitsbedingung von WRITE(P, D, DAT)

```
all PR : PROCESS
  ( READ_ACCESS( PR, WRITE( P, D, DAT ) )
    impl ( CLASS( WRITE( P, D, DAT ) ) <= PROCESS_CLASS( PR ) ) ) )
```

Für PR = P folgt die Behauptung aus (2). Für PR <> P gilt (5):

```
READ_ACCESS( PR, WRITE( P, D, DAT ) ) = READ_ACCESS( PR, DAT )
```

Da DAT wegen SECURE(DAT) die einfache Sicherheitsbedingung erfüllt, gilt:

```
(6) all PR : PROCESS
      ( READ_ACCESS( PR, DAT ) impl ( CLASS( DAT ) <= PROCESS_CLASS( PR ) ) )
```

Da DAT wegen SECURE(DAT) die ⋆-Eigenschaft erfüllt und wegen (2) gilt:

```
(7)    CLASS( WRITE( P, D, DAT ) ) = PROCESS_CLASS( P )
         <= CLASS( DAT ).
```

Die Behauptung folgt nun aus (5), (6) und (7).

2.3 Verifikation der Implementierung von LOWWATER

In Abschnitt 2.3 wird nachgewiesen, daß die Implementierung des Moduls LOWWATER, genauer die Implementierung der Operationen dieses Moduls, der formalen Spezifikation der obersten Entwurfsebene entspricht. Der Nachweis wird exemplarisch für die Operationen READ und WRITE geführt.

Einige Implementierungsentscheidungen sind auch auf dieser zweiten Entwurfsebene noch offen. Der Typ DATA_OBJECT ist ein abstrakter Datentyp, realisiert in einem Modul DATAMOD. Die Aufbau- und Zugriffsfunktionen für Objekte des Typs DATA_OBJECT sind in Abbildung 6 aufgelistet. Die Axiome über das Zusammenwirken der Aufbau- und Zugriffsfunktionen (Abbildung 7) werden in den folgenden Korrektheitsbeweisen benötigt. Der Typ DATA_OBJECT ist allein durch seine Aufbau- und Zugriffsfunktionen charakterisiert, die Implementierung von DATA_OBJECT ist noch offen.

Ebenfalls offen ist die Implementierung des Typs PROCESS. Die Realisierung als Aufzählungstyp (Prozeßtabelle)

```
type PROCESS = ( P0, P1, P2, P3, P4, P5, P6, P7, P8, P9 ) ;
```

dient lediglich dazu, den Modul LOWWATER syntaktisch korrekt schreiben zu können. Außerdem ist es durch diese Realisierung möglich, alle Prozesse mit einer Laufanweisung

```
for P := P0 to P9 do S ;
```

zu bearbeiten. Die Zahl der Prozesse ist mit dieser Realisierung auf 10 festgelegt. Dynamisches Starten und Stoppen von Prozessen ist mit Hilfe von Zeigervariablen möglich. Die Bearbeitung aller Prozesse kann dann über eine rekursiv durchlaufene Baumstruktur erfolgen.

Die Operation READ ist eine reine Zugriffsoperation und deswegen als Funktion implementiert.

```
function  READ ( P : PROCESS ; DAT : DATA_OBJECT ) : DATA ;
```

Die formale Spezifikation der Operation READ ist wie folgt:

```
( READ_ACCESS( P, DAT ) impl ( READ( P, DAT ) = CONT( DAT ) ) )
    and
( not READ_ACCESS( P, DAT ) impl ( READ( P, DAT ) = UNDEFINED ) )
```

Die Implementierung ist eine direkte Umsetzung der Spezifikation:

```
function  READ ( P : PROCESS ; DAT : DATA_OBJECT ) : DATA ;
begin
if READ_ACCESS( P, DAT )
then
    READ := CONT( DAT )
else
    READ := UNDEFINED
end ;
```

Die Verifikationsbedingung lautet:

```
(READ_ACCESS(P, DAT)
    impl (READ_ACCESS(P, DAT)
            impl (CONT(DAT) = CONT(DAT)))
        and (not READ_ACCESS(P, DAT)
                impl (CONT(DAT) = UNDEFINED)))
    and (not READ_ACCESS(P, DAT)
            impl (READ_ACCESS(P, DAT)
                    impl (UNDEFINED = CONT(DAT)))
                and (not READ_ACCESS(P, DAT)
                        impl (UNDEFINED = UNDEFINED)))
```

Durch Anwendung einfacher Ersetzungsregeln wie

```
A = A           ---> TRUE
A impl TRUE  ---> TRUE
```

vereinfacht sich die Verifikationsbedingung zu

```
(READ_ACCESS(P, DAT)
    impl (not READ_ACCESS(P, DAT) impl (CONT(DAT) = 'UNDEFINED')))
and (not READ_ACCESS(P, DAT)
    impl (READ_ACCESS(P, DAT) impl ('UNDEFINED' = CONT(DAT))))
```

und wird über eine konjunktive Normalform endgültig bewiesen.

Der hier exemplarisch geführte Nachweis der Korrektheit der Operation READ ist einfacher als der Nachweis der Korrektheit der übrigen drei Operationen. Die bei den Operationen WRITE, NULL_OBJECT und RESET zu beweisenden Korrektheitskriterien sind erheblich komplexer.

So sind beim Nachweis der Korrektheit der Implementierung der Operation WRITE (Abbildung 9) bezüglich ihrer formalen Spezifikation (Abbildung 8) insgesamt 3 Verifikationsbedingungen zu beweisen.

Die Anwendung des Hoare-Kalküls erfordert die Angabe einer Schleifeninvarianten für die for-Schleife in Abbildung 9. Eine Schleifeninvariante ist eine Aussage, die vor dem ersten Durchlauf der Schleife und nach jedem Durchlauf der Schleife gilt. Die drei Verifikationsbedingungen beschreiben die Gültigkeit der Schleifeninvarianten vor dem ersten Durchlauf der Schleife, den korrekten Durchlauf der Schleife sowie die korrekte Ausführung des Programms vom Schleifenende bis zum Programmende.

Beim Beweis der letzten Verifikationsbedingung (Abbildung 10) werden die Axiome des Typs DATA_OBJECT (Abbildung 7) benötigt:

- Behauptung (3) folgt aus den Axiomen (D5) und (D1).

- Behauptung (4) folgt aus Axiom (D6).

- Behauptung (5)

  Aus den Axiomen (D8), (D4) und (D12) folgt

  ```
  WRITE_ACCESS( PR, SET_CLASS( ... ) ) = WRITE_ACCESS( PR, DAT )
  ```

  Damit ergibt sich Behauptung (5) aus Voraussetzung (1).

- Die Behauptungen (6) und (7) folgen aus den Axiomen (D7), (D3) und (D11).

- In Behauptung (8) widerspricht NOT WRITE_ACCESS(P, DAT) der Voraussetzung (2).

```
procedure WRITE ( P : PROCESS ; D : DATA ;
                  var DAT : DATA_OBJECT ) ;
var C : PROCESS ;
begin
if WRITE_ACCESS( P, DAT )
then
    begin
    invar
       all PI : PROCESS
       ( ( PO <= PI ) and ( PI <= C ) and
       ( PROCESS_CLASS( PI ) > PROCESS_CLASS( P ) )
         impl not WRITE_ACCESS( PI, DAT ) )
       and WRITE_ACCESS( P, DAT )
    for C := PO to P9 do
    if PROCESS_CLASS( C ) > PROCESS_CLASS( P )
       then
       DAT := RESET_WRITE_ACCESS( C, DAT ) ;
    DAT := SET_READ_ACCESS( P, DAT ) ;
    DAT := SET_CONT( DAT, D ) ;
    DAT := SET_CLASS( DAT, PROCESS_CLASS( P ) )
    end ;
end ;
```

Abbildung 9: Implementierung der Operation WRITE

3 Zusammenfassung

Im Beitrag wurde ein werkzeuggestützter Sicherheitsnachweis mit formalen Methoden der Programmverifikation skizziert. Das dabei verwendete Verifikationssystem PASQUALE wurde in seinem augenblicklichen Stand beschrieben.

In den von der Zentralstelle für Sicherheit in der Informationstechnik (ZSI) herausgegebenen "IT-Sicherheitskriterien, Kriterien für die Bewertung der Sicherheit von Systemen der Informationstechnik (IT)" ([ITS89]) wird für besonders sicherheitsrelevante Anwendungen die werkzeuggestützte formale Spezifikation und Verifikation von Software gefordert (Qualitätsstufen Q6 und Q7).

Die ZSI unterstützt die beschleunigte Bereitstellung von Werkzeugen zur formalen Spezifikation und Verifikation. Von den zu entwickelnden Werkzeugen wird erwartet, daß sie die formale Beschreibung der Sicherheitsanforderungen, die Spezifikation des zu evaluierenden Systems und dessen Implementierung in höheren imperativen Programmiersprachen sowie in Maschinensprache und die dazugehörigen formalen Beweise ermöglichen.

Zur Vorbereitung von Projektvorschlägen wurde von der ZSI im November 1989 eine Tagung veranstaltet. Der Tagungsband ([KER90]) enthält insgesamt 20 Beiträge zu den unterschiedlichsten Aspekten der formalen Spezifikation und Verifikation und gibt so einen guten Überblick über den Stand der Forschung im (damaligen) Inland.

Das im Beitrag beschriebene Spezifikations- und Verifikationssystem PASQUALE ist Teil eines der Projektvorschläge an die ZSI. Im Projektvorschlag *MOSES IV* (*MO*re *SE*curity through *S*pecification, *I*mplementation, and *V*erification) werden die Werkzeuge

- UNICOM (Universität Kaiserslautern, Induktionsbeweiser für Gleichheitslogik, [GRA90]),

```
(1)   (all PI:PROCESS
          (((P0 <= PI) and (PI <= P9) and (PROCESS_CLASS(PI) > PROCESS_CLASS(P)))
            impl not WRITE_ACCESS(PI, DAT)
(2)     ) and WRITE_ACCESS(P, DAT))
        impl (WRITE_ACCESS(P, DAT)
(3)            impl (CONT(SET_CLASS(SET_CONT(SET_READ_ACCESS(P, DAT), D),
                                   PROCESS_CLASS(P))) = D )
(4)              and (CLASS
                         (SET_CLASS
                            (SET_CONT(SET_READ_ACCESS(P, DAT), D),
                             PROCESS_CLASS(P))) = PROCESS_CLASS(P))
(5)              and all PR:PROCESS
                         (PROCESS_CLASS(PR) > PROCESS_CLASS(P)
                          impl not WRITE_ACCESS(PR, SET_CLASS
                                                    (SET_CONT
                                                       (SET_READ_ACCESS(P, DAT), D),
                                                     PROCESS_CLASS(P))))
(6)              and READ_ACCESS(P, SET_CLASS (SET_CONT(SET_READ_ACCESS(P, DAT),
                                                        D),
                                              PROCESS_CLASS(P)))
(7)              and all PR:PROCESS
                         (PR <> P
                          impl (READ_ACCESS(PR,
                                            SET_CLASS
                                              (SET_CONT(SET_READ_ACCESS(P, DAT), D),
                                               PROCESS_CLASS(P))
                                ) eqv READ_ACCESS(PR, DAT))))
(8)     and (not WRITE_ACCESS(P, DAT)
               impl (SET_CLASS(SET_CONT(SET_READ_ACCESS(P, DAT), D),
                               PROCESS_CLASS(P)) = DAT))
```

Abbildung 10: Verifikationsbedingung für die Operation WRITE

- Tatzelwurm (Universität Karlsruhe, Spezifikations- und Verifikationssystem für sequentielle Programme, Sprachumfang PASCAL, mit starker Beweiserkomponente, [KFL88]),

- AADL (Universität Oldenburg, System zur temporalen Spezifikation von verteilten Systemen, [DAD89]) mit PTL-Prover (Beweiser für Propositional Temporal Logic),

- OBSCURE (Universität Saarbrücken, System zur Spezifikation von abstrakten Datentypen und zum Rapid Prototyping, [LEL88]) und

- PASQUALE (Daimler-Benz AG, Forschungsinstitut Ulm, Spezifikations- und Verifikationssystem für sequentielle Programme und verteilte Systeme, Sprachumfang relevante Teilmenge von Ada einschliesslich Modulkonzept und Nebenläufigkeit)

zu einem Spezifikations- und Verifikationssystem mit gemeinsamer Oberfläche und einheitlicher Datenhaltung integriert. Das System soll einem Benutzer mit elementaren Kenntnissen von formalen Spezifikations- und Verifikationsmethoden die Hilfsmittel zur Verfügung stellen, die zur Erfüllung der oben genannten Vorgaben der Qualitätsstufen Q6 und Q7 der IT-Sicherheitskriterien nötig sind.

Das im Projekt $\mathcal{MOSES}$ $\mathcal{IV}$ angestrebte Spezifikations- und Verifikationssystem unterstützt

- die temporale Spezifikation von verteilten Systemen mit Erzeugung und Beweis von Konsistenzbedingungen,

- die konstruktive Spezifikation von abstrakten Datentypen mit Erzeugung und Beweis von Konsistenzbedingungen,

- die Implementierung in einer formal definierten, verifizierbaren höheren imperativen Programmiersprache,

- die Erzeugung von Beweisaufgaben (z.B. Konsistenz- und Verifikationsbedingungen) sowie

- deren Beweis.

Literatur

[BLP75]   Bell,D.E. and LaPadula,L.J.: Secure Computer System: Unified Exposition and Multics Interpretation, ESD-TR-75-306, The MITRE Corporation, 1975.

[CHE81]   Cheheyl,M.H. et al: Verifying Security, ACM Computing Surveys vol 13 no 3, 1981.

[CIP85]   The CIP Language Group: The Munich Project CIP. Volume I: The Wide Spectrum Language CIP-L, LNCS 183, Springer, Berlin 1985.

[DAD89]   Damm,W. and Döhmen,G.: AADL: A Net-Based Specification Method for Computer Architecture Design, in: de Bakker,J.W. (ed): Languages for Parallel Architectures: Design, Semantics and Implementation Models, Wiley, 1989.

[DIA83]   Goos,G. et al : DIANA An Intermediate Language for Ada, LNCS 161, Springer, Berlin 1983.

[GER80]   Gerhart,S.L. et al: An Overview of AFFIRM: A Specification and Verification System, Information Procesing 80, North Holland, 1980.

[GOO85]   Good,D.I.: Revised Report on GYPSY 2.1 (Draft), Technical Report, University of Texas at Austin 1985.

[GRA90]   Gramlich,B.: UNICOM: A Refined Completion Based Inductive Theorem Prover, system abstract, Proc. of 10th Int. Conf. on Automated Deduction, Kaiserslautern, 1990, to appear.

[HJK89]   Hohlfeld,B.,Jonsson,B.,Kley,A.: PASQUALE - Sprachbeschreibung, Technischer Bericht Nr. 12.020/89, Daimler-Benz AG, Forschungsinstitut Ulm, 1989.

[HOW73]   Hoare,C.A.R. and Wirth,N.: An Axiomatic Definition of the Programming Language PASCAL, acta informatica 2, 1973.

[ITS89]   IT-Sicherheitskriterien, Kriterien für die Bewertung der Sicherheit von Systemen der Informationstechnik (IT), Bundesanzeiger, Köln 1989.

[KER90]   Kersten,H.(ed): Sichere Software, Formale Spezifikation und Verifikation vertrauenswürdiger Systeme, Hüthig, Heidelberg 1990.

[KFL88]   Käufl,Th.: Reasoning about Systems of Linear Inequalities, 9th International Conference on Automated Deduction, Lecture Notes on Computer Science, Berlin, Heidelberg, New York: 1988, Springer.

[LEL88]   Lehmann,T. and Loeckx, J.: The specification language of OBSCURE, in Sannella,D. and Tarlecki,A.(eds.): Recent Trends in Data Type Specification, Lecture Notes in Computer Science 332, Springer 1988.

Eine Bewertung der „Information Technology Security Evaluation Criteria"

Martin Meyer, Kai Rannenberg

Fachgebiet Informatik & Gesellschaft / Datenschutz, Institut für angewandte Informatik
Technische Universität Berlin
Franklinstraße 28/29, D-W-1000 Berlin 10

Zusammenfassung

Die „Information Technology Security Evaluation Criteria" (ITSEC) sind Kriterien zur Bewertung von Rechnersicherheit. Sie entstanden in Zusammenarbeit der Staaten Bundesrepublik Deutschland, Frankreich, Großbritannien und Niederlande.

Das erste Kapitel dieses Textes gibt einen kurzen inhaltlichen Überblick über die wesentlichen Merkmale der ITSEC. Im zweiten Kapitel erfolgt eine kritische Stellungnahme und Bewertung.

0 Einleitung

Im Mai 1990 wurde in Zusammenarbeit der Länder Bundesrepublik Deutschland, Frankreich, Großbritannien und der Niederlande ein Entwurf für einen Kriterienkatalog zur Bewertung von Rechnersicherheit, die „Information Technology Security Evaluation Criteria" (ITSEC) [ITSEC 1990], herausgegeben. Als Motivation für die gemeinsame Erarbeitung wird im Katalog die Notwendigkeit einer länderübergreifenden Harmonisierung bestehender Kriterien zum Abbau technischer Handelshemmnisse genannt. Die in den einzelnen Ländern gemachten Erfahrungen auf dem Gebiet der Rechnersicherheit sollen gemeinsam genutzt und dem Verlangen der Industrie nach international einheitlichen Bewertungsmaßstäben soll entsprochen werden.

Der vorliegende Beitrag enthält eine Vorstellung der Kriterien und eine kritische Auseinandersetzung mit den Vor- und Nachteilen der ITSEC gegenüber älteren Ansätzen wie den amerikanischen „Trusted Computer System Evaluation Criteria" (TCSEC, „Orange Book") [USA 1983, 1985] und „Trusted Network Interpretation of the Trusted Computer System Evaluation Criteria" („Red Book") [USA 1987] oder den deutschen „IT-Sicherheitskriterien" [ZSI 1989].

1 Vorstellung der ITSEC[1]

Die ITSEC (*Information Technology Security Evaluation Criteria*) sind zwischen vier europäischen Ländern abgestimmte Kriterien zur Bewertung von Rechnersicherheit. An dem Entwurf, der am 2.5.1990 veröffentlicht wurde, waren Vertreter der Bundesrepublik Deutschland, Frankreichs, Großbritanniens und der Niederlande beteiligt. Mit diesem Kriterienkatalog soll eine Basis für eine weitergehende internationale Harmonisierung geschaffen werden.

In den Kriterien der ITSEC wird zwischen der Bewertung von Systemen und Produkten unterschieden. Ein System ist in diesem Zusammenhang ein auf eine bestimmte Anwendung individuell zugeschnittenes Hardware/Software-Paket, bei dem eine ganz bestimmte Einsatzumgebung gegeben ist, aus der gewisse Bedrohungen erwachsen. Im Gegensatz dazu wird unter einem Produkt ein Stück Standard-Hardware oder -Software verstanden, das „von der Stange" gekauft werden kann und dem a priori keine spezielle Einsatzumgebung zugeordnet werden kann. Bedrohungen, die bei der Bewertung eines Produkts zugrundegelegt werden, können also nicht wie bei einem System durch eine Analyse der tatsächlichen Einsatzumgebung ermittelt werden, sondern müssen nach ihrer Wahrscheinlichkeit eingeschätzt werden. Im folgenden Text soll das Wort „System" in einem weiteren Sinne als in den ITSEC verstanden werden und den Begriff „Produkt" mit einschließen.

Das Verständnis von Rechnersicherheit, das den Kriterien zugrunde liegt, sieht die intendierte Einsatzumgebung eines Systems und die daraus erwachsenden Bedrohungen sowie die angestrebten Sicherheitsziele (*security objects*) als Basis für die Entwicklung eines individuellen Sicherheitskonzepts (*security target*). Dieses Konzept stützt sich auf eine Analyse der erwarteten Bedrohungen und enthält Sicherheitsfunktionen, die geeignet sind, diesen speziellen Bedrohungen derart zu begegnen, daß die definierten Sicherheitsziele (z.B. ein gewisses Maß an Vertraulichkeit, Integrität oder Verfügbarkeit) erreicht werden. Als Maß für die angestrebte Qualität des Sicherheitskonzepts stehen sieben hierarchisch angeordnete Bewertungsklassen, E0 bis E6, zur Verfügung.

Die Sicherheitsfunktionen eines Systems sollen durch Sicherheitsmechanismen (*security mechanisms*) realisiert werden. Da die Algorithmen und Prinzipien, auf denen diese Sicherheitsmechanismen beruhen, für die Leistungsfähigkeit der Mechanismen ausschlaggebend sind, ist eine zusätzliche Bewertung der Algorithmen in den ITSEC vorgesehen. In Abhängigkeit von dieser Bewertung wird ein Mechanismus in eine der drei Klassen „gering" (*basic*), „mittel" (*medium*) oder „hoch" (*high*) eingeordnet.

Zur Bewertung von Systemen sollen geeignete Instanzen autorisiert werden. Ein beliebiger Auftraggeber (*Sponsor*) – meist vermutlich der Entwickler oder Herstel-

---

[1]Dieser Abschnitt soll nur einen groben Überblick über die Bewertungsstruktur der ITSEC vermitteln. Eine detailliertere Vorstellung der Kriterien findet sich in [Meyer 1990].

ler – kann diesen Instanzen Systeme zur Bewertung vorlegen. Dabei gibt er das Sicherheitskonzept mit an. Es enthält:

- die für den späteren Einsatz definierten Sicherheitsziele,

- die in der späteren Einsatzumgebung erwarteten Bedrohungen,

- die dagegen wirkenden Sicherheitsfunktionen,

- die angestrebte Bewertungsklasse für das System und

- die angestrebte Klasse für die Leistungsfähigkeit der Mechanismen.

Die bewertende Instanz prüft, ob die Sicherheitsmechanismen korrekt sind, also nur genau die Funktionalität erbringen, die zur Erfüllung ihrer Aufgaben notwendig ist. Die Mechanismen dürfen keine weitere, nicht spezifizierte und evtl. für Angriffe nutzbare Funktionalität (z.B. trojanische Pferde) enthalten. Darüber hinaus prüft die Instanz, ob die Sicherheitsfunktionen geeignet sind, die vom Auftraggeber definierten Sicherheitsziele gegen die erwarteten Bedrohungen durchzusetzen. Sie prüft jedoch weder die vom Auftraggeber definierten Sicherheitsziele noch die für das System und die Leistungsfähigkeit der Mechanismen angestrebten Bewertungsklassen darauf, ob sie für die intendierte Anwendung angemessen sind. Die Bewertung des Sicherheitskonzepts verläuft in zwei Phasen. Zunächst erfolgt die Bewertung der Korrektheit und anschließend die Bewertung der Wirksamkeit der Sicherheitsfunktionen.

1.1 Die Bewertung der Korrektheit

In der ersten Bewertungsphase – der **Bewertung der Korrektheit** – wird geprüft, ob die Sicherheitsfunktionen bzw. -mechanismen korrekt sind, also genau die Funktionalität erbringen, die in ihrer Spezifikation verlangt wird. Dazu werden der Systemlebenszyklus von der „Top-Level-Spezifikation" bis hin zur Inbetriebnahme sowie die Entwicklungs- und Betriebsumgebung untersucht. Diese Untersuchung soll sicherstellen, daß alle im fertigen System implementierten und in Betrieb genommenen Mechanismen transparent[2] und damit vertrauenswürdig sind. Die als Ergebnis der ersten Bewertungsphase vorläufig zugeordnete Bewertungsklasse spiegelt das Maß an Transparenz und Vertrauenswürdigkeit der Mechanismen wider.

Bild 1 zeigt die Phasen des Systemlebenszyklus, die die Grundlage für die Bewertung der Korrektheit der Sicherheitsfunktionen in den ITSEC bilden. Aus dieser Darstellung wird ersichtlich, daß nicht mehr die Eigenschaften des Systems selbst ausschließlicher Gegenstand der Bewertung sind. Die Vertrauenswürdigkeit der Sicherheitseinrichtungen eines Systems resultiert bei den ITSEC nicht mehr nur aus der Untersuchung ihrer Funktionsweise durch Analysen und Tests sondern auch aus der Bewertung ihres Entwicklungs- und Betriebsprozesses. Die im Schaubild dargestellten Abläufe und Randbedingungen während des gesamten Systemlebenszyklus werden im folgenden kurz erläutert.

---

[2]Der Begriff „transparent" wird in diesem Text mit der Bedeutung „verständlich", „durchschaubar" benutzt.

Die Entwicklung eines Sicherheitskonzepts beginnt mit der Zielsetzung. Es wird definiert, welche Sicherheitsziele gegen die vorhandenen Bedrohungen durchgesetzt werden sollen. An die Zielsetzung schließt sich der Arbeitsgang des Architekturentwurfs an. In diesem Schritt wird die Grobstruktur des Systems festgelegt, die dann im detaillierten Design soweit verfeinert wird, daß das Ergebnis als Basis für die Implementierung dienen kann. Dieser Ablauf macht den Entwicklungsprozeß aus. Jeder einzelne Schritt in diesem Prozeß muß vertrauenswürdig durchgeführt werden, damit das Ergebnis der Implementierung eine genaue Realisierung der in der Zielsetzung definierten Sicherheitsanforderungen ist.

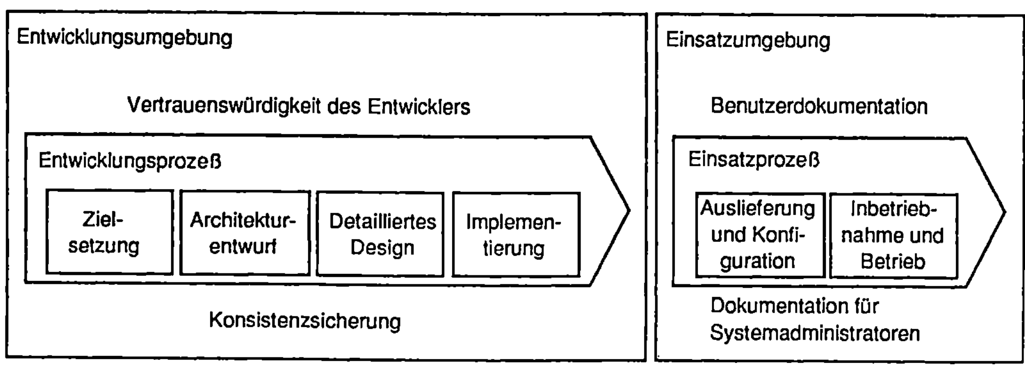

Bild 1: Lebenszyklus eines Systems

Nicht nur der Entwicklungsprozeß sondern auch die Entwicklungsumgebung spielen bei einer vertrauenswürdigen Systementwicklung eine wesentliche Rolle. Daher werden neben den Phasen des Entwicklungsprozesses auch die Vertrauenswürdigkeit des Entwicklers und die Konsistenzsicherung bewertet. Unter der Vertrauenswürdigkeit des Entwicklers werden seine technischen, physischen, personellen, organisatorischen und verfahrenstechnischen Sicherheitsmaßnahmen verstanden. Die Konsistenzsicherung ist für die vertrauenswürdige Versionsverwaltung und die Konsistenz aller am Entwicklungsprozeß beteiligten Dokumente und Programme zuständig.

Der Einsatzprozeß umfaßt die Auslieferung des kompletten Systems oder einzelner Komponenten an den Kunden. Vor Ort wird das System dann konfiguriert oder mit den neu hinzugekommenen Komponenten rekonfiguriert und in Betrieb genommen. Die Transparenz dieser Abläufe sowie die des laufenden Betriebs sind Voraussetzung für die Vertrauenswürdigkeit eines Systems.

Der äußere Rahmen für den sicheren Einsatz eines Systems wird durch die begleitende Dokumentation mitbestimmt. Daher wird die Bewertung der Literatur, die den Einsatz für den Kunden erläutern soll, in der Gesamtbewertung berücksichtigt. Die Dokumentation soll einerseits den Umgang mit den Sicherheitseinrichtungen des Systems für den Benutzer erklären, andererseits Hinweise zur Konfiguration sowie zur Inbetriebnahme und Wartung für den Systemadministrator bereitstellen.

1.2 Die Bewertung der Wirksamkeit

Ist die Bewertung der Korrektheit abgeschlossen, so wird in der zweiten Phase – der **Bewertung der Wirksamkeit** – die praktische Schutzwirkung der fortan als vertrauenswürdig geltenden Mechanismen bewertet. Dabei ist zu beurteilen, wie sich der Einsatz dieser Mechanismen in der Praxis auswirkt, wie vorhandene Schwachstellen zu bewerten sind und ob die erbrachte Funktionalität wirklich den gewünschten Schutz gewährleistet. Führt diese zweite Bewertungsphase zu einem positiven Ergebnis, so ist die Gesamtbewertung des Systems mit einer endgültigen Einstufung in die in der ersten Bewertungsphase vorläufig zugeordnete Bewertungsklasse abgeschlossen. Kann das System den Anforderungen der zweiten Bewertungsphase nicht genügen, so bedeutet dies, daß die Sicherheitsmechanismen die ihnen zugedachte Aufgabe nicht oder nur ungenügend erfüllen. Ein solcher Fall führt zu einer Abwertung des Systems in die Klasse E0.

2 Bewertung der ITSEC

In diesem Kapitel soll das Konzept der ITSEC auf seine Anwendbarkeit im internationalen Rahmen untersucht werden. Die Stärken sowie die Schwachstellen dieses Konzepts sollen aufgezeigt und eingeschätzt werden. Im Vergleich mit bereits etablierten Kriterienkatalogen wie dem „Orange Book", dem „Red Book" und den IT-Sicherheitskriterien werden die Vor- und Nachteile des ITSEC-Katalogs diskutiert. Dieses Kapitel gliedert sich in vier Unterkapitel, von denen das erste die **Klassenbildung**, das zweite **Datenschutzfragen**, das dritte die **Verständlichkeit und Eindeutigkeit** der Begriffsbildung und das vierte **weitere Probleme** behandelt.

2.1 Bewertung der Klassenbildung

Bei der Entwicklung von Bewertungskriterien für die Rechnersicherheit sind die beiden wichtigsten Aspekte die Bewertung der Funktionalität eines Systems und die Bewertung der Qualität der Mechanismen, die diese Funktionalität realisieren. In beiden Bereichen ist die Bildung von Klassen für die Bewertung möglich. Daher unterteilt sich dieses Unterkapitel nochmals in je einen Abschnitt über **Funktionalitätsklassen** und **Qualitätsklassen**.

2.1.1 Bildung von Funktionalitätsklassen

Wesentlich neu im Vergleich zu älteren Ansätzen wie den amerikanischen „Trusted Computer System Evaluation Criteria" oder den deutschen „IT-Sicherheitskriterien" ist an den ITSEC, daß vordefinierte Funktionalitätsklassen nicht mehr im Vordergrund der Bewertung stehen. Für eine Einstufung in eine bestimmte Bewertungsklasse ist bei den ITSEC nicht mehr von Bedeutung, ob ein System gewisse vorgegebene Sicherheitsfunktionen zur Verfügung stellt. Vielmehr steht hier die Anwendung im Mittelpunkt der Betrachtungen. An die Stelle von Funktionalitätsanforderungen ist in den ITSEC die Bewertung der Wirksamkeit der vorhandenen Funktionalität getreten. Es wird also nur noch beurteilt, ob das Sicherheitskonzept eines Systems geeignet ist, die Sicherheitsziele, die der Auftraggeber der Bewertung definiert hat, gegen angenommene Bedrohungen zu schützen.

Bei diesem Ansatz geht man davon aus, daß jedes einzelne System in Abhängigkeit von seiner Einsatzumgebung und seinem Einsatzzweck ein individuell abgestimmtes Sicherheitskonzept benötigt und daß vordefinierte Funktionalitätsklassen nur eine Kompromißlösung darstellen. Durch die Favorisierung dieser Betrachtungsweise bewegt man sich – wenn man die Historie der Kriterien für Rechnersicherheit betrachtet – auf einer Evolutionsspirale.

Vor 1983 gab es kein fest vorgegebenes Sicherheitsziel, das die Entwicklung von funktionalen Bewertungsklassen gerechtfertigt hätte. Beim „Orange Book" wurden dann Bewertungsklassen eingeführt, die Anforderungen im funktionalen und im qualitativen Bereich untrennbar verbanden. Ein System wurde u. a. daran gemessen, welche vordefinierten Sicherheitsfunktionen zur Verfügung standen. Für die Hersteller bedeutete dies, daß sie Systeme für bestimmte Bewertungsklassen produzieren und aufgrund der beschränkten Klassenzahl mit einer gewissen Nachfrage bei den Anwendern rechnen konnten (vgl. [BilRog 1990]).

Für die Anwender ergab sich das Problem, daß sie hinsichtlich ihrer individuellen Anforderungen Kompromisse bezüglich vorhandener Klassen eingehen mußten. Infolgedessen mußten sich auch Anwender, die an einem zivilen Einsatz ihrer Systeme interessiert waren, mit dem militärisch orientierten Sicherheitskonzept des „Orange Book" auseinandersetzen. Andererseits bot sich für sie der Vorteil, daß aufgrund der Vergleichbarkeit von Systemen derselben Sicherheitsstufe ein breites Angebot bestand. Hatte ein Anwender sich mit einem pauschalen Sicherheitskonzept abgefunden, so konnte er aus dem Konkurrenzdruck der Anbieter Nutzen ziehen.

In den im Jahre 1989 entstandenen „IT-Sicherheitskriterien" der deutschen „Zentralstelle für die Sicherheit in der Informationstechnik" (ZSI) wurde die Bewertung der Sicherheit in einen funktionalen und einen qualitativen Part unterteilt. Einem evaluierten System wurden sowohl eine Funktionalitäts- als auch eine Qualitätsklasse zugeordnet. Die Menge der Funktionalitätsklassen wurde dabei zu einem Teil vom „Orange Book" übernommen, zum anderen Teil durch nicht hierarchische Klassen erweitert. Die hinzugekommenen Klassen enthalten Funktionalitätsanforderungen für verbreitete Anwendungsbereiche.

Da die zehn Funktionalitätsklassen in jeweils acht Qualitätsstufen realisiert sein können, ergeben sich bereits 80 mögliche Kombinationen, was die Marktbreite für jede einzelne Ausprägung erheblich senkt. Der Vorteil für die Anwender ist jedoch die damit verbundene größere Chance, eine für ihre Anwendung passende Sicherheitskonfiguration zu finden.

Bei den ITSEC löst man sich wieder sehr stark von vordefinierten Funktionalitätsklassen (lediglich im Anhang werden die Klassen der deutschen IT-Sicherheitskriterien aufgeführt). Die Bewertung individueller Konzepte steht im Vordergrund. Die Konsequenz für die Hersteller ist, daß es auf dem Markt wieder an Standards fehlt, nach denen sie ihre Produktion ausrichten können. Die Zertifizierung von Systemen mit einem zu engen Absatzmarkt ist aus Kosten- und Aufwandsgründen nicht rentabel.

Es bietet sich an, Systeme für Anwendungsbereiche zu produzieren, die eine große Marktbreite aufweisen. Die beim Anwender zu erwartenden Bedrohungen und Sicherheitsziele können dabei vom Hersteller wiederum nur abgeschätzt werden, wodurch das in den ITSEC angestrebte individuelle Sicherheitskonzept praktisch nicht im erwünschten Maße zum Tragen kommt. Der Anwender sieht sich mit einer Vielzahl unterschiedlicher Sicherheitskonzepte konfrontiert, was ihm einerseits erschwert, unter den angebotenen das für ihn geeignete auszuwählen und andererseits – ebenfalls zu seinem Nachteil – aufgrund mangelnder Vergleichbarkeit der Systeme den Konkurrenzdruck der Anbieter vermindert.

Aus den genannten Gründen ist es zweifelhaft, ob der völlige Verzicht auf Funktionalitätsklassen – bei allen Vorzügen eines individuellen Sicherheitskonzepts – aus marktwirtschaftlicher Sicht zu verantworten ist. Da die Entwicklungskosten von Rechnersystemen im Verhältnis zu den Produktionskosten einen außerordentlich hohen Stellenwert einnehmen, liegt der Gedanke nahe, nur eine Bewertungsklasse mit maximalen funktionalen und qualitativen Anforderungen einzuführen. Wenn die Anforderungen streng genug wären, alle Sicherheitsziele für alle Anwendungen abzudecken, müßte der Entwicklungsaufwand nur einmal betrieben werden, und alle Probleme der Klassenbildung wären gelöst.

In der Praxis ist ein System nicht vorstellbar, das eine Funktionalität bereitstellt, die allen Anwendungen gleichermaßen gerecht wird, da verschiedene Anwendungen konträre Anforderungen an die Funktionalität eines Systems stellen können: Etwa kann in einem System eine vollständige Überwachung sämtlicher Vorgänge gefordert werden, in einem anderen wäre gerade diese ein Sicherheitsrisiko. Daher müßte die Funktionalität eines universell einsetzbaren Systems vor der Inbetriebnahme entsprechend der jeweiligen Anwendung konfigurierbar sein.

Fraglich ist jedoch erstens, was man bis zur Produktionsreife eines universell einsetzbaren Systems als Bewertungsmaßstab anwendet, und zweitens, ob die Entwicklung eines solchen Systems theoretisch überhaupt möglich ist. Aufgrund des technischen Fortschritts nähme während der Entwicklungsdauer dieses Systems auch das Maß möglicher Bedrohungen zu, wodurch jede neuentstandene Version zum Zeitpunkt ihrer Freigabe bereits veraltet wäre. Die Problematik der Bewertungsklassen wird daher nicht ernsthaft wegzudiskutieren sein.

2.1.2 Bildung von Qualitätsklassen

Die Qualität der Sicherheitsmechanismen ist ebenso wie ihre Funktionalität ein wesentliches Kriterium bei der Beurteilung der Vertrauenswürdigkeit eines Systems. Interessant ist nicht nur, ob bestimmte Funktionen vorhanden sind, sondern auch, ob die Funktionen genau das und nur das tun, was sie tun sollen, und ob damit der gewünschte Schutz erreicht werden kann. In den ITSEC werden derartige Qualitätseigenschaften eines Systems bei der Bewertung der Korrektheit und der Wirksamkeit ermittelt. Sieben hierarchisch angeordnete Qualitätsklassen werden eingeführt. Diese Qualitätsklassen sollen einen Maßstab für das Vertrauen bilden, das in das korrekte und wirkungsvolle Funktionieren der Sicherheitsmechanismen eines Systems gesetzt werden kann.

Das mit der Entwicklung der ITSEC verbundene Ziel ist eine internationale Anerkennung und Verwendung der Kriterien. Dies bedeutet, daß europaweit Zertifizierungen auf der Basis dieses Kriterienkatalogs stattfinden sollen. Der Vertrauenswürdigkeit eines Zertifizierungsvorgangs wegen ist es wichtig, daß alle autorisierten Bewertungsinstanzen eine in hohem Maße übereinstimmende Interpretation der zugrunde-liegenden Kriterien verwenden. Das ist um so leichter möglich, je genauer die Anforderungen in den Kriterien beschrieben sind.

Zur Präzisierung der Anforderungen ist es wünschenswert, daß die ITSEC selbst nicht nur in der gegenwärtigen Form, nämlich auf einem sehr hohen sprachlichen Abstraktionsniveau, vorliegen. Bei einer praktischen Anwendung der Kriterien zur Evaluation von Systemen räumt dieses hohe Abstraktionsniveau jeder Bewertungs-instanz einen sehr großen subjektiven Spielraum ein, was einer internationalen Konsis-tenz der vergebenen Bewertungsklassen im Weg stehen kann. Hilfreich wäre es deshalb, in geeigneten Dokumenten oder Demonstrationssystemen Abbildungen auf zunehmend detailliertere Anforderungsstrukturen zu definieren. Diese Abbildungen könnten die Objektivität der Bewertung wesentlich erhöhen und eine Möglichkeit sein, den Bewertungsvorgang auch für Entwickler und Hersteller transparent zu gestalten. Außerdem würde damit eine Grundlage für die inhaltliche Diskussion der Kriterien auf einem beliebigen Abstraktionsniveau verfügbar gemacht.

Ein ähnliches Argument gilt im Zusammenhang mit der Definition dreier Stärkeklas-sen für die Leistungsfähigkeit der Sicherheitsmechanismen. Hier kann es durch die zu grobe Differenzierung der Klassen bei der Interpretation der Kriterien zu „Run-dungsfehlern" kommen, wodurch die Objektivität der Bewertung und damit die Ver-gleichbarkeit der vergebenen Zertifikate gefährdet wäre. Die Einführung weiterer Klassen erscheint daher in diesem Zusammenhang äußerst sinnvoll.

Ein weiterer Kritikpunkt ist, daß in den Anforderungen der sieben definierten Quali-tätsklassen die „Vertrauenswürdigkeit der Entwicklungswerkzeuge" unberücksichtigt bleibt (vgl. [Pfitz 1990b]). Die Verwendung vertrauenswürdiger Werkzeuge trägt wesentlich zur Vertrauenswürdigkeit des Entwicklungsprozesses bei. Daher ist eine Einführung höherer Klassen denkbar, in deren Anforderungen dieser Aspekt berück-sichtigt wird. Eine Klasse E7 kann beispielsweise Systeme enthalten, die die Anfor-derungen in Klasse E6 erfüllen und bei deren Entwicklung nur Werkzeuge verwendet wurden, die selbst in einem vertrauenswürdigen Entwicklungsprozeß entstanden.

Entsprechend ließe sich in Klasse E8 verlangen, daß die verwendeten Werkzeuge wiederum nur mit vertrauenswürdig hergestellten Werkzeugen entwickelt sein dür-fen, usw. Auf diese Weise ergäbe sich eine nach oben offene Skala, in deren oberen Klassen die Korrektheit der Sicherheitsmechanismen eines Systems außer durch Analysen der Entwicklungsschritte auch durch den Verweis auf die verwendeten Werkzeuge glaubhaft gemacht würde. Diese offene Skala kann eine Methode sein, der Bedrohung durch transitive Trojanische Pferde [Pfitz 1990a] beizukommen.

2.2 Aspekte des Datenschutzes

Ein allgemeines Problem aller bisherigen Bemühungen und Ansätze zur Erstellung von Kriterienkatalogen zur Rechnersicherheit, insbesondere der ITSEC, ist das Verständnis von „Sicherheit" im Zusammenhang mit der Informationstechnik. Im Duden [Duden 1983] findet sich für den Begriff „Sicherheit" die Definition „Zustand des Geschütztseins vor Gefahr oder Schaden". Die Autoren der Kataloge gehen offensichtlich davon aus, daß die in einem Rechner verarbeiteten oder gespeicherten Daten vor Gefahr oder Schaden durch den Zugriff unbefugter Personen geschützt werden müssen, um eine „sichere" Datenverarbeitung zu erreichen.

Der Schutz gespeicherter Daten vor dem Zugriff Unbefugter ist nur ein Aspekt einer „sicheren" Datenverarbeitung. Auch der Schutz der Benutzer (*users*) und anderer (*usees*) vor einer nicht kontrollierbaren Verarbeitung ihrer persönlichen Daten durch formal Befugte ist in diesem Zusammenhang relevant. Gerade dieser zweite Aspekt gewinnt mit dem zunehmenden Einzug der Informationstechnik in viele Bereiche des täglichen Lebens an Bedeutung, da Menschen künftig immer mehr – vor allem im öffentlichen Leben – mit der Erfassung ihrer persönlichen Daten in informationstechnischen Systemen konfrontiert werden.

Durch gesetzgeberische Maßnahmen allein kann ein ausreichender Schutz des Rechts des Einzelnen auf informationelle Selbstbestimmung (siehe [Bverfg 1983]) kaum erreicht werden, da sich die Datenverarbeitung der Kontrolle durch öffentliche Organe oft zu entziehen vermag (vgl. [Pfitz 1990a], Seite 9). Daher ist es notwendig, die Systeme selbst so zu konzipieren, daß bereits von der technischen Seite her ein Schutz des o.g. Bürgerrechts realisiert werden kann.

In den ITSEC wie in anderen Kriterienkatalogen wurde dieses Problem nicht thematisiert. Das wird in den ITSEC an der Zusammenstellung der Aufgabenschwerpunkte aller denkbaren Sicherheitsfunktionen (*Generic Headings*) deutlich. Themen wie „Identifizierung" (*Identification*), „Authentifizierung" (*Authentication*) und „Überwachung getätigter Zugriffe" (*Audit*), die dem Schutz des zu bewertenden Systems vor Menschen dienen, sind erwähnt. Unberücksichtigt bleiben jedoch die für die Inanspruchnahme öffentlich zugänglicher Dienste wichtigen Gegenstücke „Anonymität", „Pseudonymität" und „Unbeobachtbarkeit" (siehe auch [Chaum 1987] und [PfPfWa 1990]), die Menschen vor dem jeweiligen System und seinen Betreibern schützen sollen. Eine Integration dieser Gebiete in die Kriterien ist daher eine wichtige Aufgabe im Sinne einer datenschutzgerechten Gestaltung von Informationssystemen.

2.3 Verständlichkeit und Eindeutigkeit

Ein Kriterienkatalog dient stets als Grundlage für die Bewertung einer Sache. Da eine Bewertung einer real existierenden Sache eine äußerst konkrete Angelegenheit ist, muß ein Kriterienkatalog auch praktisch anwendbar, d.h. interpretierbar sein. Daher sollte sich die Begriffsbildung in dem Katalog auf im normalen Sprachgebrauch eindeutige Begriffe, auf im Zusammenhang mit dem Themengebiet genormte

Ausdrücke oder auf in einem Anhang genau definierte Wortbildungen beschränken, sonst leidet der praktische Nutzen eines solchen Katalogs. Insbesondere bei der Interpretation durch verschiedene, unabhängige Bewertungsinstanzen ist die Eindeutigkeit der verwendeten Begriffe unabdingbar.

Die in den ITSEC verwendeten Begriffe sind teilweise weder allgemein bekannt, noch in einem Lexikon der „Sicherheit der Informationstechnik" [Pohl 1989] aufzufinden oder im Anhang verzeichnet. Beispiele hierfür sind Begriffe wie „Acceptance Procedure" oder „Integration Procedure". Die im Sinne der Autoren korrekte Interpretation dieser Begriffe fällt schon Informatikern, die an der Entwicklung der ITSEC nicht beteiligt waren, schwer. Andere Berufsgruppen, etwa Juristen, dürften noch größere Probleme haben.

Ähnliche Probleme ergeben sich mit Worten, die zwar allgemein bekannt sind, aber so verwendet werden, daß nicht eindeutig auf die Bedeutung des Wortes im konkreten Zusammenhang geschlossen werden kann, z.B. beim Wort „Configuration Control" im Satz in der Mitte der Seite 75: „All tools [...] shall be subject to configuration control.". Diese Formulierung läßt zwei Interpretationen zu. Der Satz kann so verstanden werden, daß bei der Herstellung der Entwicklungswerkzeuge eine „Configuration Control" verlangt wird (gemäß der Definition von „Configuration Control" auf Seite 31). Andererseits kann mit dieser Formulierung auch gemeint sein, daß die Entwicklungswerkzeuge im Rahmen der „Configuration Control" des zu entwickelnden Produkts dokumentiert werden sollen.

Grundsätzlich ist es denkbar, in einem weiteren Werk – z.B. in einem Evaluationshandbuch zu den ITSEC – vage Begriffe weiter zu präzisieren. Es würde der „Lesbarkeit" des ITSEC-Katalogs selbst jedoch sehr zugute kommen, wenn bereits darin ausschließlich eindeutige Formulierungen verwendet würden. Für eine diesbezügliche Verbesserung wäre es notwendig, in einer Überarbeitung des Entwurfs der ITSEC Mehrdeutigkeiten des Ausdrucks, die zu Fehlinterpretationen führen könnten, so gut wie möglich zu vermeiden. Eine Möglichkeit dazu bestünde in einer sehr umfangreichen Erweiterung und Präzisierung des Glossars (*Glossary*) im Anhang.

2.4 Weitere Probleme

In diesem Unterkapitel sollen Kritikpunkte diskutiert werden, die inhaltlich über die drei anderen Unterkapitel hinausgehen. Dabei handelt es sich um die **Bandbreite verdeckter Kanäle**, um die **Vertrauenswürdigkeit von Hardware**, um die **Kombination zertifizierter Systeme**, um die „**Alterung**" **des Zertifikats** und um die **Gewährleistung der Sicherheit während des Einsatzes**.

2.4.1 Bandbreite verdeckter Kanäle

Trotz umfangreicher Sicherheitsvorkehrungen bei der Entwicklung eines Systems wird es praktisch kaum möglich sein, alle Quellen unbefugter Einflußnahme zu eliminieren. Infolgedessen läßt sich bei einem fertig entwickelten System nie mit

Sicherheit auschließen, daß beim Betrieb Informationen über verdeckte Kanäle in die Hände nicht autorisierter Benutzer gelangen. Deshalb ist die Bandbreite verdeckter Kanäle ein wichtiges Thema bei der Diskussion der Vertrauenswürdigkeit eines Systems (vgl. [Pfitz 1990b]).

In den ITSEC wird das Problem der verdeckten Kanäle erkannt. Ab Klasse E4 wird im Rahmen einer Schwachstellenanalyse eine Identifizierung verdeckter Kanäle gefordert, die im detaillierten Design gefunden werden, ab Klasse E5 auch solcher, die in der Implementierung gefunden werden. Werden verdeckte Kanäle identifiziert, wird untersucht, ob sich die Bedrohung, die aus einer Nutzung dieser Kanäle durch Unbefugte erwächst, auf dem Wege personeller, technischer, physischer oder verfahrenstechnischer Maßnahmen beseitigen läßt. Sollte dies nicht möglich sein, führt das zu einer Einstufung des Systems in die Klasse E0.

Eine Vorgehensweise, bei der die Existenz verdeckter Kanäle unabhängig von deren Bandbreite nicht akzeptiert wird, ist in der Praxis kaum durchzuhalten. Eine derart harte Anforderung würde dazu führen, daß praktisch jede Zertifizierung an der Existenz verdeckter Kanäle scheiterte. Eine Verbesserungsmöglichkeit wäre eine weitere Differenzierung der vergebenen Zertifikate unter dem Aspekt der Bandbreite verdeckter Kanäle. Die Bandbreite verdeckter Kanäle könnte ein weiterer unabhängiger Bewertungsparameter neben der Leistungsfähigkeit der Mechanismen sein.

2.4.2 Vertrauenswürdigkeit von Hardware

Ein offenes Problem in den ITSEC ist die Vertrauenswürdigkeit von Hardware. Es wäre denkbar, daß der Schritt der Umsetzung eines Programms in eine Hardwarekomponente nicht vertrauenswürdig abläuft. In diesem Fall wäre eine Überprüfung der Konsistenz zwischen der Funktionalität des Hardwarebausteins und der Funktionalität des Programms notwendig. Dies kann jedoch nur auf der Basis von Testläufen geschehen, wodurch allerdings die völlige Fehlerfreiheit einer Komponente nicht nachgewiesen werden kann. Um dieses Problem in den Griff zu bekommen, müßte der Prozeß der Hardwareherstellung durch entsprechende Auflagen vertrauenswürdig gemacht werden.

In den ITSEC sind jedoch keine Anforderungen an eine vertrauenswürdige Hardwareherstellung enthalten. Diese Phase des Systemlebenszyklus, die zwischen der Implementierung und der Auslieferung des Systems anzusiedeln wäre, wird in den Kriterien unzureichend berücksichtigt. Notwendig erscheint die Erweiterung des Blickwinkels, unter dem der Systemlebenszyklus betrachtet wird. An die Stelle des Aspektes „Entwicklung" müßte der Aspekt „Entwicklung und Herstellung" treten, um das vollständige Spektrum der Entstehung eines Systems zu erfassen. Auf diese Weise könnte die im Modell der ITSEC vorhandene Lücke zwischen der Implementierung und dem Einsatz des Systems geschlossen werden.

2.4.3 Kombination zertifizierter Systeme

Der Verzicht auf Funktionalitätsklassen in den ITSEC gibt den Herstellern einen großen Freiraum bei der Zusammenstellung der Funktionalität ihrer Systeme. Diesen Freiraum werden sie aus marktwirtschaftlicher Sicht nutzen, d.h. sie werden solche Systeme auf den Markt bringen, bei denen der zu erwartende Umsatz die Entwicklungs- und Herstellungskosten rechtfertigt. Durch das Wechselspiel von Angebot und Nachfrage werden sich auf Dauer von selbst bestimmte Funktionalitätskategorien herauskristallisieren. Diese Kategorien werden allerdings nicht hierarchisch angeordnet sein, sondern als Quasi-Standards die Funktionalitätsprofile gängiger Anwendungen widerspiegeln.

Das Entstehen von Quasi-Standards hat zur Folge, daß ein Anwender mit ausgefalleneren Wünschen u.U. kein passendes Angebot vorfindet und die Entwicklung eines seinen Vorstellungen entsprechenden Systems in Auftrag geben und teuer bezahlen muß. Möglicherweise gäbe es jedoch eine Reihe von zertifizierten Produkten, die zusammen die vom Anwender gewünschte Funktionalität erbringen könnten. In diesem Falle wäre dem Anwender geholfen, wenn Informationen über den Aufbau eines vertrauenswürdigen Gesamtsystems aus zertifizierten Einzelkomponenten verfügbar wären.

In den ITSEC wird die Kombination mehrerer zertifizierter Komponenten zu einem Gesamtsystem nicht behandelt. Dadurch sind die Kriterien nur für Anwender interessant und von Nutzen, für die eine marktübliche Funktionalitätskategorie in Frage kommt. Aus diesem Grunde können die ITSEC trotz ihrer Offenheit hinsichtlich der möglichen Funktionalität eines Systems in der Praxis eine restriktive Wirkung haben. Eine Erweiterung des Kriterienkatalogs mit Hinweisen zur Bildung eines Gesamtsystems aus zertifizierten Komponenten oder zur Bildung eines Kommunikationsnetzes aus zertifizierten Systemen, wie sie sich im „Red Book" [USA 1987] findet, wäre daher wünschenswert.

2.4.4 „Alterung" des Zertifikats

Mit der Vergabe eines Zertifikats wird einem System eine bestimmte Qualität seiner Sicherheitseinrichtungen bescheinigt. In den ITSEC hängt diese Qualität davon ab, wie vertrauenswürdig die Phasen des Systemlebenszyklus durchgeführt wurden und in welchem Maße das Sicherheitskonzept des Systems geeignet ist, die definierten Sicherheitsziele gegen die in der Einsatzumgebung vorhandenen Bedrohungen durchzusetzen. Die Bewertung dieser beiden Aspekte führt zur Einstufung des zu evaluierenden Systems in eine Bewertungsklasse und zur Vergabe eines Zertifikats.

Da bei der Bewertung eines Systems von aktuellen Angaben über vorhandene Bedrohungen und von der zum Zeitpunkt der Evaluation aktuellen Version eines Systems ausgegangen wird, spiegelt das Zertifikat auch nur den Wert der Sicherheitseinrichtungen zum Zeitpunkt der Evaluation wider. Sollten das Maß der Bedrohungen, denen ein evaluiertes System ausgesetzt ist, oder die aktuelle Version des Systemcodes sich im Laufe der Zeit ändern, so ist das Zertifikat nicht mehr geeignet, die Qualität der Sicherheitseinrichtungen des Systems zu repräsentieren. Eine Änderung der Bedrohungen kann durch organisatorische Veränderungen in der Einsatzumgebung oder durch technischen Fortschritt bedingt sein, eine Änderung des Systemcodes ist aus praktischer Sicht im Rahmen der Softwarepflege unabdingbar.

Eine Aktualisierung des Zertifikats zu geeigneten Zeitpunkten ist daher im Sinne der Glaubwürdigkeit der Evaluation als solche empfehlenswert. Da eine automatische Degression der Bewertungsklasse nach Ablauf einer bestimmten Frist dieser Problematik nicht gerecht wird, stellt sich dabei das Problem der Wahl dieser geeigneten Zeitpunkte. Die Interessen der Hersteller an der Vermeidung der teuren Evaluation (vgl. [Eurobit 1990]) stehen hier den Interessen der Verbraucher an möglichst aktuellen Zertifikaten gegenüber.

Da die Bedrohungen, denen ein System ausgesetzt ist, in erster Linie von den technischen Möglichkeiten eines Angreifers abhängen und diese technischen Möglichkeiten des Angreifers wiederum mit dem allgemeinen technischen Fortschritt zunehmen, scheint die Festlegung eines Aktualisierungsintervalls, das im Verhältnis zum technischen Fortschritt gewählt wird, ein erster möglicher Ansatz zu sein. Bei der Aktualisierung des Zertifikats muß die Bewertung der Korrektheit der Sicherheitsfunktionen nicht wiederholt werden, da sich an der Vertrauenswürdigkeit des Entwicklungsvorgangs nachträglich nichts geändert hat. Daher sollte nur die Bewertung der Wirksamkeit unter aktuellen Randbedingungen wiederholt werden.

2.4.5 Gewährleistung der Sicherheit während des Einsatzes

Besonders bei Produkten, jedoch auch bei individuell entwickelten Systemen, enden die Anforderungen an die Sicherheit mit dem Einsatz. Dies hat besonders bei Produkten seinen Grund darin, daß die konkrete Einsatzumgebung zum Zeitpunkt der Evaluation noch gar nicht bekannt ist. Allerdings können sich auch bei individuell entwickelten Systemen Sicherheitsrisiken durch nicht ordnungsgemäßen Einsatz ergeben.

Deswegen wäre eine Instanz hilfreich, die zum einen die Akkreditierung von Produkten in der konkreten Einsatzumgebung vornimmt, zum anderen die Gewährleistung der Sicherheit während des Einsatzes stichprobenartig oder regelmäßig kontrollieren kann. Diese Aufgabe könnte von der Zertifizierungsinstanz übernommen werden. Zweckmäßiger ist es jedoch vermutlich, wenn die Zertifizierungsinstanz bei der Zertifizierung Auflagen für den Einsatz des Systems festlegt und eine Instanz – eventuell auch nach Anhörung von Vorschlägen des Herstellers – bestimmt, die die Einhaltung dieser Auflagen prüfen soll.

3 Resümee und Ausblick

Im vorliegenden Text wurden die ITSEC, ein Entwurf für ein länderübergreifend harmonisiertes Konzept zur Bewertung von Rechnersicherheit, dargestellt und diskutiert. Dabei wurde festgestellt, daß in den ITSEC nicht einzelne Anforderungen an ein fertiges System festgeschrieben werden, sondern in erster Linie die

Abwicklung der Vorgänge bei Entwicklung und Einsatz des Systems beurteilt wird. Die Bewertung der Sicherheitsmechanismen stützt sich nicht auf vordefinierte Funktionalitätsklassen, sondern auf eine Untersuchung der Eignung der vorhandenen Mechanismen, angenommene Bedrohungen zu entschärfen.

Betrachtet man die Bemühungen um Bewertungsmaßstäbe für Rechnersicherheit von den Anfängen bis heute, so ist eine Evolutionsspirale der Kriterien zu beobachten. Vor 1983 gab es keine Bewertungsklassen, die eine bestimmte Funktionalität der Sicherheitseinrichtungen eines Systems verlangten. In den amerikanischen TCSEC wurden dann Bewertungsklassen definiert, die sowohl funktionale als auch qualitative Anforderungen an „sichere" Systeme enthielten. In den deutschen IT-Sicherheitskriterien wurden später die funktionale und die qualitative Bewertung getrennt vorgenommen. Einem System wurde sowohl eine Funktionalitäts- als auch eine Qualitätsklasse zugeordnet.

Mit den ITSEC steht man – betrachtet man die Bewertung der Funktionalität – wieder am Anfang der Entwicklung. Allerdings hat man im Laufe der Jahre Erfahrungen im Umgang mit den unterschiedlichen Ansätzen sammeln können, so daß die Diskussion ausgereifter als damals wirkt. Ein rundum zufriedenstellendes Konzept für den Aufbau von Bewertungskriterien scheint jedoch noch nicht gefunden zu sein. Bis zur Erreichung dieses Ziels ist noch einige Arbeit zu leisten.

Kurzfristiger Handlungsbedarf besteht gemäß den in diesem Aufsatz diskutierten Kritikpunkten vor allem bei den folgenden Punkten:

- Integration funktionaler Anforderungen bei der Bildung von Bewertungsklassen,

- angemessene Berücksichtigung von Datenschutzgesichtspunkten,

- Gewährleistung von Verständlichkeit und Eindeutigkeit der im Kriterienkatalog verwendeten Begriffe,

- Berücksichtigung verdeckter Kanäle bei der Bildung von Bewertungsklassen,

- Entwicklung von Kriterien für die Hardwareherstellung,

- Entwicklung eines Konzepts für die Bewertung der Kombination zertifizierter Systeme,

- Überlegungen zu einer fortlaufenden Aktualisierung eines verliehenen Zertifikats und

- Schaffung einer Möglichkeit zur Überprüfung des ordnungsgemäßen Systemeinsatzes.

4 Danksagung

Für ausführliche und konzeptionelle Diskussion danken wir Andreas Pfitzmann, für weitere Informationen und Anregungen Hartwig Kreutz, H.- G. Stiegler und Manfred Domke, für hilfreiche Anmerkungen Michael Gehrke.

5 Literatur

BilRog (1990)   Brian Billard, John Rogers
International Orange: A Spectrum of Computer Security Criteria – An Australian View
Cipher, Newsletter of the Technical Committee on Security & Privacy, IEEE, Winter 1990

Bverfg (1983)   Bundesverfassungsgericht
Das Urteil des Bundesverfassungsgerichtes zum Volkszählungsgesetz vom 15.Dezember 1983
Karlsruhe, Aktenzeichen 1 BvR 209/83, u.a. in: Datenschutz und Datensicherung, Jg. 4, S. 258 - 281, Oktober 1984

Chaum (1987)   David Chaum
Sicherheit ohne Identifizierung – Scheckkartencomputer, die den großen Bruder der Vergangenheit angehören lassen
Informatik-Spektrum, Bd. 10, Nr. 5, Oktober 1987

Duden (1983)   Wissenschaftlicher Rat und Mitarbeiter der Dudenredaktion
Duden – Deutsches Universalwörterbuch
Bibliographisches Institut; Mannheim, Wien, Zürich; 1983

Eurobit (1990)   Eurobit: European Association of Manufacturers of Business Machines and Information Technology Industry
Towards an assured Future – A Eurobit Concept to further the worldwide Harmonisation of the IT Security Evaluation Process
Commission of the European Communities sponsored Conference on Information Security Evaluation Criteria, Brussels, 25/26th September 1990

ITSEC (1990)
Information Technology Security Evaluation Criteria – Harmonised Criteria of France, Germany, the Netherlands, the United Kingdom, Draft, Version 1
u.a. herausgegeben vom Bundesminister des Innern, Bonn, 2. Mai 1990

Meyer (1990)   Martin Meyer
Untersuchung verschiedener offizieller Kriterienkataloge zur Rechnersicherheit unter dem Aspekt der Unbeobachtbarkeit der Kommunikation
Forschungsbericht 38/1990, Technische Universität Berlin, Fachbereich Informatik, 1990

Pfitz (1990a)   Andreas Pfitzmann
Diensteintegrierende Kommunikationsnetze mit teilnehmerüberprüfbarem Datenschutz
Informatik-Fachberichte 234, Springer, Berlin u.a., 1990

Pfitz (1990b)   Andreas Pfitzmann
Statement of Observations concerning the Draft of the Information Technology Security Evaluation Criteria (ITSEC), Version 1, 2. Mai 1990
Letter to P. Husson, Commission of the European Communities, Directorate XIII/F, 3rd October 1990

PfPfWa (1990)   Andreas Pfitzmann, Birgit Pfitzmann, Michael Waidner
Rechtssicherheit trotz Anonymität in offenen Systemen
Datenschutz und Datensicherung, Jg. 10, Nr. 5 - 6, Mai - Juni 1990

Pohl (1989)   Hartmut Pohl
Taschenlexikon Sicherheit der Informationstechnik
Datakontext, Köln, 1989

USA (1983)   Computer Security Center of the Department of Defense of the United States of America
Department of Defense Trusted Computer System Evaluation Criteria – Orange Book
CSC-STD-001-83, USA, 15th August 1983

USA (1985)   Computer Security Center of the Department of Defense of the United States of America
Department of Defense Trusted Computer System Evaluation Criteria – Orange Book
DOD 5200.28-STD, USA, December 1985

USA (1987)   National Computer Security Center of the United States of America
Trusted Network Interpretation of the Trusted Computer System Evaluation Criteria – Red Book
NCSC-TG-005, USA, 31st July 1987

ZSI (1989)   Zentralstelle für Sicherheit in der Informationstechnik
IT-Sicherheitskriterien: Kriterien für die Bewertung der Sicherheit von Systemen der Informationstechnik (IT) – 1. Fassung
herausgegeben von der ZSI im Auftrag der Bundesregierung, Bundesanzeiger, Köln, 11. Januar 1989

Bemerkungen zu den harmonisierten Evaluationskriterien für IT-Systeme

Karl Rihaczek, TeleTrusT Deutschland e.V.

1. Einleitung

Der Bundesminister des Innern verteilt seit Mai 1990 eine von ihm herausgegebene und englisch abgefaßte Schrift [ITSEC], die sich "Kriterien für die Bewertung der Sicherheit von Systemen der Informationstechnik" nennt und das Kürzel "ITSEC" (Information Technology Security Criteria) trägt. Sie ist als Entwurf (draft) gekennzeichnet. Ihr Zweck ist es, in den Europäischen Gemeinschaften als eine Meßlatte für Sicherheit der IT-Systeme zu dienen und eine Klassifizierung von Produkten/Systemen sowie entsprechend gestaffelte Testate/Zertifikate zu ermöglichen.

Bei den Klassen handelt es sich um Qualitätsklassen (E Levels) und Funktionalitätsklassen (Functionality Classes). Die Qualitätsklassen beziehen sich im wesentlichen auf die Ausführlichkeit der zur Prüfung mitgelieferten Dokumentation bzw auf die dadurch ermöglichte Intensität der Prüfung. Die Funktionalitätsklassen richten sich, grob gesagt, an der Effektivität der implementierten *Sicherheits*funktionen aus. Allerdings sind sie zum Teil auch *anwendungs*abhängig spezifiziert, worauf noch einzugehen ist.

In der Einleitung wird der Leser dazu ermuntert, Kommentare und Veränderungsvorschläge an die damit befaßten nationalen Behörden (siehe weiter unten) zu richten. Allerdings heißt es dort auch (frei übersetzt), daß diese Arbeit aus ausdiskutierten Dokumenten schöpfe, daß ihre Erkenntnisse bereits an vielen Stellen in die Praxis umgesetzt, ihre Ideen und Konzepte gut ausgewogen und Aufbau sowie Struktur der Schrift gerade richtig seien für ein Maximum an Konsistenz und Handlichkeit. Gleichwohl glaube man, daß Verbesserungen noch eingebracht und angebracht werden können.

Diese Ermunterung ist der Anlaß für den folgenden Beitrag. Er informiert nicht über die ITSEC allgemein, sondern beschränkt sich - wie von den Herausgebern gewünscht - auf Veränderungsvorschläge. Es

Leichte Überarbeitung von „Die harmonisierten Evaluationskriterien für IT-Systeme", DuD 14/12 (1990) 628-634

dürfte sich von selbst verstehen, daß damit keine Zweifel an Sinn und Wert der ITSEC angedeutet werden sollen.

2. Der Stand der ITSEC

Die Meßlatte dient für einen Evaluationsvorgang, der mit einem Testat/ Zertifikat beschieden wird. Die Evaluierung setzt voraus, daß sie von einer vertrauenswürdigen Stelle (Evaluationsstelle) vorgenommen wird. Jemand, der sogenannte Sponsor, z.B. der Herrsteller, der ein System oder ein Produkt (Evaluationsobjekt, Target of Evaluation TOE) evaluiert haben möchte, reicht dieses mit der in den ITSEC spezifizierten Beschreibung ein. Die Evaluationsstelle prüft das TOE und die dazu angegebenen Sicherungsziele (security target) auf die in den ITSEC spezifizierten Kriterien hin und erteilt das Testat.

Die Rationale der Evaluation ist also folgende: Der Sponsor gibt an, was an dem von ihm eingereichten System/Produkt/TOE in welchem Ausmaß sicher sein soll und hält dies in der TOE-Beschreibung fest. Der Prüfer prüft, ob der Sponsor auch das bietet, was er zu bieten vorgibt. Der Prüfer stellt also nicht etwa explizit fest, daß das System/Produkt sicher bzw unsicher ist, sondern daß es der vom Sponsor vorgelegten TOE-Beschreibung entspricht bzw nicht entspricht. Das ist der allgemeine Fall. Ein wichtiger, in der Regel wohl angestrebter Sonderfall ist der, daß der Sponsor angibt, mit dem TOE die Bedingungen einer bestimmten Funktionalitätsklasse zu erfüllen. Das ist allerdings nur dann möglich, wenn es sich in eine der zehn spezifizierten Klassen einordnen läßt.

Der eigentliche Reiz für den Sponsor dürfte darin liegen, daß er an einer Funktionalitätsklasse Maß nehmen kann; er kommt so besser mit dem Prüfer zurecht, denn dieser kann nach ihm gut bekannten, in den ITSEC festgelegten Kriterien prüfen, während er sich im allgemeinen Falle an die von Fall zu Fall anders lautende TOE-Beschreibung des Sponsors halten muß. Wichtiger noch: Die Kunden des Sponsors dürften leichter zufriedenzustellen sein, wenn sie als Beschaffer die durch eine Funktionalitätsklasse vorgegebenen Sicherheitsauflagen als eingehalten abhaken können.

In ihrer derzeitigen Form legen die ITSEC in ihrem Hauptteil fest, was formal zur Evaluation erforderlich ist. Die Forderungen an die Dokumentation und den Evaluationsvorgang sind je nach angestrebter Qualitätsklasse (E Level) unterschiedlich rigoros. Es wird gesagt, wie Evaluationen durchzuführen sind, wie TOE-Beschreibung, Beschreibung der Sicherheitsanforderungen, Evaluationsziele und Testate abgefaßt sein müssen, wie die Beschreibungen auf Richtigkeit, Vollständigkeit und Effektivität der Sicherungsmechanismen zu prüfen sind etc.

Neben diesen Qualitätsklassen werden in einem Annex die Funktionalitätsklassen beschrieben. Unter "Funktionalität" versteht man dort die Verfügbarkeit von Sicherungsfunktionen, wie etwa Identifikation/ Authentikation, Zugriffskontrolle und Sicherung der Zurechenbarkeit (accountability). Die Funktionalitätsklassen sind insofern hierachisch geordnet, als die an sie gestellten Forderungen von Klasse 1 bis Klasse 5 jeweils um einen Schritt rigoroser sind. Die Klassen 6 bis 10 setzen aber diese Systematik nicht fort; sie sind deutlich anwendungsbezogen, während die ersten fünf diesbezüglich scheinbar neutral sind.

Die Funktionalitätsklassen sind unmittelbar und entsprechend unharmonisiert den "IT-Sicherheitskriterien" der deutschen Zentralstelle für Sicherheit in der Informationstechnik [ZSI1] entnommen; sie werden als "lediglich Anhaltspunkte" (merely intended as guidelines) bezeichnet; der Annex soll aber im Zuge der Harmonisierungsbemühungen der ITSEC-Struktur angepaßt und bis zur nächsten Version revidiert werden[1]. Das im Hauptteil der ITSEC spezifizierte Verfahren ist also klar; ein wichtiger Teil der Meßlatte ist aber noch nicht stabil. Dem widerspricht nicht, daß die Funktionalitätsklassen nur in einem Annex erscheinen und daß man sich dessen bewußt zeigt, daß sich nicht alle Anwendungen in sie einordnen lassen.

Die Meßlatte ist also noch unscharf; entsprechend unsicher wird der Sponsor belassen. Auch wenn der Annex bereits verbindlich wäre, wäre der Sponsor häufig in Zweifel, ob es für die Anwendung des zu prüfenden Systems überhaupt sinnvoll ist, eine der aufgeführten Funktionalitätsklassen anzustreben, oder ob es nicht besser wäre, das System ohne Angabe einer genormten Funktionalitätklasse prüfen zu lassen. Im Zweifelsfalle wird der Sponsor versuchen, es in eine möglichst günstige genormte Klasse zu placieren. Das bietet ihm wirtschaftliche Vorteile: Die Evaluation seines TOE ist dann kein Sonderfall; sie wird einfacher und billiger. Er kann das Produkt leichter absetzen, weil eine Klassenzuordnung einen Qulitätsstandard abgibt, der dem Be-

---

[1] Seine Bedeutung ist zwar dadurch relativiert, daß der Sponsor sein Evaluationsziel nicht in Form einer Funktionalitätsklasse anzugeben braucht; jedoch besteht einerseits - wie oben erwähnt - eben dazu ein besonderer Anreiz, andererseits will man u.a. aus wirtschaftspolitischen Gründen mit den Funktionalitätsklassen eine Vergleichbarkeit mit Evaluationsresultaten der US-amerikanischen TCSEC sicherstellen.

schaffer von Systemen/Produkten vorgegeben werden kann; dessen Interessen kommt dies insofern entgegen, als er sich beim Versagen des Beschafften leichter exkulpieren kann.

Die Meßlatte ist nicht leicht handzuhaben. Ein Evaluationsvorgang braucht erfahrungsgemäß Monate, wenn nicht gar Jahre. In dieser Zeit kann sich der Stand der Technik, das zu evaluierende System und die Meßlatte selbst ändern. Man hat es also mit einem bewegten Ziel zu tun. Nicht zuletzt deshalb glaubt man zurecht, daß der Evaluationsvorgang die Produktentwicklung befruchten und zum guten Teil begleiten dürfte. Dies ist in der Tat eine Chance, Systeme/Produkte zu entwicklen, in die Sicherheit integriert und denen sie nicht bloß aufgesetzt ist.

3. Herkunft der ITSEC

Für die Schrift ITSEC zeichnen folgende Stellen:

* Service Central de la Sécurité des Systèmes d'Information (Frankreich),

* Zentralstelle für Sicherheit in der Informationstechnik (Bundesrepublik Deutschland),

* Netherlands National Comsec Agency (Niederlande),

* UK CLEF Scheme Certification Body der CESG (Großbritannien).

ITSEC ist das Ergebnis von Beratungen zwischen diesen Stellen. Der Ausgangspunkt der Beratungen waren drei nationale "Kriterienkataloge":

* Catalogue de Critères Destines a Evaluer le Degrée de Confiance des Systèmes d'Information (Frankreich)

* IT-Sicherheitskriterien: Kriterien für die Bewertung der Sicherheit von Systemen der Informationstechnik (Bundesrepublik Deutschland) [ZSI1][2]

* UK Systems Security Confidence Levels (Großbritannien)

---

[2] Diese Schrift deckt den Stoff der ITSEC nur zum Teil ab. Der andere Teil ist dem IT-Evaluationshandbuch [ZSI2] vergleichbar.

Diese Kataloge sind an dem schon seit 1985 vorliegenden US-amerika-nischen Katalog orientiert[3], den

•   Trusted Computer Systems Evaluation Criteria TCSEC [TCSEC]

Die TCSEC wurden einige Zeit nach ihrem Erscheinen durch die Trusted Network Interpretation TNI [TNI], und die Trusted Data Base Interpre-tation, TDI, ergänzt. In der ersteren wurde der Systembegriff auf ge-schlossene Computernetze erweitert und im Sinne der TCSEC inter-pretiert.

Alle diese Kriterienkataloge stammen letzten Endes aus dem sogenann-ten Sicherheitsbereich. Sie sind von Stellen verfaßt, deren Aufgabe es ist, die Kommunikation im Sinne der äußeren und inneren Sicherheit des Staatswesens sicher zu halten. Diese Stellen hatten zumindest bis vor kurzem nur wenig Kontakt mit der Öffentlichkeit und haben von ihr entsprechend wenig objektive Kritik erfahren. Allerdings mußte die neuartige Aufgabe, einen von der Wirtschaft zu beachtenden Kri-terienkatalog zu entwickeln, dieser verständlichen Kontaktscheu ein Ende setzen. In letzter Zeit waren sie deshalb, wie die Veröffentlichung der ITSEC und eine ihr vorausgehende Unterrichtung und Befragung der Hersteller und Anwender zeigt, um eine breitere Aktzeptanz be-müht.

Das Vorbild der ITSEC, die TCSEC, waren zunächst dafür vorgesehen, als Meßlatte (yardstick) bei der Beschaffung von kommerziell angebo-tenen Computern für das Militär zu dienen; dabei kam es in erster Li-nie auf die Vertraulichkeit (confidentiality) von Information an. Die TCSEC gewannen aber auch für den nichtmilitärischen Bereich der US-Verwaltung an Bedeutung. Schließlich befand die US-Regierung, daß auch die Privatwirtschaft ausländischen, die nationale Sicherheit bedrohenden Angriffen auf ihre Kommunikationssicherheit ausgesetzt war; deshalb wurde ihr ebenfalls die erprobte Meßlatte angeboten; ja, es gab Versuche, ihr diese bereichsweise aufzuzwingen. Auch ohne di-rekte Einflußnahme haben die TCSEC eine große Bedeutung bei der Be-schaffung von Systemen und Produkten, boten sie doch lange Zeit und weithin die einzige verfügbare Meßlatte für Informationssicherheit.

Ihre Herkunft aus dem Verteidigungsbereich und ihre Bestimmung als Beschaffungsmeßlatte können die Kataloge, einschließlich der har-monisierten Version, zum guten Teil nicht leugnen.

---

3   Allerdings sind wesentliche Ausführungen der TCSEC nicht übernommen worden, z.B. das Konzept der Trusted Computer Base.

- Sie teilen die Welt in Freunde und Feinde ein und haben primär die Sicherheitsinteressen des Systemherrn zum Ziel.

- Sie führen Bedrohungsarten durch den Feind an, listen einzelne einzuschlagende und vorzuschreibende Sicherungsmaßnahmen auf[4] und qualifizieren sie.

- Sie spezifizieren - analog zur im militärischen Bereich üblichen Klassifizierung ("vertraulich", "streng vertraulich", "geheim" etc) - Qualitäts- und Funktionalitätsklassen.

- Sie eignen sich als Beschaffungsrichtlinien.

- Ihr besonderer Reiz ist es, daß sie nicht nur der Systemsicherheit sondern auch der Absicherung der Beschaffer dienen.

- Hinsichtlich ihres Beschaffungsaspekts sind sie am derzeitig auf dem Markt (sicherheitstechnisch oft unzureichenden) Angebotenen orientiert.

- Sie bezwecken (dennoch) eine Orientierung der Produktentwicklung, an den aufgestellten Kriterien und Qualitätsklassen.

- Sie haben (einschließlich TNI/TDI) geschlossene Systeme im Blick.

- Sie fordern, je nach Sicherheitsklasse, mehr oder weniger Sicherungsaufwand und nicht eigentliche (absolute) Sicherheit[5].

- Das vordergründige Ziel von Prüfvorschriften ist eine praktikable Prüfbarkeit; nur im Rahmen dieser Prüfbarkeit kann auch die Sicherheit geprüft werden.

Diese Punkte sollen teilweise im folgenden näher beleuchtet werden. Dabei sollte keineswegs der Eindruck entstehen, daß am praktischen Wert und am Sinn der Systematik dieses Kriterienkatalogs zu zweifeln ist; allein schon deshalb nicht, weil er dazu dienen kann, das Sicherheitsbewußtsein des weitgehend einseitig auf den Wunsch nach Leistung hin erzogenen Markts zu aktivieren. Es kann nicht daran gezweifelt werden, daß die zur Testaterteilung geforderten Sicherheitsmaß-

---

4   Dies ist allerdings bei den ITSEC erst mit einem stabilen Annex erreicht.

5   Weil eine absolute Sicherheit ohnedies nicht erreicht werden kann, ist dies durchaus sinnvoll.

nahmen auch das allgemeine Sicherheitsniveau objektiv anheben werden. Die Testatprüfung wird zumindest zur Verbesserung der Dokumentation des geprüften Systems, wenn nicht gar zur Verbesserung des Systems selbst, Anlaß geben. Auch der Umstand, daß die Ratschläge für den zivilen Sektor aus dem staatlichen Geheimbereich kommen, sollte kein Schaden sein, denn damit kann für die Wirtschaft ein Sachverstand aktiviert werden, der zum Teil bislang vor der Öffentlichkeit versteckt wurde.[6]

4. Der unterliegende Sicherheitsbegriff, Sicherheitsklassen

Im folgenden soll festgestellt werden, welche Art von Sicherheit mit den Sicherheitskriterien gemeint ist und welche nicht gemeint sein kann. Das ist sehr wichtig, denn kaum etwas kann gefährlicher werden, als dem Systembeschaffer und -betreiber das (subjektive) Gefühl von Sicherheit zu geben, die aber, objektiv betrachtet, gar nicht gegeben sein kann.

Sicherheit wird im ITSEC-Glossar folgendermaßen bezeichnet: Sie ist die Kombination von Vertraulichkeit bzw der Verhinderung unautorisierter Aufdeckung von Information, Integrität bzw der Verhinderung unautorisierter Veränderung oder Löschung von Information und Verfügbarkeit bzw der Verhinderung unautorisierter Zurückhaltung von Information. Neben Vertraulichkeit, Integrität und Verfügbarkeit werden auch Sicherheitswerte wie Rechtzeitigkeit, Kontrollierbarkeit und Vollständigkeit implizit beachtet.

Sicherheit wird also, eingeengt, als Sicherheit gegenüber einer beschränkten Zahl feindlicher Bedrohungstypen bzw. Mißbrauchsmöglichkeiten verstanden. Man verhindert den Erfolg der Bedrohungen und erreicht damit (mehr) Sicherheit. Im vorliegenden Sinne ist also Sicherheit das Resultat von Sicherungsmaßnahmen; sie ist in diesem Sinne eine veränderliche Größe, die von Klasse zu Klasse in Richtung auf eine absolute Sicherheit hin inkrementiert werden soll. Die Klasse ist durch einen offensichtlich anwendungsbedingten (graduellen) Bedarf an Sicherheit gekennzeichnet. Sicherheit ist nicht Extremwert der Wahrscheinlichkeit sondern eher nur die mehr oder minder große Wahrscheinlichkeit, daß ein Mißbrauchstäter keinen Erfolg hat. Die absolute Sicherheit (der Wahrscheinlichkeitswert 0 oder 1) wird wohl als

---

[6]   Freilich kann es auch nicht überraschen, wenn sich mancher Nutznießer fragt, ob eine Stelle, deren Ziele vor ihm zum Teil geheim gehalten werden, wirklich stets auf seinen Nutzen hinwirkt.

etwas betrachtet, daß grundsätzlich nicht erreicht werden kann[7]. Auch das Sicherungsziel, "Security Target", wird als ein praktisch erreichbarer Zustand verstanden; es kann z.B. als die Voraussetzung ("base line") für die Gewährung eines bestimmten Klassen-Testats verstanden werden.

Festzuhalten ist also:

- ITSEC-Sicherheit wird als eine inkrementell veränderbare Qualität verstanden, die entsprechend nicht ausschließt, daß eine Bedrohung nicht abgewiesen werden kann.

- ITSEC-Sicherheit wird bereits dann als erreicht gesehen, wenn die definiert beschränkte Anzahl von explizit bezeichneten (soweit bekannten) Bedrohungen abgewiesen werden kann.

Die hier verstandene Sicherheit ist also in doppelter Hinsicht eingeschränkt:

- Sie bezieht sich nicht auf alle möglichen sondern nur auf die bekannten und spezifizierten Bedrohungen.

- Sie läßt, je nach Qualitätsklasse, zu, daß auch einer spezifizierten Bedrohung nicht immer begegnet werden kann.

Für den Beschaffer beschränkt sich ferner die Sicherheit auf

- die Sicherheit der beschafften Anlagen, Syteme oder Produkte.

5. Ausgangs- und rahmenbedingte Schwachpunkte

"Ausgangs- und rahmenbedingt" soll heißen, daß man die hier aufgeführten Schwachpunkte kaum den Verfassern der ITSEC oder denen der anderen Kataloge vorwerfen kann. Diese Schwachpunkte lassen sich, zumindest soweit es die Evaluation betrifft, kaum vermeiden. Man muß sie sich aber bewußt machen, um nicht Fehler zu machen.

Eine Sicherheit der Anwendung, auf die es letzten Endes ankommt, ist durch die Evaluation nicht gewährleistet; es liegt ja am Anwender, Sicherungsfunktionen entweder in Gebrauch zu nehmen oder dies zu

---

[7] Sicherheit wird von A. Kuhlmann (in VDI nachrichten Nr. 36/90) als das Ergebnis aller Schutzleistungen bezeichnet. Allerdings bestünde hier die Gefahr eines Zirkelschlusses, wenn "Schutzleistungen" zu definieren wäre.

unterlassen und damit auf die evaluierte Sicherheit zu verzichten. Insofern ist der Erfolg einer Evaluation erst dann gewährleistet, wenn über die Beschaffung hinaus sichergestellt werden kann, daß z.B. auf die Einhaltung der Sicherheitsrichtlinien hin geprüft wird. Der Wert des Kriterienkatalogs soll sich zwar nicht allein bei der Beschaffung erweisen; auch auf den Betrieb, die Anwendung und die Wartung soll er mit Hilfe der evaluierten Sicherheitsrichtlinien (security policy) Einfluß haben. Allerdings ist deren Einhaltung von der Evaluation unabhängig und obliegt in der Regel nicht den Evaluationspartnern, weder dem Sponsor noch dem Prüfer, sondern dem Betreiber. Es ist durchaus denkbar, daß der Betreiber die Richtlinien nur lax einhält und dennoch der Meinung ist und von sich behauptet, er betreibe ein sicheres System.

Mehr noch: Die ITSEC sind auf die o.e. Bemühungen zurückzuführen, eine bestimmte Art von Anwendungen zu sichern, wie sie im wesentlichen bei der militärischen Nutzung ziviler Anlagen zu finden ist. Auf diese oder ähnliche Anwendungen beziehen sich die ersten fünf Funktionalitätsklassen. Die zweite Fünfergruppe bezieht sich je Klasse auf Datenbanksysteme, Prozeßkontrollsysteme, Anwendungen mit hohen Anforderungen an die Integritätssicherung - etwa die von Zahlungssystemen, Anwendungen mit hohen Anforderungen an die Vertraulichkeit - was immer darunter fallen möge, und Anwendungen in öffentlichen Netzen[8]. Insofern könnten die ersten fünf Funktionalitätsklassen in eine einzige Anwendungsklasse zusammengefaßt werden und gleichberechtigt neben den zweiten fünf Klassen stehen, mit dem Unterschied, daß diese besondere Anwendungsklasse in Unterklassen mit unterschiedlich effektiven Sicherheitsvorkehrungen gegliedert ist, die anderen jedoch nicht. Diese Inkonsistenz ist offensichtlich dadurch bedingt, daß die ITSEC- mit den TCSEC-Kriterien möglichst vergleichbar sein sollten.

Die Methode, die Bündel von Sicherungsmaßnahmen nach Anwendungen zu unterscheiden, dürfte durchaus die fortschrittlichere sein, denn andere Anwendungen erfordern andere Sicherheitsrahmen. Z.B. wird man für die Evaluation von Zahlungssystemen kaum unterschiedliche Klassen definieren wollen; entweder der Zahlungsvorgang ist für die Betreiber ausreichend sicher und wird von den Richtern als sicher verstanden, oder das Zahlungssystem ist untauglich. Je nach Anwendung sind Sicherheit und Sicherheit nicht immer vergleichbar; als Beispiel sei die Ausfallsicherheit betrachtet: Ein Bord-Computer

---

[8] Damit sind offensichtlich Realisierungen geschlossener Systeme mittels öffentlicher Dienste (z.B. Datex, Teletex, Btx etc) gedacht und nicht etwa der Verkehr gleichberechtigter Teilnehmer öffentlicher Netze untereinander.

darf während des Fluges nicht ausfallen, kann aber auf dem Boden ab-
gestellt und vom Bodenpersonal problemlos gewartet werden. Ein
Platzbuchungscomputer muß hingegen rund um die Uhr betrieben
werden; er kann zwar ausfallen, weil damit Menschenleben nicht gefährdet werden, muß aber schnell wieder in Gang gesetzt werden können, um großen wirtschaftlichen Schaden zu vermeiden.[9]

Bei der angestrebten Art von Sicherheit geht es ferner, wie bereits erwähnt, nur um Bedrohungen durch intelligente Feinde bzw. Mißbrauchstäter, nicht etwa auch um Gefahren, die von Systemfehlern,
Störungen, Bedienungsfehlern, Feuer, Wasser etc drohen. Daraus sollte man folgern, daß die hier gemeinte Art von Sicherheit grundsätzlich
an den (regulären oder irregulären) Mensch-System-Schnittstellen
bedroht ist. Diese Schnittstellen, insbesondere auch die regulären,
verdienen deshalb besondere Aufmerksamkeit. An ihnen ist die Sicherheit in die Hände des menschlichen Bedieners gegeben.

- Es würde also nicht schaden, wenn neben einer Zugangskontrolle
  auch eine bedienerfreundliche Mensch-System-Schnittstelle verlangt und geprüft würde.

Die nicht vom Menschen ausgehenden Bedrohungen werden von
ITSEC allerdings nicht völlig außer acht gelassen. Diese setzen z.B. einen
ordnungsmäßigen Betrieb voraus; es soll z.B. auch spezifiziert bzw geprüft werden, ob sicherheitsrelevante Aktionen den sie ausübenden
Personen zugerechnet werden können und revisionsfähig sind, ferner
wie exakt und zuverlässig mit Information umgegangen wird etc. Das
sind Maßnahmen, die sich auch gegen Bedrohungen richten, die nicht
von der Gruppe der Feinde ausgehen. Insofern erweitert sich also das
von den ITSEC abgedeckte Bedrohungsspektrum ein wenig über den
Feindbereich hinaus.

Eine weitere Schwachstelle liegt in der Standardisierung. Es ließe sich
grundsätzlich in Zweifel ziehen, ob es weise ist, einen in Klassen kali-
brierten Sicherheitsstandard zu setzen und den Herstellern nahezule-
gen, daß sie sich an ihn halten mögen[10]. Diese Absicht wird in der Tat

---

9   Dieses Beispiel wurde von einem Vortragenden anläßlich der KEG-Konferenz
     "Information Security Evaluation Criteria", 25./26. September 1990, gebracht.
10   Daß dies die Entwicklung neuer Sicherheitsfunktionen und -mechanismen
     bremsen könnte wird zwar (in 2.2.3.6 "Flexibility") ausgeschlossen. Es wird
     dort darauf hingewiesen, daß es die ITSEC gestatten, je nach Bedraf neue
     Evaluationsziele (TOE) anzugeben. Dennoch kann man nicht davor die Augen
     verschließen, daß ein einmal ausgegebener Standard eine konservierende
     Wirkung hat.

ausgesprochen. Aber auch wenn diese Erwartungen nicht geäußert würden, werden sich Hersteller im eigenen Interesse an den Standard halten und ihr Angebot sowie die Angebotskataloge nach den genormten Sicherheitsklassen einrichten.

- Fehler, die von der Evaluation nicht erfaßt werden, könnten von Mißbrauchstätern zufällig oder systematisch entdeckt werden; der entstehende Schaden könnte dann an allen evaluierten Systemen auftreten.

- Die Standardisierung der Evaluation könnte der Entwicklung neuer Sicherheitsfunktionen, die nicht in die Norm passen, abträglich sein.

Wie sich bereits jetzt zeigt (siehe nächstes Kapitel) wird im Laufe der Zeit die Liste der Sicherheitskriterien (Beschreibung der Funktionalitätsklassen) erweitert werden müssen; die Systemsicherheit wird suboptimal sein, wenn die Erweiterung nicht gelingt und die Hersteller sich tatsächlich an den (veraltenden) Standard halten.

- Der Beschaffer eines evaluierten Systems könnte sich mit diesem sicherer fühlen, als er es tatsächlich ist.

Den eingangs des 4. Kapitels geäußerten Gedanken aufgreifend ("Kaum etwas kann gefährlicher werden, als dem Systembeschaffer und -betreiber das (subjektive) Gefühl von Sicherheit zu geben, die aber, objektiv betrachtet, gar nicht gegeben sein kann"): Es würde den Wert des Kriterienkatalogs nicht herabsetzen sondern erhöhen, wenn sein Leser und Anwender nicht allein mit positiven Sicherungsmaßnahmen beeindruckt würde, sondern wenn an hervorragender Stelle aufgezeigt würde, was der Katalog prinzipiell nicht leisten kann.[11]

6. Freund, Feind, Zeuge, neue Kriterien

In diesem Kapitel soll auf Kriterien hingewiesen werden, die in den ITSEC entweder fehlen oder nicht deutlich genug erkennbar sind.

Sicherheit kann auch daraufhin betrachtet werden, wem sie zukommen soll. Dann liegt es nahe, sich zu fragen, von wem sie bedroht wird. Damit gelangt man unwillkürlich dazu, die Welt in Freunde und Feinde

---

[11] Er kann es in der Tat aus prinzipiellen Gründen nicht leisten, denn es läßt sich nicht beweisen, daß nach der zuletzt gefundenen Bedrohung nicht noch eine weitere gefunden werden kann.

einzuteilen. Insbesondere kann es nicht verwundern, wenn ein zu militärischem Denken Neigender zu dieser Einteilung gelangt. Man geht davon aus, daß es der Feind ist, der die Sicherheit (Vertraulichkeit, Integrität, Verfügbarkeit von Information) bedroht und daß die eigenen Leute dies nicht tun dürfen. Den Feind hindert man daran; die eigenen Leute sucht man sich aus und kontrolliert (accountability, audit) sie notfalls. Dem Feind mißtraut man; den eigenen Leuten vertraut man.

Dies leuchtet ein, wenn man an *geschlossene* IT-Systeme (z.B. geschlossene Kommunikationssysteme) denkt. In solche Systeme darf der Feind nicht eindringen; deshalb schließt man ihn aus der geschlossenen Gruppe aus und verwehrt ihm den Zugang. Die Zugangsberechtigten, die regulären Teilnehmer, sind dem Herrn des Systems bekannt.

Seit mehr als zwanzig Jahren spricht man aber auch von *offenen* IT-Systemen. Wenn man auch darunter Unterschiedliches verstehen mag, so ist zweifellos eine Vision eines offenen Systems die, daß dort jeder mit jedem kommunizieren kann, gleichgültig, ob er den anderen bereits kennt oder erst kennenlernt. Es ist die Art der Kommunikation, in die wir hereingeboren sind. Sie erfolgt soweit mündlich, schriftlich oder per Bild. Die Teilnehmer sind grundsätzlich gleichberechtigt. Sie brauchen untereinander in der Regel keine Verträge zu schließen, damit ihre Kommunikation rechtlich beurteilt werden kann; die rechtliche Qualität der Kommunikation, ob etwa das gesprochene Wort gilt, oder besondere Formvorschriften beachtet werden müssen, ist vielmehr durch allgemeine rechtliche Normen (etwa das Bürgerliche Gesetzbuch) geregelt.

Die Teilnehmer können sehr unterschiedlicher Art sein: gleichartige Partnerpaare, Anbieter-Konsumenten-Paare, Personen, Computerprogramme, Computer-Ein-und-Ausgabe-Einheiten, sprechende oder datenverarbeitende Teilnehmer etc. Auf keinen Fall ist es sinnvoll oder auch möglich, sie in einzuschließende Freunde und auszuschließende Feinde einzuteilen; Freund und Feind können gleichermaßen als reguläre Teilnehmer auftreten; im offenen System verkehrt man auch mit Leuten, denen man mißtraut. Die Unterscheidung zwischen Freund und Feind mag sich nicht erübrigen, es ist aber nicht möglich, eine Systemgrenze dazwischen zu legen. Das eigentliche Problem ist also nicht das, sich gegen das Eindringen des Feindes in das System zu sichern, sondern gegen den Schaden, den ein regulärer Teilnehmer dem anderen zufügen kann.

Im Falle eines offenen System müssen die Sicherheitsinteressen des Systemherrn und -betreibers, die beim geschlossenen System vorherrschen, etwas zurücktreten. Die Teilnehmer sind es vor allem, die keinen Schaden erleiden sollen. Es gilt, den Teilnehmer gegen den Systemmißbrauch durch andere Teilnehmer zu sichern. Das ist eine andere Perspektive als die, die eigenen Interessen und den Teilnehmer vor Systemfremden zu schützen und das Betriebspersonal ehrlich zu halten.

Die Schäden, die Teilnehmer einander zufügen können, sind aber vielfältiger als allein die Beeinträchtigung der Vertraulichkeit, Integrität und Verfügbarkeit von Information im geschlossenen System. Es sei hier nur auf einige hingewiesen.

Z.B. wird man als Teilnehmer auch Wert darauf legen, die **Authentizität** seines Partners nicht von einer besonderen Authentikationsstelle im Netz prüfen zu lassen, sondern sie selbst prüfen zu können. Zumindest wird der Teilnehmer in der Lage sein wollen, auch umgekehrt die Authentizität der Authentikationsstelle prüfen zu können. Auch sie muß ihre Identität nachweisen können. Daran wird bei geschlossenen Systemen zumeist nicht gedacht, denn der Betreiber geht davon aus, daß er sich seiner Ehrlichkeit sicher ist und daß nur die Teilnehmer mißbrauchsgeneigt sind. Dabei wird leicht vergessen, daß etwa auch die Authentikationsstelle von einem böswilligen Dritten impersoniert werden und so nicht zuletzt auch dem Betreiber Schaden zugefügt werden kann. Die ITSEC aber kennen nur die Authentikation des Teilnehmers (user) durch das System, nicht aber auch den umgekehrten Vorgang[12]. Desgleichen kennen sie nicht die unmittelbare Authentikation der Teilnehmer untereinander.

Weitere Schäden können dem Teilnehmer des offenen Systems dadurch entstehen, daß seine **Anonymität** aufgelöst wird. Die ITSEC sprechen zwar vom Schutz der Vertraulichkeit und meinen damit die Vertraulichkeit der Nachricht. Man kann wohl die Anonymität als Vertraulichkeit der Teilnehmeridentität bezeichnen; jedoch ist diese in einem geschlossenen System eher ein Unwert, ein Mittel für Systemmißbrauch. Der Verdacht, daß sie nicht bedacht wurde, erscheint deshalb als berechtigt. In den ITSEC ist jedenfalls ein Schutz der Anonymität explizit nicht vorgesehen. Anders als im geschlossenen System, wird sie aber im offenen nicht nur schädlich sondern vielfach auch zu

---

12 Sie fordern allerdings, daß bei Lieferung und Installation die Authentizität des Produkts (TOE) geprüft wird.

unterstützen und zu sichern sein. Wo die Grenze zwischen Wert und Unwert liegt, ist anwendungsabhängig[13].

Der Teilnehmer will auch sicher sein, daß ein Kommunikationsakt und dessen **Verbindlichkeit** von seinem Kontrahenten nicht bestritten werden können. Dazu muß ihm das System die Möglichkeit bieten, den Beweis zu führen[14]. Man muß dafür z.B. sowohl

• ein Äquivalent für die eigenhändige Unterschrift als auch

• die Beteiligung eines der Öffentlichkeit vertrauenswürdigen[15] Dritten, der im Streitfalle als Zeuge für die Unterschrift auftritt,

bieten. Die Rolle des vertrauenswürdigen Dritten muß im System vorgesehen sein; sie muß auch gesichert werden, damit er z.B. nicht mißbräuchlich impersoniert werden kann und seine Zeugenqualitäten in Zweifel gezogen werden können. In den ITSEC spielt das "System" - etwas Technisches - die Rolle der vertrauenswürdigen Stelle. Unpersönlich, wie es ist, kann es nicht als Zeuge auftreten; sein Herr müßte gegebenenfalls diese Rolle übernehmen. Bei einem weltweiten offenen System mögen die unterschiedlichen Herren, d.h. z.B. die nationalen Betreiber, in der Pflicht sein. Sie müssen sich auf einen vertrauenswürdigen Instanzenzug einigen.

In der Tat haben die internationalen Fernmeldeverwaltungen und die internationale Normenorganisation ISO in der Norm CCITT X.400 "Message Handling Systems" [X.400] ein Konzept für die internationale Einführung vertrauenswürdiger Dritter und in CCITT X.509 "Directory - Authentication Framework" [X.500] eines für die Absicherung ihrer Funktionen angegeben. In den ITSEC fehlen jedoch Hinweise auf diesen Umstand, obwohl CCITT X.509 bereits 1986 im Konzept vorlag. Allerdings_ war es nicht schon bei der Erstellung der US-amerikanischen TCSEC (vor 1985) bekannt. Vermutlich hätte eine Berücksichtigung

---

13 Die Anonymität könnte als das Fehlen jeder Authentizität mißverstanden werden. Ein anonymer Teilnehmer kann aber trotzdem etwa als Zugriffsberechtigter authentiziert werden.

14 In den ITSEC ist zwar gelegentlich von Beweisen (evidence) die Rede, jedoch nicht davon, wie man das System auslegen muß, damit sie rechtlich gewürdigt werden können.

15 Es hat sich gezeigt, daß "Vertrauen" im militärischen Bereich zuweilen anders verstanden wird. Dort spricht man vom Vertrauen, das man in eine sichere Technik setzen kann. Hier handelt es sich aber um zwischenmenschliches Vertrauen, etwa um das Vertrauen, das ein Richter zum Notar oder Sachverständigen hat.

von CCITT X.509 die Harmonisierung der unterschiedlichen nationalen Kriterienkataloge erschwert.

Auch wenn der Mangel damit eine Erklärung fände, muß er dennoch behoben werden. Die Sicherheit offener Systeme ist ungemein wichtig[16] und sollte in den IT-Kriterienkatalogen berücksicht sein. Zwar werden kaum weltweit ausgedehnte Kommunikationssysteme selbst zur Evaluation gebracht werden, aber IT-Produkte, die an solche Systeme angeschlossen werden - und das dürfte für die meisten davon eher die Regel sein - werden an den neuen Kriterien gemessen und evaluiert werden müssen. Es wird kaum ein Evaluationsobjekt geben, das nicht auch an ein offenes Kommunikationssystem (z.B. ISDN) anzuschließen sein wird.

- Die Einrichtung und Sicherung der rechtlichen Zurechenbarkeit (Verbindlichkeit) von Kommunikationsvorgängen sollte in den ITSEC gleichermaßen deutlich werden, wie Vertraulichkeit, Integrität und Verfügbarkeit.[17]

Eine Reihe anderer, in den Katalogen angeführter, bei der Evaluation zu bewertender, Systemeigenschaften wäre ebenfalls zu überdenken. Zum Beispiel dürften sich auch an die **Anwenderfreundlichkeit**, die Benutzungsoberfläche, die Mensch-Maschine-Schnittstelle, für das offene System strengere oder auch andere Forderungen stellen. Von geschlossenen Systemen erwarten ihre Anwendern am Endgerät in der Regel eine gute Leistung; das System gilt als anwenderfreundlich, wenn es vielerlei und Komplexes leistet; der Anwender versteht sich als Experte und ist in der Lage, komplexen Bedienungsvorschriften nachzukommen. Bei offenen Systemen hingegen, muß man mit Laien rechnen. Auf das Vielerlei können sie verzichten; für sie muß das System einfach zu bedienen sein. Ist dies nicht der Fall, sind sie seiner Komplexität nicht gewachsen, neigen sie dazu, es falsch zu bedienen. Es stellt sich damit ein ungleich größeres Sicherheitsrisiko als bei geschlossenen Systemen, zumal ja, wie o.e. die Mensch-Maschine-Schnittstelle der für die Mißbrauchssicherheit eigentlich kritische Bereich ist.

---

16 Neue elektronische Kommunikationssysteme sollten diejenigen Qualitäten, wie etwa Sicherung der Urkundenechtheit mittels der eigenhändigen Unterschrift, aufweisen, die von der Papierkommunikation gefordert wird.

17 Unter "Data Exchange" erscheint in den ITSEC zwar auch der Begriff "Non-Repudiablity"; wenn jedoch damit auch die rechtliche Zurechenbarkeit gemeint sein soll, dann erscheint sie an dieser Stelle keineswegs deutlich genug.

Um Mißverständnissen vorzubeugen: Die hier aufgezeigte Lücke ist mit "Authentizität, Anonymität und Verbindlichkeit" bzw "Benutzungsoberfläche, Anwenderfreundlichkeit" nicht notwendigerweise erschöpfend beschrieben. Diese Schlagworte sollten nur für erhellende Beispiele dienen. Nach weiteren Evaluationskriterien, welche in diese Lücke fallen, sollte systematisch gesucht werden.

- Dabei sollte das Ziel sein, offene Kommunikationssysteme, einschließlich der angeschlossenen Endgeräte (Computer), so auszustatten, zu sichern und zu evaluieren, daß ihr Gebrauch auch die rechtliche Verbindlichkeit der Papier-Kommunikation erreicht und diese an Effektivität und Sicherheit übertrifft.

7. Absicherung der Systembeschaffer, rechtliche Relevanz

Es liegt auf der Hand, daß insbesondere die Evaluation durch einen vertrauenswürdigen Dritten für rechtliche Normen eine entscheidende Rolle spielen dürfte.

Die Beschaffung eines IT-Systems ist eine verantwortungsvolle Aufgabe. Der Beschaffer sollte die angebotenen Systeme gut kennen und beurteilen können; er wird aber in der Regel von den unterschiedlichen konkurrierenden Anbietern eher verwirrt als objektiv informiert. Auch wenn er sich davon nicht beeindrucken läßt, trifft ein ehrlicher Beschaffer letzten Endes eine Entscheidung, von der er lediglich meinen kann, daß sie sich am sichersten verantworten läßt. Für diesen Zweck sind ihm ein Kriterienkatalog, eine Anleitung zu seiner Anwendung und mit Testaten belegte Angebote höchst willkommen. Die Wunschvorstellung des Beschaffers ist dabei folgende: Er untersucht die Umgebung/ Anwendung, in die das System einzubetten ist und leitet daraus ab, welche Funktionalitätsklasse für die geplante Anwendung laut Beschaffungsdirektiven erforderlich oder zumindest seiner Meinung nach angemessen ist. Dann kann er alle Angebote aussortieren, die vom Testataussteller unterhalb der geforderten Klasse eingestuft wurden. Hat er ein passendes testiertes System beschafft, kann ihm nicht oder nur eingeschränkt die Schuld gegeben werden, wenn auftretende Sicherheitsmängel zu Schäden führen. Das erleichtert in erster Linie den Beschaffungsprozeß zum Vorteil der Beteiligten. Es führt in zweiter Linie in der Regel zu mehr objektiver Sicherheit.

Damit zeigt sich, daß solche Kriterienkataloge nicht nur die Sicherheit verbessern helfen, sondern auch eine deutliche rechtliche Relevanz haben. Der Beschaffer eines testierten Produkts kann sich vor dem

Richter leicht exkulpieren. Das heißt, daß auch dem Richter in seiner Entscheidungsfindung weitergeholfen wird, wenn er ein passendes Testat vorgelegt bekommt.

Der Grad von Sicherheit, den ein nach den IT-Kriterien geprüftes System gewähren soll und der diesem attestiert wird, ist nicht erreicht, wenn das Umfeld nicht stimmt. Die das Umfeld betreffenden Sicherheitsregeln werden zwar bei der Evaluation geprüft, damit kann aber ihre Einhaltung nicht ebenfalls sichergestellt werden. Insofern reicht der Kriterienkatalog in Wirklichkeit nicht aus, eventuelle Schuldfragen beurteilen zu können. Also auch in Bezug auf die rechtliche Absicherung leistet der vorgelegte Kriterienkatalog nicht alles, was man (fälschlicherweise) von ihm erwarten könnte; selbst abgesehen vom Fehlen der Kriterien für Verbindlichkeit der kommunizierten Willensbekundungen sowie für die Authentizität/Anonymität der Teilnehmer zueinander.

- Ein Kriterienkatalog, zumindest ein nach den obigen Vorstellungen erweiterter, dem wie dem vorliegenden auch eine rechtliche Bedeutung zukommen wird, sollte - möglicherweise anders als im militärischen Bereich - nicht von Technikern allein erarbeitet werden.

Techniker orientieren sich notwendigerweise an eigenen nur laienhaften Rechtsvorstellungen, eventuell auch ohne daß es ihnen bewußt wird. So besteht die Gefahr, daß durch die Investitionen in die Technik und durch die Gewöhnung an die Anwendungspraxis suboptimales Recht erzwungen wird. Es ist zu spät, etwas dagegen zu unternehmen, wenn die rechtlichen Aspekte (legal and other regulations) erst bei der Anwendung des Kriterienkatalogs (evaluation process) zu berücksichtigen sind.

Darüberhinaus gilt es, rechtliche Fragen zu klären, die zwar keinen Einfluß auf die Systemgestaltung haben mögen und auch nicht in den Kriterienkatalog gehören, die aber für die Rechtsausübung von großen Interesse sind; dazu zählen z.B. haftungsrechtliche Probleme, oder die Frage, ob ein Testat nur von einem Dritten erteilt werden darf oder auch vom Hersteller selbst (Herstellererklärung, daß sein Produkt einer bestimmten Funktionalitätsklasse/Qualitätsstufe entspricht)[18]. Wenn diese rechtlichen Fragen nicht geklärt sind, kann auch mit dem

---

18   Hier zeigt sich auch die technische Problematik der Evaluation. Die Hersteller können mit Recht darauf hinweisen, daß sie ihr Produkt besser kennen als ein Dritter und daß sie ohnedies für ihr Produkt haften und deshalb Grund zu besonderer Sorgfalt   haben.

besten Kriterienkatalog nicht erreicht werden, daß die Anwendung des Systems rechtzeitig im Recht richtig eingebettet ist. Die für den Kriterienkatalog Verantwortlichen sollten also nicht vergessen, die Problematik sicherer offener Systeme in die rechtliche Diskussion hineinzutragen.

8. Schlußbetrachtungen

Die hier vorgebrachte Kritik bezüglich nicht ausreichender Sicherheitskriterien ließe sich verhältnismäßig leicht berücksichtigen, zumal der Annex, der die Funktionalitätsklassen angibt, ohnedies zur Revision bestimmt ist. Im Hauptteil der ITSEC wären Hinweise auf die besonderen Erfordernisse für offene Kommunikations- und Zahlungssysteme anzubringen.

Schwieriger ist die Lösung der rechtlichen Einbindung und der Beteiligung von Juristen an den ITSEC. Solche Zumutungen werden in der Regel sowohl von Technikern als auch von Juristen instinktiv abgelehnt. Dennoch ist dies zumindest einen Versuch wert. Man kann vielen Problemen vorbeugen, die sich anderenfalls stellen werden.

Zitierte Literatur

[ITSEC]   Der Bundesminister des Innern (Hrsg), Kriterien für die Bewertung der Sicherheit von Systemen der Informationstechnik, Kölln-Druck, Bonn 1990

[ZSI1]   IT-Sicherheitskriterien, Kriterien für die Bewertung der Sicherheit von Systemen der Informationstechnik (IT), Bundesanzeiger 1989

[ZSI2]   IT-Evaluationshandbuch, Handbuch für die Prüfung der Sicherheit von Systemen der Informationstechnik (IT), Bundesanzeiger 1990

[TCSEC]   Department of Defense Trusted Computer System Evaluation Criteria, Department of Defense Standard DOD 5200.28 STD, December 1985

[TNI]   National Computer Security Center, Trusted Network Interpretation of the Trusted Computer System Evaluation Criteria, NCSC-TG-005, Version-1, 31 July 1987

[X.400]   CCITT Recommendation X.400 / ISO DIS 10021-1, Message Handling / Information Processing Systems - Text Communication - MOTIS

[X.500]   CCITT Recommendation X.500 / ISO DIS 9594, The Directory

Welche Sicherheit bietet ein evaluiertes System

Helmut G. Stiegler
Siemens Nixdorf Informationssysteme AG
D-8000 München 83
Otto-Hahn-Ring 6

Die Evaluierung von Systemen anhand von Kriterienkatalogen hat eine Belebung der Sicherheitsdiskussion hervorgerufen. Evaluierte Systeme anzubieten ist für Hersteller von Datenverarbeitungssystemen so wichtig geworden, daß er neben Entwicklungsaufwänden Aufwände für zusätzliche Dokumentation u.a. mehr erbringt. Die Bedeutung für den Betreiber wird oft überschätzt. Der Betreiber erwartet erhöhte "Sicherheit", wenn er ein evaluiertes System einsetzt. Den wesentlichen Beitrag für einen sicheren Betrieb muß allerdings weiterhin der Betreiber selbst leisten. Darüberhinaus ist Evaluation anhand eines Kriterienkataloges inhärenten Einschränkungen unterworfen, die in ihrer Tragweite bisher nicht diskutiert worden sind. Diese Einschränkungen aufzuheben stehen noch viele Probleme entgegen, die wir anhand praktischer Erfahrungen erst schrittweise lösen können werden.

1. Einleitung

Kriterienkataloge zur Bewertung der Sicherheit von Systemen sind der Auslöser für einen deutlichen Fortschritt in der Behandlung von Sicherheitsfragen durch den Hersteller. Allerdings wird die Rolle, die Kriterienkataloge und Evaluationen spielen können, meist weit überschätzt. Dies soll in mehreren Einzelpunkten diskutiert werden. Die in den Kriterienkatalogen geforderten Sicherheitsfunktionalitäten haben inzwischen zwar eine gewisse Vergleichbarkeit gebracht, decken aber keineswegs weder die heute schon durch marktübliche Sicherheitsfunktionen abgedeckten Anforderung ab, noch sind sie zukunftsweisend. Eine Evaluierung ist ein kostenintensiver Prozeß, der heute nur im Rahmen einer sog. "Musterprüfung" erfolgen kann.

Die Praxis des Einsatzes von Datenverarbeitungssystemen zeigt, daß die installierten Einzelsysteme deutliche Abweichungen vom geprüften Musterexemplar aufweisen. Die "Musterprüfung" erfolgt anhand eines standardisierten Bedrohungsmodells, dessen Gültigkeit weder für ein Einzelsystem ungeprüft übernommen werden kann, noch im Einzelfall gilt. Jedes Einzelsystem muß im Rahmen eines Akreditierungsprozesses einer unabhängigen Bedrohungsanalyse unterzogen werden. Die für das Einzelsystem zu treffenden Maßnahmen sind weitgehend unabhängig von den für das Mustersystem konzeptuell ausgearbeiteten Maßnahmen.

Die Sicherheit während des Betriebs eines Datenverarbeitungssystem wird weder durch dessen erfolgreiche Evaluation, noch durch dessen erfolgreiche Akreditierung garantiert, sondern durch den vertrauenswürdigen Einsatz seitens des Betriebspersonals und der Endbenutzer.

Evaluierte Systeme spielen also eine relativ untergeordnete Rolle bei der Erzielung von Sicherheit. Nichtsdestoweniger ist die begonnene Evaluierung von Systemen ein wichtiger Schritt in Richtung eines vertrauens- würdigen Einsatzes von Datenverarbeitungssystemen. Angewandte Methoden und Kriterienkataloge sind noch nicht voll ausgereift. Die Rolle der Akreditierung eines Einzelsystems muß noch besser verstanden werden, ebenso wie Sicherheit und Vertrauenswürdigkeit im praktischen Betrieb nachvollziehbar zu beurteilen ist. Für die folgende Diskussion wird eine grobe Kenntnis zumindest eines der Kriterienkataloge vorausgesetzt.

2. Kriterienkataloge und ihre praktische Bedeutung

2.1 Kriterienkataloge im Überblick

Der 1983 in erster Fassung vom amerikanischen DOD herausgegebene Kriterienkatalog "Trusted Computer System Evaluation Criteria", der üblicherweise als Orange Book / US DOD 85 / bezeichnet wird, orientiert sich an einem klassischen "Time- sharing"-Betrieb eines Einzelsystems mit überschaubarer Benutzerzahl. Online- Transaction-Processing (OLTP), wie es heute den Produktivbetrieb vieler Betreiber beherrscht, mit Hilfe eines Transaktionsmonitors und vernetzter Datenbank- systeme, wird nicht abgedeckt. Für die Erweiterung des Orange Book auf Netz- betrieb und Datenbankbetrieb wurden eigene Kriterienkataloge aufgestellt, überarbeitet aber bis heute noch nicht verabschiedet.

Der 1989 von der deutschen ZSI herausgegebene Kriterienkatalog, IT-Sicherheitskriterien /ZSI 89/ ist in seinem Ansatz allgemeiner. Er bietet ein Klassifikationsschema sowohl für die Bewertung abgeschlossener IT-Systeme, als auch für IT-Einzelkomponenten, also auch für Datenbanksysteme und Anwendersysteme. Nichtsdestoweniger ist auch hier bei den Funktionsklassen der Schwerpunkt an das Orange Book angelehnt und deshalb noch beschränkt. Diese Beschränkung kann allerdings aufgrund der günstigen konzeptuellen Anlage des Katalogs in Zukunft schrittweise aufgehoben werden. Heute werden dort fünf hierarchisch geordnete Funktionsklassen F1 bis F5 neben fünf nicht hierarchischen festgelegt. Neben den Funktionsklassen werden sieben Qualitätsstufen unterschieden, die sich u.a. auf den Herstellungsprozeß, die herstellerinterne Dokumentation, Qualität der Manuale und gewisse Betriebseigenschaften beziehen.

Der harmonisierte europäische Katalog, der als Vorschlag von vier Ländern (vgl. /BI 90/) erarbeitet wurde und von der EG als Projekt weiterverfolgt wird, ist inhaltlich stark an den IT-Sicherheitskriterien angelehnt. Z.B. sind die dort aufgeführten Funktionsklassen als Anhang unverändert übernommen worden. Die Qualitätsklassen Q1 bis Q6 werden eins-zu-eins auf die KLassen E1 bis E6 abgebildet, wobei sich hier allerdings inhaltliche Verschärfungen abzeichnen, insbesondere da detaillierte Vorgaben zur Prüfung mit aufgenommen worden sind. Die Qualitätsklasse Q7 hat übrigens kein Pendant im europäischen Katalog.

2.2 Bisherige praktische Bedeutung

Die Vorgabe von Grundfunktionen mit Standardausprägungen hat in den verschiedensten Systemen zu Ergänzungen und Anreicherungen der vorhandenen Sicherheitsfunktionen geführt. Ebenso haben die externen Vorgaben für Dokumentation und die Überprüfung des Herstellungsvorgangs im Einzelfall zu Verbesserungen geführt, insbesondere zur Aufdeckung von Sicherheitslücken des Systems, die vorher unbeachtet geblieben waren.

Ein i.a. unterschätzter Beitrag der Kriterienkataloge ist die Rolle, die sie den sogenannten "Sicherheitshandbüchern" für den Benutzer und für die Systemverwaltung zuweisen. Hier wird das komplexe Zusammenspiel von baulichem, personellem und organisatorischem Rahmen und den Sicherheitsfunktionen des Systems deutlich gemacht.

Vom Hersteller wird verlangt, daß er sich weitgehend Gedanken macht, wie das von ihm angebotene System sicher betrieben werden kann. Das läuft darauf hinaus, daß er Vorschläge für Verfahrensweisen des Betreibers im Hinblick auf Sicherheitsfragen mit erarbeitet.

Sicherheitshandbücher können natürlich für den Betreiber nur einen Anhalt geben, wie er seinen Betrieb nach Sicherheitsgesichtspunkten organisieren sollte. Weitere Anregungen sind in den IT-Sicherheitskriterien selbst enthalten

- *wie man Sicherheitsmechanismen identifiziert und bewertet,*
- *wie man Bedrohung und Abwehr gegeneinander abwägen muß.*

Es wird die Relativität der Aussage "ein System ist sicher" deutlich. Darüberhinaus wird deutlich, daß obwohl absolute Sicherheit nicht zu erreichen ist, nichtsdestoweniger es oft sinnvoll ist, auch beschränkt wirksame Maßnahmen zur Abwehr von Bedrohungen zu ergreifen. Dies hilft einem Betreiber auch seine eigenen Maßnahmen, ggf. seine von ihm selbst zu verantwortenden Produkte oder Systemergänzung zu bewerten, die z.B. auf sicheren Systemen aufsetzen.

3. Nicht berücksichtigte Forderungen, die von existierenden Systemen abgedeckt werden

Die starke Beschränkung betrachteter Systeme zeigt sich deutlich an der Anforderung bzgl. Identifikation und Authentisierung, die ab F2 verlangt, daß keine Interaktion mit dem System stattfinden darf, bevor nicht das agierende Subjekt identifiziert und authentisiert worden ist. Das Beispiel von Wahlcomputern zeigt, daß es Sicherheitsziele gibt, die in bestimmtem Kontext die Anonymität eines Subjekts garantieren müssen. Andere Beispiele, wie anonyme Bezahlung über rechnergestützte Zahlungssysteme, liegen auf der Hand.

Einige Beispiele für Forderungen, die im praktischen Betrieb auch bei klassischen Betriebssystemen oft anders gewichtet werden, sollen hier ebenfalls genannt werden. Im Einzelfall können diese Forderungen sogar nicht erfüllt werden, ohne mit den Normen der Kriterienkataloge zu kollidieren.

1. *Beim Löschen eines Objekts muß vor Wiederverwendung des von ihm belegten Speichers dieser Speicher gelöscht werden (im Orange Book ab C2). Hier ist nicht die Ausnahme gestattet, daß bei bekannter Irrelevanz der betroffenen Information hierauf verzichtet werden kann. Da bei großen Informationsmengen die Erfüllung der Forderungen sehr kostspielig und zeitaufwendig sein kann, könnte es für den einzelnen Betreiber sinnvoll sein, hier eigene Regeln aufzustellen. Moderne Systeme bieten diese Möglichkeiten üblicherweise (vgl. /Sti 90/, ebenso wie die Möglichkeit, das für F2 geforderte Löschen generell zu erzwingen.)*

2. *Zugriffskontroll-Listen werden für Objekte ohne Bezug auf mögliche Zugriffsarten (z.B., um Lesen und Schreiben getrennt für verschiedene Zwecke zu erlauben) gefordert. Ebenso muß die Protokollierbarkeit unabhängig von der Zugriffsart gegeben sein. Üblicherweise bestehen aber sehr unterschiedliche Schutzbedürfnisse des gleichen Objekts, je nachdem, wie es zugegriffen wird.*

3. *Die Protokollierbarkeit von potentiell sicherheitsrelevanten Ereignissen wird gefordert, wobei allerdings bzgl. der Steuerbarkeit, welche Ereignisse ausgewählt werden, nur sehr grobe Forderungen bestehen. Tatsächlich ist die Anwendbarkeit der Protokollierung aber davon abhängig, daß relativ fein gesteuert werden kann; ein zu großes Datenaufkommen verhindert wegen des Problems der Zwischenspeicherung die Auswertung ebenso wie zu wenig protokollierte Ereignisse.*

4. *Bezüglich der zu protokollierenden Information werden nur sehr schwache Forderungen gestellt. Erfahrungen mit ersten Analysenversuchen von Beweissicherungsprotokollen zeigen, daß spezifische, generell nicht vorschreibbare Einzeldaten oft von ausschlaggebender Bedeutung sind.*

5. *Arbeitsteilung der Systemverwaltung wird erst in höheren Bewertungsklassen und auch dort nur sehr rudimentär gefordert. Tatsächlich wird heute / Clark Wilson 88 / eine möglichst arbeitsteilige Organisation als besonders elementar und wesentlich für alle weiteren Sicherheitsmechanismen angesehen.*

6. In den Bewertungsklassen ab B1 des Orange Book wird eine Einschränkung des Datenflusses über "Sicherheitskennzeichen" (Kombination einer Aussage zum Geheimhaltungsgrad wie "geheim" und der Zugehörigkeit zu einer "need-to-know"-Kategorie) gefordert (vgl. /Bell La Padula 74/). Trotz solcher relativ strikter, den praktischen Betrieb deutlich behindernden Vorschriften (aus dem militärischen Bereich entlehnt, vgl. dazu etwa / Berger et al. 90 /) wird kein Schutz gegen Viren gefordert.

Diese Beispiele sind bei weitem nicht erschöpfend.

These 1: Einige der wesentlichen Sicherheitsfunktionalitäten werden in den Kriterienkatalogen nicht aufgeführt oder stehen sogar im Widerspruch zu ihnen.

4. Abweichungen des Einzelsystems vom geprüften Muster

Die Evaluierung eines komplexen Datenverarbeitungssystems ist ein zeit- und kostenaufwendiger Prozeß. Die Prüfung umfaßt (je nach Qualitätsstufe in verschiedener Ausführlichkeit)

- *das Produkt (insbesondere*
  * *auszulieferndes Objekt- bzw. Sourcecode*
  * *Produktions- und Installationstools);*

- *die Dokumentation dieses Produkts (insbesondere*
  * *erfüllte Sicherheitsanforderungen*
  * *Designspezifikationen*
  * *Benutzer- und Betriebshandbücher);*

- *den Herstellungsvorgang.*

Die Evaluation wird also - selbst wenn eine sogenannte "Entwicklungsbegleitende" Evaluierungsform gewählt worden ist - immer erst deutlich nach dem Abschluß der Systementwicklung beendet werden können. (In der Zwischenzeit ist das System zwar einsetzbar, aber noch nicht abschließend beurteilt.)

Der Umfang der zu erledigenden Prüfaufgaben erfordert spezialisiertes Personal, das, ohne produktiv tätig zu werden, ein erhebliches Arbeitsvolumen erbringt. Um dieses Arbeitsvolumen möglichst überschaubar zu halten, sind die bis heute evaluierten Mustersysteme im Vergleich zu den überlichweise eingesetzten Einzelsystemen in Software- und Hardwarekonfiguration stark beschränkt. Die Beschränkung umfaßt

1. *Ausschluß von betreiberspezifischen Ergänzungen und Modifikation des Systems;*

2. *Ausschluß von speziellen Komponenten und Funktionen des Systems (Einschränkung der Gesamtfunktionalität);*

3. *Festschreibung fester Versionskombinationen der einzelnen Komponenten (Einschränkung der Kombinatorik bei angebotenen Varianten);*

4. *Ausschluß der allgemeinen Softwarepflege (Behebung von Softwarefehlern).*

"1" ist zumindest dann problematisch, wenn sehr spezifische Bedrohungssituationen eines Betreibers auch spezielle Modifikationen des Systems nahelegen.

"2" bedeutet, daß das Mustersystem funktionell den Anforderungen oft nicht genügt. Ein Beispiel hierfür ist, daß heute Verbundsysteme noch nicht evaluiert worden sind (die dabei auftretende Komplexität wird noch nicht beherrscht, man denke nur an den Umfang des sogenannten "Red Book", der Network- Interpretation des "Orange Book", vgl. / DOD 87/). Evaluierungsergebnisse gelten also bis heute nur für isolierte Einzelsysteme, für die tatsächlichen Betriebssituationen wenig hilfreich!

"3" entspricht ebenfalls nicht den praktischen Erfordernissen,

- *bei mehreren Einzelkomponenten einen Versionsumstieg möglichst schrittweise vorzunehmen und*

- *Einzelkomponenten möglichst individuell den spezifischen Bedürfnissen des Betreibers angepaßt auszuwählen.*

"4" stellt einen der kritischen (und noch heftig umstrittenen) Punkte dar, da ein ausgeliefertes System ohne Softwarepflege in kürzester Zeit veraltet und damit wertlos wird.

These 2: Installierte Einzelsysteme werden vom geprüften Mustersystem aus praktischen Gründen abweichen müssen, so daß die Voraussetzungen des Prüfergebnisses formal nicht mehr gültig sind.

5. Musterprüfung versus Akreditierung eines Einzelsystems

In der Literatur wird zwischen einem "evaluierten System" und einem "akreditierten System" unterschieden (vgl. /Berger et al. 90/).

Evaluierung ist eine "Musterprüfung" und bezieht sich auf den Typ eines Datenverarbeitungssystems (einschließlich dessen Dokumentation und Herstellungsvorgang); sie erfolgt anhand der bekannten Kriterienkataloge.

Akreditierung ist der Vorgang, bei dem ein Betreiber (z.B. eine Behörde) erfolgreich zeigt (z.B. einer übergeordneten Behörde oder einer unabhängigen Instanz), daß das installierte System mit den für den Einsatz etablierten Sicherheitsmaßnahmen (baulicher, personeller, organisatorischer und technischer Art) die dort zu erwartenden Sicherheitsbedrohungen abwehrt.

Prinzipiell könnte eine Akreditierung wie eine Evaluierung ablaufen. Der Rahmen, der durch die Kriterienkataloge gegeben ist, ist auch für diesen Zweck hilfreich. Die direkte Anwendung der Kriterienkataloge wird aus Aufwandsgründen aber nur in den seltensten Fällen möglich sein. Darüberhinaus liegt ein wesentlicher Schwerpunkt der Akreditierung bei der Begutachtung der baulichen, personellen und organisatorischen Maßnahmen. Die in den Kriterienkatalogen vorgeschlagene Vorgehensweise der Prüfung über schriftlich fixierte Sicherheitsanforderungen und Designspezifikationen sind hier sicherlich nicht direkt anwendbar.

Übernehmbar ist der Ansatz, daß Sicherheit ein relativer Begriff ist, und daß die zu treffenden Sicherheitsmaßnahmen in enger Relation zu der befürchteten Bedrohung zu sehen sind.

Die Freiheitsgrade, die bei der Akreditierung eines Systems bestehen, z.B. inwieweit von dem Mustersystem abgewichen werden darf, sind heute nirgends festgelegt. Die implizit getroffene Annahme, daß hier immer völlige. Übereinstimmung herrschen muß, scheint (vgl. Thesen 1, 2) problematisch. Einerseits sollten die vom Hersteller gebotenen Hilfsmittel (wie die Sicherheitshandbücher) sowie die bei der Evaluierung anfallenden Gutachten hierbei nutzbar sein. Andererseits sollte zumindest eine Möglichkeit gefunden werden, auch für "Evaluierte Systeme" eine Softwarepflege, z.B. über speziell vereidigtes Personal, sicherzustellen.

These 3: Für die Akreditierung werden andere Verfahren benötigt als für eine Evaluierung.

These 4: Das Zusammenspiel zwischen Evaluierung und Akreditierung ist ein offenes Thema.

6. Sicherheit ist Aufgabe des Betriebs

Offensichtlich wird der sichere Betrieb weder durch Evaluierung noch Akreditierung garantiert, nicht einmal durch die formale Einhaltung der dabei festgelegten Vorgaben. Zur Garantie benötigt man auch das vertrauenswürdige Arbeiten des Personals, sowohl des Betreibers wie der Endbenutzer.

Evaluierung und Akreditierung dienen dabei i.w. nur dazu, weitere Störungen durch Dritte auszuschließen sowie eine gewisse Überwachung des Betriebs sicherzustellen. Wie kritisch die Vertrauenswürdigkeit des Personals ist, ist weitgehend bekannt (vgl. / Clark Wilson 88 /). Die meisten absichtlichen Datenschutzverletzungen gehen auf das Konto privilegierter Personen. Auch der Endbenutzer ist oft in der Lage, Mißbrauch zu treiben, dem nur im Einzelfall durch gezielte Maßnahmen des Betreibers begegnet werden kann.

These 5: Sicherer Betrieb ist ein historisches Ereignis, das schwerpunktmäßig vom Betriebspersonal und den Endbenutzern abhängt.

7. Zusammenfassung und Ausblick

Die Erfahrung der bisherigen Evaluierungen hat gezeigt, daß Evaluierungen regelmäßig zu einer Verbesserung der Qualität der evaluierten Datenverarbeitungssysteme führen. Es wurden Datensicherheitslöcher entdeckt und korrigiert, es wurden Abrundungen der Funktionalität vorgenommen, sowie Spezifikationsdokumente ergänzt. Die Verbesserungen bleiben größtenteils auch in Nachfolgeversionen wirksam. Es lohnt sich also, wo immermöglich, evaluierte Systeme oder Komponenten, oder auch deren Nachfolgeversionen einzusetzen, auch wenn das Gesamtsystem nicht direkt einem evaluierten Mustersystem entspricht. Sobald ein größeres Angebot evaluierter Software zur Verfügung steht, wozu ggf. auch die Evaluierungspraxis effizienter werden muß, könnte langfristig auch an einen flächendeckenden Einsatz von direkt oder mittelbar evaluierten Komponenten gedacht werden.

Die Aufgabenteilung zwischen Evaluierung und Akreditierung sollte so gestaltet werden können, daß einerseits kein Doppelaufwand entsteht, andererseits aber durchaus Betreiber-spezifische Ergänzungen möglich sind. Die Prüfung eines starr vorgegebenen Mustersystems muß durch eine Installationsabnahme ergänzt werden, die dem Betreiber die von der Praxis geforderte Flexibilität ermöglicht. Als minimale Forderung besteht, daß eine adäquate Softwarepflege möglich wird. Für ein solches Akreditierungskonzept gibt es bisher keine Vorarbeiten. Es ist zu vermuten, daß zur Etablierung auch funktionelle Vorleistungen (z.B. "eigne Schutzdomänen" für Betreiber-spezifische Ergänzungen) in den Systemen und verfahrenstechnische Vorleistungen (z.B. Bereitstellung von Information, die erlaubt, bei Software-Pflege-Maßnahmen schnell zu beurteilen, welche Sicherheitsrelevanz sie haben) der Evaluierung nötig werden. Ein solches Akreditierungs- konzept wird aber benötigt, um den Einsatz evaluierter Systeme und Komponenten in großer Breite durchzusetzen und um damit einen Schritt in Richtung vertrauenswürdiger Datenverarbeitungssysteme zu gehen.

Sind wir aber nicht nur an vertrauenswürdigen Systemen, sondern an Datensicherheit im Betrieb interessiert, so zeigt sich, daß hier noch am meisten getan werden muß. Da Datenverarbeitungssysteme auch zur Herstellung von zu evaluierenden Komponenten benötigt werden und dieser Herstellungsvorgang selbst Gegenstand der Prüfung im Rahmen einer Evaluierung ist, ist dieses Interesse sogar besonders hoch.

Das Bewußtsein des Betriebspersonals sowie der Endbenutzer muß sich soweit ändern, daß die angebotenen Sicherheitsfunktionalitäten jeweils auch sinngemäß eingesetzt werden. Formulare Zwänge sind hier nicht sinnvoll. Ansätze, wie dies zu erfolgen hat, sind heute zu einem Teil in den Sicherheitshandbüchern der Hersteller zu finden. Wie praxisnah die dort anzutreffenden Empfehlungen sind, wird sich erst mit der Zeit zeigen. Auch hier ist eine Rückkopplung zu erwarten zu den anzubietenden Sicherheitsfunktionalitäten. Kriterienkataloge könnten dabei hilfreich sein. Denkt man an den öffentlichen Bereich und an Staaten, in denen der Betreiber selbst vielleicht nicht unbedingt vertrauenswürdig ist (Beispiel: Wahlcomputer), so sind hier zusätzliche Normen für den Einsatz von Datenverarbeitungssystemen von Nöten. Deren Einhaltung muß von dritter Seite überwacht werden können, wodurch eine Vertrauenswürdigkeit des Betriebs objektiv nachvollziehen würde. Auch hierzu sind die heute existierenden oder die in Kriterienkatalogen geforderten Sicherheitsfunktionalitäten bei weitem nicht ausreichend (vgl. Abschnitt 3, Punkt 5).

Kriterienkataloge, so wie wir sie heute kennen, und Evaluierungen auf ihrer Basis sind also nur ein erster Schritt in Richtung erhöhter Vertrauenswürdigkeit. Dieser Schritt hat zwar schon erste sichtbare Verbesserungen gebracht, aber wir können schon sehen, daß ihm noch viele weitere Schritte folgen müssen.

Literatur:

/ Blll La Padula 74 / D.E. Bell, L.J. La Padula: Secure Computer Systems. AIR FORCE Elec. Syst. Div. Report ESD-TR-73-278, Vol. I, II, III 1973

/ Berger et al. 90 / Jeffrey L. Berger, Jeffrey Picciotto, John P.L. Woodward, Paul T. Cummings: Compartmented Mode workstations: Prototype Highlights. IEEE Transactions on Software Engineering, Vol. 16, 6, 1990

/ Clark Wilson 88 / D. Clark, D. Wilson: Evolution of a model for computer integrity. 11-th National Computer Security Conference, Baltimore USA, 1988

/ Sti 90 / Helmut G. Stiegler: Sicherheit der Informationsverarbeitung beim Einsatz des BS2000. In: Das Mainframe-Betriebssystem BS2000 (Hrsg. H. Görling), Oldenburg-Verlag, ISBN 3-486-21597-3, State of the Art 8, 1990, P.

/ DOD 85 / Department of Defense: Trusted Computer System Evaluation Criteria, DOD CSC-STD-001-83, 1985

/ DOD 87 / Department of Defense: Trusted Network Interpretation. DOD NCSC-TG-005, 1987

/ ZSI 89 / IT-Sicherheitskriterien-Kriterien für die Bewertung der Sicherheit von Systemen der Informationstechnik (IT). Hrsg. Zentralstelle für Sicherheit in der Informationstechnik (ZSI), 1989

/ BI 90 / Information Technology Security Evaluation Criteria-Harmonised Criteria of France, Germany, the Netherlands, the United Kingdom. Der Bundesminister des Inneren, Bonn 1990

Fail-stop-Signaturen und ihre Anwendung

Birgit Pfitzmann, Michael Waidner

Institut für Rechnerentwurf und Fehlertoleranz, Universität Karlsruhe
Postfach 6980, D-W7500 Karlsruhe 1, Bundesrepublik Deutschland

Kurzfassung: Die Unfälschbarkeit konventioneller digitaler Signaturen beruht zwangsläufig auf komplexitätstheoretischen Annahmen, d.h. selbst die sichersten Systeme können durch einen unerwartet mächtigen Angreifer gebrochen werden. Daher führen wir Fail-stop-Signaturen ein: Sie sind so unfälschbar wie die besten konventionellen Signaturen, aber wenn doch eine Signatur gefälscht wird, kann der angebliche Unterzeichner unbedingt (d.h. ohne jegliche Annahmen) die Fälschung beweisen, mit beliebig hoher Wahrscheinlichkeit.

Wir konstruieren konkrete Fail-stop-Signatursysteme, die sogenannten Versteckssysteme, aus beliebigen kollisionsfreien Paaren von Permutationen. Als Spezialfall ergibt sich ein relativ praktikables System, in dem Fälschen so schwer ist wie Faktorisierung.

Ausführlich werden Anwendungen in digitalen Zahlungssystemen betrachtet, auf Anwendungen auf zuverlässige Verteilung wird verwiesen.

1   Einleitung

Motivation: Digitale Signaturen sind ein wichtiger kryptograhischer Grundbaustein für sichere Systeme [DiHe_76]. Sie sind dadurch gekennzeichnet, daß der Empfänger einer Signatur jeden beliebigen Dritten von ihrer Gültigkeit überzeugen kann (im Gegensatz zu Authentikationscodes [GiMS_74], wo der Empfänger nur für sich selbst sicher ist, daß eine Nachricht vom behaupteten Unterzeichner stammt). Deswegen sind sie insbesondere in allen Anwendungen nötig, wo Rechtssicherheit herrschen soll, d.h. unterschriebene Nachrichten evtl. einem Gericht vorgelegt werden müssen, z.B. in digitalen Zahlungssystemen.

Die Sicherheit digitaler Signaturen hat in letzter Zeit einige Aufmerksamkeit erfahren, denn das bekannteste System RSA [RSA_78] ist bekanntlich in reiner Form sehr anfällig gegen aktive Angriffe (d.h. im wesentlichen das Bilden neuer Signaturen aus vorher erhaltenen, ohne den eigentlichen Schlüssel zu brechen) (s. z.B. [Denn_84]), so daß z.B. zu Redundanzprädikaten gegriffen werden muß, über deren Sicherheit noch weniger bekannt ist als über RSA selbst [DaPr_85, EkHV_88, Gira_88, JoCh_86]. Gleiches gilt für das System aus [Elga_85], s. [GoMR_88]. Manche anderen Systeme wurden ganz gebrochen (s. z.B. [Odly_84, EAKM_86, BrDe_86]).

In [GoMR_88] wurde daher die optimale Sicherheit für (konventionelle) digitale Signatursysteme definiert und Systeme mit dieser Sicherheit konstruiert. Mit „**konventionelles Signatursystem**" bezeichnen wir eines gemäß dieser Definition (darunter fällt auch RSA mit Redundanzprädikat, nur ist eben seine Sicherheit bisher nicht bewiesen). Insbesondere veröffentlicht jeder Teilnehmer einen öffentlichen Schlüssel $\ddot{O}$, und ein S gilt als seine Signatur unter eine Nachricht N genau dann, wenn es einen Test $test(\ddot{O}, N, S)$ besteht. Dies impliziert, daß das Fälschen von Signaturen komplexitätstheoretisch innerhalb von NP liegt.

Darüber hinaus beruhen alle bekannten Signatursysteme auf allgemein für richtig gehaltenen, aber unbewiesenen komplexitätstheoretischen Annahmen. Der ursprüngliche Vorschlag aus [GoMR_88], GMR genannt, beruht auf der Existenz kollisionsfreier Paare von (Einweg-)Permutationen mit Falltür (claw-free pairs of trap-door permutations). Diese Annahme konnte zunächst auf beliebige Falltür-Einweg-Funktionen (trap-door one-way functions) abgeschwächt werden [BeMi_88], später auf beliebige Einweg-Funktionen [NaYu_89]. Um Signaturen praktisch zu verwenden, muß man eine spezielle Funktion auswählen und hoffen, daß sie die Einweg-Eigenschaft besitzt. Meist nimmt man die Schwierigkeit des Faktorisierens oder des diskreten Logarithmus in gewissen Gruppen an. (Das effizienteste System ist immer noch der auf Faktorisierung beruhende Spezialfall von GMR aus [GoMR_88]. Sein Aufwand ist vergleichbar mit dem von RSA.)

Fail-stop-Signaturen verbessern die Sicherheit auf andere Weise: Sie ermöglichen es angeblichen Unterzeichnern unbedingt (d.h. ohne jegliche Annahme, nicht einmal die, daß Angreifer nur polynomiale Algorithmen ausführen können), Fälschungen zu beweisen (mit beliebig hoher Wahrscheinlichkeit). Vorteile sind:

- Sobald eine Fälschung auftritt, kann das Signatursystem abgebrochen oder der Sicherheitsparameter erhöht werden.
- Das Risiko gefälschter Signaturen kann beliebig aufgeteilt werden. Meist wird man festlegen, daß eine Signatur ungültig wird, sobald ein Fälschungsbeweis gezeigt wird. Dann sind die Unterzeichner unbedingt sicher.

Wir fordern auch, daß unter kryptographischen Annahmen Fälschungen überhaupt nicht auftreten können, und Unterzeichner nicht fälschlich behaupten können, eine Fälschung sei aufgetreten. Somit ist die Sicherheitsdefinition von Fail-stop-Signaturen echt stärker als die eines konventionellen Signatursystems.

ANMERKUNGEN: Es gab Vorschläge für konventionelle Signaturen, die besagten, daß Unterzeichner ja merken, wenn ihre Signaturen gefälscht werden, oder auch wenn sie ihre geheimen Schlüssel verlieren, und daß sie in diesen Fällen das Signatursystem abbrechen dürfen. Dies würde jedoch vollständige Unsicherheit für die Empfänger von Signaturen bedeuten, da ein Unterzeichner einfach behaupten könnte, eine Fälschung sei aufgetreten, um eine lästig gewordene Signatur abzuleugnen.

Fail-stop-Signaturen haben zusätzliche praktische Vorteile in öffentlichen Anwendungen wie Zahlungssystemen: Erstens ist es zweifelhaft, ob man Personen verpflichten könnte, an Systemen teilzunehmen, wo sie sich auf kryptographische Annahmen verlassen müssen, dazu i.allg. mit Sicherheitsparametern, die sie nicht selbst wählen dürfen. Benutzt man Fail-stop-Signaturen und konventionelle Signaturen zusammen (s. Kap. 3), so kann man den Kunden solcher Systeme unbedingte Sicherheit garantieren.

Zweitens könnten bei konventionellen Signaturen selbst dann, wenn die kryptographischen Annahmen zutreffen, Kunden unwiderlegbar behaupten, ihre Signatur sei gefälscht worden, was beträchtliche öffentliche Unsicherheit auslösen könnte.

Verwandte Arbeiten: Parallel zu dieser Arbeit wurden „unbedingt sichere Signaturen" („unconditionally secure signatures") entwickelt [ChRo_90]. Dies ist eine vorzügliche Idee, aber diese Signaturen unterscheiden sich ziemlich von konventionellen: Jeder Teilnehmer hat eine andere Testfunktion für Signaturen, und sie hängt zusätzlich davon ab, entlang wievieler Vorgänger eine Signatur empfangen wurde (d.h. ob direkt vom Unterzeichner, ob vom ersten Empfänger usw.). Zudem sind aktive Angriffe auf Empfänger möglich. Deswegen können unbedingt sichere Signaturen, im Gegensatz zu Fail-stop-Signaturen, nur in speziellen Protokollen eingesetzt werden, wo jeder Empfänger die Anzahl seiner Vorgänger kennt und wo aktive Angriffe auf Empfänger eingeschränkt werden. Das Hauptsystem aus [ChRo_90] entspricht dem Fall mit nur einem beabsichtigten Empfänger bei Fail-stop-Signaturen (s. Kap. 2). Es ist bisher nicht bekannt, wie lang die Signaturen im allgemeinen Fall sein müssen. (Die Maßnahmen aus [ChRo_90, Kap. 5] helfen nur, wenn man sicher ist, daß der Unterzeichner ehrlich ist.) In vielen Fällen werden Fail-stop-Signaturen effizienter sein als unbedingt sichere Signaturen. Zudem ist der Schlüsselaustausch für unbedingt sichere Signaturen ein komplexes Protokoll.

Eine genaue Sicherheitsdefinition und der Beweis unserer Fail-stop-Signaturen finden sich in [Pfit_89, PfWa_90], unsere BA-Protokolle (und ein erstes, aber ineffizientes Fail-stop-Signatursystem) in [WaPf_89, PfWa1_91]. Ein spezieller Aspekt der Schlüsselerzeugung wurde in [Bleu_90, BlPW_90] diskutiert.

2   Konstruktion von Fail-stop-Signaturen

2.1   Grundidee

Die Grundidee für Fail-stop-Signaturen ist, daß es bei gegebenem öffentlichen Schlüssel $\ddot{O}$ viele mögliche geheime Schlüssel G gibt, die zu $\ddot{O}$ gehören könnten; und daß für jede Nachricht N diese verschiedenen geheimen Schlüssel viele verschiedene mögliche Signaturen ergeben (selbst nach einem adaptiven aktiven Angriff, d.h. nachdem der Angreifer mehrere Signaturen seiner Wahl erhalten hat). Ein Unterzeichner hat jedoch davon nur einen einzigen geheimen Schlüssel G^* und kann nur eine einzige Signatur S^* effizient berechnen. Das Vorzeigen zweier verschiedener Signaturen zu ein und derselben Nachricht N und ein und demselben öffentlichen Schlüssel $\ddot{O}$ gilt als Fälschungsbeweis. (In konkreten Systemen werden als Fälschungsbeweis Teile dieser zwei Signaturen genügen.) Man sieht leicht, daß ein System mit diesen Eigenschaften ein sicheres Fail-stop-Signatursystem ist:

1. Selbst wenn ein Fälscher *unbeschränkt* viel rechnen kann, ist das äußerste, was er tun kann, alle möglichen Signaturen für eine Nachricht N (bzgl. $\ddot{O}$) zu bestimmen. Er kann jedoch nur raten, welche davon S^* ist. Mit hoher Wahrscheinlichkeit rät er falsch und wählt eine andere Signatur S. Sobald also der angebliche Unterzeichner mit S konfrontiert wird, kann er sowohl S als auch S^* vorzeigen, was als Fälschungsbeweis gilt.

2. Andererseits wird gezeigt werden, daß es *komplexitätstheoretisch* sogar für den Unterzeichner unmöglich ist, einen Fälschungsbeweis zu berechnen, wenn keine Fälschung aufgetreten ist (unter einer kryptographischen Annahme wie der Schwierigkeit des Faktorisierens). Solange also diese Annahme zutrifft, arbeitet das Fail-stop-Signatursystem genau wie ein konventionelles Signatursystem, ohne daß irgendein Fälschungsbeweis auftritt. (Dies impliziert, daß auch keine Fälschungen auftreten, denn jene würden gemäß Punkt 1. zu Fälschungsbeweisen führen.)

Daß es "viele" mögliche Signaturen gibt, heißt z.B. 2^{σ}, wobei der Aufwand des Signatursystems nur polynomial in σ ist.

2.2   Ein konkretes Fail-stop-Signatursystem: das Verstecksystem

Im folgenden stellen wir informell ein spezielles Fail-stop-Signatursystem, *Verstecksystem* genannt, vor. Es beruht auf LAMPORT's *Einmal-Signaturen* [DiHe_76, Merk_88] und einer neuen Sorte Einweg-Funktionen, sogenannten *bündelnden Funktionen*. Zusätzlich wurden mehrere Effizienzverbesserungen für Einmal-Signaturen von MERKLE so angepaßt, daß sie sowohl kryptographische Sicherheit als auch die Möglichkeit für Fälschungsbeweise garantieren. Die Konstruktion wird stufenweise erklärt.

Eine formale Beschreibung findet sich, zusammen mit einem Sicherheitsbeweis, in [Pfit_89, PfWa_90].

2.2.1   Grundbaustein: Bündelnde Funktionen und Einmal-Signaturen

Konventionelle Einmal-Signaturen: Konventionelle Einmal-Signaturen (one-time signatures) waren der allererste Vorschlag für ein digitales Signatursystem. Sie erlauben das Unterschreiben einer a priori festgelegten Anzahl Bits, etwa m. Der Unterzeichner wählt zunächst eine Einweg-Funktion (one-way function) f, i.allg., indem er einen Schlüssel V zu einer Funktionsfamilie wählt (z.B. DES).

Wir schreiben im folgenden Schlüssel immer als obere Indizes, also z.B. f^V für die Funktion f mit Schlüssel V.

Als geheimen Schlüssel G wählt er dann eine Liste von $2 \cdot m$ zufälligen Werten aus dem Definitionsbereich von f^V, etwa

$$G = ((r_{1,0}, r_{1,1}), ..., (r_{m,0}, r_{m,1})).$$

Dann berechnet er die Bilder $\ddot{o}_{i,b} := f^V(r_{i,b})$

Der öffentliche Schlüssel besteht aus V und der Liste dieser Bilder:

$$\ddot{O} = (V, (\ddot{o}_{1,0}, \ddot{o}_{1,1}), ..., (\ddot{o}_{m,0}, \ddot{o}_{m,1})).$$

Als Signatur, daß das i-te Bit einen bestimmten Wert $b \in \{0, 1\}$ hat, gilt $r_{i,b}$. (Der geheime Schlüssel ist also einfach eine Liste aller potentiellen Bit-Signaturen.) Der Empfänger eines Tripels (i, b, s), wobei s die Signatur sein soll, d.h. im korrekten Fall $s = r_{i,b}$, testet, ob $f^V(s) = \ddot{o}_{i,b}$.

Definition und Einsatz bündelnder Funktionen: Um zunächst Einmal-Signaturen mit Fälschungsbeweisen zu erhalten, definieren und konstruieren wir eine spezielle Art Einweg-Funktionen: Bündelnde Funktionen sind Funktionen, bei denen jedes Bild mindestens 2^σ Urbilder hat, die aber im kryptographischen Sinne kollisionsfrei sind, d.h. kryptographisch ist es unmöglich, zwei Urbilder mit demselben Bild zu finden. Solche Funktionen wurden bereits in [ChFN_88] informell definiert und verwendet, allerdings ohne eine Konstruktion anzugeben.

Verwenden wir eine bündelnde Funktion als f in Einmal-Signaturen, so erhält ein Angreifer aus $\ddot{O}$ keinerlei Information, welches der mindestens 2^σ Urbilder der Unterzeichner ursprünglich als $r_{i,b}$ wählte und zur Berechnung des Bildes $\ddot{o}_{i,b}$ benutzte. Wenn er eine Signatur fälscht, berechnet der Angreifer für mindestens ein $\ddot{o}_{i,b}$ ein Urbild, zu dem der richtige Unterzeichner noch nicht $r_{i,b}$ veröffentlicht hat (weil er Bit i noch gar nicht unterschrieben hat, oder mit dem anderen Wert 1-b). Somit wählt der Angreifer als Signatur für dieses Bit mit Wahrscheinlichkeit mindestens $1-2^{-\sigma}$ ein Urbild $r_{i,b}^* \neq r_{i,b}$. Sobald man nun dem Unterzeichner die gefälschte Signatur vorlegt, um ihn dafür verantwortlich zu machen, erhält er eine f-Kollision, eben $(r_{i,b}^*, r_{i,b})$ mit demselben Bild $\ddot{o}_{i,b}$ unter f^V. Dies gilt als Fälschungsbeweis.

Umgekehrt folgt aus der Kollisionsfreiheit sofort, daß unter kryptographischen Annahmen nie ein Fälschungsbeweis auftritt. Dazu darf allerdings jetzt V nicht vom Unterzeichner gewählt werden, s. Kap. 2.2.3.

Innerhalb des Signatursystems bezeichnen wir den Schlüssel V der bündelnden Funktion als **Vorschlüssel**, weil er vor den eigentlichen öffentlichen und privaten Schlüsseln gewählt wird. Die Wahl von V hängt ab vom Parameter σ und einem zweiten Sicherheitsparameter k für die kryptographische Sicherheit (d.h. je größer k, desto sicherer ist die Kollisionsfreiheit, aber desto aufwendiger das System). Für σ erscheint ein Wert zwischen 20 und 100 sinnvoll. Die Funktionen müssen effizient zu berechnen sein.

Konstruktion bündelnder Funktionen: Wir konstruieren zunächst bündelnde Funktionen aus beliebigen kollisionsfreien Paaren von Permutationen (claw-free permutation pairs) [GoMR_88]. Bei Verwendung bestimmter kollisionsfreier Paare von Permutationen erhalten wir effiziente bündelnde Funktionen, deren Kollisionsfreiheit auf dem Faktorisierungsproblem beruht.

Hierzu sei zunächst die Definition **kollisionsfreier Paare von Permutationen** skizziert. Dies ist eine Familie von Algorithmen, zu der ein Schlüsselerzeugungsalgorithmus E gehört. Hat man damit einen Schlüssel V gewählt, so sind f_0^V, f_1^V Permutationen auf demselben Definitionsbereich, etwa D^V. Außerdem ist es effizient möglich, ein Element aus D^V zufällig zu wählen. Kollisionsfreiheit bedeutet, daß es nicht effizient möglich ist, zwei Elemente x, y mit $f_0^V(x) = f_1^V(y)$ zu finden (obwohl solche existieren).

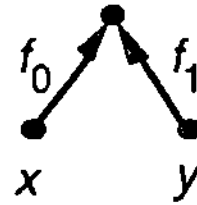

Bild 1: Kollision eines kollisionsfreien Paars von Permutationen (unter einer kryptographischen Annahme nicht zu finden).

Eine **bündelnde Funktion** *bünd* mit demselben Schlüssel V erhalten wir durch Iterierung von f_0^V, f_1^V: Ein Urbild r soll aus zwei Teilen (*string*, x) bestehen; der erste ist ein Bitstring der Länge σ, etwa *string* = $(b_1, ..., b_\sigma)$, der zweite ein Element von D^V. Das Bild $\ddot{o} = bünd^V(r) = bünd^V((string, x))$ erhält man, indem man die Bits aus *string* der Reihe nach verwendet, um auszuwählen, ob man als nächstes $f_0{}^V$ oder $f_1{}^V$ anwendet:

$$b\ddot{u}nd^V(r) := f_{b_1}{}^V(f_{b_2}{}^V(...(f_{b_\sigma}{}^V(x))...)).$$

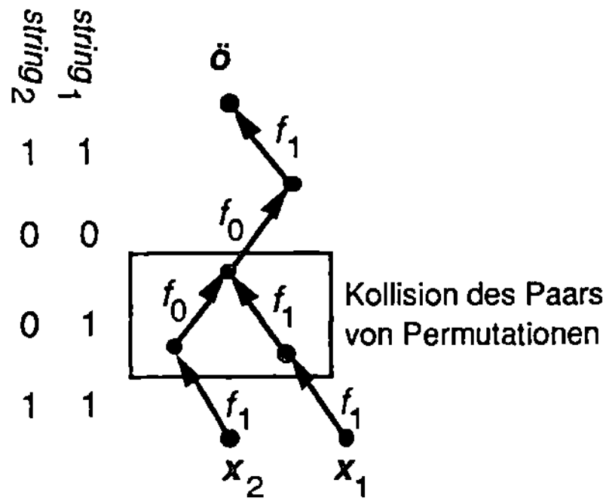

Bild 2: Beispiel zur bündelnden Funktion: $\sigma = 4$, *string* = 1011.

(Die Konstruktion ähnelt den Grundfunktionen in [GoMR_88] und den Hashfunktionen in [Damg_88], aber die Parameter sind jedesmal anders verteilt.)

Sicherheit (Skizze): Einerseits sieht man leicht, daß jedes Bild $\ddot{o}$ mindestens 2^σ Urbilder hat: Es gibt 2^σ Werte *string* der Länge σ. Da $f_0{}^V, f_1{}^V$ Permutationen sind, gibt es zu jedem davon ein x_{string} mit $b\ddot{u}nd^V((string, x_{string})) = \ddot{o}$. Dies entspricht in Bild 2, daß von $\ddot{o}$ aus rückwärts ein vollständiger Binärbaum der Tiefe σ konstruiert werden kann.

Andererseits ist zu zeigen, daß man solche Kollisionen nicht effizient finden kann. Dazu nimmt man an, man könnte doch, und zeigt, daß man dann auch Kollisionen von f_0 und f_1 finden könnte (s. Bild 3): Eine Kollision bzgl. *bünd* bedeutet, daß man zwei Wege hat, die sich spätestens bei $\ddot{o}$ treffen. Die Strings von beiden müssen verschieden sein, weil $f_0{}^V, f_1{}^V$ Permutationen sind. Dort wo, von oben her gesehen, die Strings sich zum ersten Mal unterscheiden, befindet sich eine Kollision bzgl. des kollisionsfreien Paars.

Bild 3: Beispiel, wie eine Kollision der bündelnden Funktion zu einer bzgl. f_0 und f_1 führen würde.

Spezialfall mit Faktorisierungsproblem:

Die effizientesten bekannten kollisionsfreien Paare von Permutationen sind folgende aus [GoMR_88]: Schlüssel sind Zahlen $V = p \cdot q$ mit p, q prim und $p \equiv 3$, $q \equiv 7$ mod 8. Stellt man die Restklassen mod V symmetrisch dar, d.h. durch $\{-\frac{V-1}{2}, ..., +\frac{V-1}{2}\}$ und definiert darauf die übliche Betragsfunktion, so ist

$$f_0{}^V(x) := |x^2|$$
$$f_1{}^V(x) := |4x^2|$$

auf einer Teilmenge dieser Restklassen (den positiven mit Jacobisymbol +1). Es ist bewiesen, daß man jede Kollision verwenden könnte, um V ganz einfach zu faktorisieren.

Wendet man mehrfach nacheinander f_0 oder f_1 an, wie in den bündelnden Funktionen, braucht man von den Zwischenergebnissen nicht den Betrag zu bilden (denn die nächste Operation ist stets wieder eine Quadrierung, also für $\pm y$ gleich). Real würde man die Restklassen auch nicht symmetrisch darstellen, um normale Multiplikationsalgorithmen verwenden zu können. Man beachte auch, daß $4x^2 = (2x)^2$ ist, also außer einer Quadrierung nur eine Verdopplung, keine Multiplikation benötigt. Die Berechnung der bündelnden Funktion besteht also im wesentlichen aus σ modularen Quadrierungen, was effizienter ist als das Unterschreiben eines RSA-Blockes. Derjenige, der V gewählt hat, kann auch, wie bei RSA [QuCo_82], mod p und q einzeln rechnen und den chinesischen Restealgorithmus anwenden.

2.2.2   Effizienzverbesserungen

Der Hauptnachteil reiner Einmal-Signaturen ist die Länge des öffentlichen Schlüssels $\ddot{O}$, denn dieser muß außerhalb des Netzes zuverlässig verteilt werden (d.h. zumindest Unterzeichnende, Empfänger und ein Gericht müssen sich einig sein, was der gültige öffentliche Schlüssel ist). Bei reinen Einmal-Signaturen ist die Länge von $\ddot{O}$ proportional zur Anzahl der zu unterschreibenden Bits. Dieser Nachteil kann durch Verwendung von **Baumauthentikation** (tree authentication) vermieden werden, in Erweiterung von Verfahren aus [Merk_80, Merk_82].

Die Werte $b\ddot{u}nd(r_{i,b})$ werden als Blätter eines Binärbaums verwendet (d.h. die Werte, die bei reinen Einmal-Signaturen der öffentliche Schlüssel wären). Der Wert jedes inneren Knotens wird als Hashwert seiner beiden Kinder berechnet, wozu eine Hashfunktion h benutzt wird. Nur der Wert der Wurzel wird als öffentlicher Schlüssel $\ddot{O}$ veröffentlicht (vgl. schon Bild 4). Als geheimer Schlüssel G genügen weiterhin die Werte $r_{i,b}$; zur Zeitersparnis wird man aber den ganzen Baum aufbewahren. Um später den Wert eines Blattes zu authentizieren, müssen die Werte aller seiner Ahnen und des anderen Kindes von jedem davon gezeigt werden. Wir benutzen kryptographisch kollisionsfreie Hashfunktionen (collision-free hash functions) [Damg_88] und setzen fest, daß Kollisionen bzgl. der Hashfunktion ebenfalls als Fälschungsbeweis zählen. Man kann sehen, daß jede Fälschung entweder zu einem Fälschungsbeweis in den ursprünglichen Einmal-Signaturen führt, oder zu einer Kollision bzgl. der Hashfunktion.

Die Hashfunktionen aus [Damg_88] ähneln den bündelnden Funktionen und benötigen etwa eine Quadrierung pro zu hashendem Bit. Speziell für die Baumauthentikation, wo die Länge der Nachrichten vorweg bekannt ist, können um den Faktor 2 effizientere Hashfunktionen konstruiert werden [Pfit_89], was im folgenden Bild nicht dargestellt ist. Auch können alle Werte $b\ddot{u}nd(r_{i,b})$, die zu derselben Nachricht gehören, auf einmal gehasht werden (statt zunächst paarweise zusammengefaßt zu werden), da sie immer gemeinsam benötigt werden.

Wenn die zu unterschreibenden Nachrichten lang sind, können auch sie vor dem Unterschreiben **gehasht** werden. Wieder benutzen wir kryptographisch kollisionsfreie Hashfunktionen und zählen Kollisionen als Fälschungsbeweis; und man kann sehen, daß jede Fälschung entweder zu einem Fälschungsbeweis in den ursprünglichen Einmal-Signaturen führt, oder zu einer Kollision bzgl. der Hashfunktion.

In Bild 4 ist dargestellt, wie jetzt die Schlüssel gebildet werden, in Bild 5 das Unterschreiben einer Nachricht. Dabei sei L die (feste) Länge der Nachrichten nach dem Hashen. Die Vorschlüssel V wurden zur Vereinfachung weggelassen.

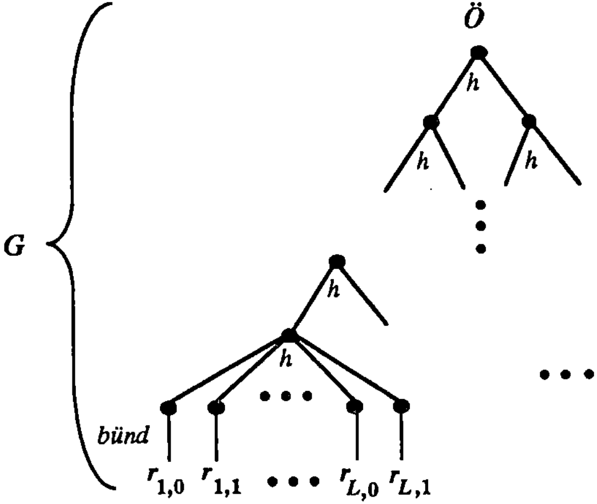

Bild 4: Schlüssel im System mit Baumauthentikation und Hashen

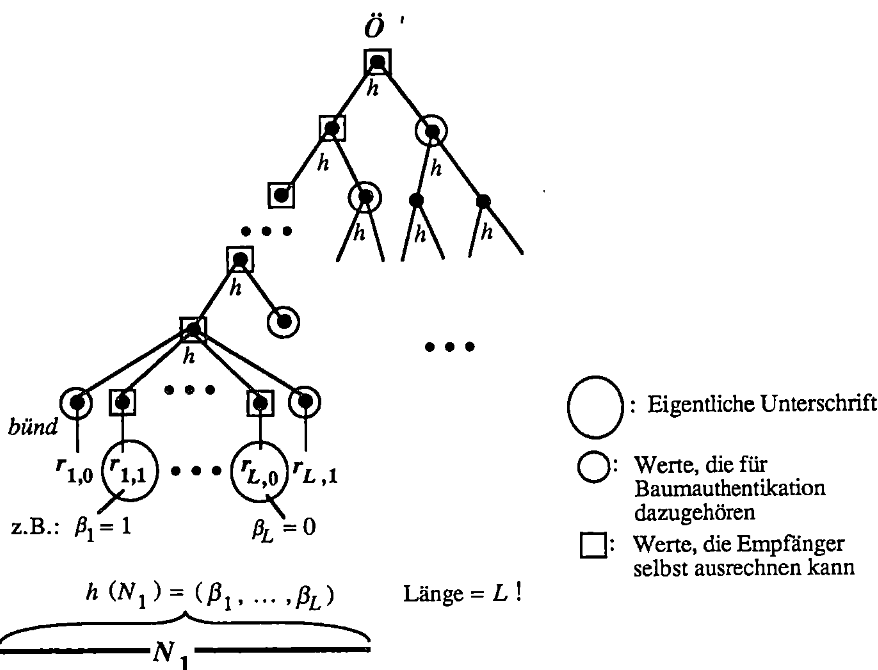

Bild 5: Unterschreiben einer Nachricht im System mit Baumauthentikation und Hashen

Weitere Effizienzverbesserungen sind: Nur Bits mit dem Wert 1 müssen unterschrieben werden, wenn ein Code benutzt wird, der alle Änderungen von 1 zu 0 erkennt [Merkl_82]. Daß bereits bei der Schlüsselwahl eine obere Schranke für die Anzahl damit zu leistender Signaturen festgelegt werden muß, kann vermieden werden, wenn man manche dieser Signaturen verwendet, um neue öffentliche Schlüssel zu authentizieren, ähnlich [Merk_88] (dies wurde allerdings bisher nicht bewiesen).

2.2.3   Vorschlüsselaustausch

Damit Kollisionen überzeugende Fälschungsbeweise sind, darf der Unterzeichner nicht fähig sein, selbst effizient Kollisionen zu berechnen. Kollisionsfreiheit, wie die meisten kryptographischen Eigenschaften, ist jedoch nur gegen Parteien garantiert, die nicht die Erzeugung der Vorschlüssel V für die bündelnden Funktionen und Hashfunktionen beobachten können. (Beispielsweise dürfen sie nicht sehen, aus welchen p und q ein $V = p{\cdot}q$ gebildet wird.) Daher darf nicht der Unterzeichner V wählen, sondern die Partei, die das Risiko beim Auftreten eines Fälschungsbeweises trägt.

Nur ein Risikoträger: In Anwendungen wie Zahlungssystemen trägt dieses Risiko im allgemeinen genau eine Person, nämlich der beabsichtigte Empfänger einer Signatur, dem Geld bezahlt oder versprochen wird (s. Kap.3). Daher kann diese allein V wählen. (Es ist dann nicht ausgeschlossen, daß der Empfänger einen Fälschungsbeweis zu empfangenen Signaturen erzeugen kann. Tut er dies tatsächlich, so schadet er aber nur sich selbst, denn die empfangenen Signaturen werden ungültig; z.B. erhält er das versprochene Geld nicht.)

Die Fähigkeit des Unterzeichners, Fälschungen zu beweisen, kann aber davon abhängen, daß V ein korrekter Vorschlüssel für die bündelnde Funktion ist. Daher muß der spätere Empfänger den Unterzeichner überzeugen, daß V korrekt ist, ohne jedoch dem Unterzeichner zu ermöglichen, Kollisionen zu bilden.

Im **allgemeinen Fall** kann dies durch eine übliche „cut-and-choose" Technik [Rabi_78] erreicht werden: Der spätere Empfänger erzeugt $2{\cdot}\sigma$ Vorschlüssel. Der Unterzeichner darf diese beliebig in zwei Hälften zerlegen. Für die eine Hälfte muß der spätere Empfänger die Korrektheit zeigen, die andere Hälfte wird in jeder Signatur verwendet. Eine Kollision für mindestens einen Vorschlüssel zählt als Fälschungsbeweis. Solange also mindestens ein verwendeter Vorschlüssel richtig ist, kann der Unterzeichner Fälschungen mit derselben Wahrscheinlichkeit beweisen wie bisher. Die Wahrscheinlichkeit, daß alle verwendeten Vorschlüssel falsch sind, während alle, deren Korrektheit gezeigt werden mußte, richtig waren, ist exponentiell gering. (Alternativ kann ein „zero-knowledge"-Beweis verwendet werden [GoMR_89, GoMW_86]. Innerhalb von diesem muß aber auch wieder die Korrektheit gewisser Schlüssel gesichert werden.)

In [Bleu_90, BlPW_90] wurde bewiesen, daß bei unserer **effizientesten Implementierung**, also dem auf dem Faktorisierungsproblem basierenden Spezialfall aus Kap. 2.2.1, der Unterzeichner jede ungerade Zahl als V akzeptieren darf. In diesem Fall wird also beim Schlüsselaustausch überhaupt kein interaktives Protokoll benötigt.

Mehrere Risikoträger: In Anwendungen wie Byzantinischen Übereinstimmungsprotokollen (Kap. 3.2), wo mehrere Personen dieses Risiko tragen, gibt es zwei Möglichkeiten: Entweder müssen sie versuchen, ein V gemeinsam zu wählen, unter Benutzung eines bestimmten Mehrparteienprotokolls [ChDG_88, PfWa_90]; diese Protokolle sind aber bisher kaum praktikabel. Oder jeder muß seinen eigenen Vorschlüssel V_i wählen. In diesem Fall besteht eine Gesamtsignatur aus einer Signatur bezüglich jedes Vorschlüssels, ein Fälschungsbeweis aus einer Kollision für jeden Vorschlüssel. Natürlich kann ein Empfänger dasselbe V_i für alle Unterzeichner verwenden.

Ein praktisch interessanter Fall mit zwei Vorschlüsseln pro Signatur ist der, daß an sich nur der Empfänger jeder Signatur das Risiko trägt, wenn dazu ein Fälschungsbeweis auftaucht, aber die Gerichte Empfehlungen bzgl. der Sicherheitsparameter geben wollen. Dann müssen die Gerichte sicher sein, daß jeder ihnen vorgelegte Fälschungsbeweis tatsächlich durch Brechen der kryptographischen Annahme zustandekam (also z.B. durch Faktorisieren einer großen Zahl, und nicht dadurch, daß ein Empfänger als Unfug die Faktoren seines Vorschlüssels bekanntgab.) Dazu könnte eine staatliche Stelle einen Vorschlüssel wählen, der in jeder Signatur mitverwendet wird. Damit aber niemand in diese eine Stelle volles Vertrauen setzen muß, hat jeder Empfänger weiterhin auch noch einen eigenen Vorschlüssel.

2.2.4　Resultierende Effizienz

Wir gehen hierzu von der auf dem Faktorisierungsproblem basierenden Implementierung aus, und zunächst von nur einem Risikoträger pro Signatur.

Wie schon erwähnt, ist der kritischste Punkt die Länge der Vorschlüssel und öffentlichen Schlüssel, da diese z.B. in Verzeichnissen gedruckt werden müssen. Diese sind genauso kurz wie sonst, nämlich eine Zahl $V = p \cdot q$, die schwer zu faktorisieren sein sollte, also z.B. der Länge $L = 800$ bit, und $\ddot{O}$ eine einzige Zahl modulo V.

Speziell für 1-bit-Nachrichten sind auch die Länge der Signaturen und der Aufwand beim Unterschreiben und Testen fast dieselben wie bei GMR, dem effizientesten beweisbar sicheren konventionellen Signatursystem. Der Aufwand wächst jedoch fast proportional mit der Länge der Nachricht, bis die Länge erreicht ist, auf die die Hashfunktion lange Nachrichten reduziert, was hier wieder L ist. (Speziell in Zahlungssystemen kann der Effizienzverlust allerdings sehr gering gehalten werden, siehe Kap. 3.1.3.)

Ein geheimer Schlüssel ist etwas kürzer als die Gesamtheit der damit zu leistenden Signaturen. Dies stört aber nicht weiter, da man empfangene und geleistete Signaturen sowieso aufbewahren muß (letztere, weil sie evtl. für Fälschungsbeweise gebraucht werden); und auch der private Schlüssel muß nur gespeichert (und in kleinen Stücken sequentiell abgearbeitet) werden.

Wir sehen jedoch keinen prinzipiellen Grund, warum jedes Fail-stop-Signatursystem auf Einmal-Signaturen beruhen müßte. Es müßte sich lohnen, nach einem System zu suchen, das auf irgendeiner Art von Falltür beruht, und in dem alle Signaturen dieselbe Länge und Unterschreiben und Testen ähnliche Laufzeiten hätten wie in konventionellen Signatursystemen.

Steigt die Anzahl der Risikoträger, so steigt auch der Aufwand beträchtlich; für Fälle, wo alle Teilnehmer am Risiko für jede Signatur beteiligt sind, wie bei Byzantinischer Übereinstimmung, sind Fail-stop-Signaturen z.Zt. wohl eher von theoretischem Interesse.

3　Anwendungen

3.1　Zahlungssysteme

Wichtige Anwendungen für Fail-stop-Signaturen sind Zahlungssysteme, die nun unbedingt sicher für die Kunden gestaltet werden können. (Gleiches gilt für alle anderen Anwendungen, wo eine größere Organisation viele Kunden hat und Signaturen nur von der Organisation an die Kunden und umgekehrt, nicht jedoch zwischen den Kunden ausgetauscht werden.)

3.1.1　Einsatz von Fail-stop-Signaturen allgemein

Wir gehen von einem einfachen digitalen Zahlungssystem aus, das einem nicht-digitalen mit Einzahlungen, Abhebungen und Überweisungen nachempfunden ist. Es soll so implementiert werden, daß die Kunden unbedingt sicher sind.

Dazu verwenden wir Fail-stop-Signaturen nur für die Signaturen der Kunden unter ihre Aufträge an die Bank (oder, allgemeiner, den Betreiber des Zahlungssystems), während die Bank für ihre Signaturen gegenüber den Kunden ein beweisbar sicheres konventionelles Signatursystem verwendet, etwa GMR.

Den Fail-stop-Signaturen der Kunden muß nur die Bank vertrauen, nicht andere Kunden. (Dazu müssen die Überweisungen so gestaltet werden, daß eine Gutschrift dem Empfänger mit einer Signatur der Bank bestätigt wird.) Die Bank ist also einziger Risikoträger im Sinne von Kap. 2.2.3 und kann daher die Vorschlüssel V für die bündelnden Funktionen und Hashfunktionen allein wählen. Nachdem sie diese veröffentlicht hat, kann jeder Kunde einen geheimen Schlüssel G wählen (d.h. Urbilder für die bündelnden

Funktionen in den Einmal-Signaturen) und den zugehörigen öffentlichen Schlüssel $\ddot{O}$ veröffentlichen. Von da an kann jeder, insbesondere ein Gericht, testen, was gültige Signaturen und gültige Fälschungsbeweise sind. Damit sind die Kunden unbedingt sicher vor Fälschungen ihrer Signaturen, und die Bank ist kryptographisch sicher, daß die Kunden keine Fälschungsbeweise erzeugen können, da sie V selbst gewählt hat. (Wie in Kap. 2.2.3 erwähnt, ist nicht ausgeschlossen, daß die Bank Fälschungsbeweise für V berechnen kann, aber sie würde sich nur selbst schaden, da damit die Überweisungsaufträge und Abhebungen ungültig würden, nicht jedoch die Gutschriften und Einzahlungen.)

Bezüglich der von der Bank erhaltenen Signaturen, also den erhaltenen Gutschriften und Einzahlungsbestätigungen, sind die Kunden ebenfalls unbedingt sicher (denn jede Signatur, die sie von der Bank erhalten, gilt), und die Bank ist kryptographisch sicher vor Fälschungen.

3.1.2 Vorteile

Die obige Risikoverteilung ist sinnvoll, denn die Bank kann gewöhnlich die Signatursysteme und Sicherheitsparameter wählen, d.h. sie kann ihre eigene Sicherheit so groß machen wie sie will; und die Bank müßte auch in einem Zahlungssystem, das nur konventionelle Signaturen verwendet, der kryptographischen Sicherheit vertrauen. Ein zweiter Vorteil ist, daß, wenn doch jemals eine Fälschung auftreten sollte, die Bank sich dessen sicher ist (denn eine gefälschte Banksignatur erkennt sie selbst, und zu einer gefälschten Kundensignatur muß ein Fälschungsbeweis vorgelegt werden); sie kann also entsprechende Maßnahmen ergreifen. Drittens ist ein solches Zahlungssystem nicht nur für die Kunden, sondern auch für die Bank vorteilhaft, denn die unbedingte Sicherheit für die Kunden kann ein gutes Werbeargument sein.

Die Protokolle können von bisherigen digitalen Zahlungssystemen übernommen werden, außer daß die Bank den Vorschlüssel V veröffentlichen muß. Verwendet man den auf dem Faktorisierungsproblem basierenden Spezialfall des Verstecksystems, wo kein interaktiver Test der Richtigkeit des Vorschlüssels nötig ist (s. Kap. 2.2.3), läßt sich diese Veröffentlichung aber leicht in bisherige Protokolle einbauen, weil auch dort die Bank zum selben Zeitpunkt schon etwas veröffentlichen muß, nämlich welches Signatursystem verwendet wird, den Sicherheitsparameter und ihren eigenen Schlüssel. Alle Teilnehmer testen dann, bevor sie ihren geheimen und öffentlichen Schlüssel wählen, ob V ungerade ist, so wie sie auch testen, ob ein sinnvoller Sicherheitsparameter gewählt wurde. Gleiches gilt für die Gerichte.

Die Effizienz eines Zahlungssystems muß unter dieser Einführung von Fail-stop-Signaturen nicht sehr leiden, denn einerseits konnte der effiziente Fall mit nur einem Risikoträger verwendet werden, andererseits sind die zu unterschreibenden Nachrichten in einem Zahlungssystem stark standardisiert und können daher sehr kurz codiert werden.

3.1.3 Protokolle mit 1-bit-Nachrichten

Man kann sogar erreichen, daß die Kunden nur 1-bit-Nachrichten unterschreiben, wenn das Protokoll, wie ein Kunde einen Auftrag gibt, etwas geändert wird:

- Zunächst teilt der Kunde der Bank mit, was sein i-ter Auftrag sein wird. Dies kann ohne Signatur erfolgen. Um Unfug vorzubeugen (d.h. daß jemand häufig solche Mitteilungen unter fremdem Namen macht, obwohl er dadurch keinen Gewinn hat), kann man eine konventionelle Signatur verlangen.
- Die Bank unterschreibt diesen Auftrag mit dem konventionellen Signatursystem, mitsamt dem Namen des Auftraggebers und der Nummer i.
- Dann unterschreibt der Kunde genau ein Bit mittels der i-ten Einmal-Signatur. Dies soll bedeuten, daß der i-te Auftrag, so wie von der Bank unterschrieben, korrekt ist. (Man muß also für die i-te Signatur nur ein einziges Urbild r_i wählen, nicht zwei wie bei den üblichen Einmal-Signaturen.)

Nach Erhalt dieser Signatur führt die Bank den Auftrag aus. Behauptet später der Kunde, die Bank habe seinen i-ten Auftrag nicht korrekt ausgeführt, so kann folgendermaßen entschieden werden: Die Bank muß zunächst als Beweis, daß sie überhaupt den i-ten Auftrag ausführen durfte, das unterschriebene Bit, also die i-te Einmal-Signatur dieses Kunden, vorlegen. Kann sie dies, und kann der Kunde keinen Fälschungsbeweis dazu vorlegen, so muß er den von der Bank unterschriebenen i-ten Auftrag vorlegen. Dies gilt als die korrekte Form des Auftrags.

Wie oben sind die Kunden unbedingt, die Bank kryptographisch sicher: Der Kunde unterschreibt das Bit nur, wenn er eine Signatur der Bank unter seinen richtigen Auftrag hat. Seine eigene Signatur ist unbedingt sicher; und die erhaltene Signatur gilt unbedingt. Umgekehrt müßte der Kunde, um die Bank zu betrügen, entweder einen Fälschungsbeweis zu seiner Einmal-Signatur vorlegen oder die Signatur der Bank unter den Auftrag fälschen. Beides ist kryptographisch nicht möglich.

(Ein etwas sinnloser Angriff gegen dieses System und seine Abwehr seien noch erwähnt: Der Kunde könnte behaupten, die Bank weigere sich, den i-ten Auftrag auszuführen. Die Bank dagegen würde sagen, der Kunde habe ihr bereits einen anderen Auftrag als i-ten mitgeteilt (z.B. eine Abhebung eines niedrigeren Betrags) und sie habe ihm schon ihre Signatur dazu gegeben; nun könne sie den geänderten Auftrag nicht auch noch unterschreiben. Kommt dies selten vor, verwendet man statt dessen einfach den $(i+1)$-ten Auftrag; kommt es häufiger vor, so sollte, weil die Anzahl zu leistender Signaturen beschränkt ist, das Gericht festlegen, daß der i-te Auftrag in der Version des Kunden ausgeführt wird, und speichern, daß, wenn der Kunde später doch die Signatur der Bank unter die andere Version vorlegt, diese nicht mehr gilt.)

Ein spezielles Zahlungssystem, in dem Fail-stop-Signaturen ganz ohne Effizienzverlust eingesetzt werden können, weil die Kunden sowieso nur 1-bit-Nachrichten unterschreiben, ist das aus [ChFN_90]. In diesem System sind Zahlungsbeziehungen zwischen den Kunden (nicht jedoch die Kontoführungen der einzelnen Kunden, vgl. z.B. [PWP_90, BüPf_89]) unbedingt unbeobachtbar, und es wurde explizit bedauert, daß die Kunden nicht auch unbedingt sicher gegen Betrug seien. Mit Fail-stop-Signaturen sind sie es.

3.2 Byzantinische Übereinstimmung

Eine weitere interessante Anwendung von Fail-stop-Signaturen ist Byzantine Übereinstimmung [PeSL_80], d.h. Protokolle zum Erreichen zuverlässiger Verteilung, wo diese physisch nicht gegeben ist. Hier konnten Protokolle mit neuen Sicherheitseigenschaften entwickelt werden. Hierzu, und für eine darauf aufbauende Anwendung auf unbeobachtbare Kommunikation, sei auf [PfWal_91, WaPf_89] verwiesen.

4 Zusammenfassung

Mit den Fail-stop-Signaturen wurde eine neue Art digitaler Signaturen eingeführt, die sicherer als die bisherigen sind, und ihre Vorteile diskutiert (Kap.1).

Mit den Verstecksystemen wurden konkrete Fail-stop-Signatursysteme konstruiert (Kap. 2). Ihre wichtigste Grundlagen waren

- Einmal-Signaturen mit bündelnden Funktionen, d.h. kollisionsfreien Funktionen mit einer garantierten Mindestgröße für Urbildmengen,
- baumförmige Authentikation mit kollisionsfreien Hashfunktionen und
- die Vorschrift, daß in allen Fällen eine gefundene Kollision als Fälschungsbeweis gilt.

Zunächst wurde die Konstruktion aus beliebigen kollisionsfreien Paaren von Permutationen gezeigt, dann ein auf der Schwierigkeit des Faktorisierens beruhender Spezialfall. Das so erhaltene System ist praktikabel, aber im allgemeinen Fall nicht sonderlich effizient (vgl. Kap. 2.2.4). Es ist kein theoretischer Grund zu sehen, weshalb es nicht noch wesentlich effizientere Fail-stop-Signaturen geben sollte.

Als Anwendung, für die sich Fail-stop-Signaturen besonders eignen, wurden vor allem digitale Zahlungssysteme behandelt. Hier zeigte sich einerseits, daß besonders günstige Sicherheitseigenschaften erreicht werden können (Kap. 3.1.1-2), andererseits, daß hierzu nur minimale oder gar keine Effizienzverluste in Kauf zu nehmen sind (Kap. 3.1.3).

Dank: Wir danken *Andreas Pfitzmann* für einige gute Ideen, *Gerrit Bleumer, Manfred Böttger, David Chaum, Dirk Fox* und *Jörg Lukat* für hilfreiche Diskussionen und der *DFG* für finanzielle Unterstützung.

Literatur

BeMi_88   Mihir Bellare, Silvio Micali: How to sign given any trapdoor function; 20th Symposium on Theory of Computing (STOC) 1988, ACM, New York 1988, 32-42.

Bleu_90   Gerrit Bleumer: Vertrauenswürdige Schlüssel für ein Signatursystem, dessen Brechen beweisbar ist; Studienarbeit, Institut für Rechnerentwurf und Fehlertoleranz, Universität Karlsruhe 1990.

BlPW_90   Gerrit Bleumer, Birgit Pfitzmann, Michael Waidner: A Remark on a Signature Scheme where Forgery can be Proved; Eurocrypt '90 – Abstracts, Århus, Dehmark, May 1990, 403–407.

BrDe_86   Ernest F. Brickell, John M. DeLaurentis: An Attack on a Signature Scheme Proposed by Okamoto and Shiraishi; Crypto '85, LNCS 218, Springer-Verlag, Berlin 1986, 28-32.

BüPf_89   Holger Bürk, Andreas Pfitzmann: Digital Payment Systems Enabling Security and Unobservability; Computers & Security 8/5 (1989) 399-416.

ChDG_88   David Chaum, Ivan B. Damgård, Jeroen van de Graaf: Multiparty Computations ensuring privacy of each party's input and correctness of the result; Crypto '87, LNCS 293, Springer-Verlag, Berlin 1988, 87-119.

ChFN_90   David Chaum, A. Fiat, M. Naor: Untraceable Electronic Cash; Crypto '88, LNCS 403, Springer Verlag, Berlin 1990, 319-327.

ChRo_90   David Chaum, Sandra Roijakkers: Unconditionally Secure Digital Signatures; Abstracts of Crypto '90, Santa Barbara 1990, 209-217.

Damg_88   Ivan Bjerre Damgård: Collision free hash functions and public key signature schemes; Eurocrypt '87, LNCS 304, Springer-Verlag, Berlin 1988, 203-216.

DaPr_85   Donald W. Davies, Wyn L. Price: Digital Signatures - An Update; Proc. 7th international conference on computer communication (ICCC) Sydney 1984, "The New World of the Information Society", J. M. Bennett, T. Pearcey (eds.); Elsevier Science Publishers B. V. (North-Holland), 1985, 843-847.

Denn_84   Dorothy E. Denning: Digital Signatures with RSA and Other Public-Key Cryptosystems; Communications of the ACM 27/4 (1984) 388-392.

DiHe_76   Whitfield Diffie, Martin E. Hellman: New Directions in Cryptography; IEEE Transactions on Information Theory 22/6 (1976) 644-654.

EAKM_86   Dennis Estes, Leonard M. Adleman, Kireeti Kompella, Kevin S. McCurley, Gary L. Miller: Breaking the Ong-Schnorr-Shamir Signature Scheme for Quadratic Number Fields; Crypto '85, LNCS 218, Springer-Verlag, Berlin 1986, 3-13.

EkHV_88   Jan Ekberg, Siegfried Herda, Jorma Virtamo: TeleTrusT - Technical concepts and basic Mechanisms; Research into Networks and Distributed Applications; R. Speth (ed.) Elsevier Science Publishers B. V., Brussels and Luxembourg, 1988, 523-533.

Elga_85   Taher ElGamal: A Public Key Cryptosystem and a Signature Scheme Based on Discrete Logarithms; IEEE Transactions on Information Theory 31/4 (1985) 469-472.

GiMS_74   E. N. Gilbert, F. J. Mac Williams, N. J. A. Sloane: Codes which detect deception; The Bell System Technical Journal 53/3 (1974) 405-424.

Gira_88   Marc Girault: Hash-functions using modulo-N operations; Eurocrypt '87, LNCS 304, Springer-Verlag, Berlin 1988, 217-226.

GoMW_86   Oded Goldreich, Silvio Micali, Avi Wigderson: Proofs that Yield Nothing But their Validity and a Methodology of Cryptographic Protocol Design; 27th FOCS, IEEE Computer Society 1986, 174-187.

GoMR_88   Shafi Goldwasser, Silvio Micali, Ronald L. Rivest: A Digital Signature Scheme Secure Against Adaptive Chosen-Message Attacks; SIAM J. Comput. 17/2 (1988) 281-308.

GoMR_89   Shafi Goldwasser, Silvio Micali, Charles Rackoff: The Knowledge Complexity of Interactive Proof Systems; SIAM J. Comput. 18/1 (1989) 186-207.

JoCh_86   Wiebren de Jonge, David Chaum: Attacks on Some RSA Signatures; Crypto '85, LNCS 218, Springer-Verlag, Berlin 1986, 18-27.

Merk_80   Ralph C. Merkle: Protocols for Public Key Cryptosystems; Proceedings of the 1980 Symposium on Security and Privacy, April 14-16, 1980 Oakland, California, 122-134.

Merk_82   Ralph C. Merkle: Protocols for Public Key Cryptosystems; AAAS Selected Symposium 69, Secure Communications and Asymmetric Cryptosystems; G. Simmons (ed.); Westview Press, Boulder 1982, 73-104.

Merk1_82   Ralph Charles Merkle: Secrecy, authentication, and public key systems; UMI Research Press 1982.

Merk_88   Ralph C. Merkle: A digital signature based on a conventional encryption function; Crypto '87, LNCS 293, Springer-Verlag, Berlin 1988, 369-378.

NaYu_89   Moni Naor, Moti Yung: Universal One–way Hash Functions and their Cryptographic Applications; 21st Symposium on Theory of Computing (STOC) 1989, ACM, New York 1989, 33-43.

Odly_84   Andrew M. Odlyzko: Cryptanalytic Attacks on the Multiplicative Knapsack Cryptosystem and on Shamir's Fast Signature Scheme; IEEE Transactions on Information Theory 30/4 (1984) 594-601.

PeSL_80   Marshall Pease, Robert Shostak, Leslie Lamport: Reaching Agreement in the Presence of Faults; Journal of the ACM 27/2 (1980) 228-234.

Pfit_89   Birgit Pfitzmann: Für den Unterzeichner sichere digitale Signaturen und ihre Anwendung; Diplomarbeit, Institut für Rechnerentwurf und Fehlertoleranz, Universität Karlsruhe 1989.

PfWa_90   Birgit Pfitzmann, Michael Waidner: Formal Aspects of Fail-stop Signatures; Interner Bericht 22/90 der Fakultät für Informatik, Universität Karlsruhe, Dezember 1990.

PfWa1_91   Birgit Pfitzmann, Michael Waidner: Unbedingte Unbeobachtbarkeit mit kryptographischer Robustheit; diese Tagung.

PWP_90   Birgit Pfitzmann, Michael Waidner, Andreas Pfitzmann: Rechtssicherheit trotz Anonymität in offenen digitalen Systemen; Datenschutz und Datensicherung DuD14/5-6 (1990) 243-253, 305-315.

QuCo_82   Jean-Jaques Quisquater, C. Couvreur: Fast Decipherment Algorithm for RSA Public-Key Cryptosystem; Electronics Letters 18/21 (1982) 905-907.

Rabi_78   Michael O. Rabin: Digitalized Signatures; Foundations of Secure Computation, ed. by R.A. DeMillo, D.P. Dobkin, A.K. Jones, R.J. Lipton; Academic Press, N.Y. 1978, 155-166.

RSA_78   Ronald L. Rivest, Adi Shamir, Leonard Adleman: A Method for Obtaining Digital Signatures and Public-Key Cryptosystems; Communications of the ACM 21/2 (1978) 120-126, nachgedruckt: 26/1 (1983) 96-99.

WaPf_89   Michael Waidner, Birgit Pfitzmann: Unconditional Sender and Recipient Untraceability in spite of Active Attacks – Some Remarks; Interner Bericht 5/89 der Fakultät für Informatik, Universität Karlsruhe, März 1989.

Unbedingte Unbeobachtbarkeit
mit kryptographischer Robustheit

Birgit Pfitzmann, Michael Waidner

Institut für Rechnerentwurf und Fehlertoleranz, Universität Karlsruhe
Postfach 6980, D-W7500 Karlsruhe 1, Bundesrepublik Deutschland

Kurzfassung: Mit dem DC-Protokoll von D. CHAUM sollen Teilnehmer über ein beliebiges Kommunikationsnetz Nachrichten unbeobachtbar senden und empfangen können. Dieses Protokoll hat zwei Schwachpunkte, die im folgenden betrachtet und beseitigt werden:

1. Das Protokoll ist nicht robust: Jeder Teilnehmer kann das DC-Protokoll unbeobachtbar und dauerhaft stören. Wir stellen ein *Fallenprotokoll* vor, das Störer identifiziert und von der weiteren Teilnahme ausschließt. Es setzt ein zuverlässiges Verteilnetz voraus und nimmt an, der Störer verfüge nur über beschränkte Berechnungsfähigkeiten (z.B. könne natürliche Zahlen mit zwei sehr großen Primfaktoren nicht faktorisieren). Unser Protokoll ist eine Verbesserung eines Protokolls von D. CHAUM.

2. Während im DC-Protokoll die Unbeobachtbarkeit des Sendens von keinerlei Annahmen über den möglichen Angreifer abhängt (unbedingte Senderunbeobachtbarkeit), setzt die des Empfangens zuverlässige Verteilung voraus. Diese Annahme ist z.B. in Sternnetzen unrealistisch. Wir stellen ein Protokoll vor, das *Unbeobachtbarkeit* unter der *Zusammenhangsannahme* (= gute Teilnehmer können nicht daran gehindert werden, paarweise miteinander zu kommunizieren) und *kryptographische Robustheit* kombiniert. Dazu ersetzen wir die angenommene zuverlässige Verteilung durch *robuste fail-stop Byzantinische Übereinstimmung*: Diese garantiert zuverlässige Verteilung, falls der Angreifer kryptographisch beschränkt ist und die Zusammenhangsannahme zutrifft; verfügt er über unerwartet große Berechnungsfähigkeiten, so stoppt das Protokoll. Sollen Unbeobachtbarkeit und Robustheit garantiert werden, so ist die Zusammenhangsannahme notwendig.

Im Anhang beschreiben wir ein Protokoll zur *adaptiven Byzantinischen Übereinstimmung*, d.h. Byzantinische Übereinstimmung, die nur gestört werden kann, wenn ein Angreifer sowohl mindestens ein Drittel (bzw. die Hälfte) aller Teilnehmer kontrolliert als auch Signaturen fälschen kann.

Schlagwörter: Byzantinische Übereinstimmung, Kommunikationsnetze, Kryptographie, Fehlertoleranz, Datenschutz, zuverlässige Verteilung, Sicherheit, Unbeobachtbarkeit.

Einige jüngere Kryptographen ...

verbringen einen Abend in einer Diskothek. Sie fühlen sich recht locker und beschließen, einander zu sagen, wen unter ihnen sie für die faszinierendsten Tänzer und besten Kryptographen halten. Alle Hemmungen haben sie aber noch nicht verloren. So beschließen sie, sich diese Meinungen anonym zu sagen, eingedenk dessen, daß ihre Chefs einst in einem drei-Sterne-Restaurant ein vorzügliches Protokoll für solche Zwecke erfanden [Chau_88].

Sie haben Schwierigkeiten: Die Musik ist laut, die Dunkelheit wird nur durch Blitzlichter unterbrochen; die einzige Kommunikationsform ist, einander paarweise in die Ohren zu schreien. Aber der Eintritt war teuer, so daß sie bleiben möchten. Auch fürchten sie, daß manche von ihnen, besorgt, daß niemand sie nennen wird, die Konversation stören möchten. Zum Glück haben ihre Chefs auch Ideen erwähnt, wie Störer vom Eßtisch ausgeschlossen werden können.

Nun wird ein Kryptograph, der sich wenigstens für einen guten Tänzer hielt und daher nicht störte, ausgeschlossen; empört stürmt er aus der Diskothek. In der plötzlichen Stille draußen fällt ihm auf, daß der Lärm der Grund für seine Demütigung sein könnte. Daher entwickelt er ein Protokoll, um die Eßtisch-Unterhaltung in der Diskothek zu simulieren, das ihn in Zukunft vor solchen Erfahrungen bewahren wird, selbst wenn alle kryptographischen Annahmen falsch sind und beliebig viele seiner Kollegen mogeln.

1   Einleitung

Für öffentliche Netze wird aus Datenschutzgründen oft verlangt, daß Teilnehmer *unbeobachtbar* Nachrichten senden und empfangen können, d.h. daß nicht zu beobachten ist, wer welche Nachricht sendet bzw. empfängt, und insbesondere nicht, wer mit wem kommuniziert. Insbesondere ist dies eine Voraussetzung, wenn Transaktionen, z.B. der Kauf von Informationen aus Datenbanken, *anonym* stattfinden sollen [Chau_85, PfPW_88, PWP_90]. (Daneben würde man die Nachrichteninhalte in solchen Fällen natürlich verschlüsseln.)

Der Ansatz, der die beste Unbeobachtbarkeit verspricht, ist das DC-Protokoll[1] von DAVID CHAUM [Chau_88]. (Allerdings setzt es voraus, daß das zugrundeliegende Kommunikationsnetz wesentlich mehr Bandbreite bietet als die betrachteten Kommunikationsdienste benötigen, ist also vor allem für ein Breitband-ISDN geeignet.)

Wir stellen im folgenden Verbesserungen des DC-Protokolls hinsichtlich seiner Sicherheit vor. In §1.1 führen wir einige Sicherheitsbegriffe ein, die zur Beschreibung der Qualität der folgenden Protokolle benötigt werden. In §1.2 beschreiben wir kurz das ursprüngliche DC-Protokoll und wie es effizient zur Übertragung von Nachrichten verwendet werden kann. §1.3 nennt die betrachteten Probleme und gibt einen Überblick über das Papier.

1.1   Sicherheitsbegriffe

Ein Teilnehmer, der sich streng an sein Protokoll hält und geheime Information für sich behält, wird **gut** genannt, ein Teilnehmer, der dies nicht tut, **böse**. Hinsichtlich ihrer Kooperation wird der schlimmste Fall betrachtet: sie koordinieren ihr Verhalten und tauschen alle geheime Information aus. Deswegen werden sie oft zusammen als „der **Angreifer**" bezeichnet.

Unbeobachtbarkeit des Sendens bzw. Empfangens einer Nachricht bedeutet, daß (für den gerade betrachteten Angreifer) nicht feststellbar ist, wer diese Nachricht gesendet hat bzw. für wen sie bestimmt ist. **Robustheit** eines Kommunikationsprotokolls bedeutet, daß der Angreifer die guten Teilnehmer nicht dauerhaft am kommunizieren hindern kann.

Man möchte jede Art von Sicherheit (hier also Unbeobachtbarkeit und Robustheit) gern unter möglichst allgemeinen Voraussetzungen garantieren.

Das erste Kriterium ist, ob ein Verfahren, mathematisch betrachtet, überhaupt nicht gebrochen werden kann, oder *im Prinzip* wohl, jedoch nur mit unvertretbar großem Aufwand. Der Aufwand zum Brechen wird dann durch einen wählbaren Sicherheitsparameter bestimmt, und es wird angenommen, der Angreifer könne nur solche Berechnungen ausführen, deren Aufwand polynomial in diesem Sicherheitsparameter ist. Ein solcher Angreifer wird **kryptographisch beschränkt** genannt, einer mit *unbeschränkten* Berechnungsfähigkeiten **kryptographisch unbeschränkt**. Entsprechend bedeutet **(nicht)kryptographische Sicherheit** Sicherheit gegen einen kryptographisch (un)beschränkten Angreifer.

Um die Sicherheit eines konkreten Verfahrens nachzuweisen, wird bislang stets eine zusätzliche **kryptographische Annahme** benötigt, z.B. die, daß es in polynomialer Zeit nicht möglich sei, natürliche Zahlen bestehend aus zwei sehr großen Primfaktoren einer bestimmten Gestalt (BLUM-Zahlen) zu faktorisieren [GoMR_88]. Diese **Faktorisierungsannahme** ist zwar allgemein als richtig akzeptiert, aber letztendlich unbewiesen. Für den praktischen Einsatz muß natürlich ein konkreter Sicherheitsparameter gewählt werden, wodurch die asymptotische kryptographische Annahme in eine konkrete verwandelt wird, z.B. daß es zur Zeit praktisch unmöglich ist, BLUM-Zahlen der Länge 800 bit zu faktorisieren.

Ein zweites Kriterium ist, ob der Angreifer **anzahlmäßig beschränkt** sein muß, z.B. ob höchstens die Hälfte aller Teilnehmer böse sein darf.

---

[1] So benannt nach dem motivierenden Beispiel aus [Chau_88], den *"Dining Cryptographers"*.

Ein drittes Kriterium ist, welche physischen Annahmen gemacht werden müssen; hier über das Netz, auf dem das DC-Protokoll ausgeführt wird. Insbesondere wird unterschieden, ob zuverlässige Verteilung vorausgesetzt werden muß. **Zuverlässige Verteilung** garantiert folgendes, wenn ein Sender P_s eine Nachricht N senden will: Jeder Teilnehmer P_i empfängt tatsächlich eine Nachricht N_i; falls P_s gut ist, gilt für alle guten Teilnehmer P_i jeweils $N_i = N$ (*Korrektheit*); und auch sonst gilt für alle guten Teilnehmer P_i und P_j jeweils $N_i = N_j$ (*Konsistenz*) [PeSL_80]. Die Annahme zuverlässiger Verteilung ist in vielen Netzen unrealistisch, z.B. in Sternnetzen. Möglichkeiten zur Realisierung zuverlässiger Verteilung werden in §3.1 kurz beschrieben.

Im folgenden nennen wir Sicherheit **unbedingt**, wenn keine dieser Annahmen gemacht werden muß. Insbesondere wird immer davon ausgegangen, daß kein physischer Abhörschutz besteht, d.h. alle Verfahren tolerieren, daß der Angreifer alle Leitungen abhört.

1.2   Das DC-Protokoll

Das **DC-Protokoll** von DAVID CHAUM [Chau_88] sollte auf einem beliebigen Kommunikationsnetz unbeobachtbares Senden und Empfangen von Nachrichten ermöglichen. Es besteht aus zwei Teilen, überlagerndem Senden und zuverlässiger Verteilung.

Überlagerndes Senden: Die Unbeobachtbarkeit des Sendens wird durch *überlagerndes Senden* erreicht, das einen *unbeobachtbaren, additiven Mehrfachzugriffskanal* realisiert:

Das Protokoll wird in **Runden** ausgeführt. Für jede Runde r wählen die Teilnehmer P_i, $i = 1, ..., n$, jeweils ein **Nachrichtenzeichen** M_i^r aus einem Alphabet F, einer endlichen abelschen Gruppe.

Gemeinsam berechnen sie die **globale Summe** $S^r = M_1^r + ... + M_n^r$ derart, daß die einzelnen Summanden *geheim* bleiben: Hierfür muß jedes Paar $\{P_i, P_j\}$ von Teilnehmern zuvor über einen sicheren Kanal einen geheimen, zufällig gewählten **Schlüssel** K_{ij}^r ($=K_{ji}^r$) aus F ausgetauscht haben. Jeder Teilnehmer P_i berechnet damit seine **Ausgabe** $O_i^r = M_i^r + (K_{1i}^r + ... + K_{i-1,i}^r) - (K_{i+1,i}^r + ... + K_{in}^r)$. Diese Ausgaben werden addiert, was wegen

$$O_1^r + ... + O_n^r = M_1^r + ... + M_n^r$$

die globale Summe S^r ergibt.

Die Geheimhaltung der Summanden M_i^r ist unbedingt (nur müssen die Schlüssel K_{jk}^r geheimgehalten werden). Selbst ein kryptographisch unbeschränkter Angreifer, der die Kommunikation zwischen allen Teilnehmern abhört und eine beliebige Teilmenge der Teilnehmer kontrolliert, erhält keine Information über die Summanden außer S^r [Chau_88, Pfit_90].

Alle Teilnehmer sollten die globale Summe S^r erhalten. War nur ein Nachrichtenzeichen $M_i^r \neq 0$, so ist $S^r = M_i^r$, d.h. dieses Zeichen wurde *kollisionsfrei* gesendet. Aus der Geheimhaltung der Summanden folgt dann, daß unbeobachtbar ist, welcher Teilnehmer P_i der Sender von M_i^r war.

Wenn in §2 Robustheit gewährleistet werden soll, und wenn ab einer bestimmten Runde sicher ist, daß wenigstens einer von zwei Teilnehmern P_i oder P_j böse ist, so dürfen sie ab dieser Runde ihre gemeinsamen Schlüssel K_{ij}^r nicht mehr verwenden. (Für die Unbeobachtbarkeit ist ein Schlüssel mit einem bösen Teilnehmer ja sowieso nutzlos.) Die jeweils noch verwendeten Schlüssel werden durch einen **Schlüsselgraphen** beschrieben. Darin sind zwei Teilnehmer genau dann durch eine Kante verbunden, wenn ihre gemeinsamen Schlüssel noch verwendet werden.[2]

Zuverlässige Verteilung: Die Unbeobachtbarkeit des Empfangens wird durch zuverlässige Verteilung der globalen Summen S^r sichergestellt.

---

[2] Ist a priori einiges über den Angreifer bekannt, so muß dieser Schlüsselgraph bereits anfangs nicht vollständig vermascht sein. Für die Unbeobachtbarkeit genügt es, daß der Teilgraph aller guten Teilnehmer zusammenhängend ist [Chau_88].

(In [Chau_88] wurde die Zuverlässigkeit der Verteilung nur implizit vorausgesetzt; die Notwendigkeit der Konsistenz der Verteilung für die Unbeobachtbarkeit wurde in [Waid_90, WaPf_89] gezeigt.[3])

Reservierung: Der Zugriff auf den additiven Kanal des DC-Protokolls muß durch ein *Mehrfachzugriffs-protokoll* geregelt werden, das die Unbeobachtbarkeit erhält [BoBo_90, Chau_88, Pfit_85, Pfit_90]. Unsere Protokolle zur Gewährleistung von Robustheit setzen eine *Reservierungstechnik* voraus: Eine feste Anzahl von Zeichen wird zu einer **Nachricht** zusammengefaßt. Jede Nachricht wird in aufeinanderfolgenden Runden übertragen, die zusammen einen **Slot** bilden. Einer Anzahl von Slots geht eine Reservierungsphase voran.

Wesentlich zum Verständnis des folgenden sind zwei Reservierungstechniken: Sei jeweils R die Anzahl der durch eine Reservierungsphase zu reservierenden Slots.

1. Reservierungsleistentechnik: In der einfacheren Variante wird $F = Z_2$ vorausgesetzt[4] [Chau_88]. Eine Reservierungsphase besteht aus R^2 Runden, genannt *Reservierungsrunden*. Für jede zu reservierende Nachricht wählt ein Teilnehmer zufällig einen Index $x \in \{1, ..., R^2\}$ einer der R^2 folgenden Reservierungs-runden. In allen so ausgewählten Reservierungsrunden verwendet er das Nachrichtenzeichen 1, in allen anderen 0. Der Reservierungsphase folgen so viele Slots, wie es Reservierungsrunden mit globaler Summe 1 gab. Hatte ein Teilnehmer in der r-ten unter den Reservierungsrunden mit globaler Summe 1 eine 1 gesendet, so gilt der r-te nachfolgende Slot als für ihn reserviert.

Verwendet man statt $F = Z_2$ die Gruppe $F = Z_R$, so werden *Reservierungskollisionen* deterministisch erkannt [Pfit_85]. (Bei Z_2 wird z.B. nicht bemerkt, wenn drei Teilnehmer denselben Slot reserviert haben.)

2. Überlagerndes Empfangen nach BOS und DEN BOER [BoBo_90][5]: Sei $F = GF(p)$[6], p prim und $p > R$. Eine Reservierungsphase besteht aus R Reservierungsrunden. Um einen Slot zu reservieren, wählt ein Teilnehmer zufällig ein Nachrichtenzeichen aus F, genannt *Reservierungsnachricht*. In der r-ten Reservierungsrunde sendet jeder Teilnehmer die r-te Potenz seiner Reservierungsnachrichten. Aus den damit übertragenen R Potenzsummen kann die Menge aller Reservierungsnachrichten (mit den richtigen Vielfachheiten) berechnet werden. Die arithmetische Ordnung der Reservierungsnachrichten bestimmt die Reihenfolge, in der die nachfolgenden R Slots für die einzelnen Teilnehmer reserviert sind. Die Wahrscheinlichkeit von Reservierungskollisionen wird durch Wahl eines großen Körpers exponentiell klein.

Nutzung eines DC-Netzes: Zur sinnvollen Nutzung des DC-Protokolls benötigt man Verfahren zur *impliziten Adressierung* [PfPW_88, Pfit_90]: Durch sie kann eine Nachricht so codiert werden, daß nur der intendierte Empfänger sie lesen und als an ihn adressiert erkennen kann (N.B.: alle Nachrichten werden verteilt!).

Die implizite Adressierung und erst recht alle „höheren" Protokolle (z.B. wie sich für manche Zwecke die Kommunikationspartner doch wieder identifizieren können) sind von den folgenden Protokollen *unabhängig*, so daß sie nicht betrachtet werden.

1.3 Probleme und Überblick

Das DC-Protokoll hat zwei offensichtliche Schwachstellen, die gemeinsam im folgenden weitgehend beseitigt werden:

---

[3] In [Waid_90, WaPf_89, LuPW_90] sind Erweiterungen des DC-Protokolls beschrieben, die ohne zuverlässige Verteilung auskommen, also Unbeobachtbarkeit ohne jede Annahme garantieren. Diese Erweiterungen sind jedoch mit Robustheit nicht vereinbar.

[4] Z_k für $k \in \mathbb{N}$ bezeichnet eine zyklische Gruppe der Ordnung k. Z_k kann interpretiert werden als Menge $\{0,1, ..., k{-}1\}$ mit der üblichen Addition modulo k als Gruppenoperation.

[5] Eine algorithmisch einfachere Technik zum überlagernden Empfangen ist in [Pfit_90] beschrieben; für unsere Zwecke ist diese allerdings weniger gut geeignet.

[6] $GF(p)$ bezeichnet einen endlichen Körper (GALOIS-Feld) mit p Elementen. Ist p prim, so kann $GF(p)$ interpretiert werden als Menge $\{0,1, ..., p{-}1\}$ mit der üblichen Addition und Multiplikation modulo p.

1. Robustheit: Jeder Teilnehmer kann das DC-Protokoll unbeobachtbar und dauerhaft *stören*, indem er z.B. für die Runden der von anderen Teilnehmern reservierten Slots statt, wie vorgeschrieben, $M_i^r = 0$ ein zufällig gewähltes Nachrichtenzeichen verwendet.

In [Chau_88 §2.5] wurde bereits ein Protokoll skizziert, das Unbeobachtbarkeit unter der Annahme zuverlässiger Verteilung garantieren sollte, und Robustheit, wenn der Angreifer zusätzlich kryptographisch beschränkt ist. In §2.1 wiederholen wir kurz dieses Verfahren. Wir zeigen, daß es einige Änderungen und Verfeinerungen benötigt, bevor es sicher ist (selbst unter der Annahme zuverlässiger Verteilung). Wir diskutieren einige davon und schlagen in §2.2 ein verbessertes **Fallenprotokoll** vor.

2. Zuverlässige Verteilung: Die Unbeobachtbarkeit des Empfangens wie auch die Fallenprotokolle zur Gewährleistung der Robustheit setzen *zuverlässige Verteilung* voraus. Diese Annahme wird in §3 beseitigt.

Zunächst (§3.1) betrachten wir, was erreicht wird, wenn zuverlässige Verteilung wie üblich durch Byzantinische Übereinstimmung implementiert wird. Die Unbeobachtbarkeit bleibt dabei aber bedingt.

In §3.2 stellen wir zunächst ein Protokoll zur **robusten fail-stop Byzantinischen Übereinstimmung** vor, d.h. ein kryptographisch sicheres Protokoll für zuverlässige Verteilung mit folgender zusätzlichen Eigenschaft: Sobald ein Angreifer über unerwartet große Berechnungsfähigkeiten verfügt und die Übereinstimmung stört, erkennen alle anderen Teilnehmer dies. Dieses Protokoll wird mit dem Fallenprotokoll kombiniert. So erhalten wir Unbeobachtbarkeit ausschließlich unter der Annahme, daß der Angreifer gute Teilnehmer nicht am kommunizieren auf dem zugrundeliegenden Netz hindern kann, und Robustheit, wenn der Angreifer zusätzlich kryptographisch beschränkt ist.

Im Anhang beschreiben wir, aufbauend auf der robusten fail-stop Byzantinischen Übereinstimmung, erstmals ein Protokoll zur **adaptiven Byzantinischen Übereinstimmung**; diese gewährleistet zuverlässige Verteilung, außer wenn der Angreifer sowohl mindestens ein Drittel (bzw. die Hälfte) aller Teilnehmer kontrolliert als auch Signaturen fälschen kann.

Große Teile des folgenden sind ausführlicher in [WaPf_89] beschrieben.

2 Unbeobachtbarkeit mit kryptographischer Robustheit unter der Annahme zuverlässiger Verteilung

Eine Störung des DC-Protokolls kann nicht verhindert werden. Man kann daher nur versuchen, Angreifer im nachhinein zu lokalisieren und von der weiteren Teilnahme am DC-Protokoll auszuschließen[7]. **Robustheit** heißt daher, daß die vom Angreifer kontrollierten, störenden Teilnehmer nach einer begrenzten Anzahl von Störungen mit großer Wahrscheinlichkeit vom DC-Protokoll ausgeschlossen werden.

Durch Verfahren zur Gewährleistung von Robustheit darf die Unbeobachtbarkeit nicht verringert werden. Insbesondere darf kein guter Teilnehmer als Sender oder Empfänger einer (echten) Nachricht identifiziert werden, und kein guter Teilnehmer darf vom DC-Protokoll ausgeschlossen werden (denn hierdurch würde sich zumindest die Unbeobachtbarkeit der übrigen Teilnehmer verringern).

In [Chau_88 §2.5] wurde ein Protokoll vorgeschlagen, das in diesem Sinne kryptographische Robustheit unter Verwendung eines zuverlässigen Verteilnetzes garantieren sollte. In §2.1 wird dieses Protokoll kurz beschrieben und begründet, weshalb es in der ursprünglichen Version unsicher ist. §2.2 beschreibt eine

---

7   Im folgenden werden wir stets annehmen, daß störende Teilnehmer dies mit Absicht tun, also Angreifer sind. Die Ursache für eine Störung kann aber auch ein Fehler sein. Einerseits sollte deshalb in der Praxis ein als Störer identifizierter Teilnehmer nicht sofort vom Protokoll ausgeschlossen werden, sondern man sollte eine Fehlerbehebung versuchen und ihm zumindest eine zweite Chance geben. Andererseits sollten Fehler möglichst bereits in Ebenen unter dem DC-Protokoll toleriert werden [Pfit_85, Pfit_90].

Verbesserung dieses Protokolls (und enthält auch viele Teile, die das ursprüngliche Protokoll ebenfalls benötigen würde.)

Generalannahmen: In diesem Kapitel nehmen wir durchweg an, daß Nachrichten *zuverlässig* verteilt werden, d.h. kein Angreifer kann Konsistenz oder Korrektheit der Verteilung manipulieren.

Wie realistisch diese Annahme ist oder gemacht werden kann, wird in §3.1 diskutiert. „P_i veröffentlicht N" bedeutet, daß P_i die Nachricht N zuverlässig an alle anderen Teilnehmer verteilt.

Für die Unbeobachtbarkeit werden keine weiteren Annahmen gemacht, für die Robustheit wird jedoch ein kryptographisch beschränkter Angreifer angenommen. In gewissem Sinne sind also *zwei verschiedene Angreifer* gleichzeitig zu betrachten!

2.1 Das ursprüngliche Fallenprotokoll nach CHAUM

Könnte man beliebige Runden des DC-Protokolls öffentlich nachrechnen, „aufdecken", so wäre die Lokalisierung von Störern recht einfach. Dies ist für *sensitive* Runden (etwa Teile echter Nachrichten) mit der Unbeobachtbarkeit natürlich unvereinbar. *Nichtsensitive* Runden könnte man hingegen gefahrlos aufdecken. Man müßte daher zugleich

- nach einer Störung sensitive und nichtsensitive Runden sicher voneinander unterscheiden, und
- verhindern können, daß ein Angreifer gezielt nur sensitive Runden stört.

Die Lösung dieser Probleme beruht darauf, daß gute Teilnehmer gezielt nichtsensitive Nachrichten, **Fallen**, senden, die für alle anderen Teilnehmer von echten, sensitiven Nachrichten nicht zu unterscheiden sind, für die aber nach einer Störung ein eindeutiger Beweis ihrer Nichtsensitivität erbracht werden kann [Chau_88]. Alle folgenden Protokolle zur Gewährleistung der Robustheit basieren auf dieser Idee, weshalb sie kurz **Fallenprotokolle** genannt werden.

Ein erstes Fallenprotokoll wurde in [Chau_88 §2.5] skizziert. Es sollte kryptographische Robustheit gewährleisten. Robustheit und Unbeobachtbarkeit setzten zuverlässige Verteilung voraus.

Ursprüngliches Fallenprotokoll: Damit man eine Basis zum öffentlichen Nachrechnen von DC-Runden hat, werden alle Ausgaben zuverlässig verteilt. Vorausgesetzt wird die Reservierungsleistentechnik mit $F = Z_2$ (vgl. §1.2). Jeder Teilnehmer P_i reserviert in jeder Reservierungsphase genau einen Slot. Vor jeder Reservierungsphase entscheidet er, ob er diesen Slot für eine wirkliche Nachricht oder eine Falle verwenden will. Entscheidet er sich für eine Falle und hat Index x für die Reservierung gewählt, so wählt er eine beliebige Nachricht y und veröffentlicht verschlüsselt die Nachricht (x, y)[8]. Dies wird eine **Fallenankündigung** genannt. Im Slot, der zum Index x gehört, sendet er dann die Nachricht y.

Vor jeder Runde legt sich jeder Teilnehmer auf seine Ausgabe fest, bevor er sie veröffentlicht (genauer vgl. §2.2). Dies verhindert, daß böse Teilnehmer ihre Ausgaben abhängig von den Ausgaben anderer Teilnehmer wählen.

Wenn die von P_i gestellte Falle gestört wird, veröffentlicht P_i einen **Fallenbeweis**, d.h. die Nachricht (x, y) im Klartext, zusammen mit dem verwendeten Schlüssel (und ggf. die bei der Verschlüsselung verwendeten Zufallszahlen [GoMi_84]), und der Angreifer wird in allen Runden der Falle *verfolgt*:

Aufdecken einer Runde: Wird eine Runde r aufgedeckt, so veröffentlicht jeder Teilnehmer P_i sein Nachrichtenzeichen M_i^r und alle Schlüssel K_{ij}^r. Die Summe kann mit seiner öffentlich bekannten Ausgabe O_i^r verglichen werden.

Angenommen, der böse Teilnehmer P_a habe gestört. Gibt P_a sich selbst als böse zu erkennen, z.B. indem seine Summe nicht „paßt", oder indem er nichts oder sein tatsächlich verwendetes, aber nicht erlaubtes Nachrichtenzeichen M_a^r veröffentlicht, so wird er von der weiteren Teilnahme am DC-Protokoll *ausgeschlossen*. Möchte er sich nicht direkt verraten, so muß er (damit seine Ausgabe O_a^r stimmt)

---

[8] Man kann dies als eine kompakte Form der Nachricht „Ich werde den durch Index x reservierten Slot verwenden, um eine Falle y zu senden" deuten.

mindestens einen Schlüssel $K_{ai}{}^r$ falsch angeben. Ist P_i gut, so wird dies wegen $K_{ai}{}^r \neq K_{ia}{}^r$ entdeckt und der Schlüssel, der dem Angreifer ohnehin bereits bekannt ist, wird aus dem Schlüsselgraphen *entfernt*. Ist P_i ebenfalls böse, so kann er zwar P_a decken, muß dann aber selbst sein Nachrichtenzeichen oder einen Schlüssel abändern. Letztendlich wird stets entweder ein böser Teilnehmer ausgeschlossen, oder ein Schlüssel eines bösen Teilnehmers entfernt.

Ist der Schlüsselgraph nach einem Angriff partitioniert, so wird das DC-Protokoll in den einzelnen Partitionen jeweils getrennt ausgeführt. (Da Schlüssel zwischen guten Teilnehmern nie entfernt werden, befinden sich alle guten Teilnehmer stets in einer Partition!) Da der Angreifer nur eine beschränkte Anzahl von Schlüsselpaaren und Teilnehmern hat, nimmt spätestens nach dieser Anzahl von verfolgten Angriffen kein Angreifer mehr am DC-Protokoll der guten Teilnehmer teil.

Wegen der Annahme zuverlässiger Verteilung kann jeder gute Teilnehmer lokal über das Entfernen von Schlüsseln und den Ausschluß von Teilnehmern entscheiden, und wird zu demselben Ergebnis kommen wie alle anderen guten Teilnehmer.

Das Aufdeckprotokoll wird unverändert auch in den folgenden verbesserten Fallenprotokollen verwendet. Das ursprüngliche Fallenprotokoll selbst ist jedoch unsicher:

Kamikazeangriff auf das Fallenprotokoll: Selbst ein kryptographisch beschränkter Angreifer kann einen Fallenbeweis für einen beliebigen Slot, den er nicht reserviert hat, fälschen:

Dazu veröffentlicht er die erforderliche verschlüsselte Nachricht (x, y), aber *ohne* den zu x gehörenden Slot s_x zu reservieren. Da eine Reservierungsleiste der Länge n^2 verwendet wird, wird mit Wahrscheinlichkeit $\approx 1/n$ ein guter Teilnehmer den Index x tatsächlich verwenden. In diesem Fall sendet der Angreifer in Slot s_x die angekündigte Nachricht y. (Man beachte, daß der Angreifer die Nachricht y^* des rechtmäßigen Benutzers leicht aus den globalen Summen S des Slots und y berechnen kann: $y^* = S - y$.) Hernach veröffentlicht er seinen Fallenbeweis für Slot s_x, und der rechtmäßige Benutzer wird identifiziert und als vermeintlicher Angreifer ausgeschlossen! Veröffentlicht auch der rechtmäßige Benutzer einen Fallenbeweis, so ist zwar klar, daß einer der beiden Veröffentlicher ein Angreifer war, nicht aber, wer.

Der Name *Kamikazeangriff* rührt daher, daß durch einige naheliegende Ergänzungen des Aufdeckprotokolls nach jedem Angriff wenigstens ein böser Teilnehmer ausgeschlossen oder ein sinnloser Schlüssel entfernt wird. Der Angreifer kann dann zwar immer noch gute Teilnehmer identifizieren, schließt sich damit aber nach und nach selbst aus [WaPf_89].

DAVID CHAUM schlug [in einer Diskussion am 12.4.1989 über den Inhalt von §2] vor, den Kamikazecharakter des Angriffs noch dadurch zu erhöhen, daß *jede* Fallenankündigung geöffnet werden muß. Hatte ein Angreifer eine Fallenankündigung für einen von niemandem genutzten Slot veröffentlicht, so wird er entdeckt und ausgeschlossen.

Andere Reservierungstechnik: Ein analoger Kamikazeangriff ist auch dann möglich, wenn statt einer Reservierungsleistentechnik überlagerndes Empfangen [BoBo_90, Pfit_90] (vgl. §1.2) verwendet wird. Der Index x muß nur überall durch eine Reservierungsnachricht x ersetzt werden.

Der Angriff ist hier allerdings weitaus weniger gefährlich, da die Wahrscheinlichkeit, daß ein guter Teilnehmer gerade die Reservierungsnachricht x des Angreifers wählen wird, exponentiell klein ist in der Länge der Reservierungsphase.

Direkte Verbesserung des Protokolls: Wird überlagerndes Empfangen verwendet und werden zusätzlich einige der Teile und Verfeinerungen des Fallenprotokolls aus §2.2 übernommen, so entsteht ein Protokoll, das etwa so gut und effizient ist wie das in §2.2, außer daß immer eine sehr kleine Wahrscheinlichkeit besteht, daß der Sender einer Nachricht identifiziert wird.

Übernommen werden müßte im wesentlichen: 1. Jeder Teilnehmer muß eine feste Anzahl > 1 von Slots reservieren und davon einen festen Anteil für Fallen nutzen (vgl. 2. in §2.2.2), da ansonsten nach jeder Sendephase, wenn Ankündigungen gestörter Fallen geöffnet wurden, klar ist, daß die sensitiven Nachrichten dieser Phase nicht von den Fallenstellern gesendet wurden. 2. Die Fallenankündigungen dürfen (im Gegensatz zu dem Vorschlag in [Chau_88]) nur eindeutig geöffnet werden können (vgl. 3. in §2.2.2). Andernfalls könnte ein kryptographisch unbeschränkter Angreifer seine Fallenankündigungen so öffnen, daß sie die Falle für einen Slot ankündigen, den ein guter Teilnehmer reserviert hat, denn zur Zeit des Öffnens hat er die Reservierungen gesehen.

Das verbesserte Fallenprotokoll in §2.2 vermeidet selbst die kleine Erfolgswahrscheinlichkeit des Angreifers und kann mit beiden genannten Reservierungstechniken kombiniert werden. Daher verzichten wir auf eine ausführlichere Darstellung dieser Möglichkeit.

2.2 Verbessertes und verfeinertes Fallenprotokoll

Das folgende Fallenprotokoll verhindert den obigen Kamikazeangriff, indem Fallenankündigungen und Fallen besser miteinander verkettet werden. Es enthält auch einige Details, die für das ursprüngliche Fallenprotokoll ebenfalls notwendig gewesen wären. Wir beginnen mit einem kurzen Überblick.

2.2.1 Überblick

Man nehme an, eine der in §1.2 genannten Reservierungstechniken werde verwendet, und es wurden R Slots reserviert. *Jeder* Teilnehmer P_i, der einen Slot s_i reserviert hat, sendet in Slot s_i eine verschlüsselte **Ankündigung**, und in Slot s_i+R eine **Falle** oder eine **Nichtfalle**, d.h. eine wirkliche Nachricht, gemäß seiner Ankündigung (siehe Bild 1).

Fallenankündigungen und Fallen sind daher durch ihre Slotnummern eindeutig verkettet, d.h. der Angreifer kann nicht mehr a priori einen Fallenbeweis für einen Slot fälschen, der von einem anderen Teilnehmer verwendet wird. Wenn Ankündigungen eindeutig sind, d.h. wenn es keine Nachricht gibt, die sowohl eine Falle als auch eine Nichtfalle ankündigen kann, kann der Angreifer Nichtfallenankündigungen nicht zum Initiieren des Aufdeckprotokolls mißbrauchen.

Daher stellt sich das Problem des ursprüngliche Fallenprotokolls hier nicht.

Wir nennen diese drei Phasen des Protokolls **Reservierungsphase**, **Ankündigungsphase** und **Sendephase**.

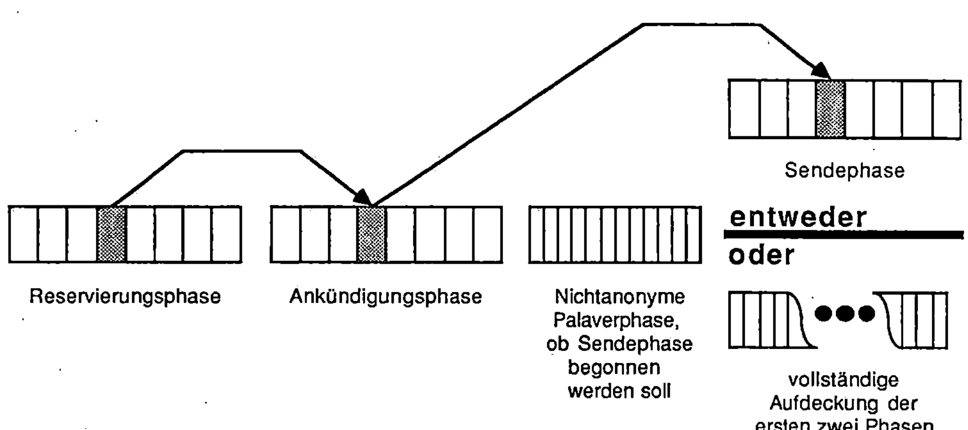

Bild 1   Phasen des verbesserten Protokolls.

Das Reservierungs- und Ankündigungsverhalten der Teilnehmer wird unabhängig von ihren wirklichen Sendewünschen gestaltet (wie in [Chau_88]), so daß die ersten zwei Phasen *vor* Beginn der Sendephase ohne Verlust an Unbeobachtbarkeit aufgedeckt werden können. Vor der Sendephase wird daher eine nichtanonyme **Palaverphase** eingeschoben, in der jeder Teilnehmer eine Störung der ersten beiden Phasen anzeigen und damit den Beginn der Sendephase verhindern kann. Störungen während der Sendephase werden nur aufgedeckt, wenn der passende Fallenbeweis gezeigt wird.

2.2.2 Das Protokoll

0. Allgemeine Ausschlußregel: Ein Teilnehmer, der eine erwartete Nachricht nicht sendet, wird von der weiteren Teilnahme am Protokoll ausgeschlossen.

1. Ausgabenfestlegung: Alle Ausgaben werden wieder *zuverlässig* verteilt. Für manche Runden ist aber zusätzlich wünschenswert, daß die Ausgaben aller Teilnehmer *gleichzeitig* erfolgen: Angenommen, ein böser Teilnehmer erhält die Ausgaben aller anderen Teilnehmer, schon *bevor* er seine eigene Ausgabe veröffentlicht. Er kann dann leicht die korrekte globale Summe berechnen und z.B. die Sendephase durch Zerstören aller offensichtlich sensitiven Nachrichten stören [Chau_88]. (Offensichtlich sensitiv sind z.B. alle Nachrichten, die an böse Teilnehmer adressiert sind. Ob eine Nachricht an einen bösen Teilnehmer adressiert ist, kann bei vielen Adressierungsschemata bereits nach den ersten Runden des sie enthaltenden Slots festgestellt werden.)

Folglich muß sich jeder Teilnehmer auf seine lokale Ausgabe O_i^r für mehrere Runden r festlegen, bevor er die Ausgaben anderer Teilnehmer für irgendwelche dieser Runden erfährt. Diese Festlegung geschieht mittels eines kryptographisch sicheren **Festlegschemas** (*commitment scheme* [BrCC_88], vgl. auch 3.):

Vor Beginn der Kommunikation wählt sich jeder Teilnehmer ein solches Festlegschema. Zur Ausgabenfestlegung veröffentlichen in einer ersten Phase nacheinander alle Teilnehmer ihre Festlegung. In einer zweiten Phase werden die Festlegungen dann in umgekehrter Reihenfolge[9] geöffnet und somit die Ausgaben O_i^r veröffentlicht.

Ein Teilnehmer, dessen Ausgabe nicht seiner Festlegung entspricht, wird als Angreifer ausgeschlossen. Wegen der Annahme zuverlässiger Verteilung kann dies guten Teilnehmern nicht passieren.

2. Reservierungsphase: Um zu ermöglichen, die ersten beiden Phasen vor Beginn der Sendephase ohne Unbeobachtbarkeitsverlust aufzudecken, darf kein Teilnehmer während dieser Phasen sensitive Information verwenden. Das Reservierungsverhalten muß daher unabhängig von den wirklichen Sendewünschen der Teilnehmer sein: Jeder Teilnehmer muß in jeder Reservierungsphase eine feste Anzahl u von Slots reservieren, von denen ein fester Anteil μ für Fallen verwendet wird. (Es sind auch etwas flexiblere Regeln denkbar [WaPf_89].)

Bei allen bekannten Reservierungstechniken (vgl. §1.2) versuchen mit einer gewissen Wahrscheinlichkeit zwei oder mehr Teilnehmer, denselben Slot zu reservieren, d.h. es können *Reservierungskollisionen* auftreten. Am sinnvollsten erscheint die Verwendung von überlagerndem Empfangen nach [BoBo_90], da hier die Wahrscheinlichkeit für Reservierungskollisionen beliebig klein gemacht werden kann.

Um zu verhindern, daß der Angreifer gezielt Reservierungskollisionen mit guten Teilnehmern verursacht, müssen sich alle Teilnehmer vor der Reservierungsphase zunächst auf ihre *gesamten* Ausgaben in der Reservierungsphase festlegen (vgl. 1.)[10]. Verwenden wider Erwarten doch zwei Teilnehmer dieselbe Reservierungsnachricht, so wird dies ignoriert, d.h. mehrfach verwendete Reservierungsnachrichten führen zu keiner Reservierung. Verwenden böse Teilnehmer dieselben Reservierungsnachrichten, so schaden sie sich damit nur selbst.

---

[9] Die umgekehrte Reihenfolge garantiert, daß ein Teilnehmer seine eigene Festlegung unabhängig von den Ausgaben der anderen Teilnehmer getroffen haben muß. Werden Festlegungen in derselben Reihenfolge getroffen und geöffnet, so wäre es denkbar, daß ein böser Teilnehmer seine Festlegung aus derjenigen eines anderen Teilnehmers so berechnen kann, daß z.B. die Summe der beiden damit festgelegten Ausgaben gerade 0 ergibt und er seine berechnete Festlegung, *nachdem* sein „Vorbild" geöffnet wurde, ebenfalls öffnen kann.

[10] Aus diesem Grunde ist das in [Pfit_90] beschriebene überlagernde Empfangen für unsere Zwecke weniger geeignet: dort ergeben sich die R Reservierungsrunden durch ein *interaktives* Protokoll, so daß es unmöglich ist, die Ausgaben der r-ten Reservierungsrunde festzulegen, bevor die globale Summe der $(r{-}1)$-ten bekannt ist.

Die Reservierungsleistentechnik mit $F = Z_2$ ermöglicht spezielle Angriffe (ähnlich §2.1). Daher sollte diese Technik nicht verwendet werden, wenn man verlangt, daß gute Teilnehmer *niemals* als Angreifer betrachtet und ausgeschlossen werden [WaPf_89].

Reservierungsphasen mit *unmöglichem Ergebnis* (d.h. einem, das unter guten Teilnehmern nicht auftreten könnte) können aufgedeckt werden. Hierfür prüft jeder Teilnehmer bei Verwendung

- der *Reservierungsleistentechnik* mit einer großen Gruppe [Pfit_85]: Wurden insgesamt genau $u \cdot n$ Reservierungsversuche vorgenommen?
- des *überlagernden Empfangens*: Hat der Teilnehmer seine eigenen Reservierungsnachrichten korrekt wieder empfangen?

Eine gefundene Störung wird in der Palaverphase angezeigt.

Zeigt einer dieser Tests einen Fehler an, so wird beim Aufdecken mit Sicherheit (unbedingt) eine Protokollabweichung gefunden. Wird keine Protokollabweichung gefunden, so war jeder Teilnehmer, der eine Störung anzeigte, böse und kann ausgeschlossen werden. Dies verhindert, daß der Angreifer es nie zu einer Sendephase kommen läßt.

3. Ankündigungsphase: Ankündigungen werden wiederum durch ein Festlegschema implementiert [BrCC_88], d.h. der Teilnehmer muß sich öffentlich auf einen der Werte „Falle" oder „Nichtfalle" festlegen (codiert durch {0,1}). Im Gegensatz zur Ausgabenfestlegung hat hier die Sicherheit des für die Ankündigungen verwendeten Festlegschemas Auswirkungen nicht nur auf die Robustheit, sondern auch auf die Unbeobachtbarkeit: Wenn ein Angreifer eine Nichtfallenankündigung eines anderen Teilnehmers als Fallenankündigung öffnen könnte, könnte er erreichen, daß der Sender einer beliebigen sensitiven Nachricht identifiziert wird.

Daher muß ein Festlegschema verwendet werden, bei dem jede Ankündigung selbst durch einen kryptographisch unbeschränkten Angreifer nur auf eine Weise geöffnet werden kann (dies heißt in [BrCC_88] „sicher für den Verifizierer"). Die Ununterscheidbarkeit von Fallen- und Nichtfallenankündigungen ist damit zwangsläufig nur kryptographisch sicher.

Wer welches Festlegschema verwendet, darf den ankündigenden Teilnehmer natürlich nicht verraten (im Gegensatz zur Ausgabenfestlegung, wo der Urheber einer Ausgabe ja bekannt sein *soll*). Um dies zu erreichen, gibt es verschiedene Möglichkeiten:

i. Für jede Ankündigung muß der Ankündiger ein neues Festlegschema wählen. Üblicherweise heißt dies aber, daß vor jeder Ankündigung ein recht aufwendiger Erzeugungsalgorithmus (der z.B. zufällig zwei Primzahlen einer vorgegebenen Länge bestimmt und miteinander multipliziert) ausgeführt werden muß.

ii. Für alle Ankündigungen aller Teilnehmer wird ein einziges Festlegschema gewählt. Die Geheimhaltung der Festlegung ist jedoch meist nur sicher gegenüber Teilnehmern, die die Erzeugung des Schemas nicht beobachten konnten (z.B. der im obigen Beispiel die gefundenen Primzahlen vor ihrer Multiplikation nicht sah). Damit scheiden die meisten Schemata aus (möchte man nicht auf sehr aufwendige Verfahren zur *gemeinsamen* Erzeugung zurückgreifen [ChDG_88], analog wie in [PfWa_90]). Übrig bleiben etwa Schemata, deren Geheimhaltungsfähigkeit auf dem Problem des diskreten Logarithmus beruht [BrCC_88 §6.2.2].

iii. Jeder Teilnehmer wählt vor Beginn der Kommunikation jeweils ein Festlegschema. Für alle Ankündigungen werden alle n Festlegschemata verwendet: Um sich auf $b \in \{0,1\}$ festzulegen, wird b zufällig zerlegt in $b = b_1 + \ldots + b_n$ ($b_i \in \{0,1\}$) und sodann mit dem k-ten Festlegschema eine Festlegung auf b_k vorgenommen. Dies ver-n-facht allerdings den Rechen- und Nachrichtenaufwand je Ankündigung.

Für die i. und iii. Möglichkeit kann ein beliebiges Festlegschema der geforderten Art verwendet werden, etwa eines, dessen Sicherheit auf der Faktorisierungsannahme beruht. Ein solches gewinnt man etwa aus dem (asymmetrischen) probabilistischen Kryptosystem aus [BlGo_84]:

Die *Auswahl* eines Festlegschemas besteht in der Auswahl eines Chiffrierschlüssels c, der öffentlich bekannt gegeben wird. Die *Festlegung* auf x geschieht, indem x verschlüsselt und die Verschlüsselung

$c(r,x)$ zusammen mit dem Schlüssel c (falls dieser nicht schon bekannt ist) bekannt gegeben wird, wobei r die bei der Verschlüsselung verwendeten Zufallszahlen bezeichne. Die Festlegung wird *geöffnet*, indem (r, x) bekannt gegeben wird [GMW_87]. Da die Entschlüsselung eindeutig ist, kann eine Festlegung $c(r,x)$ wie gefordert nur auf eine Art geöffnet werden.

Dasselbe Festlegschema kann dann auch für die Ausgabenfestlegung verwendet werden.

Die Ankündigungsphase muß nicht durch Ausgabenfestlegung geschützt werden. Jeder gute Teilnehmer P_i, dessen Ankündigung gestört wurde, zeigt dies in der Palaverphase an. Da P_i den entsprechenden Slot reserviert hat, kann er sein Recht, den Slot zu verwenden, während des Aufdeckens der Reservierungsphase beweisen.

4. Palaverphase: Jeder Teilnehmer, der eine Störung der ersten beiden Phasen feststellte, zeigt dies nicht-anonym allen anderen an. (Es genügt, daß in einer festen Reihenfolge jeder Teilnehmer jeweils ein Bit veröffentlicht. Eine 0 stehe für „keine Störung", eine 1 für „Störung".)

5. Aufdecken der Reservierungs- und Ankündigungsphase: Zeigte in der Palaverphase wenigstens ein Teilnehmer eine Störung an, so werden alle Runden der ersten beiden Phasen aufgedeckt (vgl. §2.1) und jeder Teilnehmer prüft lokal das Verhalten jedes anderen Teilnehmers nach: Zuerst werden die Regeln des überlagernden Sendens, dann die Regeln des Reservierungs- und Ankündigungsprotokolls geprüft.

Nach jeder Störung wird entweder ein Schlüssel aus dem Schlüsselgraphen entfernt oder ein böser Teilnehmer ausgeschlossen. Wird keine Protokollabweichung festgestellt, so sind alle Teilnehmer, die eine Störung anzeigten, böse und werden ausgeschlossen. Wegen des zuverlässigen Verteilnetzes, und weil das Verfolgen des Angreifers deterministisch erfolgt, gelangen alle guten Teilnehmer zum selben Ergebnis.

6. Sendephase: Zeigte in der Palaverphase *kein* Teilnehmer eine Störung an, so werden nun entsprechend der Reservierungsphase die Nachrichtenslots verwendet. Wird ein Slot für eine Falle genutzt, so wählen alle, auch der rechtmäßige Benutzer, für alle Runden der Falle als Nachrichtenzeichen die 0. Um zu verhindern, daß der Angreifer anhand eines Teils eines Slots Nachrichten von Fallen unterscheiden kann, werden alle Slots durch Ausgabenfestlegung geschützt. Die Festlegung erfolgt stets für einen ganzen Slot im voraus.

7. Aufdecken von Fallen: In einer weiteren Palaverphase veröffentlicht jeder Teilnehmer die Zahl ($\in \{0, ..., \mu \cdot u\}$) seiner gestörten Fallen und reserviert damit ggf. den zum Aufdecken seiner gestörten Fallen benötigten Bandbreitenanteil. Nacheinander öffnen die Fallensteller die entsprechenden Fallenankündigungen und überzeugen damit alle guten Teilnehmer zweifelsfrei davon, daß alle Runden der entsprechenden Slots aufgedeckt werden können.

Da alle Teilnehmer in einer Falle stets eine 0 senden mußten, bereitet das Aufdecken einer Falle keine Probleme.[11] Wird kein Fehlverhalten festgestellt, so wird der Teilnehmer ausgeschlossen, der die Fallenankündigung öffnete.

Fazit: Wenn ein störender Angreifer nicht die Ausgabenfestlegung „entschlüsseln" und Fallen- und Nichtfallenankündigungen unterscheiden kann, so wird er nach einer Störung mit der Wahrscheinlichkeit μ bestraft. Ein geeignetes Festlegschema existiert z.B. unter der Faktorisierungsannahme.[12]

---

[11] Sendet der rechtmäßige Benutzer in seiner Falle statt 0 eine beliebige Nachricht, so muß man zwischen ihm und dem Angreifer unterscheiden (beide haben in der Falle etwas gesendet, und es ist keineswegs sicher, daß derjenige Teilnehmer, der eine Fallenankündigung öffnet, der Fallensteller ist). Wurde eine Reservierungsleistentechnik verwendet, so kann man hierzu einfach die Reservierung der Falle aufdecken. Wird überlagerndes Empfangen verwendet, so muß statt dessen der entsprechende Teil der Ankündigungphase aufgedeckt werden.

[12] Unser Verfahren kann so modifiziert werden, daß es sowohl Unbeobachtbarkeit als auch Robustheit entweder deterministisch unter der Annahme $t < n/3$ [WaPf_89], oder mit exponentiell kleiner Fehlerwahrscheinlichkeit unter der Annahme $t < n/2$ garantiert. Dazu muß man die Ausgabenfestlegung durch *simultane Verteilung* [CGMA_85] ersetzen und das kryptographisch sichere Festlegschema durch ein nichtkryptographisch sicheres. Beides kann für $t < n/3$ deterministisch mit der Technik aus [BeGW_88] und für $t < n/2$ probabilistisch mit der Technik aus [RaBe_89] erreicht werden. Da ein

Im Gegensatz zum ursprünglichen Protokoll in §2.1 wird die Unbeobachtbarkeit deterministisch garantiert, d.h. ein Angreifer hat keinerlei Chance, die Unbeobachtbarkeit zu gefährden.

3   Beseitigen der Annahme zuverlässiger Verteilung

Wird das in §2.2 beschriebene Protokoll in einem *unzuverlässigen* Verteilnetz angewendet, z.B. in einem Sternnetz mit nicht-vertrauenswürdiger Zentrale, so ist die Unbeobachtbarkeit verloren:

Kann der Angreifer gezielt eine Nachricht nur an einen beliebigen Teil der guten Teilnehmer verteilen, so kann er am Auftreten oder Ausbleiben einer Reaktion erkennen, in welchem Teil sich der Empfänger dieser Nachricht befindet. Durch höchstens $\lceil \mathrm{ld}(n) \rceil$-maliges Halbieren der Menge der guten Teilnehmer kann der Empfänger vollständig identifiziert werden [Waid_90, WaPf_89].

Kann ein Angreifer die Ausgabe eines guten Teilnehmers fälschen, so kann er das Aufdeckprotokoll (§2.1, bzw. 5. oder 7. in §2.2.2) verwenden, um diesen auszuschließen oder zumindest einen Schlüssel, den dieser mit einem anderen guten Teilnehmer gemeinsam hat, zu entfernen (das hatten die jungen Kryptographen vergessen). Selbst ein Gericht, das als eine sehr langsame Implementierung eines zuverlässigen Verteilnetzes betrachtet werden kann, kann im nachhinein ursprüngliche und gefälschte Nachrichten nicht voneinander unterscheiden.

Im folgenden werden einige Verfahren diskutiert, um Unbeobachtbarkeit und Robustheit ohne die Annahme zuverlässiger Verteilung miteinander zu kombinieren.[13]

In §3.1 diskutieren wir, wie zuverlässige Verteilung direkt physisch oder durch *Byzantinische Übereinstimmungsprotokolle* implementiert werden kann. Die Unbeobachtbarkeit bleibt jeweils „bedingt".

§3.2.1 beschreibt robuste fail-stop Byzantinische Übereinstimmung, eine neue Erweiterung der Byzantinischen Übereinstimmung, mittels derer in §3.2.2 dann Unbeobachtbarkeit unter der **Zusammenhangsannahme** garantiert werden kann, und Robustheit, wenn der Angreifer zusätzlich kryptographisch beschränkt ist.

Die Zusammenhangsannahme besagt, daß jede Nachricht, die ein guter Teilnehmer an einen anderen sendet, nach beschränkter Zeit tatsächlich ankommt. Sie ist eine *notwendige* Voraussetzung für die Unbeobachtbarkeit, falls gleichzeitig Robustheit garantiert werden soll: Wenn ein böser Teilnehmer einfach nichts mehr sendet, müssen für die Robustheit die guten Teilnehmer weiter kommunizieren. Würde nun ein guter Teilnehmer von allen anderen abgeschnitten, so würde auch ohne ihn weiter kommuniziert. Damit würde die Unbeobachtbarkeit aller Teilnehmer eingeschränkt, da er nicht mehr als Sender von Nachrichten in Frage käme.

3.1   Bekannte Techniken zur Implementierung zuverlässiger Verteilung

Physisch zuverlässige Verteilung: Am angenehmsten zur Implementierung des DC-Protokolls wäre natürlich ein physisches Verteilnetz, das ohne weiteres Zutun garantiert, daß kein Angreifer die Konsistenz oder Korrektheit der Verteilung stören kann. Physisch zuverlässige Verteilnetze sind aber nur sehr schwer zu realisieren:

Da im DC-Protokoll permanent zuverlässig verteilt werden muß, benötigt man eine einigermaßen effiziente Implementierung. Prinzipiell scheiden Netze, in denen Nachrichten *aktiv* durch andere Stationen weitergeleitet werden (und dabei verfälscht werden können!), aus. Dies gilt z.B. für ring-, baum- und sternförmige Netze. Die Annahme, jeder Teilnehmer verfüge über einen eigenen Satelliten, ist sicher unrealistisch, so daß höchstens Funknetze und Busse übrigbleiben.

---

unerwartet zahlreicher Angreifer Nichtfallenankündigungen als Fallenankündigungen öffnen kann, garantieren diese Modifikationen keine unbedingte Unbeobachtbarkeit.

[13] In [GMW_87] wurden sehr allgemeine Techniken für „multi-party computations" eingeführt, die natürlich auch zur Implementierung von Sender- und Empfängerunbeobachtbarkeit verwendet werden können [WaPf_89]. Alle bekannten Techniken dieser Art setzen aber ebenfalls ein zuverlässiges Verteilnetz voraus.

Störungen in einem physisch zuverlässigen Verteilnetz müssen mit physischen Mitteln lokalisiert werden, und es muß gesichert werden, daß diese ihrerseits nicht mißbraucht werden können, um die Verteileigenschaft zu stören.

Byzantinische Übereinstimmung: In physisch weniger zuverlässigen Netzen wird zuverlässige Verteilung durch **Byzantinische Übereinstimmungsprotokolle** (BÜPs) [PeSL_80] implementiert.

Unter der Zusammenhangsannahme[14] existieren BÜPs, die

- kryptographisch beschränkte Angreifer tolerieren und daher **kryptographische BÜPs** genannt werden [PeSL_80, DoSt_83], und solche, die
- kryptographisch unbeschränkte, dafür aber anzahlmäßig beschränkte Angreifer tolerieren und daher **nichtkryptographische BÜPs** genannt werden [PeSL_80, DFFL_82, FeMi_88, GoPe_90, BaPW_91].

Welche der zwei möglichen Beschränkungen angenommen wird, muß gewöhnlich a priori entschieden werden. (Im Anhang stellen wir ein neues Protokoll vor, wo dies nicht nötig ist.)

Sei t die Anzahl der bösen Teilnehmer. Alle bekannten kryptographischen BÜPs beruhen auf digitalen Signaturen [DiHe_76]. Sie tolerieren jede Anzahl $t < n$. Durch nichtkryptographische BÜPs kann deterministisch höchstens $t < n/3$ toleriert werden [PeSL_80]. Wenn eine kleine Fehlerwahrscheinlichkeit akzeptabel ist und zuverlässige Verteilung und geheime Kanäle in einer Vorwegphase zur Verfügung stehen, ist sogar $t < n/2$ tolerierbar [BaPW_90]. Für einen Überblick über untere Schranken für BÜ und bekannte Lösungen siehe [Fisc_83, Reis_87, ChDw_89].

3.2 Unbeobachtbarkeit mit kryptographischer Robustheit unter der Zusammenhangsannahme

Das folgende Protokoll garantiert Unbeobachtbarkeit ausschließlich unter der Zusammenhangsannahme (insbesondere ohne Bedingungen an die Anzahl der Angreifer) und kryptographische Robustheit. Wie schon in §2 werden also für Unbeobachtbarkeit und Robustheit zwei unterschiedliche Annahmen gemacht.

Die Grundidee ist, das Protokoll aus §2.2 zu verwenden, die zuverlässige Verteilung aber durch eine spezielle Art von BÜP zu implementieren: In §3.2.1 zeigen wir, wie ein kryptographisches BÜP für $t \leq n-2$ in ein BÜP verwandelt werden kann, das

- BÜ garantiert, falls der Angreifer wie angenommen kryptographisch beschränkt ist, und
- in jedem Fall garantiert, daß alle guten Teilnehmer ihre Teilnahme beenden, sobald die BÜ doch gestört wird.

Wir nennen dies **robuste fail-stop BÜ**.

Treffen die für das Fallenprotokoll (§2.2) und das robuste fail-stop BÜP gemachten kryptographischen Annahmen zu, so sind Robustheit und Unbeobachtbarkeit garantiert. (Im folgenden genügt als einzige kryptographische Annahme die Faktorisierungsannahme.) Trifft jedoch eine verwendete kryptographische Annahme nicht zu, so daß die Robustheit ohnehin nicht mehr garantiert werden kann, so bricht die Kommunikation vollends ab (fail-stop Verhalten), so daß wenigstens die Unbeobachtbarkeit erhalten bleibt (§3.2.2).

3.2.1 Robuste fail-stop Byzantinische Übereinstimmung

Wir konstruieren ein Protokoll für robuste fail-stop BÜ, indem wir drei Änderungen an einem kryptographischen BÜP vornehmen. Der Konkretheit halber verwenden wir das aus [DoSt_83 Theorem 3], im folgenden **DOLEV-STRONG BÜP** genannt; zum Verständnis des folgenden genügt es aber zu wissen, daß es $t \leq n-1$ toleriert, und daß digitale Signaturen darin der einzige auf einer kryptographischen Annahme beruhende Baustein sind.

---

[14] Die Zusammenhangsannahme ist auch eine notwendige Voraussetzung für Byzantinische Übereinstimmung.

1. Änderung: Statt konventioneller digitaler Signaturen werden sogenannte **Fail-stop-Signaturen** verwendet, d.h. digitale Signaturen [DiHe_76, GoMR_88] mit der zusätzlichen Eigenschaft, daß Fälschungen bewiesen werden können [Pfit_89, WaPf_89, PfWa_90, PfWa_91]:

Wie üblich sind unter einer kryptographischen Annahme keine Fälschungen möglich. War die kryptographische Annahme falsch, und empfängt P_i eine angeblich von ihm signierte Nachricht, so kann er mit Wahrscheinlichkeit exponentiell nahe 1 effizient einen **Fälschungsbeweis** berechnen. Die Möglichkeit des Berechnens von Fälschungsbeweisen hängt nicht von kryptographischen Annahmen ab. (Eine Wahrscheinlichkeit heißt exponentiell nahe 1, wenn sie für einen Parameter σ kleiner als $2^{-\sigma}$ ist, während der Aufwand der Algorithmen nur polynomial in σ wächst.)

Ein konkretes Fail-stop-Signatursystem, Verstecksystem genannt, wird in [Pfit_89, PfWa_90, PfWa_91] beschrieben. Es kann so implementiert werden, daß unter der Faktorisierungsannahme keine Signaturen gefälscht werden können. ([PfWa_91] ist in diesem Tagungsband enthalten.)

Die Signatur von Teilnehmer P_j unter den Wert v sei mit $s_j(v)$ bezeichnet.[15]

2. Änderung: Um das DOLEV-STRONG BÜP zu stören, muß der Angreifer wenigstens eine Signatur eines guten Teilnehmers fälschen. Damit dieser einen Fälschungsbeweis bilden und an alle guten Teilnehmer versenden kann, wird das DOLEV-STRONG BÜP (das $n-1$ Phasen hat) um zwei Phasen ergänzt:

<table>
<tr><td colspan="2">1. Ergänzung</td></tr>
<tr><td>[n]</td><td>Jeder Teilnehmer P_j sendet alle Signaturen, die er während der vorigen Phasen empfangen hat, zurück an ihre angeblichen Unterzeichner, d.h. er sendet jedes $s_j(v)$ zurück an P_j.</td></tr>
<tr><td>[n+1]</td><td>Wenn P_j eine gefälschte Signatur $s_j(v)$ empfangen hat, versucht er, einen Fälschungsbeweis zu berechnen. Wenn dies gelingt, sendet er den Fälschungsbeweis an alle anderen Teilnehmer.[16]</td></tr>
<tr><td>[End]</td><td>Wenn P_i keinen Fälschungsbeweis gefunden oder empfangen hat, entscheidet er wie im ursprünglichen DOLEV-STRONG BÜP. Andernfalls entscheidet er „Signaturen gebrochen".</td></tr>
</table>

Solange keine Fälschungsbeweise auftreten (also insbesondere, wenn die für die fail-stop Signaturen verwendete kryptographische Annahme zutrifft), entscheidet sich kein guter Teilnehmer für „Signaturen gebrochen". Die Ergänzung ändert dann nichts am bisherigen DOLEV-STRONG BÜP.

Hat der Angreifer in den ersten $n-1$ Phasen, d.h. während des DOLEV-STRONG BÜPs, Signaturen guter Teilnehmer gefälscht, so erhalten alle guten Teilnehmer in [n+1] einen Fälschungsbeweis und entscheiden sich daher übereinstimmend für „Signaturen gebrochen".

Problematisch ist nur, wenn in Phase [n+1] manche, aber nicht alle guten Teilnehmer einen Fälschungsbeweis erhalten. Dann ist zwar sicher, daß das DOLEV-STRONG BÜP ungestört war und das richtige Ergebnis lieferte (d.h. kein guter Teilnehmer akzeptiert einen falschen Wert), aber die Konsistenz ist nicht gesichert.

---

[15] Das DOLEV-STRONG BÜP verwendet iterierte Signaturen (etwa $s_{i_k}(s_{i_{k-1}}(\ldots s_{i_2}(s_{i_1}(v))\ldots))$). Im Verstecksystem sind Signaturen viel länger als Nachrichten. Der Rechenaufwand beim Signieren und, wenn die Nachrichten so kurz sind, daß sie nicht gehasht zu werden brauchen, auch die Länge der Signaturen, wächst mit der Länge der Nachricht. Es ist somit effizienter, statt dessen *Mengen* von Signaturen zu verwenden (etwa $\{s_{i_k}(v), s_{i_{k-1}}(v), \ldots, s_{i_2}(v), s_{i_1}(v)\}$). Zum Glück funktioniert das DOLEV-STRONG BÜP auch mit Mengen von Signaturen [WaPf_89].

[16] Man kann Phase [n+1] auf Kosten von mehr Nachrichten einsparen: In Phase [n] sendet jeder Teilnehmer P_i zusätzlich seinen geheimen Schlüssel an alle anderen Teilnehmer. Dann kann jeder Teilnehmer lokal einen Fälschungsbeweis erzeugen, den er andernfalls in Phase [n+1] empfangen würde. Diese Veröffentlichung stört das DOLEV-STRONG BÜP nicht, weil das schon beendet ist. (Beim Verstecksystem genügt der Teil des Schlüssels, der die Signaturen enthält, die P_i während dieser Verteilung verwendet haben könnte. Deshalb brauchen nicht vor jeder Verteilung neue Schlüssel ausgetauscht zu werden.) In diesem Fall kann der signierte Wert des Senders später Dritten nicht als Beweis gezeigt werden, aber dies ist in unserer Anwendung nicht nötig.

3. Änderung: Um nach einer Unkorrektheit die Verteilung zu stoppen, werden Fälschungsbeweise vom Ende einer BÜ zur nächsten weitergegeben.

Dazu sei angenommen, das Protokoll solle „ad infinitum" ausgeführt werden, d.h. nach jeder Phase [n+1] beginne eine neue Phase [1]. Jede Protokolldurchführung heiße eine **Verteilung**. Für jede Verteilung sei vorweg bestimmt, welcher Teilnehmer der Sender ist. Dann fügen wir folgende Regel zu allen Phasen des Protokolls hinzu:

---

2. Ergänzung: Für jede Phase [k] wird folgende Regel zum obigen Protokoll hinzugefügt:

[k]   Wenn P_i in der vorigen Phase erstmals einen Fälschungsbeweis empfangen hat, entscheidet er sofort „Signaturen gebrochen" für die aktuelle und *alle* folgenden Verteilungen, sendet den Fälschungsbeweis an alle anderen Teilnehmer, und beendet dann das Senden „für immer".

Entscheidet sich ein guter Teilnehmer in Phase [k] für „Signaturen gebrochen", so entscheidet sich jeder andere gute Teilnehmer in Phase [k+1] ebenso. Damit haben wir robuste fail-stop BÜ erreicht:

Satz 1: Robuste fail-stop Byzantinische Übereinstimmung. Angenommen, das DOLEV-STRONG BÜP, implementiert mit fail-stop Signaturen und der 1. und 2. Ergänzung, werde polynomial oft in den Sicherheitsparametern des fail-stop-Signatursystems wiederholt.

    a) Robustheit: Wenn die für die fail-stop Signaturen verwendete kryptographische Annahme wahr ist, realisiert das Protokoll zuverlässige Verteilung.

    b) Fail-stop: Wenn die kryptographische Annahme falsch ist, und die bösen Teilnehmer die t-te Verteilung während der Phasen [1] bis [n] stören, so entscheiden sich alle guten Teilnehmer am Ende der t-ten Verteilung für „Signaturen gebrochen" und beenden das Senden.

    c) Ist die kryptographische Annahme falsch und stören die bösen Teilnehmer die t-te Verteilung während Phase [n+1], so entscheidet sich jeder gute Teilnehmer

- entweder für „Signaturen gebrochen" am Ende der t-ten Verteilung,
- oder er akzeptiert den korrekten Wert am Ende der t-ten Verteilung und beendet das Senden nach Phase [1] der (t+1)-ten Verteilung.

Alle drei Aussagen gelten mit Wahrscheinlichkeit exponentiell nahe 1.   ◆

Beweis. a) Da die bösen Teilnehmer keine Signaturen fälschen können, arbeitet das Protokoll wie das ursprüngliche DOLEV-STRONG BÜP und garantiert somit korrekte Übereinstimmung.

    b) Dieser Fall bedeutet, daß die Angreifer in den Phasen [1] bis [n–1] die gefälschte Signatur eines guten Teilnehmers P_i an einen anderen guten Teilnehmer senden, oder in Phase [n] an P_i selbst, oder in den Phasen [1] bis [n] einen Fälschungsbeweis an einen guten Teilnehmer P_i. Deshalb empfängt, mit Wahrscheinlichkeit exponentiell nahe 1, jeder gute Teilnehmer in Phase [n+1] der t-ten Verteilung den Fälschungsbeweis von P_i, entscheidet „Signaturen gebrochen" und beendet das Senden.

    c) In diesem Fall senden die bösen Teilnehmer erstmals in Phase [n+1] einen Fälschungsbeweis an einen guten Teilnehmer. Deshalb sind die Entscheidungen gemäß des ursprünglichen DOLEV-STRONG BÜPs korrekt, und jeder gute Teilnehmer empfängt den Fälschungsbeweis spätestens in Phase [1] der (t+1)-ten Verteilung.   □

3.2.2 Einsatz von fail-stop Byzantinischer Übereinstimmung für Unbeobachtbarkeit und Robustheit

Zusammen mit dem Fallenprotokoll aus §2.2 (d.h. überall da verwendet, wo das zuverlässige Verteilnetz gebraucht wurde), garantiert das robuste fail-stop BÜP kryptographische Robustheit, während die Unbeobachtbarkeit ausschließlich die Zusammenhangsannahme voraussetzt:

Die einzige Möglichkeit, wie zwei gute Teilnehmer verschieden entscheiden können, ist, daß einer einen Wert v akzeptiert hat, während der andere „Signaturen gebrochen" entschieden hat (Satz 1). Aber in diesem Fall stoppen alle guten Teilnehmer nach der ersten Phase der nächsten Verteilung (Satz 1c), und diejenigen, die die erste Phase der nächsten Verteilung durchführen, haben den korrekten Wert akzeptiert. Deshalb kann der Angreifer nicht mehr erfahren als eine zusätzliche Ausgabe $O_i{}^I$ von einem Teilnehmer, der keinen falschen Wert empfangen hat. Da er diese zusätzliche Ausgabe auch dann empfangen hätte, wenn er nicht gestört hätte, kann ihm dies keine zusätzliche Information geben.

Für die kryptographische Robustheit genügt als einzige kryptographische Annahme z.B. die Faktorisierungsannahme.

Da dieses Verfahren viel weniger effizient ist als die Verfahren aus Fußnote 3, könnte man in der Praxis versuchen, eines von jenen zu verwenden, und nur wenn das ständig gestört wäre, würde man zum hier beschriebenen Verfahren übergehen (von Hand, weil zunächst die Schlüsselverteilung durchgeführt werden muß).

4 Zusammenfassung

Das Ziel dieses Papieres war zu untersuchen, wie auf der Basis des DC-Protokolls (§1.2) unbedingte Sender- und Empfängerunbeobachtbarkeit realisiert und zusätzlich unter gewissen Annahmen Robustheit garantiert werden kann.

Das in [Chau_88] zur Lösung dieses Problems vorgeschlagene Fallenprotokoll (§2.1) kann für einen einfachen aktiven Angriff auf die Unbeobachtbarkeit mißbraucht werden, aber seine Grundidee konnte für die dargestellten sicheren Lösungen verwendet werden (§2.2).

Die Beschränkungen A_{rob} und A_{unb} des Angreifers gegen Robustheit bzw. Unbeobachtbarkeit, die für die verschiedenen Protokolle nötig sind, sind in Bild 2 zusammengefaßt. Ein Strich „–" bedeutet, daß keine Beschränkung vorliegt. „Krypt. beschr." bedeutet, daß der Angreifer nur über beschränkte Berechnungsfähigkeiten verfügt, etwa keine großen BLUM-Zahlen faktorisieren kann.

Zum Vergleich betrachten wir auch die Verfahren aus [Waid_90, WaPf_89]. n ist die Anzahl aller, t die der bösen Teilnehmer.

Protokoll	Abschnitt	A_{rob}	A_{unb}	Unbeobachtbarkeit probabilistisch ?
Überlagerndes Senden	§1.2, [Chau_88]	$t = 0$	zuverl. Verteilung	nein
Fail-stop Verteilung	[Waid_90, §3.2.2.1]	$t = 0$	–	nein
	[Waid_90, §3.2.2.2-3]	$t = 0$	–	ja
Fallenprotokoll und zuverlässige Verteilung §2.2		Annahme zuverlässiger Verteilung $\wedge$ krypt. beschr.		nein
Fallenprotokoll und Byzantinische Übereinstimmung	§3.1	Zusammenhangsannahme $\wedge$ kryptographisch beschränkt		ja
	Fußnote 12 und §3.1	$\wedge\, t < n/3$		nein
	Fußnote 12 und §3.1	$\wedge\, t < n/2$		ja
Fallenprotokoll und robuste fail-stop BÜ	§3.2	Zusammenhangsannahme $\wedge$ krypt. beschr.		ja

Bild 2   Zusammenfassung

Unsere in §3.2 beschriebene Lösung basiert auf robuster fail-stop Byzantinischer Übereinstimmung, d.h. kryptographischer BÜ mit der zusätzlichen Eigenschaft daß, sobald ein Angreifer mit unerwarteten Berechnungsfähigkeiten die BÜ stört, alle anderen Teilnehmer dies erkennen.

Im Anhang zeigen wir, wie man unser Protokoll für robuste fail-stop Byzantinische Übereinstimmung mit einem beliebigen nichtkryptographischen BÜP kombinieren kann, so daß das kombinierte BÜP nur von einem Angreifer gestört werden kann, der beide zugrundeliegenden BÜPs stören kann (adaptive BÜ). Dies heißt zur Zeit, daß er sowohl kryptographisch unbeschränkt sein als auch mindestens ein Drittel (bzw. die Hälfte) aller Teilnehmer kontrollieren muß.

5 Anhang: Adaptive Byzantinische Übereinstimmung

Ein adaptives BÜP sollte funktionieren, wenn entweder kryptographische BÜ oder nichtkryptographische BÜ erreicht werden kann (vgl. §3.1). Die erste Idee hierzu ist natürlich, mit einem kryptographischen BÜP zu beginnen, in dem die Signaturen mit einem Fail-stop-Signatursystem implementiert sind, und ein nichtkryptographisches BÜP in Reserve zu halten.

Im Gegensatz zu robuster fail-stop BÜ braucht man nun einen festen Zeitpunkt, zu dem jeder weiß, ob die Signaturen gebrochen sind und das nichtkryptographische BÜP verwendet werden muß, oder ob die Ergebnisse des kryptographischen BÜPs verwendet werden können. Uneinigkeit hierüber könnte auftreten, wenn die kryptographische Annahme falsch ist und die Angreifer in der letzten Phase einen Fälschungsbeweis an einige, aber nicht an alle guten Teilnehmer gesendet haben. Um zu entscheiden, ob ein Fälschungsbeweis empfangen wurde oder nicht, scheint man wieder eine Art adaptive BÜ zu benötigen. Dies mag wie ein Teufelskreis aussehen. Das Problem kann jedoch gelöst werden, indem diese Entscheidungs-BÜ nicht über die Werte „ja" oder „nein", sondern über den Fälschungsbeweis selbst (statt „ja") stattfindet. Trifft die kryptographische Annahme zu, so kann diese Entscheidungs-BÜ nicht gestört werden, da nur der Wert „nein" bekannt ist.

Dies legt folgendes Protokoll nahe (nicht das effizienteste, aber leicht zu beweisen):

<table>
<tr><td colspan="2">Adaptives BÜP</td></tr>
<tr><td>[α]</td><td>Man führe das DOLEV-STRONG BÜP durch, implementiert mit Fail-stop-Signaturen und der 1. Ergänzung aus §3.2.1.</td></tr>
<tr><td>[β]</td><td>Man führe ein nichtkryptographisches BÜP durch.</td></tr>
<tr><td colspan="2">Für $i = 1,...,n$:</td></tr>
<tr><td>[γ$_i$]</td><td>Teilnehmer P_i verteilt eine Entscheidungsnachricht D_i mittels des nichtkryptographischen BÜPs. D_i ist entweder ein Fälschungsbeweis, wenn P_i in [End] von Schritt [α] einen hatte, oder der Wert „nein". (In jeder Runde des Protokolls prüft jeder Teilnehmer, ob ein Wert, der ein Fälschungsbeweis sein soll, korrekt ist. Wenn nicht, wird er als „nein" interpretiert.)</td></tr>
<tr><td>[End]</td><td>Wenn ein guter Teilnehmer P_i entschieden hat, daß jedes D_i „nein" ist, verwendet er den Wert aus Schritt [α], andernfalls den Wert aus Schritt [β].</td></tr>
</table>

Satz 2: Adaptive Byzantinische Übereinstimmung. Wenn Signaturen unfälschbar sind oder das nichtkryptographische BÜP nicht gestört werden kann, garantiert das adaptive BÜP innerhalb einer festen Anzahl von Phasen BÜ, mit Wahrscheinlichkeit exponentiell nahe 1. ♦

Beweis. Wir unterscheiden drei Fälle:
1. Fall: Die kryptographische Annahme trifft zu, d.h. keine Signaturen werden gefälscht und kein Fälschungsbeweis wird erzeugt.

Dann findet Schritt [α] die korrekte Übereinstimmung (analog Satz 1a). Es bleibt zu zeigen, daß jeder gute Teilnehmer sich in Schritt [End] entscheidet, diesen Wert zu verwenden. Dies ist offensichtlich, da in keinem der Schritte [γ$_i$] jemand einen Fälschungsbeweis senden kann, so daß alle guten Teilnehmer in allen diesen Schritten „nein" entscheiden.

2. Fall: Die kryptographische Annahme ist falsch, und die bösen Teilnehmer stören Schritt [α], d.h. sie fälschen mindestens eine Signatur eines guten Teilnehmers oder senden einen Fälschungsbeweis an einen guten Teilnehmer.

Dann kann nach Annahme das nichtkryptographische BÜP nicht gestört werden, also findet Schritt [β] die korrekte Übereinstimmung. Es genügt daher zu zeigen, daß jeder gute Teilnehmer den Wert verwendet, den er in Schritt [β] empfangen hat.

Entweder hat ein guter Teilnehmer P_i einen Fälschungsbeweis direkt von den bösen Teilnehmern empfangen, oder in Phase [$n+1$] von Schritt [α] kann, mit Wahrscheinlichkeit exponentiell nahe 1, mindestens ein guter Teilnehmer P_i einen Fälschungsbeweis berechnen. In beiden Fällen verteilt P_i ihn in Schritt [γ_i] als D_i. Da das nichtkryptographische BÜP nicht gestört werden kann, ist die Verteilung in Schritt [γ_i] korrekt, so daß alle guten Teilnehmer dieses D_i empfangen. Daher verwenden sie in [End] alle den in Schritt [β] empfangenen Wert.

3. Fall: Die kryptographische Annahme ist falsch, aber die bösen Teilnehmer verwenden dies nicht, um Schritt [α] zu stören. (Aber vielleicht stören sie die Schritte [γ_i] durch Senden von Fälschungsbeweisen!)

Dann kann nach Annahme das nichtkryptographische BÜP nicht gestört werden. Deshalb sind alle Schritte [γ_i] korrekt. Alle guten Teilnehmer empfangen somit dieselben Nachrichten D_i. Daher verwenden in [End] entweder alle guten Teilnehmer die Werte aus Schritt [α], oder sie verwenden alle die Werte aus Schritt [β].

Da das nichtkryptographische BÜP nicht gestört werden kann, ist der Wert, den sie erhalten, wenn sie sich für [β] entscheiden, korrekt. Da Schritt [α] nicht gestört wurde, hat auch Schritt [α] eine korrekte Übereinstimmung gefunden (analog Satz 1c). Jede Entscheidung, die die guten Teilnehmer in [End] treffen, ist also korrekt. □

Der 3. Fall mag unnötig kompliziert erscheinen: Wenn beide Schritte [α] und [β] korrekt sind, warum müssen die guten Teilnehmer darin übereinstimmen, welches der Ergebnisse sie verwenden? Dies ist nötig, wenn der Sender böse ist; zwei korrekte Übereinstimmungen können dann verschiedene Werte ergeben!

Bemerkung über Effizienzverbesserungen: Es gibt einige offensichtliche Effizienzverbesserungen:
- Um Nachrichten zu sparen, kann man Schritt [β] aufschieben bis nach den Schritten [γ_i], und nur durchführen, wenn die Entscheidung lautet, daß sein Ergebnis verwendet werden muß. (Der Beweis hat gezeigt, daß alle guten Teilnehmer diesbezüglich übereinstimmen.)
- Man kann über die Korrektheit der Schritte [α] einer beliebigen Anzahl von Verteilungen mit einer Durchführung der Schritte [γ_i] entscheiden. In diesem Fall wählt P_i als D_i einen Fälschungsbeweis, wenn er am Ende irgendeines der Schritte [α] einen hatte.
- Um Phasen zu sparen, kann Schritt [β] parallel mit irgendeinem der anderen Schritte durchgeführt werden.
- Wenn beide Schritte [α] und [β] mit der Verteilung des Wertes des Senders beginnen, genügt eine solche Verteilung (mit Signaturen) für beide Protokolle.
- Die Variante aus Fußnote 16 ist auch hier möglich.

Dank: Wir danken *Andreas Pfitzmann* für viele trickreiche Ideen und *David Chaum* für hilfreiche Diskussionen über den in §2.1 beschriebenen Angriff. Wir danken auch *Birgit Baum-Waidner, Manfred Böttger, Axel Burandt, Klaus Echtle* und den anonymen Gutachtern der VIS '91 für viele wertvolle Hinweise, und der *DFG* für finanzielle Unterstützung.

Literatur

BaPW_90   B. Baum-Waidner, B. Pfitzmann, M. Waidner: Unconditional Byzantine Agreement with Good Majority; Symp. on Theoretical Aspects of Computer Science (STACS), Hamburg 1991; LNCS, Springer-Verlag, Berlin 1991.

BeGW_88 M. Ben-Or, S. Goldwasser, A. Wigderson: Completeness theorems for non-cryptographic fault-tolerant distributed computation; 20th Symposium on Theory of Computing (STOC '88), ACM, New York 1988, 1-10.

BlGo_84 M. Blum, S. Goldwasser: An Efficient Probabilistic Public-Key Encryption Scheme Which Hides All Partial Information; Crypto '84, LNCS 196, Springer-Verlag, Berlin 1985, 289-299.

BoBo_90 J. Bos, B. den Boer: Detection of Disrupters in the DC Protocol; Eurocrypt '89, LNCS 434, Springer-Verlag, Berlin 1990, 320-327.

BrCC_88 G. Brassard, D. Chaum, C. Crépeau: Minimum Disclosure Proofs of Knowledge; Journal of Computer and System Sciences 37 (1988) 156-189.

CGMA_85 B. Chor, S. Goldwasser, S. Micali, B. Awerbuch: Verifiable secret sharing and achieving simultaneity in the presence of faults; 26th Symposium on Foundations of Computer Science (FOCS) 1985, IEEE, 1985, 383-395.

Chau_85 D. Chaum: Security without Identification: Transaction Systems to make Big Brother Obsolete; Communications of the ACM 28/10 (1985) 1030-1044.

Chau_88 D. Chaum: The Dining Cryptographers Problem: Unconditional Sender and Recipient Untraceability; Amsterdam 1985; Journal of Cryptology 1/1 (1988) 65-75.

ChDG_88 D. Chaum, I. Damgård, J. van de Graaf: Multiparty Computations ensuring privacy of each party's input and correctness of the result; Crypto '87, LNCS 293, Springer-Verlag, Berlin 1988, 87-119.

ChDw_89 B. Chor, C. Dwork: Randomization in Byzantine Agreement; JAI Press, Advances in Computing Research Vol. 5, Greenwich (Connecticut) 1989, 443-497.

DFFL_82 D. Dolev, M. Fischer, R. Fowler, N. Lynch, H. Strong: An Efficient Algorithm for Byzantine Agreement without Authentication; Information and Control 52 (1982) 257-274.

DiHe_76 W. Diffie, M. Hellman: New Directions in Cryptography; IEEE Tr. on Information Theory 22/6 (1976) 644-654.

DoSt_83 D. Dolev, H. Strong: Authenticated Algorithms for Byzantine Agreement; SIAM J. Comput. 12/4 (1983) 656-666.

FeMi_88 P. Feldman, S. Micali: Optimal algorithms for byzantine agreement; 20th Symposium on Theory of Computing (STOC) 1988, ACM, New York 1988, 148-161.

Fisc_83 M. Fischer: The Consensus Problem in Unreliable Distributed Systems (A Brief Survey); 4th Conference on Foundations of Computation Theory, 1983, 127–140.

GMW_87 O. Goldreich, S. Micali, A. Wigderson: How to play any mental game - or - a completeness theorem for protocols with honest majority; 19th STOC 1987, ACM, New York 1987, 218-229.

GoMi_84 S. Goldwasser, S. Micali: Probabilistic Encryption; J. of Computer and System Sciences 28 (1984) 270-299.

GoMR_88 S. Goldwasser, S. Micali, R. Rivest: A Digital Signature Scheme Secure Against Adaptive Chosen-Message Attacks; SIAM J. Comput. 17/2 (1988) 281-308.

GoPe_90 O. Goldreich, E. Petrank: The Best of Both Worlds: Guaranteeing Termination in Fast Randomized Byzantine Agreement Protocols; Information Processing Letters 36 (1990) 45-49.

LuPW_90 J. Lukat, A. Pfitzmann, M. Waidner: Effizientere fail-stop Schlüsselerzeugung für das DC-Netz; Datenschutz und Datensicherung DuD 15/2 (1991).

PeSL_80 M. Pease, R. Shostak, L. Lamport: Reaching Agreement in the Presence of Faults; JACM 27/2 (1980) 228-234.

Pfit_85 A. Pfitzmann: How to implement ISDNs without user observability - Some remarks; Fakultät für Informatik, Universität Karlsruhe, Interner Bericht 14/85.

Pfit_89 B. Pfitzmann: Für den Unterzeichner sichere digitale Signaturen und ihre Anwendung; Diplomarbeit am Institut für Rechnerentwurf und Fehlertoleranz der Universität Karlsruhe, 1989.

Pfit_90 A. Pfitzmann: Diensteintegrierende Kommunikationsnetze mit teilnehmerüberprüfbarem Datenschutz; IFB 234, Springer-Verlag, Heidelberg 1990.

PfPW_88 A. Pfitzmann, B. Pfitzmann, M. Waidner: Datenschutz garantierende offene Kommunikationsnetze; Informatik-Spektrum 11/3 (1988) 118-142.

PfWa_90 B. Pfitzmann, M. Waidner: Formal Aspects of Fail-stop Signatures; Fakultät für Informatik, Universität Karlsruhe, Interner Bericht 22/90, Dezember 1990.

PfWa_91 B. Pfitzmann, M. Waidner: Fail-stop-Signaturen und ihre Anwendung; VIS '91; in *diesem* Tagungsband.

PWP_90 B. Pfitzmann, M. Waidner, A. Pfitzmann: Rechtssicherheit trotz Anonymität in offenen digitalen Systemen; Datenschutz und Datensicherung DuD 14/5-6 (1990) 243-253, 305-315.

RaBe_89 T. Rabin, M. Ben–Or: Verifiable Secret Sharing and Multiparty Protocols with Honest Majority; 21st Symposium on Theory of Computing (STOC) 1989, ACM, New York 1989, 73-85.

Rabi_80 M. Rabin: Probabilistic Algorithms in Finite Fields; SIAM J. Comput. 9/2 (1980) 273-280.

Reis_87 R. Reischuk: Konsistenz und Fehlertoleranz in Verteilten Systemen - Das Problem der Byzantinischen Generäle; 17. GI Jahrestagung, IFB 156, Springer-Verlag, Berlin 1987, 65-81.

Waid_90 M. Waidner: Unconditional Sender and Recipient Untraceability in spite of Active Attacks; Eurocrypt '89, LNCS 434, Springer-Verlag, Berlin 1990, 302-319.

WaPf_89 M. Waidner, Birgit Pfitzmann: Unconditional Sender and Recipient Untraceability in spite of Active Attacks – Some Remarks; Fakultät für Informatik, Universität Karlsruhe, Interner Bericht 5/89, März 1989.

Protokolle zum Austausch authentischer Schlüssel

Patrick Horster
Hans-Joachim Knobloch

E. I. S. S.
Europäisches Institut für Systemsicherheit
Universität Karlsruhe
Am Fasanengarten 5
D-7500 Karlsruhe 1

Zusammenfassung

Ein fundamentales Problem beim Einsatz symmetrischer Kryptosysteme, bei denen jeweils zwei Kommunikationspartner über einen gemeinsamen Schlüssel verfügen müssen, ist der erforderliche sichere Schlüsselaustausch. Dieses Problem wird um so größer, je mehr Schlüssel ausgetauscht, verwaltet und bei Bedarf aktualisiert werden müssen. Eine notwendige Forderung ist weiterhin, daß die Schlüssel authentisch sein müssen, also dem jeweiligen Benutzer (Rechner) nachweisbar zugeordnet werden können. Eine Möglichkeit zur Lösung dieses Schlüsselaustauschproblems bietet die Verwendung von asymmetrischen Kryptosystemen. Auf der Basis des diskreten Logarithmusproblems werden ausgehend vom Diffie-Hellman Public-Key-Distribution-System und vom Unterschriftensystem von ElGamal Protokolle zum Austausch authentischer Schlüssel in Netzwerken vorgestellt. Werden solche authentischen Schlüssel bei einer verschlüsselten Kommunikationssitzung verwendet, so kann infolge der untrennbaren Verknüpfung von Authentifikation und Schlüsselaustausch die Aufrechterhaltung einer authentischen Verbindung sichergestellt werden. Im Gegensatz zu anderen Verfahren sind an der Authentifikation nur die betroffenen Parteien beteiligt – insbesondere wird kein "Online Security Server" benötigt.

1. Grundlagen und Nomenklaturen

Soweit nicht ausdrücklich darauf hingewiesen wird, werden Berechnungen im endlichen Körper $GF(p)$ durchgeführt. Mit $\mathbb{Z}_n^*$ wird die multiplikative Einheitengruppe modulo n bezeichnet.

1.1 Das diskrete Logarithmusproblem

Eine der bedeutendsten Einwegfunktionen der Kryptologie basiert auf dem "diskreten Logarithmusproblem" im $GF(p)$. Sind eine große Primzahl p und eine Primitivwurzel α modulo p gegeben, so ist es zwar für alle x relativ leicht, den Wert $y := \alpha^x$ zu berechnen (hierzu sind $O(\log x)$ Langzahlmultiplikationen mit anschließender Moduloreduktion erforderlich). Bei Kenntnis von y, α und p ist es jedoch (insbesondere dann, wenn $p-1$ einen großen Primfaktor enthält) i. allg. unmöglich, den zugehörigen Wert x zu ermitteln [PoHe78]. Zur Lösung dieses diskreten Logarithmusproblems sind $O(\exp{(const \cdot \sqrt{\log p \log\log p})})$ Langzahloperationen erforderlich [Odly85].

1.2 Das Diffie-Hellman Public-Key-Distribution-System

Das Verfahren von Diffie und Hellman [DiHe76] nutzt diese Einwegeigenschaften aus, um zwischen jeweils zwei Benutzern auf einem öffentlichen Kanal Schlüssel zu vereinbaren. Dieses als Public-Key-Distribution-System bekannte Verfahren kann für zwei Benutzer A und B folgendermaßen dargestellt werden. Jeder Benutzer i wählt eine geheime Zufallszahl x_i und veröffentlicht den Wert $y_i := \alpha^{x_i}$, wobei die Parameter p und α allen Benutzern bekannt sind. Auf diese Art können A und B nun einen gemeinsamen Schlüssel K generieren: $y_A^{x_B} = K = y_B^{x_A}$.

1.3 Das Unterschriftensystem von ElGamal

Die beim Diffie-Hellman-System verwendeten Parameter werden im Verfahren von ElGamal [ElGa85] genutzt, um ein System zur Erzeugung digitaler Unterschriften zu realisieren. Ist $m \in GF(p)$ ein zu signierendes Dokument (gesendet von A nach B), so wählt A eine (genau einmal zu verwendende) Zufallszahl $k \in \mathbb{Z}_{p-1}^*$ und berechnet $r := \alpha^k$. Hierdurch ist A in der Lage, die Kongruenz $m \equiv x_A \cdot r + k \cdot s \,(\mathrm{mod}\ p-1)$ eindeutig zu lösen, womit $\alpha^m = \alpha^{x_A \cdot r} \cdot \alpha^{k \cdot s}$ gilt. Das so ermittelte Paar $u = (r, s)$ stellt eine Unterschrift von m bezüglich der Primitivwurzel α dar. Sind m, r und s gegeben, so kann der Empfänger B die Unterschrift u leicht auf Korrektheit überprüfen, denn es muß $\alpha^m = y_A^r \cdot r^s$ gelten.

Vertauscht man die Rollen von r und s, so erhält man eine modifizierte ElGamal-Unterschrift. Hierbei löst A die Kongruenz $m \equiv x_A \cdot s + k \cdot r \,(\mathrm{mod}\ p-1)$, womit $\alpha^m = \alpha^{x_A \cdot s} \cdot \alpha^{k \cdot r}$ gilt. Das Paar $u' = (s, r)$ stellt eine modifizierte Unterschrift von m dar. Die Unterschrift u' kann wiederum leicht vom Empfänger B auf Korrektheit überprüft werden, denn es muß $\alpha^m = y_A^s \cdot r^r$ gelten.

2. Das Konzept SELANE

Um dem Authentifikationsproblem (Nachweis der Identität eines Benutzers bzw. Rechners) bei der Anwendung von Kryptosystemen in Rechnernetzen gerecht zu werden, wurde im Rahmen des am MIT durchgeführten "Athena Project" das System "Kerberos" entwickelt [MNSS87, StNS88]. Die Protokolle des Kerberos Systems benutzen hierzu modifizierte Needham-Schroeder Protokolle [NeSc78], die auf symmetrischen Kryptosystemen basieren.

Das am E.I.S.S. entwickelte Konzept eines sicheren lokalen Netzwerks SELANE (SEcure Local Area Network Environment) basiert auf dem diskreten Logarithmusproblem [BaKn89, Günt89, Baus90, HoKn91] und verfolgt dieselben Ziele wie das Kerberos System. Das SELANE Konzept basiert jedoch auf einem asymmetrischen Kryptosystem, wodurch der beim Kerberos System erforderliche Online Authentication Server nicht benötigt wird.

Die bei SELANE benutzten KATHY-Protokolle (K-ATH-Y: K Y für Key Exchange und ATH für die darin eingebettete Authentifikation) eignen sich zur Lösung einer Vielzahl von Problemen, von denen hier schwerpunktmäßig das Problem des Austauschs authentischer (geheimer) Schlüssel und der damit verbundenen authentischen Kommunikation in Netzen betrachtet wird.

Für die vorgestellten Protokolle ist die Existenz einer übergeordneten vertrauenswürdigen Institution, der sogenannten SKIA (Secure Key Issuing Authority), erforderlich. Die SKIA ist lediglich für die Ausgabe von Benutzeridentifikationen (Zertifikate) zuständig, an der eigentlichen Authentifikation ist sie jedoch nicht aktiv beteiligt. Die von der SKIA ausgegebenen Identifikationen enthalten eine nur von der SKIA berechenbare Signatur von Benutzermerkmalen. Nur die Besitzer einer von der SKIA unterschriebenen Merkmalsliste können eine funktionsfähige authentische Verbindung aufbauen.

Das Konzept geht davon aus, daß für eine Authentifikation bereits authentische Daten vorhanden sein müssen – Vertrauen kann nur übertragen, nicht aber erzeugt werden. Hierzu ist eine vertrauenswürdige Instanz (Zertifizierungsinstanz) erforderlich, die das in sie gesetzte Vertrauen weitergeben kann. Als authentische Basisdaten sind hier lediglich Daten der SKIA notwendig. Die eigentliche Authentifikation von Kommunikationspartnern kann nach einer geeigneten Initialisierung bzw. Registrierung unabhängig von der SKIA erfolgen.

3. Die KATHY-Protokolle

Die KATHY-Protokolle gliedern sich in drei Phasen:

1. Initialisierung der SKIA; diese muß genau einmal bei Inbetriebnahme des Systems durchgeführt werde.

2. Registrierung eines Benutzers durch die SKIA; jeder Benutzer erhält einmalig (evtl. für eine gewisse Geltungsdauer) seine Benutzeridentifikation.

3. Authentifikation eines Benutzers; während dieser Phase des Protokolls werden authentische Schlüssel vereinbart.

3.1 Das KATHY-Basisprotokoll

Die Initialisierung der SKIA und die für die Registrierung eines Benutzers erforderliche Festlegung einer Liste von Benutzermerkmalen sind bei den vorgestellten Protokollen identisch. Das Basisprotokoll dient als Grundlage für die Modifikationen des Protokolls.

3.1.1 Initialisierung der SKIA

Als Basisparameter dienen eine große Primzahl p und eine Primitivwurzel α modulo p. Die SKIA wählt eine geheime Zufallszahl $X \in GF(p)$ und berechnet $Y := \alpha^X$. Die Parameter p, α und Y werden allen Benutzern bekanntgegeben. Den Wert X hält die SKIA geheim.

3.1.2 Registrierung eines Benutzers durch die SKIA

Die Registrierung eines Benutzers i geschieht interaktiv zwischen der SKIA und dem Benutzer. Zunächst wird eine (codierte) Merkmalsliste $m_i \in GF(p)$ (z.B. Name, Geburtsdatum, Anschrift, Privilegien, Verfallsdatum) festgelegt.

Beim Basisprotokoll wählt die SKIA ein zufälliges geheimes $k_i \in \mathbb{Z}^*_{p-1}$ und berechnet zu $r_i := \alpha^{k_i}$ ein eindeutig bestimmtes s_i derart, daß die Kongruenz $X \cdot r_i + s_i \cdot k_i \equiv m_i \pmod{p-1}$ erfüllt ist. Die Parameter m_i, r_i und s_i werden dem Benutzer in einer geeigneten Form (z.B. Chipkarte) ausgehändigt und bilden die Benutzeridentifikation. Der Wert k_i wird nicht weiter benötigt. Das Paar (r_i, s_i) stellt eine ElGamal-Unterschrift der Merkmalsliste m_i dar. Hierbei ist insbesondere darauf zu achten, daß der Parameter s_i vom jeweiligen Benutzer geheimgehalten werden kann. Werden die Parameter in eine geeignete Chipkarte gespeichert, so kann diese Forderung leicht erfüllt werden.

3.1.3 Authentifikation eines Benutzers

Bei der Authentifikation eines Benutzers A gegenüber einem Benutzer B wird nun folgendermaßen verfahren. A teilt B seine Parameter m_A und r_A mit. B wählt eine zufällige Zahl z_B und sendet den Wert $v_B := r_A^{z_B}$ an A. Hierdurch sind beide Benutzer in der Lage, den (Schlüssel-) Wert K_A zu berechnen. A berechnet $K_A := v_B^{s_A}$, und B berechnet $K_A = (\alpha^{m_A} \cdot Y^{-r_A})^{z_B}$.

Beide Benutzer verfügen nun über einen gemeinsamen Schlüssel K_A. Wird dieser Schlüssel beim Chiffrieren verwendet, dann erfolgt die Überprüfung der Authentifikation dadurch, daß sich A und B "verstehen". Hiermit hat sich aber lediglich A gegenüber B authentifiziert; zur gegenseitigen Authentifikation muß das Protokoll nochmals mit vertauschten Rollen durchgeführt werden.

Da die (in den Abbildungen dargestellten) Protokolle zur gegenseitigen Authentifikation unabhängig voneinander sind, können sie auch überlappend bzw. gleichzeitig ausgeführt werden.

Benutzer A	Kanal	Benutzer B
A sendet (m_A, r_A) an B	$\longrightarrow$	(m_A, r_A) B wählt $z_B \in \mathbb{Z}^*_{p-1}$
v_B $K_A = v_B^{s_A}$	$\longleftarrow$	$v_B := r_A^{z_B}$ $K_A = (\alpha^{m_A} \cdot Y^{-r_A})^{z_B}$
(m_B, r_B) A wählt $z_A \in \mathbb{Z}^*_{p-1}$	$\longleftarrow$	B sendet (m_B, r_B) an A
$v_A := r_B^{z_A}$ $K_B = (\alpha^{m_B} \cdot Y^{-r_B})^{z_A}$	$\longrightarrow$	v_A $K_B = v_A^{s_B}$

Abb. 1: Austausch authentischer Schlüssel

Die Überprüfung der Authentifikation der Kommunikationspartner A und B geschieht dadurch, daß die Authentizität der (Schlüssel-) Werte K_A und K_B sichergestellt wird, d.h. sowohl A als auch B besitzen nachweislich die Werte K_A und K_B. Einigen sich A und B auf ein geeignetes Verschlüsselungssystem, so kann dies durch die verschlüsselte Übertragung von Zufallszahlen R_A und R_B überprüft werden. Bezeichnet $E(M, K)$ die

Ver- und $D(M, K)$ die Entschlüsselung eines Datums M mit dem Schlüssel K, so kann diese Überprüfung folgendermaßen vollzogen werden.

Benutzer A	Kanal	Benutzer B
A wählt R_A zufällig $c_A := E(R_A, K_A)$ A sendet c_A an B	$\longrightarrow$	c_A $C_A := E(D(c_A, K_A), K_B)$ B sendet C_A an A
C_A A testet $D(C_A, K_B) = R_A$?	$\longleftarrow$	
	$\longleftarrow$	B wählt R_B zufällig $c_B := E(R_B, K_B)$ B sendet c_B an A
c_B $C_B := E(D(c_B, K_B), K_A)$ A sendet C_B an B	$\longrightarrow$	C_B B testet $D(C_B, K_A) = R_B$?

Abb. 2: Authentifikation mittels Zufallsfolgen

Wurden die Benutzer erfolgreich identifiziert, so können ihre authentischen Schlüssel für eine verschlüsselte authentische Kommunikationssitzung genutzt werden. Der Benutzer A verschlüsselt seine Daten mittels des Schlüssels K_A, und der Benutzer B verwendet zum Verschlüsseln seinen Schlüssel K_B. Einigen sich die Benutzer auf eine geeignete Funktion f, so können sie aus den Schlüsselwerten K_A und K_B auch einen gemeinsamen Schlüssel $K := f(K_A, K_B)$ ermitteln.

Wird eine Kommunikationssitzung unverschlüsselt durchgeführt, so ist es denkbar, daß nach einer erfolgreichen Authentifikation eine dritte Partei unbemerkt die Rolle eines Kommunikationspartners annimmt. Für die gesicherte Aufrechterhaltung einer authentischen Verbindung ist daher eine verschlüsselte Kommunikation zwingend erforderlich.

3.2 Verdeckte Unterschriften

Archiviert die SKIA bei der Registrierung eines Benutzers A den "geheimen" Wert s_A und beobachtet den öffentlichen Kanal, so ist sie in der Lage, den authentischen Schlüssel K_A nachzubilden. Die SKIA muß also das absolute Vertrauen aller Benutzer genießen. Dieser Sachverhalt liegt darin begründet, daß die SKIA beim Basisprotokoll den vom jeweiligen Benutzer geheimgehaltenen Schlüssel s kennt und somit bei Bedarf den (Schlüssel-) Wert v^s berechnen kann. Zur Vermeidung dieser Schwäche kann ein Benutzer seine Merkmalsliste "verdeckt" unterschreiben lassen. Hierzu wählt der Benutzer eine geheime Zahl $a_i \in \mathbb{Z}_{p-1}^*$ und berechnet die Primitivwurzel $\beta_i := \alpha^{a_i}$, die er der SKIA mitteilt. Die SKIA verwendet nun anstelle von α den Wert β_i und berechnet Werte $r_i := \beta_i^{k_i}$ sowie b_i derart, daß die Kongruenz $X \cdot r_i + b_i \cdot k_i \equiv m_i \pmod{p-1}$ erfüllt ist. Die Parameter m_i, r_i und b_i werden dem Benutzer ausgehändigt. Das Paar (r_i, b_i) stellt eine (weitere) modifizierte ElGamal-Unterschrift der Merkmalsliste m_i dar. Der Benutzer löst die Kongruenz $s_i \equiv b_i \cdot a_i^{-1} \pmod{p-1}$. Der Wert s_i kann von der SKIA nicht ermittelt werden.

Die Authentifikation eines Benutzers A gegenüber einem Benutzer B verläuft analog zum Basisprotokoll. A berechnet $K_A = v_B^{s_A} = r_A^{z_B \cdot s_A} = \alpha^{a_A \cdot k_A \cdot z_B \cdot b_A \cdot a_A^{-1}} = \alpha^{k_A \cdot z_B \cdot b_A}$, und B berechnet $K_A = (\alpha^{m_A} \cdot Y^{-r_A})^{z_B} = \alpha^{b_A \cdot k_A \cdot z_B}$. Die SKIA kann den Wert K_A nicht ermitteln, da sie weder a_A noch z_B kennt.

3.3 Die r^r-Variante

Wählt man die folgende Modifikation des Basisprotokolls, so können Benutzer einerseits Werte v vorberechnen und andererseits gemeinsame feste authentische Schlüssel vereinbaren. Die Modifikation besteht darin, daß die SKIA für einen Benutzer i die Kongruenz $X \cdot s_i + r_i \cdot k_i \equiv m_i \pmod{p-1}$ löst, womit auch $\alpha^{m_i} = Y^{s_i} \cdot r_i^{r_i}$ gilt. Das Paar (s_i, r_i) stellt eine modifizierte ElGamal-Unterschrift der Merkmalsliste m_i dar. Die Authentifikation eines Benutzers A gegenüber einem Benutzer B verläuft analog zum Basisprotokoll.

Benutzer A	Kanal	Benutzer B
A sendet (m_A, r_A) an B	$\longrightarrow$	(m_A, r_A) B wählt $z_B \in \mathbb{Z}_{p-1}^*$
v_B	$\longleftarrow$	$v_B := Y^{z_B}$
$K_A = v_B^{s_A}$		$K_A = (\alpha^{m_A} \cdot r_A^{-r_A})^{z_B}$

Abb. 3: Schlüsselaustausch der r^r-Variante

Benutzt man das folgende Protokoll, so können die Benutzer A und B einen gemeinsamen festen authentischen Schlüssel $K_{AB} = K_{BA}$ vereinbaren.

Benutzer A	Kanal	Benutzer B
A sendet (m_A, r_A) an B	$\longrightarrow$	(m_A, r_A)
(m_B, r_B)	$\longleftarrow$	B sendet (m_B, r_B) an A
$K_{AB} = (\alpha^{m_B} \cdot r_B^{-r_B})^{s_A}$		$K_{BA} = (\alpha^{m_A} \cdot r_A^{-r_A})^{s_B}$

Abb. 4: Austausch eines gemeinsamen Schlüssels

4. Bemerkungen

Wird in einem Netzwerk das Verfahren von Diffie und Hellman eingesetzt, so muß sichergestellt werden, daß die veröffentlichten Parameter y_i authentisch sind, also tatsächlich zum Benutzer i gehören. Diese Forderung ist jedoch insbesondere dann nur sehr schwer zu realisieren, wenn die Anzahl der Benutzer groß ist und die Parameter aus Gründen der Sicherheit häufig geändert werden müssen. Fordert man darüber hinaus noch, daß nach jeder Kommunikation der Schüssel gewechselt werden muß, so kann dies praktisch nicht mehr verwirklicht werden.

Bei den vorgestellten KATHY-Protokollen werden bei jeder Kommunikation neue authentische Schlüssel vereinbart. Hiervon ausgenommen ist der Austausch gemeinsamer Schlüssel bei der r^r-Variante.

Verwendet man in einem Netzwerk Kerberos-Protokolle, so ist das Vorhandensein eines Online Authentication Server für die Authentifikation von Benutzern zwingend erforderlich. Da ein solcher Server beim SELANE Konzept nicht benötigt wird, entfällt auch die Notwendigkeit, sich über die Auslastung, Ausfallrate und Verletzbarkeit einer solchen zentralen Einrichtung Gedanken zu machen.

Geht man davon aus, daß zur Verschlüsselung ein standardisiertes Verfahren (z.B. DES) verwendet wird und die Authentifikation mittels des Basisprotokolls oder der r^r-Variante durchgeführt wird, so ist die SKIA in der Lage, verschlüsselte Kommunikationen der beschriebenen Art zu entschlüsseln (Big Brother Eigenschaft). Wird die Modifikation der verdeckten Unterschriften eingesetzt, so hat die SKIA keinen Vorteil gegenüber einem externen Lauscher. Die Auswahl des zu verwendenden Verfahrens richten sich also stark nach den Bedürfnissen der Benutzer sowie der Zertifizierungsinstanz. Für die r^r-Variante ist uns derzeit keine Möglichkeit zur Erzeugung verdeckter Unterschriften bekannt.

Jeder registrierte Benutzer ist mit Hilfe seiner Benutzeridentifikation (m, r und s) auch in der Lage, ein beliebiges Dokument D mit einer ElGamal-Unterschrift zu versehen. Der Empfänger einer solchen Unterschrift kann bei der Verifikation der Unterschrift überprüfen, daß die Unterschrift von der Benutzeridentifikation abgeleitet wurde und somit authentisch ist. Um ein Dokument D zu unterschreiben, wählt der Benutzer ein zufälliges (geheimes) $K \in \mathbb{Z}_{p-1}^*$, berechnet den Wert $R := r^K$ und löst die Kongruenz $D \equiv s \cdot R + K \cdot S \pmod{p-1}$. Das Paar $U = (R, S)$ ist die zu D gehörende Unterschrift. Zur Verifikation wird überprüft, ob $r^D = (\alpha^m \cdot Y^{-r})^R \cdot R^S$ gilt.

Die hier vorgestellten Verfahren lassen sich auch auf beliebige Netzwerkhierarchien übertragen. Hierbei werden sogenannte Sub-SKIAs eingerichtet, die von der SKIA wie Benutzer behandelt werden, ihrerseits aber auch Benutzeridentifikationen vergeben können. Hierzu verwendet der zur Sub-SKIA werdende Benutzer anstelle von (α, Y, X) das Tripel (r, r^s, s).

Die Verwendung von SELANE als Schwellwertschemata, bei dem lediglich bestimmte Koalitionen von Benutzern gemeinsame Aktionen durchführen können, ist ebenfalls denkbar. Der einfachste Ansatz hierzu wäre, einen Schwellwert-Parameter in der Merkmalsliste eines Benutzers vorzusehen. Benutzer könnten beispielsweise genau dann eine gemeinsame Aktion durchführen, wenn die Summe dieser Parameter einen gewissen Schwellwert überschreitet.

Sind die Parameter m_A und r_A eines Benutzers A bekannt (z.B. durch ein netzweites Verzeichnis), so kann das Verfahren auch zur E-Mail-Verschlüsselung verwendet werden. Dazu berechnet B seinen Schlüssel K_A und sendet sowohl den Parameter v_B als auch die mittels K_A verschlüsselten Nachrichten an A. Lediglich der Benutzer A kann unter Verwendung seines geheimen Parameters s_A aus der Information v_A den Schlüssel K_A berechnen.

KATHY-Protokolle wurden am E. I. S. S. unter Beteiligung von Y.Arman, F.Bauspieß, C.Otto und S.Stempel als "SELANE-Pilot-Implementationen" in verschiedenen Rechnerumgebungen integriert.

Rechner	Zahlenlänge (Bit)				
	256	512	640	768	1024
Sun 3/60	0.27	1.0	1.9	2.8	6.1
VAX 3400	0.23	1.2	2.1	3.5	7.5
80386, 25 MHz	0.18	0.97	1.7	2.8	6.2

Abb. 5: Zeiten der Modulo-Potenzierung in Sekunden

Derzeit stehen Terminalprogramme mit integriertem Authentifikationssystem für die Systeme SUN 3 und Macintosh zur Verfügung, wobei RS 232 oder TCP/IP als Trägermedium dient. Terminalprogramme für weitere 680X0 und 80X86 Systeme befinden sich in Bearbeitung. Die Host-Software steht auf SUN 3 (UNIX) für RS 232 und TCP/IP zur Verfügung. Um die Authentifikationzeiten klein zu halten, wurden die benötigten Modulo-Potenzierungen in der jeweiligen Assemblersprache realisiert. Die in Abb. 6 angegebenen Zeiten beziehen sich auf eine Authentifikation zwischen zwei SUN 3/60.

Zahlenlänge (Bit)	256	512	640	768	1024
Sekunden	1.3	3.8	6.5	10.4	23.1

Abb.6: Authentifikationszeiten

Literatur

[Baus90] F.Bauspieß: SELANE – An Approach to Secure Networks, Abstracts of SE-CURICOM '90, Paris (1990) 159-164.

[BaKn89] F.Bauspieß, H.-J.Knobloch: How to Keep Authenticity Alive in a Computer Network, Advances in Cryptology, Proceedings of EUROCRYPT '89, Springer LNCS 434 (1990) 38-46.

[DiHe76] W.Diffie, M.E.Hellman: New Directions in Cryptography, IEEE Transactions on Information Theory, Vol. IT-22 (1976) 644-654.

[ElGa85] T.ElGamal: A Public-Key Cryptosystem and a Signature Scheme Based on Discrete Logarithms, IEEE Transactions on Information Theory, Vol. IT-31 (1985) 469-472.

[Günt89] C.G.Günther: Diffie-Hellman and ElGamal Protocols With One Single Authentication Key, Advances in Cryptology, Proceedings of EUROCRYPT '89, Springer LNCS 434 (1990) 29-37.

[HoKn91] P.Horster, H.-J.Knobloch: Protocols for Secure Networks, Abstracts of SE-CURICOM '91, Paris 1991, to appear.

[MNSS87] S.P.Miller, B.C.Neumann, J.I.Schiller, J.H.Saltzer, Section E.2.1: Kerberos Authentication and Authorization System, MIT Project Athena, Cambridge, Ma. (1987).

[NeSc78] R.M.Needham, M.D.Schroeder: Using Encryption for Athentication in Large Networks of Computers, Comm. of the ACM 21 (1978) 993-999.

[Odly85] A.M.Odlyzko: Discrete Logarithms in Finite Fields and their Cryptographic Significance, Advances in Cryptology, Proceedings of EUROCRYPT '84, Springer LNCS 209 (1985) 224-314.

[PoHe78] S.C.Pohlig, M.E.Hellman: An Improved Algorithm for Computing Logarithms Over GF(p) and its Cryptographic Significance, IEEE Transactions on Information Theory, Vol. IT-24 (1978) 106-110.

[StNS88] J.G.Steiner, B.C.Neumann, J.I.Schiller: Kerberos – An Athentication Service in Open Network Systems, Usenix Workshop Proceedings, UNIX Security Workshop, Portland, Or. (1988).

Effiziente Software-Implementierung des GMR-Signatursystems

Dirk Fox, Birgit Pfitzmann
Institut für Rechnerentwurf und Fehlertoleranz, Universität Karlsruhe (TH)
Postfach 6980, D-W7500 Karlsruhe 1

Kurzfassung

1984 wurde von Goldwasser, Micali und Rivest erstmalig ein gegen adaptive, aktive Angriffe beweisbar sicheres Signatursystem (GMR) vorgestellt. Bis dahin galt ein solches System als Paradoxon – den scheinbaren Widerspruch lösten die Autoren in ihrer Veröffentlichung.

Nach einer kurzen Einführung in die Funktionsweise von GMR arbeiten wir die schon bekannten Implementierungshinweise aus und erläutern eigene effizienzsteigernde Verbesserungen.

Diese nutzten wir für eine Implementierung auf MC680xy-Rechnern. Die von uns verwendete Langzahlarithmetik ist in Assembler geschrieben; die GMR-spezifischen Funktionen wurden im wesentlichen in Pascal entwickelt.

Wir stellen relativ genaue allgemeine Aufwandsbetrachtungen an und erläutern die Meßergebnisse unserer Implementierung. Beide Angaben werden mit Werten für das verbreitete RSA-Signatursystem verglichen. Dabei stellt sich heraus, daß GMR nicht nur praktikabel, sondern in manchen Fällen sogar effizienter ist als RSA (in reiner Form). Stellt man hohe Sicherheitsanforderungen, ist GMR demnach eine empfehlenswerte Alternative.

1 Einleitung

In zunehmendem Maße findet Kommunikation über Rechnernetze statt; insbesondere finanzielle Transaktionen werden bereits weitgehend elektronisch abgewickelt. Dabei fallen übliche, geradezu selbstverständlich gewordene Kontrollen der Echtheit und Vertrauenswürdigkeit von Nachrichten weg: die Handschrift, der bekannte Überbringer, der versiegelte Umschlag und nicht zuletzt die eigenhändige Unterschrift. Daher ist die Entwicklung technischer Verfahren notwendig, die (mit geringen „Kosten") ein Maximum an Verläßlichkeit bieten.

Verläßlichkeit meint meist Nachweisbarkeit, in Streitfällen sogar gerichtliche Rekonstruierbarkeit von Kommunikationsabläufen. Die (effiziente) Sicherstellung von Überprüfbarkeit der Herkunft und Unverfälschbarkeit einer Nachricht spielt dabei eine zentrale Rolle, zum Beispiel bei Bankgeschäften. Im Alltag dient dazu heute die eigenhändige Unterschrift; Verfahren, die diese Authentisierung beim digitalen Nachrichtenaustausch leisten, werden daher *digitale Signatursysteme* genannt. Ein (konventionelles) digitales Signatursystem besteht im wesentlichen aus drei Komponenten:

1. Einem Generieralgorithmus G, der ein Schlüsselpaar $(g,\ddot{o})$ liefert. Der öffentliche Schlüssel $\ddot{o}$ wird im allgemeinen in ein Verzeichnis eingetragen; g geheimgehalten.

2. Einem Signieralgorithmus S zum Unterschreiben von Nachrichten, der den geheimen Schlüssel g verwendet.

3. Einem Testalgorithmus T, der die Signatur einer Nachricht anhand des öffentlichen Schlüssels $\ddot{o}$ überprüft.

Selbst bei Kenntnis aller drei Algorithmen muß ohne den geheimen Schlüssel g die Fälschung einer Signatur *praktisch unmöglich*[1] sein. Erwünscht ist ein Signatursystem, das selbst bei der stärksten Angriffsform, dem *adaptiven, aktiven Angriff*,[2] das Fälschen auch nur einer einzigen (neuen) Unterschrift praktisch unmöglich macht.

Das bekannteste digitale Signatursystem – kurz *RSA* genannt – wurde 1978 von Rivest, Shamir und Adleman vorgestellt [RSA_78]. RSA bietet gegen aktive Angriffe allerdings keine Sicherheit [Davi_82, Denn_84]. Man versucht, diese Schwäche von RSA durch Redundanzprädikate, Hash-Funktionen o.ä. zu beheben (siehe z.B. [Jung_87]). Über die Sicherheit dieser Modifikationen ist kaum etwas bekannt.

Das von Goldwasser, Micali und Rivest entwickelte digitale Signatursystem – im folgenden nach den Autoren *GMR* genannt – bietet selbst gegen adaptive, aktive Angriffe *beweisbar* Fälschungssicherheit [GoMR_84, GoMR_88].

Da die Komplexitätstheorie bis heute keine Möglichkeit kennt, die praktische Unmöglichkeit, ein derartiges System mit polynomialem Aufwand zu brechen, *vollständig* zu beweisen, ist man auf kryptographische Annahmen angewiesen. Man versucht jedoch, mit möglichst einer einzigen, plausiblen und durch lange Erfahrung gestützten Annahme (z.B. der praktischen Unlösbarkeit eines zahlentheoretischen Problems) auszukommen.

Für die in Kapitel 3 vorgestellte spezielle Implementierung von GMR, die die praktische Unmöglichkeit des Faktorisierens großer Zahlen annimmt, wird in [GoMR_88] *bewiesen*, daß diese kryptographische Annahme die Unfälschbarkeit des Verfahrens selbst bei adaptiven, aktiven Angriffen impliziert. RSA ist in diesem Sinne auch bei schwächeren Angriffen nicht bewiesenermaßen sicher.[3]

In Kapitel 2 wird zunächst die Funktionsweise von GMR skizziert. Kapitel 3 erläutert die wichtigsten Implementierungshinweise, die von den Autoren selbst sowie Goldreich und Levin gegeben wurden. In Kapitel 4 werden die von uns entwickelten Verbesserungen dargestellt, die das Testen der Signatur um den Faktor zwei, das Signieren bei kurzen Nachrichten um den Faktor vier, bei langen noch erheblich mehr[4] beschleunigen. Kapitel 5 und 6 enthalten die theoretischen Aufwandsbetrachtungen und Messungen, insbesondere Vergleiche mit RSA. (Für RSA werden Werte aus [BoRu_89], [Pohl_90] und eigenen Messungen herangezogen.)

2 Funktionsweise

Grundidee

RSA benötigt sogenannte *Einwegfunktionen* mit *Geheimnis*[5] (trapdoor one-way functions, [DiHe_76, RSA_78]) f; Funktionen also, die nur mit Kenntnis eines geheimzuhaltenden Schlüssels g invertiert werden können:

---

[1] Unter *praktischer Unmöglichkeit* ist hier zu verstehen, daß eine Lösung zwar theoretisch möglich ist, aber mit realistischer Rechenleistung in vernünftiger Zeit nur eine exponentiell kleine Wahrscheinlichkeit besitzt.

[2] Dieses Modell nimmt an, daß ein Angreifer für eine polynomiale Anzahl von Nachrichten seiner Wahl Unterschriften erhält; die Wahl kann dabei *adaptiv*, d.h. in Abhängigkeit von den bereits gewählten Nachrichten und den zugehörigen Unterschriften erfolgen.

[3] Es ist z.B. denkbar, daß RSA auch ohne einen polynomialen Faktorisierungsalgorithmus gebrochen wird.

[4] Ist l die Länge des Modulus in Bit, etwa $l = 512$, so strebt der Faktor für lange Nachrichten näherungsweise gegen $l/1{,}2$ (bei optimalem Divisionsverfahren).

[5] Genau genommen handelt es sich hierbei um Funktionenfamilien, aus denen der Schlüssel $ö$ eine Funktion $f_ö$ auswählt. Wir verzichten auf den Index, um die Lesbarkeit zu erhöhen. Gleiches gilt für die im folgenden einzuführenden klauenfreien Permutationenpaare.

Der Sender unterschreibt die Nachricht m mit $Sig:=f^{-1}(g, m)$; der Empfänger testet $f(Sig)=m$. (Der zur Bestimmung von f notwendige Schlüssel $\ddot{o}$ steht z.B. in einem öffentlichen Verzeichnis.)

Bei GMR wird nicht mehr die Nachricht als Funktionswert verwendet, sondern eine zufällig gewählte, nur einmal verwendbare *Referenz Ref*. Die Nachricht legt dafür die Wahl der Funktion f fest – jeder Nachricht m ist genau eine Funktion f_m zugeordnet.

Dadurch wird erreicht, daß ein aktiver Angreifer seine Unterschrift jedesmal zu einer anderen Referenz erhält. Ein adaptives „Variieren über m" (wie beim adaptiven, aktiven Angriff) wird hier vereitelt, da zugleich eine Variation über *Ref* stattfindet, die vom Angreifer nicht beeinflußt werden kann. Die Referenz *Ref* ist daher authentisiert bekanntzugeben.

Dieses Vorgehen hat zwei weitere positive (Neben-) Effekte: So existiert f_m für beliebig lange Nachrichten m, es ist also keine Aufteilung in Blöcke oder der Einsatz einer Hashfunktion notwendig. Außerdem ist die Möglichkeit eines „Replay"-Angriffs (bei gleichem Empfänger) ausgeschlossen, da dieser die Referenz wiedererkennen und so den Angriff aufdecken würde.

Kryptographische Annahme

Notwendig für die Sicherheit dieses Verfahrens ist die Existenz *klauenfreier Permutationenpaare* mit Geheimnis (claw-free permutation pairs); sie haben folgende Eigenschaft (genaue Definition in [GoMR_88]):

> Es ist praktisch unmöglich, ohne Kenntnis des Geheimnisses g zum klauenfreien Permutationenpaar (F_0, F_1) ein Paar (x, y) zu finden mit $F_0(x)=F_1(y)$.

Diese kryptographische Existenzannahme ist schärfer als die Forderung von Einwegfunktionen mit Geheimnis: Mit einem klauenfreien Permutationenpaar liegen zugleich zwei Einwegpermutationen mit Geheimnis vor.

In [GoMR_88] wird bewiesen, daß die Klauenfreiheit der Permutationenpaare die praktische Unmöglichkeit impliziert, das Verfahren mit größerer Wahrscheinlichkeit als Raten zu brechen.[6]

Signier- und Testfunktion

Gibt es klauenfreie Permutationenpaare (F_0, F_1), so läßt sich zu jeder Nachricht m eine Funktion f_m konstruieren, indem F_0 und F_1 bitweise in Abhängigkeit von m komponiert werden.

> *Beispiel:* $m=100101$, $f_{100101}(x) := F_1(F_0(F_0(F_1(F_0(F_1(x))))))$.

Mit Kenntnis des Geheimnisses g lassen sich die Urbilder $F_0^{-1}(x)$ und $F_1^{-1}(x)$ berechnen und damit auch $f_m^{-1}(Ref)$: Der Sender der Nachricht m signiert mit $f_m^{-1}(Ref) =: Sig$. Die Auswertungsrichtung von m keht sich dabei um:

> *Beispiel:* $m=100101$, $f_{100101}^{-1}(x) := F_1^{-1}(F_0^{-1}(F_1^{-1}(F_0^{-1}(F_0^{-1}(F_1^{-1}(x))))))$.

Der Empfänger entnimmt dem öffentlichen Verzeichnis den Schlüssel $\ddot{o}$, erhält damit F_0, F_1 und *Ref* und testet $f_m(Sig) = Ref$.

Präfixfreie Abbildung

Die Komposition von F_0 und F_1 birgt jedoch eine Gefahr: Der „zurückrechnende" Empfänger, der die Signatur mit f_m testet, erhält mit jeder Anwendung von F_0 und F_1 wieder eine gültige Unterschrift zu der um jeweils das letzte Bit verkürzten Nachricht.

---

[6] Ein entsprechender Beweis konnte, wie erwähnt, für RSA bisher nicht geführt werden.

Beispiel: $F_1(Sig_{100101}) = F_1(f_{100101}^{-1}(Ref)) = f_{10010}^{-1}(Ref) = Sig_{10010}$.

Dies läßt sich verhindern, indem die Form einer „gültigen Nachricht" durch eine *präfixfreie Abbildung präf(·)* festgelegt wird: Kein Präfix einer so abgebildeten Nachricht darf wiederum eine präfixfreie Abbildung einer anderen Nachricht sein. Die ursprüngliche Nachricht erhält so einen „Gültigkeitsvermerk", der bei Verlust des (oder der) letzten Bits automatisch erlischt. Unterschrieben wird nun *präf(m)* mit $f_{präf(m)}^{-1}(Ref)$[7].

Authentisierung der Referenzen

Die zufälligen Referenzen *Ref* sind, wie schon erwähnt, natürlich ihrerseits wieder zu authentisieren – andernfalls könnte ein Angreifer zu einer Nachricht *m* seiner Wahl eine Unterschrift *Sig* zufällig wählen und von dort mittels F_0 und F_1 die Referenz $Ref := f_{präf(m)}(Sig)$ berechnen.

Dies könnte dadurch geschehen, daß eine bestimmte Anzahl von Referenzen bekanntgegeben und Signatur für Signatur „verbraucht" werden. Dieses Vorgehen hat den Nachteil, daß die öffentliche Referenzenliste sehr lang wird.[8] Goldwasser, Micali und Rivest schlagen daher folgendes Verfahren vor:

Nur eine Referenz r_{ε} wird veröffentlicht. 2^b für Nachrichtensignaturen (im weiteren kurz *N-Signaturen* genannt) vorgesehene Referenzen $R_0, R_1, \dots$ werden nun an die Blätter eines Binärbaumes der Tiefe *b* angehängt; jeder Knoten des Baumes enthält wiederum eine Referenz r_j (diese „Hilfsreferenzen" dienen der Authentisierung der Referenzen R_i). Der Baum wird im folgenden *Referenzenbaum* genannt (Abbildung 2.1).

Für jede Signatur wird nun ein *Signaturkopf* berechnet, der die aktuelle Referenz R_i bezüglich des öffentlichen r_{ε} authentisiert. Dies geschieht folgendermaßen:

Beginnend mit der (öffentlichen) Referenz r_{ε}, dem Wurzelknoten des Referenzenbaumes also, werden alle Hilfsreferenzen r_j auf dem Pfad von r_{ε} nach R_i benutzt, um ihre beiden Nachfolgeknoten r_{j0} und r_{j1} zu signieren (Abbildung 2.2): r_{j0} und r_{j1} werden dazu (mit Trennzeichen) konkateniert, als „Nachricht" interpretiert und präfixfrei abgebildet. Dann wird die Signatur $KSig := f_{präf(r_{j0}|r_{j1})}^{-1}(r_j)$ gebildet (diese Knotensignaturen werden im folgenden kurz *K-Signaturen* genannt). Schließlich wird die angehängte Referenz R_i mit $RSig := f_{präf(R_i)}^{-1}(r_i)$ authentisiert; diese Referenzsignatur wird im folgenden als *R-Signatur* bezeichnet.[9]

Beim Testen ist also nicht nur die N-Signatur zu überprüfen, sondern auch die *b* K-Signaturen zu sämtlichen Knoten r_j des Pfades durch den Referenzenbaum und die R-Signatur der Referenz R_i. Der dadurch entstehende zusätzliche Aufwand fällt jedoch, wie die Aufwandsabschätzungen in Kapitel 5 zeigen, bei längeren Nachrichten kaum ins Gewicht.

---

[7] Es ist anschaulich klar, daß es nun praktisch unmöglich ist, f-Klauen zu finden: Jede f-Klaue $f_{m_1}(Sig_1)=f_{m_2}(Sig_2)$ enthält eine F-Klaue an der ersten Stelle, an der sich m_1 und m_2 unterscheiden; z.B. folgt aus $f_{100101}(Sig_1)=f_{101110}(Sig_2)$, daß $F_0(f_{101}(Sig_1))=F_1(f_{110}(Sig_2))$. Umgekehrt gilt, daß nie zwei Signaturen (unterschiedlicher Nachrichten m_1, m_2) zur selben Referenz erfolgen dürfen, da $(f_{m_1}^{-1}(Ref), f_{m_2}^{-1}(Ref))$ eine f-Klaue bilden: $f_{m_1}(f_{m_1}^{-1}(Ref))=f_{m_2}(f_{m_2}^{-1}(Ref))=Ref$. Eine solche würde das Faktorisieren ohne Kenntnis des Geheimnisses ermöglichen.

[8] Für diesen Fall ist die Sicherheit von GMR außerdem nicht bewiesen; wir sehen auch nicht, wie sie bewiesen werden könnte.

[9] Für K- und R-Signaturen ist ein anderes Schlüsselpaar $(g,ö)$ zu verwenden als für die N-Signaturen; dies wird im Sicherheitsbeweis benötigt [GoMR_88]. Im folgenden wird diese Unterscheidung aus Übersichtlichkeitsgründen meist nicht erwähnt, z.B. schreiben wir einfach p und q, obwohl es für N-Signaturen andere sind als für K- und R-Signaturen. Welche gemeint sind, ist aus dem Kontext klar.

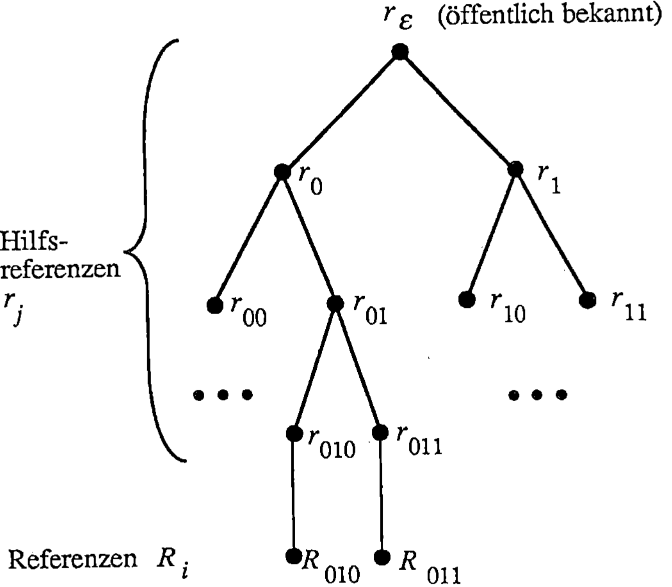

Abbildung 2.1   Referenzenbaum

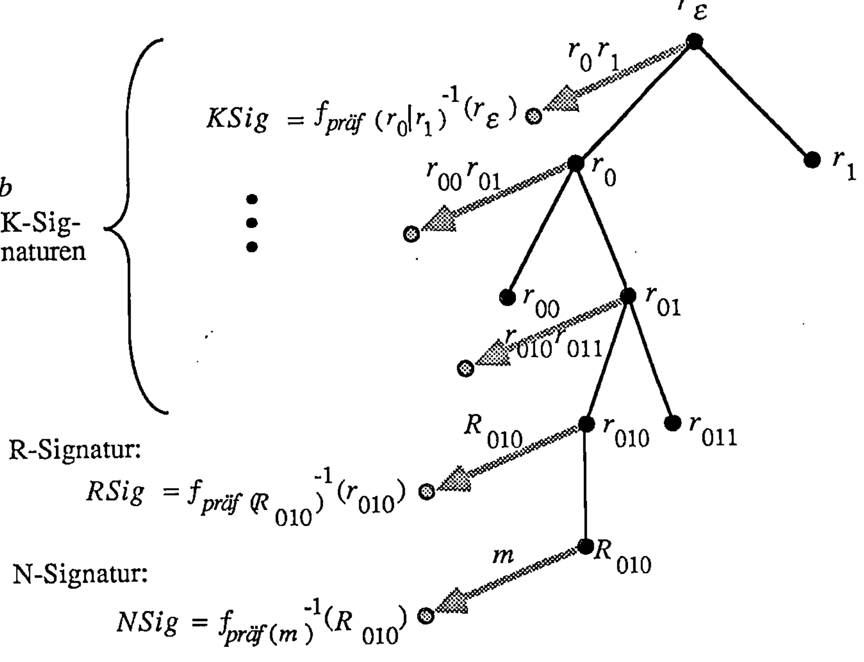

Abbildung 2.2   Signatur von m bezüglich Referenz R_2

3 Implementierung

Klauenfreie Permutationenpaare

Als klauenfreie Permutationenpaare werden von Goldwasser, Micali und Rivest die folgenden Funktionen vorgeschlagen:[10]

$$F_0(x) := \begin{cases} x^2 \bmod n, \text{ falls } (x^2 \bmod n) < n/2 \\ -x^2 \bmod n \text{ sonst.} \end{cases}$$

$$F_1(x) := \begin{cases} 4 \cdot x^2 \bmod n, \text{ falls } (4 \cdot x^2 \bmod n) < n/2 \\ -4 \cdot x^2 \bmod n \text{ sonst.} \end{cases}$$

Der Modulus n ist dabei speziell zu wählen: n muß eine *Blum-GMR-Zahl* sein, d.h. folgende Eigenschaften besitzen: $n=p \cdot q$ mit p,q prim und $p \equiv 3$, $q \equiv 7 \bmod 8$.[11] Der Definitionsbereich von F_0 und F_1 ist $D_n = \{x \mid (\frac{x}{n}) = 1, x < n/2\}$[12].

Die Klauenfreiheit dieser speziellen Permutationenpaare beruht auf der kryptographischen Annahme, daß das Faktorisieren großer Blum-Zahlen praktisch unmöglich ist, d.h. alle Algorithmen zur Lösung dieses Problems in vernünftiger Zeit selbst mit größter realistischer Rechenleistung keine wesentlich größere Erfolgswahrscheinlichkeit besitzen als Raten.

Für diese Wahl von F_0 und F_1 ist *bewiesen* [GoMR_88], daß die praktische Unlösbarkeit des Faktorisierungsproblems die Klauenfreiheit der Permutationenpaare und, darauf aufbauend, die Fälschungssicherheit des gesamten Systems GMR impliziert.

Der öffentliche Schlüssel $\ddot{o}$ enthält n (genauer: zwei Werte n_f und n_g, siehe [9]) und r_g, der geheime Schlüssel g besteht aus den Primfaktoren p und q von n: $\ddot{o} = (n, r_g)$, $g = (p,q)$. Der geheime Schlüssel ermöglicht die Umkehrung von F_0 und F_1 durch modulares Wurzelziehen:

Sei zunächst x aus D_n und $y = x^2 \bmod n$. Berechne $x_p := y^{(p+1)/4} \bmod p$, $x_q := y^{(q+1)/4} \bmod q$ und $x_n := \text{CRA}(x_p, x_q)$. Dann ist x_n quadratischer Rest, und es gilt: $x = x_n$, falls $x_n < n/2$ und $x = -x_n \bmod n$ sonst.[13] Falls $y = -x^2 \bmod n$, ist dieselbe Rechnung mit $-y$ durchzuführen.[14]

Für F_1 ist zusätzlich einmal modulo n durch 4 zu dividieren.

---

[10] Das Zeichen „$<$" auf Zahlen modulo n ist auf die Standarddarstellung durch $0,\ldots,n{-}1$ bezogen.

[11] Von *Blum-Zahlen* n [Blum_82] wird gefordert, daß $n = p \cdot q$ mit $p \equiv 3$ und $q \equiv 3 \bmod 4$. Diese Eigenschaft besitzt etwa die Hälfte aller Primzahlen. Jede Blum-GMR-Zahl ist eine Blum-Zahl; die geforderten Blum-GMR-Eigenschaften besitzt jeweils ein Viertel aller Primzahlen.

[12] $(\frac{x}{n})$ bezeichnet das *Jakobi-Symbol* von x bezüglich n (s. z.B. [Hors_85]).

[13] Man beachte, daß bei Blum-Zahlen $p+1$ und $q+1$ durch 4 teilbar sind. Der Nachweis gelingt leicht mit Hilfe des *Euler-Kriteriums*: Ist x quadratischer Rest mod n, dann gilt $x^{(p-1)/2} = (\frac{x}{p}) = 1 \bmod p$, also $y^{(p+1)/4} = x^{2(p+1)/4} = x^{(p+1)/2} = x \cdot x^{(p-1)/2} = x$ mod p. Gleiches gilt modulo q, also ist $x_n = x$. Ist x aus D_n kein quadratischer Rest, so ist $-x$ einer, und es gilt auch $y = -x^2$. Somit folgt wie oben $x_n = -x$. Da zudem $x < n/2$, also $x_n = -x \geq n/2$, folgt die Behauptung.

[14] Ist $y = F_0(x)$, aber nicht $y = x^2$, so ist $y = -x^2$ (die Fälle können z.B. daran unterschieden werden, ob $(\frac{y}{p}) = +1$ oder $= -1$). Dies heißt $-y = x^2$, man erhält also x aus $-y$ so wie oben aus y.

Wahl der Referenzen

Die Referenzen *Ref* müssen aus D_n gewählt werden. Dies kann geschehen, indem *Ref* zufällig $< n/2$ gewählt und anschließend das Jakobi-Symbol berechnet wird.[15] Die „Trefferwahrscheinlichkeit" liegt in diesem Fall bei 1/2. Oder aber der Wert des Jakobi-Symbols wird erzwungen: Eine zufällig gewählte Zahl z wird (modulo n) quadriert; ist das Ergebnis z^2 nicht kleiner als $n/2$, so wird *Ref*:$=n$-z verwendet, anderenfalls *Ref*:$=z$.

Präfixfreie Abbildung

Goldwasser, Rivest und Micali schlagen (exemplarisch) folgende präfixfreie Abbildung vor: Jede 1 der Nachricht wird durch 11, jede 0 durch 00 ersetzt; das Ende der Nachricht wird mit 01 gekennzeichnet. Werden zwei Referenzen r_0 und r_1 unterschrieben, so kennzeichnet die Bitfolge 10 das Ende der ersten und den Beginn der zweiten Referenz. Diese Abbildung verdoppelt die Nachrichtenlänge, die für den Berechnungsaufwand entscheidend ist; hier konnten wir Verbesserungen vorschlagen (Kapitel 4).[16]

Authentisierung der Referenzen

Der Unterzeichner kann für jede Signatur aus der jeweils vorigen den gemeinsamen Anfangsabschnitt des Pfades im Referenzenbaum mit allen zugehörigen, bereits berechneten K-Signaturen in den neuen Signaturkopf übernehmen. Es empfiehlt sich daher, nicht nur die weiterhin benötigten Hilfsreferenzen, sondern den gesamten Signaturkopf der vorherigen Signatur im „Gedächtnis" zu behalten.

Da die Berechnung der Umkehrfunktionen (F_0^{-1}, F_1^{-1}) aufwendiger ist als das Rechnen mit F_0 und F_1, sollte weitestmöglich darauf verzichtet werden. Es zeigt sich, daß tatsächlich nur einmal je Signatur eine Authentisierung mit f^{-1}, also F_0^{-1} und F_1^{-1} erfolgen muß:

Bei jeder neuen Signatur kann der Signaturkopf zunächst „von unten" mittels F_0 und F_1 berechnet werden: Die N-Signatur *NSig* für die Nachricht m wird zufällig gewählt und die Referenz als $R_i := f_{präf(m)}(NSig)$ berechnet.[17] Anschließend wird die R-Signatur *RSig* zufällig gewählt und r_i berechnet usw., bis ein „Verbindungsknoten" erreicht ist, an dem der übernommene Pfadteil mit dem soeben neu berechneten verknüpft werden muß. Hier ist ein einziges Mal mit F_0^{-1} und F_1^{-1} zu rechnen (Abbildung 3.1).

---

[15] Diese Berechnung kann effizient mit einem rekursiven Algorithmus erfolgen; Hinweise dazu finden sich z.B. in [Hors_85].

[16] Die gleiche präfixfreie Abbildung wird auch von Damgård [Damg_87] verwendet; auch dort läßt sich unsere Abbildung einsetzen.

[17] Da F_0 und F_1 Permutationen sind, garantiert die Zufälligkeit von *NSig* auch die von R_i.

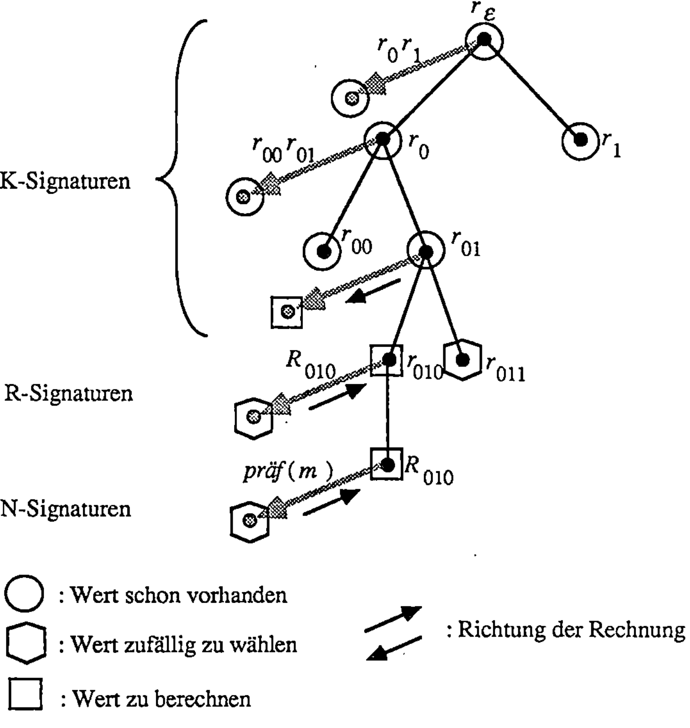

Abbildung 3.1   Rechnen „von oben" und „von unten"

Berechnung von $f_w^{-1}(Ref)$

Von Goldreich wird in [Gold_86] ein Verfahren vorgeschlagen, das die (je Signatur einmalige) Berechnung von f_w^{-1} deutlich beschleunigt. Anstatt bitweise F_0^{-1} und F_1^{-1} anzuwenden, kann $f_w^{-1}(Ref)$ effizienter folgendermaßen in einem Schritt bestimmt werden:

Zunächst kann man zeigen, daß (bis auf das Vorzeichen)

$$Ref = f_w(Sig) = Sig^{2^{|w|}} \cdot 4^{rev(w)} \mod n,$$

wobei die Funktion rev das bitweise Umdrehen einer Nachricht bezeichnet,[18]

also

$$Sig = \sqrt[2^{|w|}]{Ref} \cdot \left(\left(\sqrt[2^{|w|}]{4} \right)^{-1} \right)^{rev(w)}. \tag{i}$$

Dabei muß geprüft werden, ob Ref quadratischer Rest mod n ist — ist das nicht der Fall, ist die Rechnung mit $-Ref$ mod n durchzuführen (siehe Abschnitt „klauenfreie Permutationenpaare"). Die Berechnung wird wieder mod p und q einzeln vorgenommen und die Ergebnisse mittels des CRA zusammengefügt. Modulo p wird eine y-fache Quadratwurzel folgendermaßen bestimmt:

$$\sqrt[2^y]{x} = x^{((p+1)/4)^y} = x^{((p+1)/4)^y \mod (p-1)} \mod p.$$

---

[18] Die Notation $\sqrt[2^y]{x} \mod n$ bezeichnet die y-malige Berechnung der „Quadratwurzel" modulo n aus x in $\mathbb{Z}_n^*$ und $|w|$ die Länge der Nachricht w in bits.

Man berechnet also zunächst

$$expp := ((p{+}1)/4)^{|w|} \bmod (p{-}1), \tag{ii}$$

anschließend
$$zwp := \sqrt[2^{|w|}]{Ref}\vphantom{Ref}_p = Ref^{\,expp}$$

sowie
$$cp := (\sqrt[2^{|w|}]{4}\,_p)^{-1} = (4^{expp})^{-1}, \tag{iii}$$

und zuletzt
$$Sig_p := zwp \cdot cp^{\,rev(w)}.$$

Analog wird Sig_q bestimmt. Schließlich errechnet man das Ergebnis als CRA(Sig_p, Sig_q).

Gedächtnisfreie Version

Leonid Levin schlägt vor, durch Nutzung der in [GoGM_86] vorgestellten Pseudozufallsfunktionen („polyrandom collections") die Speicherung der jeweils letzten Signatur einzusparen. Dabei werden alle Referenzen nicht mehr zufällig gewählt, sondern als Funktionswert ihrer Position im Referenzenbaum bestimmt.[19]

Eine weitere Idee von Goldreich erlaubt, sogar die Speicherung der Nummer der letzten Signatur einzusparen; die neue Nummer wird statt dessen als Pseudozufallsfunktionswert der Nachricht bestimmt. Zur Kollisionsvermeidung muß dann aber der Referenzenbaum wesentlich größer als sonst gewählt werden.

4 Eigene Verbesserungen

Präfixfreie Abbildung

Wie im vorigen Abschnitt angedeutet, ist eine erhebliche Beschleunigung des Verfahrens durch eine effizientere präfixfreie Abbildung möglich. In unserer Implementierung haben wir die drei folgenden Verbesserungen vorgenommen:

1. Da alle Referenzen r_j an den Knoten des Referenzenbaumes, die im Signaturkopf zu authentisieren sind, etwa die gleiche Länge haben, kann hier eine *feste Länge* angenommen werden (kürzere Referenzen werden durch führende Nullen auf die korrekte Länge gebracht). Als Länge wird sinnvollerweise gerade der *Sicherheitsparameter l* gewählt, der die Länge des Modulus n (in bit) festlegt. Eine zusätzliche präfixfreie Abbildung erübrigt sich also.

2. Die Nachricht m läßt sich durch Voranhängen eines *Längenprädikates*, eines Feldes fester Länge also, das die Länge der Nachricht enthält, präfixfrei abbilden. Dadurch wächst ihre Länge lediglich um ld($|m|$).[20]

3. Das Umdrehen der Nachrichten w für das Goldreich-Verfahren zur schnellen Berechnung von f_w^{-1} kostet (unnötige) Rechenzeit. Auch die Auswertung der Nachricht zur Berechnung von f_w von hinten nach vorne ist störend, wenn man sukzessiv enstehende oder eintreffende Daten unmittelbar signieren will.[21] Dies läßt sich ändern, wenn man die präfixfreie Abbildung so

---

[19] Eine Skizze des Sicherheitsbeweises findet sich in [GoMR_88].

[20] Der Vorzug des GMR-Signatursystems, Nachrichten beliebiger Länge unterschreiben zu können, geht dabei nicht verloren, wenn z.B. über ein „Erweiterungsbit" das Einfügen weiterer Längenfelder ermöglicht wird. Konkret kann man dazu das Vorzeichenbit wählen.

[21] Auch die folgenden Ideen würden das Umdrehen der Nachrichten erforderlich machen. Alternativ lassen sich Exponentiationen und Divisionen mit umgedrehten Nachrichten direkt programmieren; dies senkt aber entweder die Effizienz oder die Portabilität der Implementierung (je nachdem, ob diese Änderungen in Maschinensprache realisiert werden).

definiert, daß sie die Nachricht (virtuell) umdreht: Nun kann man die ursprüngliche Nachricht von vorn nach hinten auswerten. (Das Längenprädikat ist dann an die Nachricht anzuhängen.)

Diese Maßnahmen kommen sowohl dem Signier- als auch dem Testvorgang zugute: Der Aufwand wird jeweils näherungsweise um den Faktor zwei reduziert.

Man beachte, daß die Festlegung der präfixfreien Abbildung, im Unterschied zu den folgenden Effizienzverbesserungen, in allen Implementierungen gleich gewählt werden muß, damit die erzeugten Signaturen wechselseitig kompatibel (testbar) bleiben.

Testen

Zunächst kann generell beim Rechnen mit F_0 und F_1 auf den Test „$< n/2$" verzichtet werden, da im Ergebnis lediglich ein Vorzeichenfehler auftritt und die nächste Operation wieder eine Quadrierung ist. Es genügt ein einziger Test nach der letzten Anwendung von F_0 und F_1. Auch die Anwendung von F_1 läßt sich noch ein wenig beschleunigen: Anstatt erst zu quadrieren und das Ergebnis mit 4 zu multiplizieren ($4x^2$), wird zuerst verdoppelt und anschließend quadriert ($(2x)^2$).[22]

Signieren

a) N-Signatur:

Im allgemeinen wird der Aufwand zum Signieren der eigentlichen Nachricht deutlich über dem Zusatzaufwand für die Generierung des Signaturkopfes liegen (Kapitel 5). Deshalb fallen Effizienzsteigerungen hier besonders stark ins Gewicht.

Die Nachricht selbst kann immer „von unten nach oben" signiert werden; $NSig$ wird zufällig gewählt und von dort mittels F_0 und F_1 die Referenz $R_i := f_{präf(m)}(NSig)$ berechnet.

Da der Unterzeichner den geheimen Schlüssel (und damit die Primfaktoren p und q von n) kennt, kann diese Berechnung mit Hilfe des CRA deutlich beschleunigt werden, analog [QuCo_82] für RSA. So kann man zunächst mit F_0 und F_1 modulo p und modulo q „hochrechnen" und anschließend die Teilergebnisse mit Hilfe des CRA zusammenfügen. Modulo p und modulo q werden nur Zahlen der Länge $l/2$ multipliziert; da der Aufwand einer Multiplikation (in unserer Größenordnung) noch fast quadratisch mit der Länge wächst, läßt sich auf diese Weise fast die halbe Rechenzeit einsparen.

Eine Modifikation des Verfahrens von Goldreich führt zu einer weiteren erheblichen Geschwindigkeitssteigerung: Die iterativen Aufrufe von F_0 und F_1 modulo p bzw. modulo q lassen sich durch folgende Rechnung ersetzen (analog für q; die Teilergebnisse werden mithilfe des CRA zusamengefügt, *len* bezeichnet Länge der präfixfrei abgebildeten Nachricht):

$$R_{i,p} := f_{präf(m)}(NSig)=NSig^{2^{len} \bmod (p-1)} \cdot 4^{präf(m) \bmod (p-1)} \bmod p \qquad \text{(iv)}$$

Die Reduzierung von *präf(m)* modulo $(p-1)$ bzw. $(q-1)$ vor der Exponentiation beschleunigt die Rechnung um den bereits erwähnten Faktor (siehe [4]).

b) R-Signatur:

Jede zweite R-Signatur erfolgt gerade an einem Verbindungsknoten und muß daher von oben berechnet werden. Dabei wird das Goldreich-Verfahren (i) angewendet. Dies läßt sich hier deutlich beschleunigen, da die Länge von R_i durch unsere Wahl der präfixfreien Abbildung festliegt: Alle Zwischenwerte, die nur von

---

[22] Der Aufwand für das Testen des Signaturkopfes läßt sich um cirka 5% senken, wenn die Referenzen statt an einen Binär- an einen Ternärbaum angehängt werden. Die Repräsentation wird jedoch deutlich komplexer, und der Verwaltungsaufwand steigt. Insbesondere kommt diese Verbesserung lediglich dem Testen des Signaturkopfes und nicht dem (bei langen Nachrichten deutlich aufwendigeren) Signaturrumpf zugute.

der Länge $l := |R_i|$ abhängen, lassen sich beim Generieren der Schlüssel vorausberechnen und als Konstante mitführen. Im einzelnen sind dies die Werte aus (ii) und (iii):

$$exppl := ((p+1)/4)^l \bmod (p\text{-}1)$$

und
$$cpl := (\sqrt[2^l]{4}_p)^{-1} \bmod (p\text{-}1).$$

Während des Signierens ist also bei R-Signaturen nur noch

$$
\begin{aligned}
RSig_p &:= r_i^{\,exppl} \cdot cpl^{R_i} \\
RSig_q &:= r_i^{\,exqql} \cdot cql^{R_i} \\
RSig &:= \mathrm{CRA}(RSig_p, RSig_q)
\end{aligned}
\tag{v}
$$

zu bestimmen. Dabei werden die Exponenten der zweiten Faktoren vorher modulo p-1 reduziert, um möglichst kurze Exponentiationen zu erhalten.

Ist die R-Signatur kein Verbindungsknoten, kann $RSig$ zufällig gewählt und modulo p und modulo q „hochgerechnet" werden. Die Teilergebnisse $r_{i,p}$ und $r_{i,q}$ werden mittels CRA zu $r_i := f_{R_i}(RSig)$ zusammengefügt.

c) K-Signaturen:

Erfolgt eine K-Signatur gerade an einem Verbindungsknoten, kommt wieder das Goldreich-Verfahren (i) zur Anwendung, diesmal allerdings mit Exponenten der Gesamtlänge $2l$ bit, da hier die Konkatenation zweier Nachfolgeknoten r_{j0} und r_{j1} zu signieren ist. Auch hier lassen sich die entsprechenden Konstanten bei der Schlüsselgenerierung vorausberechnen. Gemäß (ii) und (iii) sind dies

$$expp2l := ((p+1)/4)^{2l} \bmod (p\text{-}1)$$

und
$$cp2l := (\sqrt[2^{2l}]{4}_p)^{-1} \bmod (p\text{-}1).$$

Während des Signieren ist

$$
\begin{aligned}
KSig_p &:= r_j^{\,expp2l} \cdot cp2l^{\,r_{j0}r_{j1}} \\
KSig_q &:= r_j^{\,exqq2l} \cdot cq2l^{\,r_{j0}r_{j1}} \\
KSig &:= \mathrm{CRA}(KSig_p, KSig_q)
\end{aligned}
\tag{vi}
$$

zu bestimmen.

Alle übrigen K-Signaturen lassen sich mit der bei N-Signaturen beschriebenen Modifikation des Goldreich-Verfahrens effizient „von unten" berechnen: Zunächst werden $KSig$ und r_{j1} zufällig gewählt. Analog Formel (iv) wird r_j berechnet durch

$$r_{j,p} = f_{r_{j0}r_{j1}}(KSig) = KSig^{2^{2l} \bmod (p\text{-}1)} \cdot 4^{r_{j0}r_{j1} \bmod (p\text{-}1)} \bmod p, \tag{vii}$$

die analoge Formel modulo q und eine Anwendung des CRA.[23] Die Konstante $2^{2l} \bmod (p\text{-}1)$ kann bereits beim Generieren der Schlüssel vorausberechnet werden.

Wahl der Referenzen

Zur Wahl der Referenzen (bzw. der Signaturen, siehe vorausgegangener Abschnitt) verwenden wir den BBS-Pseudozufallsbitfolgengenerator [BlBS_86, VaVa_84]. Ausgehend von einer (echt zufälligen) Quelle

---

[23] Aus den Aufwandsabschätzungen kann man entnehmen, daß sich die Anwendung von Formel (iv) bei K-Signaturen schon lohnt, bei R-Signaturen jedoch noch nicht.

der Länge l bit wird bezüglich eines l bit langen Modulus n' quadriert. Von dem Ergebnis werden jeweils die letzten $ld(l)$ Bit in die Pseudozufallszahl übernommen. Es ist bewiesen, daß dieser Pseudozufallsbitfolgengenerator alle statistischen Tests besteht.[24] Die so gewonnene Pseudozufallszahl z ist anschließend noch einmal modulo n zu quadrieren, um $(\frac{z}{n})=1$ zu erzwingen; gewählt wird z, falls $z<n/2$, anderenfalls $-z$ mod n. Merkt man sich, ob z oder $-z$ quadratischer Rest ist, kann man diesen Test bei der Berechnung von $f_w^{-1}(Ref)$ sparen (vgl. Kapitel 3).

Keine gedächtnisfreie Version

Da es bei einer Softwareimplementierung in erster Linie um eine Reduzierung des Rechenaufwandes des Verfahrens geht, verzichteten wir auf die Implementierung einer gedächtnisfreien Version: Zum einen können darin keine Authentisierungen aus der vorhergehenden Signatur übernommen werden; dadurch steigt der Berechnungsaufwand für den Signaturkopf durchschnittlich um den Faktor b. Zum anderen ist auch das Berechnen eines Funktionswertes einer Pseudozufallsfunktion aufwendiger als einfaches pseudozufälliges Generieren. Erst recht lohnt es sich nicht, die Nummer der Signatur einzusparen.

Besondere Anwendungen

In Sonderfällen kann man das Verfahren weiter beschleunigen:[25]

Wenn zwischen dem Signieren einzelner Nachrichten im allgemeinen etwas Zeit vergeht, eine Nachricht aber, sobald sie vorliegt, so schnell wie möglich unterschrieben werden soll, kann man in der Zwischenzeit die von der Nachricht unabhängigen Teile der nächsten Signatur vorwegberechnen. Insbesondere kann man schon alle zufälligen neuen Referenzen und Signaturen wählen und sämtliche K-Signaturen berechnen. Im Extremfall kann man (wenn genügend Speicherplatz vorhanden ist) den ganzen Referenzenbaum vorweg authentisieren.

Das Testen kann man beschleunigen, wenn ein Empfänger mehrere Signaturen desselben Signierers erhält. Er speichert dazu ebenfalls die jeweils letzte Signatur und testet vom Signaturkopf nur den Teil, der sich geändert hat. Dies lohnt sich insbesondere, wenn er mehrere Signaturen direkt hintereinander erhält (etwa in einem mehrschrittigen Protokoll). Im allgemeinen Fall können die Signierer dies unterstützen, indem sie die Signaturen nicht von vorn nach hinten „verbrauchen", sondern bestimmten Empfängern bestimmte Teile des Baumes zuordnen. Dann muß im Mittel, wie beim Signieren, auch nur eine K-Signatur pro Gesamtsignatur getestet werden.

5 Aufwandsabschätzungen

Als Einheit für die folgenden Aufwandsabschätzungen verwenden wir die Aufwände $A_{l/2}$ und A_l einer modulare Multiplikationen bzgl. Moduli der Länge $\frac{l}{2}$ bzw. l-bit, im folgenden kurz $\frac{l}{2}$-Multiplikationen bzw. l-Multiplikationen genannt. (Real kommen noch einige Additionen und Verwaltungsoperationen hinzu.) Bei der Exponentiation wird die Leistung unserer Langzahlarithmetik zugrundegelegt; für einen Exponenten der Länge l werden etwa $\frac{3}{2}l$ Multiplikationen benötigt.[26]

---

[24] Die Sicherheit von GMR wird durch diese Wahl nicht beeinträchtigt, wenn man die Referenzenbaumbreite polynomial begrenzt. Die Beweisskizze für die von Levin vorgeschlagenen Pseudozufallsfunktionen in [GoMR_88] läßt sich auf den BBS-Generator übertragen.

[25] Diese speziellen Verbesserungen haben wir nicht implementiert.

[26] Dieser Wert läßt sich noch deutlich verbessern: [BoRu_89] erreichen einen Faktor von 1,25; in [Knut_81] und [BoCo_89] finden sich weitere effizienzsteigernde Hinweise. Diese Verbesserungen kommen RSA in allen Teilen zugute, GMR nur da, wo exponentiert statt mit F_0 und F_1 gerechnet wird.

Für die Reduktion langer Zahlen gehen wir vom Wert aus [Knut_81] aus: Die Division einer Zahl aus x Blöcken der Länge $\frac{l}{2}$ durch eine Zahl der Länge $\frac{l}{2}$ entspricht etwa $1{,}2 \cdot (x-1)$ nichtmodularen Multiplikationen der Länge $\frac{l}{2}$, also näherungsweise $1/2 \cdot (x-1)$ (modularen) $\frac{l}{2}$-Multiplikationen.

Signieren bei GMR

Die $2^{b+1}-1$ K-Signaturen und die 2^b R-Signaturen des Referenzenbaumes sind jeweils genau einmal zu berechnen. Damit sind pro Gesamtsignatur neben der N-Signatur durchschnittlich zwei zusätzliche Authentisierungen im Referenzenbaum notwendig: eine K-Signatur zweier Nachfolgereferenzen r_{j0} und r_{j1} und eine R-Signatur einer Referenz R_j. Der zusätzlich erforderliche mittlere Signieraufwand ist also unabhängig von der Referenzenbaumtiefe b!

Der Rechenaufwand mit allen beschriebenen Verbesserungen beträgt im einzelnen:

a) N-Signatur:

Zunächst wird *NSig* mithilfe des BBS-Generators gewählt, was etwa $\frac{l}{\mathrm{ld}(l)}$ l-Multiplikationen erfordert, und das Ergebnis wird modulo n quadriert, um ein Jakobi-Symbol 1 zu erzwingen. Gemäß Formel (iv) wird nun 2^{len} mod $(p-1)$ berechnet und *präf(m)* modulo $p-1$ reduziert. Dies entspricht $\frac{3}{2} \cdot \mathrm{ld}(len)$ bzw. etwa $\frac{1}{2} \frac{len}{l/2} = \frac{len}{l} \frac{l}{2}$-Multiplikationen. Gleiches erfolgt modulo q. Dann erfolgen 4 Exponentiationen, bei denen alle Parameter die Länge $\frac{l}{2}$ haben, also jeweils $\frac{3}{2} \cdot \frac{l}{2} \frac{l}{2}$-Multiplikationen. Es folgen 2 Multiplikationen der Teilergebnisse und der CRA, der wiederum $1{,}5 \frac{l}{2}$-Multiplikationen enthält.
Gesamtaufwand: $(\frac{l}{\mathrm{ld}(l)}+1) \cdot A_l + (\frac{3}{2} \cdot \mathrm{ld}(len) + \frac{len}{l} + 3l+3{,}5) \cdot A_{l/2}$.

b) R-Signatur:

- Von oben: Bei jeder zweiten Signatur ist die R-Signatur gerade der Verbindungsknoten (alle K-Signaturen können von der vorherigen Signatur übernommen werden). In diesem Fall wird das durch Vorausberechnungen verbesserte Goldreich-Verfahren angewendet (Formel (v)): Zunächst wird R_j (der Länge $\frac{l}{2}$) modulo $(p-1)$ und $(q-1)$ reduziert, was etwa einer $\frac{l}{2}$-Multiplikation entspricht. Dann erfolgen 4 Exponentiationen, bei denen alle Parameter die Länge $\frac{l}{2}$ haben, also jeweils $\frac{3}{2} \cdot \frac{l}{2} \frac{l}{2}$-Multiplikationen. Es folgen 2 Multiplikationen der Teilergebnisse und der CRA, der wieder $1{,}5 \frac{l}{2}$-Multiplikationen enthält.
Gesamtaufwand: $(3l+4{,}5) \cdot A_{l/2}$.

- Von unten: Zur Wahl von *RSig* sind (wie für *NSig*) $\frac{l}{\mathrm{ld}(l)}+1$ l-Multiplikationen notwendig. Anschließend wird modulo p und modulo q „hochgerechnet" (Länge des Exponenten: l Bit, entspricht jeweils $l \frac{l}{2}$-Multiplikationen) und die Teilergebnisse mit dem CRA zusammengefügt.
Gesamtaufwand: $(\frac{l}{\mathrm{ld}(l)}+1) \cdot A_l + (2l+1{,}5) \cdot A_{l/2}$

c) K-Signaturen:

- Von oben: Erfolgt die K-Signatur an einem Verbindungsknoten, so wird nur die Referenz r_{j1} mit dem BBS-Generator gewählt ($\frac{l}{\mathrm{ld}(l)}+1$ l-Multiplikationen). Dann kommt wie bei R-Signaturen das Goldreich-Verfahren mit Vorausberechnungen zum Tragen (Formel (vi)): Zunächst wird $r_{j0}r_{j1}$ (der Länge $2l$) modulo $(p-1)$ und $(q-1)$ reduziert, was etwa drei $\frac{l}{2}$-Multiplikationen entspricht. Dann erfolgen 4 Exponentiationen, bei denen alle Parameter die Länge $\frac{l}{2}$ haben, also jeweils $\frac{3}{2} \cdot \frac{l}{2} \frac{l}{2}$-Multiplikationen. Es folgen 2 Multiplikationen der Teilergebnisse und der CRA.
Gesamtaufwand: $(\frac{l}{\mathrm{ld}(l)}+1) \cdot A_l + (3l+6{,}5) \cdot A_{l/2}$.

- Von unten: Die Signatur *KSig* und die Referenz r_{j1} werden mit dem BBS-Generator gewählt. Dazu sind $2 \cdot \frac{l}{\mathrm{ld}(l)}+2$ l-Multiplikationen erforderlich. Gemäß Formel (vii) ist wieder $r_{j0}r_{j1}$ modulo $p-1$ und $q-1$ zu reduzieren (etwa drei $\frac{l}{2}$-Multiplikationen), dann erfolgen 4 Exponentiationen, 2 Multiplikationen und der CRA.
Gesamtaufwand: $(2 \cdot \frac{l}{\mathrm{ld}(l)}+2) \cdot A_l + (3l+6{,}5) \cdot A_{l/2}$.

Man sieht, daß zwischen Hinauf- und Herunterrechnen bei K-Signaturen nach allen Verbesserungen kaum noch Unterschiede bestehen.

Wie erwähnt, sind je Signatur durchschnittlich je eine K-, R- und N-Signatur zu berechnen, wobei der Verbindungsknoten abwechselnd bei der R- und einer K-Signatur ist. Der mittlere Signieraufwand beträgt demnach näherungsweise:

$$\textit{Mittlerer Signieraufwand:}$$
$$(3 \cdot \tfrac{l}{\mathrm{ld}(l)} + 3) \cdot A_l + (\tfrac{3}{2} \cdot \mathrm{ld}(len) + \tfrac{len}{l} + 8{,}5l + 13) \cdot A_{l/2}$$

Testen bei GMR

Im allgemeinen Fall muß angenommen werden, daß der Empfänger keinen Teil der empfangenen Signatur bereits von älteren Signaturen kennt. Daher sind die N-Signatur der Nachricht, b K-Signaturen zweier Nachfolgereferenzen r_{j0} und r_{j1} sowie die R-Signatur zu überprüfen. Der zusätzliche Testaufwand steigt also linear mit der Baumtiefe (logarithmisch mit der Anzahl der zu unterzeichnenden Nachrichten).

Beim Überprüfen der gesamten Signatur muß mit l-Multiplikationen von unten nach oben gerechnet werden, da die Faktorisierung von n (der geheime Schlüssel g) dem Empfänger nicht bekannt ist.

Für die Überprüfung der K-Signaturen zweier Nachfolgereferenzen r_{j0} und r_{j1} sind $2l$ l-Multiplikationen erforderlich; der Test der R-Signatur von R_i benötigt l und die Überprüfung der N-Signatur schließlich $len+\mathrm{ld}(len)$ l-Multiplikationen. Der gesamte Überprüfungsaufwand liegt demnach je Signatur bei:

$$\textit{Testaufwand:} \qquad ((2b+1) \cdot l + (len + \mathrm{ld}(len)) \cdot A_l$$

Signieren bei (reinem) RSA

Wir nehmen an, daß die Multiplikativität von RSA durch ein Redundanzprädikat umgangen wird, das die Nachricht m um ca. $\mathrm{ld}(len)$ Bit verlängert. Dann liegt der Signieraufwand pro Nachrichtenblock bei zweimal (bezüglich p und q) $\tfrac{3}{2} \cdot \tfrac{l}{2} \tfrac{l}{2}$-Multiplikationen, plus 1,5 für den CRA, und die Nachricht enthält $\tfrac{len + \mathrm{ld}(len)}{l} + 1$ Blöcke.

$$\textit{Signieraufwand:} \quad (\tfrac{3}{2}l + 1{,}5) \cdot (\tfrac{len + \mathrm{ld}(len)}{l} + 1) \cdot A_{l/2}$$

Testen bei (reinem) RSA

Auch bei RSA kann beim Testen nicht auf den CRA zurückgegriffen werden. Der Aufwand liegt also etwas über dem Signieraufwand: $\tfrac{len + \mathrm{ld}(len)}{l} + 1$ Blöcke mit je $\tfrac{3}{2}l$ l-Multiplikationen.

$$\textit{Testaufwand:} \quad \tfrac{3}{2}l \cdot (\tfrac{len + \mathrm{ld}(len)}{l} + 1) \cdot A_l$$

Signaturlänge

Eine GMR-Signatur enthält b K-Signaturen $KSig$ und $2b$ Hilfsreferenzen r_j, eine R-Signatur $RSig$, die authentisierte Referenz R_i und die N-Signatur $NSig$, umfaßt also $3b+3$ Langzahlen (Länge l in bit). Zum Testen genügt es jedoch, lediglich eine Hilfsreferenz je K-Signatur zu kennen – die andere liefert der Testalgorithmus als Zwischenergebnis; gleiches gilt für die Referenz R_i. Die Länge der zu versendenden Signatur läßt sich also auf $2(b+1) \cdot l$ bit verringern (Einsparung: 1/3). Die Signaturlänge ist unabhängig von der Nachrichtenlänge.

Die Länge einer RSA-Signatur ist identisch der Länge der Nachricht plus Redundanzprädikat: *len*+ld(*len*) bit.

Vergleich

Insgesamt ließ sich durch die vorgeschlagene präfixfreie Abbildung der ursprüngliche Testaufwand um den Faktor 2 reduzieren; den Signieraufwand konnten wir für lange Nachrichten um einen Faktor nahe der Moduluslänge l vermindern.

Damit die Formeln übersichtlicher werden, wird der Aufwand noch etwas gröber abgeschätzt: Konstante und logarithmische Terme werden vernachlässigt, und es wird $A_l = 4A_{l/2}$ angenommen (was bei l=512 in unserer Arithmetik auf dem MC68020 noch zutrifft).

Multiplikationen [$A_{l/2}$] allgemein	GMR	RSA
Signieren	$\frac{len}{l} + (8,5 + \frac{12}{\mathrm{ld}(l)}) \cdot l$	$\frac{3}{2} len$
Testen	$4((2b+1) \cdot l + len)$	$6\,len$

Für sehr lange Nachrichten nähern sich diese Werte den folgenden:

Multiplikationen [$A_{l/2}$] für sehr lange Nachrichten	GMR	RSA
Signieren	$\rightarrow \frac{len}{l}$	$\frac{3}{2} len$
Testen	$\rightarrow 4\,len$	$6\,len$

Der Vergleich zeigt, daß GMR für lange Nachrichten effizienter ist als reines RSA, für kurze aufwendiger. Beim Testen verringert sich allerdings der Unterschied, wenn man die Exponentiation den Vorschlägen in [Knut_81] und [BoCo_89] entsprechend verbessert.

RSA wird allerdings nur selten in reiner Form angewendet. Oft wird die Größe des öffentlichen Exponenten verringert, was den Testaufwand drastisch senkt, z.B. [Jung_87]. Es ist unbewiesen, ob das System dann noch so sicher wie reines RSA ist (vgl. z.B. [WiSc_79]). Sowohl Signieren als auch Testen werden meist durch Hashen der Nachricht vor dem Unterschreiben beschleunigt; auch wird die Länge der Unterschriften dadurch auf die Blocklänge l verkürzt. Die Sicherheit bleibt jedoch nur erhalten, wenn es für einen Angreifer praktisch unmöglich ist, mit einer signifikant höheren Wahrscheinlichkeit als Raten zwei Nachrichten m, m' zu finden mit $h(m)=h(m')$.[27] Für Hashfunktionen, die effizienter sind als GMR, kann dies bisher nicht bewiesen werden.

6 Messungen

RSA und GMR wurden von uns – ausgehend von einer LISP-Implementierung [Fox_90] – in Pascal auf Macintosh-Rechnern programmiert. Dabei nutzten wir eine MC680xy-Assembler-Langzahlarithmetik mit Pascal-Schnittstelle, die an unserem Institut entwickelt wurde [Aßma_89]. Wir ergänzten sie durch eine

---

[27] Diese Eigenschaft einer Hashfunktion heißt *Kollisionsfreiheit* [Damg_87].

Prozedur, die – um die Vergleichbarkeit mit RSA zu erhalten – das „Hochrechnen" in GMR ebenso wie die Exponentiation in Maschinensprache erledigt.[28]

Als Beispiel wählten wir eine (pseudozufällige) 1 KByte (d.h. 8192 bit) lange Nachricht; diese Größe entspricht etwa dem Umfang eines (kürzeren) DIN-A-4-Briefes. Moduluslänge ist in unserem Beispiel l=512 bit; wir wählten diese Länge, um einen Vergleich mit veröffentlichten Werten zu ermöglichen.[29] Im Beispiel halten sich der Aufwand von RSA (in reiner Form) und GMR etwa die Waage.

GMR	**Multiplikationen** $[A_{l/2}]$**, grob** Moduluslänge l=512 bit Baumtiefe b=10 (1024 Signaturen) Nachrichtenlänge len=8192 bit	**Zeit [s]** Mac Plus MC68000 7,83 MHz	Mac II MC68020 15,7 MHz	Mac IIfx MC68030 40 MHz
N-Signatur (hoch)	$4\frac{l}{\mathrm{ld}(l)} + 3l + \frac{len}{l}$	48,2	6,5	2,15
R-Signatur (hoch)	$4\frac{l}{\mathrm{ld}(l)} + 2l$	13,7	1,25	0,4
R-Signatur (runter)	$3l$	14,5	1,3	0,45
K-Signatur (hoch)	$8\frac{l}{\mathrm{ld}(l)} + 3l$	23,4	2,25	0,75
K-Signatur (runter)	$3l$	15,2	1,4	0,45
Generierung einer zufälligen Referenz	$4\frac{l}{\mathrm{ld}(l)}$	3,7	0,35	0,1
Signieren (Mittel)	$\frac{len}{l} + (8,5 + \frac{12}{\mathrm{ld}(l)})\bullet l$	81,6	9,6	3,2
Testen	$4\,((2b+1)\bullet l + len)$	608,9	47,3	16,55

Die Länge der GMR-Signatur beträgt im Beispiel 11264 bit (1408 Byte).

Die Messung zeigt, daß unsere RSA-Implementierung etwas langsamer ist als die in [BoRu_89] veröffentlichte; diese Abweichung dürfte auf effizientere Exponentiations- und Divisionsalgorithmen zurückzuführen sein. Die Meßergebnisse stimmen fast mit den in [Pohl_90] vorgestellten Werten überein.

RSA	**Multiplikationen** $[A_{l/2}]$**, grob** Moduluslänge l=512 bit Nachrichtenlänge len=8192 bit	**Zeit [s]** Mac Plus MC68000 7,83 MHz	Mac II MC68020 15,7 MHz	Mac IIfx MC68030 40 MHz
Signieren	$\frac{3}{2}\,len$	124,95	11,85	4,15
Testen	$6\,len$	401,6	38,25	13,30

Die Länge der RSA-Signatur beträgt im Beispiel 8192 bit (1024 Byte).

---

[28] Eine Implementierung auf Intel 80x86-Rechnern ist derzeit in Arbeit.

[29] Aus Sicherheitsgründen sollte heute üblicherweise eine Moduluslänge von 1024 bit gewählt werden.

Dank

Wir danken vor allem *Ralf Aßmann*, der den größten Teil der verwendeten Langzahlarihmetik programmierte und sicherstellte, daß die Rechner rechneten. *Gerrit Bleumer* leistete bei der Implementierung wertvolle Unterstützung. Für hilfreiche Diskussionen danken wir außerdem *Manfred Böttger*, *Jörg Lukat*, *Andreas Pfitzmann* und *Michael Waidner*.

Literatur

Aßma_89 Ralf Aßmann: "Assembler-Implementierung von modularer Langzahlarithmetik", Studienarbeit, Institut für Rechnerentwurf und Fehlertoleranz, Universität Karlsruhe 1989.

Blum_82 Manuel Blum: "Coin flipping by telephone – a protocol for solving impossible problems", *Proc. IEEE Spring CompCon*, San Francisco 1982, S.133-137.

BlBS_86 Lenore Blum, Manuel Blum, Michael Shub: "A Simple Unpredictable Pseudo-Random Number Generator", *SIAM Journal on Computing* Bd.15, 1986, S.364-383.

BoCo_89 Jurjen Bos, Matthijs Coster: "Addition Chain Heuristics", Crypto '89, LNCS 435, Springer-Verlag, Heidelberg 1990, S.400-407.

BoRu_89 Dieter Bong, Christoph Ruland: "Optimized Software Implementations of the Modular Exponentiation on General Purpose Microprocessors", *Computers & Security*, Bd.8, Nr.7, 1989, S.621-630.

Damg_87 Ivan Bjerre Damgård: "Collision Free Hash Functions and Public Key Signature Schemes", Eurocrypt 1987, *Lecture Notes in Computer Science* 304, Springer, Berlin 1988, S.203-216.

Davi_82 George I. Davida: "Chosen Signature Cryptanalysis of the RSA (MIT) Public Key Cryptosystem", Technical Report TR-CS-82-2, University of Wisconsin, 10/1982.

Denn_84 Dorothy E.R. Denning: "Digital Signatures with RSA and Other Pulic-Key Cryptosystems", *Communications of the ACM*, Bd.27, Nr.4, 1984, S.388-392.

DiHe_76 Whitfield Diffie, Martin E. Hellmann: "New Directions in Cryptography", *IEEE Trans. on Inform. Theory*, Bd.IT-22, Nr.6, 1976, S.644-654.

Fox_90 Dirk Fox: "Implementierung eines sicheren digitalen Signatursystems", Studienarbeit, Institut für Rechnerentwurf und Fehlertoleranz, Universität Karlsruhe 1990.

GoGM_84 Oded Goldreich, Shafi Goldwasser, Silvio Micali: "How to Construct Random Functions", *Proc. of 25th Symposium on FOCS* 1984, 1984, S.464-479.

GoGM_86 Oded Goldreich, Shafi Goldwasser, Silvio Micali: "How to Construct Random Functions", *Journal of the ACM*, Bd.33, Nr.4, 1986, S.792-807.

Gold_86 Oded Goldreich: "Two Remarks Concerning the Goldwasser-Micali-Rivest Signature Scheme", Crypto 1986, *Lecture Notes in Computer Science* 263, Springer, Berlin 1987, S.104-110.

GoMR_84 Shafi Goldwasser, Silvio Micali, Ronald L. Rivest: "A 'Paradoxical' Solution to the Signature Problem", 25th Symposium on FOCS 1984, *IEEE Computer Society* 1984, S.441-448.

GoMR_88 Shafi Goldwasser, Silvio Micali, Ronald L. Rivest: "A Digital Signature Scheme Secure Against Adaptive Chosen-Message Attacks", *SIAM Journal on Computing*, Bd.17, Nr.2 1988, S.281-308.

Hors_85 Patrick Horster: "Kryptologie", *Reihe Informatik* Nr. 47, Bibliographisches Institut, Mannheim 1985.

Jung_87 Achim Jung: "Implementing the RSA Cryptosystem", *Computers & Security*, Nr.6, 1987, S.342-350.

Knut_81 Donald E. Knuth: "The Art of Computer Programming", Bd.2, "Seminumerical Algorithms", 2.Auflage, *Addison-Wesley*, Massachusetts 1981.

Pohl_90 Norbert Pohlmann: "Das RSA-Verfahren und dessen Anwendung", DuD Datenschutz und Datensicherung, Nr.1, 1990, S.14-22.

QuCo_82 Jean-Jaques Quisquater, C. Couvreur: "Fast Decipherment Algorithm for RSA Public-Key Cryptosystem", *Electronics Letters*, Bd.18, Nr.21, 1982, S.905-907.

RSA_78 Ronald L. Rivest, Adi Shamir, Leonard Adleman: "A Method for Obtaining Digital Signatures and Public-Key Cryptosystems", *Communications of the ACM*, Bd.21, Nr.2, 1978, S.120-126.

VaVa_84 Umesh V. Vazirani, Vijai V. Vazirani: "Efficient and Secure Pseudo-random Number Generation", *Crypto '84*, LNCS 196, Springer-Verlag Berlin, 1985, S.193-202.

WiSc_79 Hugh C. Williams, B. Schmid: "Some Remarks concerning the MIT Public-Key Cryptosystem", *BIT*, Bd.19, 1979, S.525-538.

PC-RSA   A cryptographic toolkit for MS-DOS

P.Lippitsch R.Posch

Institute of Applied Information Processing,
Graz University of Technology

Abstract

In MS-DOS environments RSA encryption is very unusual. This is mainly due to throughput limitations of RSA-software. Still RSA is one of the most secure encryption methods and it is necessary to provide cryptographic methods that can be viewed as safe also for PC and MS-DOS environment. Increasing applications in the area of remote banking and in many other areas demand more and more for safe public key encryption. This paper presents a software package and its implementational aspects. The implementation bases on the assumption that no party can use the prime factors of the key. Algorithms for highly parallel execution are adopted and their efficiency on single instruction single data machines is discussed and found out to be adequate. This package is designed to be a compact module without large precomputed arrays. It exhibits about 850 bit/sec on a 33MHz 386 PC and over 400 bit/sec cyphering rate on a Toshiba 5200 Laptop with a 512 bit key.

1 Introduction

The RSA Algorithm [1] $cyph \equiv (clear^{key\_e})$ ($\equiv$ denotes $mod\ key\_n$) demands in term of computing extra long integer (ELINT) manipulation. ELINTs have to be manipulated at variable length up to approximately 1400 binary digits if key_n is chosen in the order of 2^{700}. Taking into account the state of the art in the area of factorization acceptable key length would be at least $key\_n > 2^{512}$. Values of key_e than can be assumed to be in the order of 2^{256}. The general algorithm is shown in figure 1. It results in the order of $3/2*log_2(key\_n)$ modulo multiplications (MM) using ELINTs.Each MM step, if fully executed would perform two ELINT multiplications plus an ELINT division plus an ELINT add $x*y \equiv (x*y)+ |\ x*y/key\_n\ | *(-key\_n)$. With $k=log_2(key\_n)$ the serial processing complexity is $O(k^2)$ and since a constant number of MM's per bit is needed also the RSA complexity is $O(k^2)$ per bit. However, practical implementation always shows that division is substantially more work than multiplication.

```
for (;inbyte < key__length;)
  {
  if((key[inbyte]&bit != 0)
    {
    mmul(cyph,clear,cyph,NegN,M1,k);
    }
  mmul(clear,clear,clear,NegN,M1,k);
  bit=bit*2
  if(bit == OX100)
    {
    bit=1;
    inbyte++;
    }
  }
```

Figure 1. The algorithmic structure of RSA

In case of parallel processing methods are available that manage pure ELINT multiplication in $log(k)$ time [2]. These methods generally use redundant number representation to avoid the computing of the carry. This makes it unfeasible to cover both ELINT mul and ELINT div operations at $log(k)$ complexity. As a result we developed a method to avoid division with RSA computing. This method is described in [4] and bases on the idea of using an $a=a^*+\beta*key\_n$, $a^*\equiv x*y$ with small β (<4). This algorithm, which is shown in figure 2 uses nearly the same number of bits in the representation of the intermediate results but replaces the ELINT div by a single ELINT mul.

```
(1) A[2k+4]     := x[k+2]*y[k+2]
(2) L[2k+10]    := M1[k+5]*[k+5]A
(3) NegR[2k+7] := NegN[k+2]*[k+5]L
(4) a[k+2]      := NegR[k+2]+A[k+2]
```

[i]z   denotes i leftmost bits of z
z[i]   denotes i rightmost bits of z

Fig. 2 The modified MM scheme

This method was primarily designed to implement the RSA algorithm on a chip with massive parallelism[3]. Along with this present work we applied a similar method to software implementation of RSA in an MS-DOS environment and built a toolkit around this because preprocessing of keys is requested. The toolkit consists of key generation and key preprocessing.

2 An example for MM

Each MM step in our algorithm reduces the number of bits modulo key_n to a maximum of $log_2(key\_n)+3$ bits. Figure 3 gives an example of how this algorithm works. As mentioned this needs some simple key preprocessing because

$$(A) \qquad M1 \quad = 2^{2*log_2(key\_n) + 6*2\,SM1} / key\_n$$
$$NegN = -key\_n * 2^{SN1} \qquad \text{and}$$
$$NN \quad = -key\_n$$

have to be determined. Whereas $M1$ and $NegN$ are used in every MM step NN is only used in the final step when β is reduced to become zero. The original method [4] uses

$$(B) \qquad M1* \qquad = 2^{2*(log_2 key\_n) + 6} / key\_n$$
$$NegN* \qquad = -key\_n$$

Since it was planned for chip design we originally had not to consider memory and register word limits. A bit slice oriented approach seemed to be appropriate.

When using standard processors this original method would demand for an ELINT shift which is again an operation taking $log_2(key\_n)/w$ steps on a serial processor with w being the word length. To avoid this shift operation SM1 and SN1 have been introduced to result in values of L and $NegR$ that are significant at word boundaries.

The algorithm of figure 2 would need shifting the results so that $[k+5]X$ and $[k+5]L$ can be used for further computing. To overcome these shifts the constants in the following multiplication step are modified in order to bring the result at a word boundary.

Since $k-1$ in the case of $[k+5]X$ and $k+5$ in the case of $[k+5]L$ bits are unused it is obvious that constants $M1$ and $NegN$ must be multiplied by $2^{(W-(k-1)\,AND\,(W-1))}$ and $2^{(W-(k+5)\,AND\,(W-1))}$ respectively with W the word length to adjust to.

When avoiding these shifts one has to be careful since the values of $NegR$ and L will change. Considering this effect and the original algorithm [4] it can be seen that the only problem remaining is the fractional part of $[k+5]L$. This fractional part has to be cleared out before step three of the algorithm of figure 2. This is a single AND operation at the appropriate position in L.

Thus MM results in three times ELINT mul plus one ELINT add.

```
Key n:    4fefa1ca83fcd70f
Key e:    49a015035c5be9d5
Key d:    8f0d183d
clear:    654b20415352
            —
            —
            —
MM(a,b)
          a:     9d4ae88b6cbc1ade
          b:     9d4ae88b6cbc1ade
          M1:    333daf1426d8455b20
          NegN:  FFFB0105e357c0328f10
          L:     135826a3e4cf73c3875789804b2dfe3f00
          c:     2ead3e4cb3b2493c
            —
            —
cyph*   7301dec0ee91fba3
cyph    23123cf66a952494
```

Fig. 3 A typical RSA MM step

3 Using ELINTs

With larger integer using many memory words the assumption of random accessibility of a specific bit is unrealistic. To get optimum speed processing streams with a minimum of memory access should be established. Resulting thereof we avoided division and comparison and used only ELINT mul and ELINT add in our algorithm as shown in the previous chapter. Using a SISD-type machine ELINT add is rather straight forward [8]. It requires an operation to get $C=A+B+Carry$. The central part after initialization is shown in figure 4.

Multiplication needs more sophisticated programming. First it should be observed that a minimum memory access results and second it is important to use a maximum of the available word length since multiplication is quadratic in execution time.

```
AddLoop:
        MOV ax,[source 1]
        ADC ax,[source 2]
        MOV [dest],ax
        next source 1,source 2,dest
        LOOP AddLoop
```

Fig.4 A simple Add Loop

In the present application $c=a.b$ is computed by dividing into partitions of word length w so that a processing effort of $O((log_2(key\_n)/w)^2)$ results.

From the point of view of memory access it turned out to be the fastest method to sum up in columns using convolution-sums at maximum register length even if the intermediate results then cannot be stored in standard registers. Multiple registers and explicit carry treatment had to be installed.

As for avoiding the shift it turned out that a compromise is performing best. This compromise had to treat different word lenths in a different way:

(a) Avoid the shifting if the operation stays within the same multliple of word-length W. (Note that adjusting is only needed to the byte but not to the word boundary.)

(b) Perform shifts if avoiding would demand for increasing the word length.

This behaviour can easyly be understood because multiplication is quadratic in $l=(log_2(key\_n)+3)/W$ and shifting is just linear. Thus $(l+1)^2 = l^2+2l+1 > (l)^2+l$.

4 Improving the MM step

It is obvious that the speed of any RSA implementation is bound to the efficiency of the MM-implementation. The order of complexity in any sequential algorithm will be at least $C(log_2(key\_n)^2)$ - since ELINT multiplication itself exhibits this complexity. This means that only the constant part C can be influenced.

In doing so, it is important to exploit the largest available register length for multiplication. This is obvious since the multiplication register length quadratically influences the constant C. This effect can also be seen in this practical implementation in figure 6, where both figures for the 16 bit mode and the 32 bit mode on the same processor are given.

Further improvement can be achieved by avoiding unnecessary memory access. This leads to convolution sum methods. This method which is also used by Dussé and Kaliski [5] bases on the idea of adding in the column rather than row by row. Intermediate values reside in registers rather than in memory locations. This is very important for sequential machines but might lead to limitations in parallel approaches.

```
x := 0
for k:=0 to n-1
    for i:=0 to k-1
        x:=x+B[i]*C[k-i]+A[i]*D[k-i]
    x:=x+B[k]C[0]           )
    A[k]:=-x*D[0]⁻¹mod r    }    'adjust'
    x:=x+A[k]*D[0]          )
    x:=x/r

for k:=n to 2*n-1
    for i:=n-1 to k-n+1 step -1
        x:=x+B[i]*C[k-i]+A[i]*D[k-i]
    A[k-n]:=x mod r
    x:=x/r
```

Figure 5. Interleaved convolution-sum multiplication and Montgomery reduction. Computes $A = BC/r^n mod D$. $A[0..n-1]$ is product, $B[0..n-1]$ is multiplicand, $C[0..n-1]$ is multiplier, $D[0..n-1]$ is modulus, all radix r. $D[0]^{-1} mod r$ can be precomputed.[6]

Dussé and Kaliski exploit this CPU register based method in combination with the Montgomery reduction [6], a method that reduces a larger integer value modulo D to another value that has at most $log_2(D)$ significant digits. However, a reasonable number of trailing zeros result. The algorithm is shown in figure 5 in detail.

Their primary goal is to combine multiplication and reduction in the same set of loops. Thus avoiding wherever possible the access to the memory.

The goal with this work is to find out to what extent the methods developed for a parallel approach could be exploited in the sequential machine types.

So far it turns out that the algorithm of figure 5 consumes roughly $2/3$ of the operations needed in the algorithm of figure 2 if convolution sums are used in both cases. However, a closer look changes the view point. In figure 2 both line (2) and line (3) compute by far too many digits. In both cases only half of the result is used further on.

$NegR[2k+7]\leftarrow NegN[k+2]*[k+5]L$ produces $2k+7$ digits; only $k+2$ of them are used in further calculation. This means that the multiplication scheme can be stopped after $k+2$ digits. In case of convolution sums this is fearly easy and just cuts down on loop length.

$L[2k+10]\leftarrow M1[k+5]*[k+5]X$ produces $2k+10$ digits; only $k+5$ of them are used further on. But this time significant digits are on the left side. considering that $M1$ is not exactly $1/N$ in its significant digits $[k+5]L$ is designed to have a small error. This means if we start the convolution sum at $k+5-log_2(k)$ only the carry might not be taken into account. But this carry could already be lost by the $M1$ approximation. In any case we can be sure that $[k+5]L$ does not exceed its exact value. This fact is important with respect to the original algorithm.

Finally we get nearly the same number of multiplications as Dussé and Kaliski do in their inner loops. In excess to these multiplications a single ELINT add is needed. This ELINT add compares to the "adjust" part of the Dussé and Kaliski shown in figure 5.

The main difference is that their algorithm strictly avoids memory access on one hand but on the other hand is not suited for parallel actions in its original form. The algorithm of this paper restricts to basic ELINT muls and adds and thus enables for any parallelism available on the target system. Furthermore the final reduction step is much simpler in our case.

Having performed the RSA Loop the result will not be the cypher text but according to our algorithm in figure 2 some $cyph^*$ with $cyph^* = cyph + B*key\_n$ with $B<4$.

This means that a final step is needed to subtract either 0, Key_n, $2*key\_n$ or $3*key\_n$ from the result $cyph^*$ to give the smallest positive $cyph$ as the final result. This operation is a single linear step that can be neglected in terms of speed.

If parallelism should be exploited the method of Dussé and Kalisky could be modified in a way that the radix r is chosen as $r=2^K$ and $D>r>2*D$. Then the algorithm collapses to:

$$x \leftarrow B * C$$
$$A \leftarrow -x*D^{-1} \bmod r$$
$$x \leftarrow x + A*D$$
$$x \leftarrow x/r$$
$$A \leftarrow x \bmod r$$

This algorithm which is the kernel of the original version presented by Montgomery[7] is not usable for the full length ELINT operation but it gives an estimate of how to evaluate the parallel effort. It would need the same number of steps as ours but the operation x/r is non trivial to perform in redundant number representation [7] that is needed in parallel multiplication. Using an approximation of x/r like it is done in our algorithm with L seems to be unfeasable since the result A then would be $A \equiv B*C-1 \bmod D$ in some cases and this is not to be used for further calculations.

5 Conclusion

This work demonstrates that some aspects of parallel implementation of MM schemes can be used and result in reasonable profit even in a serial processing environment. The computational complexity remains the same as with other serial algorithms but the operations to take place are by far simpler. Doing this little preprocessing work for the N-part of an RSA key first, quite acceptable results can be achieved. Figure 6 gives an overview of the resulting processing capacity.

$N=2^{512}$ $e=2^{256}$	Toshiba T5200 (32)	Toshiba T5200 (16)	AT 12 MHz	AT 6MHz
	405	172	85	46
$e=2^{512}$	197	87	42	23
$N=2^{664}$ $e=2^{350}$	275	110	51	30
$e=2^{664}$	138	56	27	15

Figure 6 An overview over PC-RSA throughput (bit/sec)

These results were embedded into a toolkit consisting of the RSA module in C, a key generator for arbitrary keys at arbitrary length and a key modifier that preprocesses the generated keys.

6 References

[1] Rivest R., Shamir A., Adlemann L.: A Method for obtaining digital signatures and public-key cryptosystems; *COM.ACM* (1978)120-126.

[2] Wallace C.S.: A suggestion for a fast multiplier; *IEEE Trans. Electronic Computer* EC-13 (1964) 14-17.

[3] Lippitsch P., Posch K., Posch R.: Multiplication as parallel as possible; *Report 290, Institutes for Information Processing Graz* (1990).

[4] Posch. K., Posch R.: Approching encryption at ISDN speed using partial parallel modulus multiplication; *Microprocessing and Microprogramming* 29 (1990) 177-184.

[5] Dusse S. R., Kaliski B. S.: A cryptographic library for the Motorola DSP 56000; *Proc. Eurocrypt, to appear in Springer Lecture Notes* (1990).

[6] Montgomery P. L.: Modular multiplication without trial division; *Mathematics of Computation*, 44 (1985) 166-170.

[7] Avizienis A.: Signed-digit number representation for fast parallel arithmetic; *IRE Trans. Electron. Comput.*, Vol.EC-10, (1961) 389-400.

[8] Flynn M.J.: Some computer organisations and their effectiveness; *Trans. IEEE*, c-21 (1972) 958-960.